U0568481

献给我的父母 C.R.D.

献给我的家人 R.W.N.

国际仲裁科学探索：
实证研究精选集

TOWARDS A SCIENCE OF INTERNATIONAL ARBITRATION Collected Empirical Research

《美国法律文库》编委会

编委会主任 江　平

编委会成员 （按姓氏笔画排列）

方流芳　邓正来　江　平　朱苏力

吴志攀　何家弘　张志铭　杨志渊

李传敢　贺卫方　梁治平

执 行 编 委

张　越　彭　江

美国法律文库

THE AMERICAN LAW LIBRARY

国际仲裁科学探索：
实证研究精选集

TOWARDS A SCIENCE OF INTER-
NATIONAL ARBITRATION
Collected Empirical Research

克里斯多佛·R.德拉奥萨
Christopher R. Drahozal
（堪萨斯大学法学院法学教授） 主编

理查德·W.奈马克
Richard W. Naimark
（美国仲裁协会暨国际争议解决中心资深副
主席；争议解决研究全球中心创始执行董事）

陈福勇　丁建勇　译

中国政法大学出版社

国际仲裁科学探索:实证研究精选集

TOWARDS A SCIENCE OF INTERNATIONAL ARBITRATION
Collected Empirical Research

Edited by Christopher R. Drahozal and Richard W. Naimark

Copyright © 2005 Kluwer Law International

All Rights Reserved

This is translation of *Towards a Science of International Arbitration*: *Collected Empirical Research*, by Christopher R. Drahozal and Richard W. Naimark, published and sold by China University of Political Science and Law Press, by permission of ASPEN Publishers, Inc., New York, USA, the owner of all rights to publish and sell the same.

No part of this book may be reproduced or transmitted in any form or by any means, electronic or mechanical, including photocopying, recording or by any information storage and retrieval system, without permission in writing from the Publisher.

本书的翻译出版由美国驻华大使馆新闻文化处资助

中文版版权属中国政法大学出版社,2007 年

版权登记号:图字 01 - 2008 - 1022 号

出 版 说 明

　　"美国法律文库"系根据时任中华人民共和国主席的江泽民同志在 1997 年 10 月访美期间与时任美国总统的克林顿先生达成的"中美元首法治计划"（Presidential Rule of Law Initiative），由美国新闻署策划主办、中国政法大学出版社翻译出版的一个大型法律图书翻译项目。"文库"所选书目均以能够体现美国法律教育的基本模式以及法学理论研究的最高水平为标准，计划书目约上百种，既包括经典法学教科书，也包括经典法学专著。他山之石，可以攻玉，相信"文库"的出版不仅有助于促进中美文化交流，亦将为建立和完善中国的法治体系提供重要的理论借鉴。

美国法律文库编委会

2001 年 3 月

仲裁法学、仲裁学与仲裁科学
（代译序）

在翻译这本实证研究文集的书名时，我们遇到的第一个挑战是词语辨析，即跟"仲裁法学"、"仲裁学"和"仲裁科学"这三个词语"较劲"。尽管在法学的大部分分支学科里面，咬文嚼字地辨析词语基本上已成为过去，但在仲裁这一相当薄弱的研究领域，对相关词语的刻意区别或强调仍具有重要价值，其在促进智识更新和观念转变方面具有其他研究难以替代的作用。

本书的主编在前言中称，书名（*Towards a Science of International Arbitration*）来自他们在前言中引用到的弗郎西丝·凯洛尔（Frances Kellor）关于美国仲裁协会历史的著作里的一个章节的名称（Towards a Science of Arbitration）。根据《韦氏词典》，Science 既可以指作为"一种研究对象的系统的知识部门"（也就是相当于我们通常所说的"学科"），也可以指"关于普遍真理或一般规律的系统知识，特别当这些知识是通过科学的方法获得或得到检验时"（也就是相当于我们通常所说的"科学"）。那么，在本书的书名及凯洛尔著作的章节名称中，"Science"是指"学科"还是"科学"？

我们认为，当凯洛尔于 20 世纪 40 年代提倡"Towards a science of arbitration"时，在美国还不存在以"仲裁"命名的独立学科，因此在她的著作中，"a science of arbitration" 还只是学科意义上的"仲裁学"（即 a discipline of arbitration）。而当本书的主编借鉴凯洛尔的表达，用"Towards a science of international arbitration"来命名实证研究论文集的时候，"science" 似乎已经具有"科学"的意味。当译者把这种想法跟主编之一克里斯多佛·R. 德拉奥萨（Christopher R. Drahozal）教授进行沟通时，他认同译者对凯洛尔只是在"学科"的意义上使用"science"的理解，同时也承认他们在书名中使用"science"至少在某种程度上（at least to some degree）是因为书中的知识是通过科学的实证方法获得或进行检验的。不过，德拉奥萨教授进一步称，"science" 这一词汇的好处恰恰在于它在英语中是一语双关的，因此，他们在使用这一词语时，实际上既指"学科"，又指"科学"，词语本身在书名中的模棱两可正是他喜欢这一词语的原因之一。因此，德拉奥萨教授建议我们把书名所含的"science" 翻译成"科学"，以强调本书所含论文使用的科学方法。这一建议甚合我们的本意。毕竟，本书正是通过把实证研究的方法（主要是定量研究）应用到国际仲裁领域而在大量有关国际仲裁的著作中显得卓尔不群的。

由于在研究方法上的突破，本书在具体研究内容方面也因此不再像大部分有关国际商事仲裁的著作那样只停留在对规则的解释层面，而是进入了规范研究所无法覆盖的丰富的仲裁实践。可以说，无论把本书定位于仲裁科学（从方法论意义上说），还是仲裁学（从研究对象意义上说），它都是超越以规范研究为己任的仲裁法学的。从历史的眼光来看，早在法律被制定和法院被组建之前，人类就已经借助仲裁这种方式来消除分歧和解决争议了。随着仲裁实践的不断发展，各国法律才逐渐开始对仲裁进行规范，于是观察和研究仲裁的视角便逐渐集中到规范层面。仲裁规范之外丰富多彩的仲裁实践则逐渐被人忽视。诚然，这种忽视有其客观的原因，毕竟仲裁是私人的而不是公开的纠纷解决方式，要想了解在仲裁程序中发生的情况极其不易，相关信息很难获得。但是这些被有意或无意忽视的内容恰恰是学术界和实务界都特别感兴趣的。本书的突出贡献之一就是为所有对仲裁感兴趣的人提供了解国际商事仲裁实际运作的宝贵资料。本书收集的实证研究文献涉及仲裁程序的方方面面（从当事人为什么同意选择仲裁到仲裁裁决的作出和执行），使读者（无论是仲裁员、当事人、当事人的代理人、专职法律顾问还是教学研究人员）能从中获得关于商事仲裁实际运作的系统知识，并从翔实的数据中获益。

选择翻译这本著作的起因是我们自身的好奇心和学术兴趣，但我们期待这本书的翻译出版能够成为提升我国仲裁法学整体研究水平的催化剂，甚至成为促进仲裁研究从"仲裁法学"过渡到"仲裁学"乃至"仲裁科学"的一个前奏。1994 年《仲裁法》颁布实施以来，我国的仲裁法学研究取得了不少进步，但是在实证研究方面几乎还是一片空白。此文集不仅为我国研究者掌握国际学术界仲裁实证研究状况和动态提供了捷径，还通过独到的评论检讨现有的研究、分析数据的来源以及总结实证方法在国际仲裁研究中的应用得失，这为我国研究人员突破传统的"仲裁法学"版图，对本土的仲裁实践进行实证研究提供了可资借鉴的宝贵经验。本书各部分评论揭示了大量有待挖掘的可能产生原创成果的研究议题，这对我国研究者参与未来的国际商事仲裁实证研究并与此领域的专家展开交流对话具有不可估量的价值。

当然，我们也希望这本书能通过"冲击"实务界人士的观念而对我国的仲裁实践带来积极影响。我国的商事仲裁是立法主动建构的产物，而不是基于实践需求自发产生的。根据 1994 年《仲裁法》，我国先后成立了 200 余家仲裁机构，但各仲裁机构的发展状况迥异，在业务推广、程序管理等方面做法不一。由于成立时间较短，以及信息获取的限制，绝大多数仲裁机构缺少国际仲裁方面的实践与知识，对于仲裁程序中出现的各种问题，他们往往不知所措，实践中的处理方法也是五花八门。本书的实证资料展示了一幅国际商事仲裁的实际运作图景，让实务界对仲裁运作中的要害问题有一个概括的了解，从而避免在形形色色的做法面前无所适从或者"盲目下药"。同时我们注意到，越来越多的仲裁机构已经习惯于在各种报告中提及各式各样的数据，但这些数据是否能说明使用者想要表达的东西并非毫无疑问。本书所含论文对各类数据的来源说明和审慎解读对我国仲裁机构如何以令人信服的方式展示自己的数据将有直接的参考价值。

此外，虽然这是一本以仲裁为主题的著作，但我们希望其他领域的人员也能从中受益。近年来，许多法学研究者不再满足于规范性质的解释研究，纷纷在各自的领域引入实证研究方法，相关的成果也不时出现在各专业期刊中，但许多研究在实证方法的应用方面存在诸多缺陷。本书实际上提供了应用实证研究方法的精彩实例，其他领域从事实证研究的人员能从中获得富有意义的方法论启示。目前，法学界对实证研究论文的评价标准仍然没有达成普遍的共识。有时候同一篇实证研究论文在一个学者那里得到极高的评价，而在另一个学者那里却被说得几乎一文不值。这本文集里面的论文有些是在本书第一次发表的，有些则已经在一些著名的国际学术期刊上发表过。阅读这些论文可能有助于我们思考实证研究论文所扮演的角色，进而对如何评价实证研究论文的贡献尽快达成共识。作为译者，我们善意地提醒希望探寻高深理论的读者不必购买和阅读这本书。正如杜克大学社会学系的周雪光教授所言："如果说你带着寻找理论的心境去读一篇以实证研究为主的文章一定会很失望，因为它的主要贡献在于实证资料的积累和验证。"[1]

在越来越多的人具有翻译法学著作的经历的今天，再倾诉翻译的甘苦已是多余。几年前，译者之一（陈福勇）与张世泰先生合作翻译后来由商务印书馆（香港）有限公司出版的《洞穴奇案的十四种判决》[2] 时，发现由两个水平相当的人合作翻译一本书是一个非常好的模式。先由每个人大致翻译一半，然后进行互校，这样不仅有助于确保译稿的质量，译者本身也能在相互切磋和相互鼓励中比较愉快地度过翻译的痛苦时光。我们翻译本书时依然采用这种两人各翻译一半，然后互校的模式。尽管我们翻译过程中不敢有丝毫懈怠，但本书涉及社会学、经济学、统计学、心理学等跨学科的知识，翻译难度极大，出现错误在所难免，敬请读者不吝批评指正！陈福勇的电子邮箱是 chenfuyong@ bjac. org. cn；丁建勇的电子邮箱是 dingjianyong@ bjac. org. cn。

---

〔1〕 周雪光：《组织社会学十讲》，社会科学文献出版社 2003 年版，第 65 页。
〔2〕 该书简体字版由生活·读书·新知三联书店 2009 年版。

如果读者在阅读这本书后感到有所收获，请把掌声献给本书的主编德拉奥萨教授和奈马克先生、北京大学法学院的傅郁林教授、中国政法大学出版社综合编辑室的彭江主任以及本书的责任编辑。没有他们的帮助和辛苦付出，本书的翻译和出版是不可能的。

陈福勇　丁建勇　谨识
2009 年 7 月 5 日

致 谢

我们对下列允许在本书中重印相关资料的作者和版权所有者表示感谢:

Klaus Peter Berger et al. , "The CENTRAL Enquiry on the Use of Transnational Law in International Contract Law and Arbitration" in Klaus Peter Berger (ed.), *The Practice of Transnational Law* (Kluwer Law International, The Hague, 2001), pp. 91 ~ 113. Copyright © 2001 by Kluwer Law International.

Stephen R. Bond, "How to Draft an Arbitration Clause (Revisited)" (1990) 1(2) *ICC International Court of Arbitration Bulletin* 14 ~ 21. Copyright © 1990 by the ICC International Court of Arbitration.

Christian Bühring-Uhle, *Arbitration and Mediation in International Business* (Kluwer Law International, The Hague, 1996), pp. 127 ~ 156. Copyright © 1996 by Kluwer Law International.

Christian Bühring-Uhle et al. , "The Arbitrator as Mediator: Some Recent Empirical Insights" (2003) 20 *Journal of International Arbitration* 81 ~ 90. Copyright © 2003 by Kluwer Law International.

Robert Coulson, "Survey of International Arbitration Procedures" *New York Law Journal,* June 11, 1981. Copyright © 1981 by The New York Law Publishing Company.

Christopher R. Drahozal, "A Behavioral Analysis of Private Judging" (2004) 67 *Law & Contemporary Problems* 105. Copyright © 2004 by Christopher R. Drahozal.

Christopher R. Drahozal, "Commercial Norms, Commercial Codes, and International Commercial Arbitration" (2000) 33 *Vanderbilt Journal of Transnational Law* 79, 110 ~ 132. Copyright © 2000 by the Vanderbilt Journal of Transnational Law.

Christopher R. Drahozal, "Regulatory Competition and the Location of International Arbitration Proceedings" (2004) 24 *International Review of Law & Economics* _____. Copyright © 2004 by Elsevier, Inc.

John Yukio Gotanda, "Setting Arbitrators' Fees: An International Survey" (2000) 33 *Vanderbilt Journal of Transnational Law* 779, 792 ~ 799. Copyright © 2000 by the Vanderbilt Journal of Transantional Law.

Hong Kong International Arbitration Centre, "Statistics: International Arbitration Cases Received" < www. hkiac. org/en_statistics. html > , visited July 1, 2004. Copyright © 2004 by the Hong Kong International Arbitration Centre.

Stephanie E. Keer & Richard W. Naimark, "Arbitrators Do Not ' Split the Baby' : Empirical Evidence from International Business Arbitrations" (2001) 18 *Journal of International Arbitration* 573 ~ 578. Copyright © 2001 by Kluwer Law International.

Douglas Earl McLaren, "Party – Appointed vs List – Appointed Arbitrators: A Comparison" (2003) 20 *Journal of International Arbitration* 233, 239 ~ 245. Copyright © 2003 by Kluwer Law International.

Richard W. Naimark & Stephanie E. Keer, "Analysis of UNCITRAL Questionnaires on Interim Relief " 16 *Mealey's International Arbitration Report*, March 2001, pp. 23 ~ 27. Copyright © 2001 by Richard W. Naimark & Stephanie E. Keer.

Richard W. Naimark & Stephanie E. Keer, "International Private Commercial Arbitration: Expectations and Perceptions of Attorneys and Business People: A Forced-Rank Analysis" (2002) 30(5) *International Business Lawyer* 203 ~ 209. Copyright © 2002 by the IBA Section on Business Law.

Randall Peerenboom, "Seek Truth from Facts: An Empirical Study of Enforcement of Arbitral Awards in the PRC" (2001) 49 *American Journal of Comparative Law* 249, 256 ~ 282. Copyright © 2001 by the American Society of Comparative Law, Inc.

Wang Sheng Chang, "Enforcement of Foreign Arbitral Awards in the People's Republic of China" in Albert Jan van den Berg (ed.), *Improving the Efficiency of Arbitration Agreements and Awards: 40 Years of Application of the New York Convention* (Kluwer Law International, The Hague, 1999), pp. 461, 478 ~ 484. Copyright © 1999 by Kluwer Law International.

"1995 ~ 2003 Statistical Reports" (1996 ~ 2004) 7(1) ~ 15(1) *ICC International Court of Arbitration Bulletin*. Copyright © 1996 ~ 2004 by the ICC International Court of Arbitration.

前　言

　　仲裁学的构建不仅仅意味着仲裁法的发展和统一以 ⅹⅴ
及（仲裁）设施和服务系统的提供，而且意味着必须不
断地研究不同类型的争议和不同形式的合同以便减少人
际关系中的冲突，必须试验并设计新途径以解决不同种
类或来源的冲突，必须通过让当事人和公众确信仲裁对
人类的益处而提升对仲裁的接受度，同时鼓励使用仲裁
条款作为控制未来纠纷或避免矛盾的一种方式。

　　……显而易见的是，整合现有的关于仲裁的知识并
通过这些知识来推广教育是建立仲裁学的必备要素。*

　　本书起源于 2002 年 2 月在西班牙巴塞罗那举行的一场由争议
解决研究全球中心主办的研讨会。会上来自 14 个国家的纠纷解决
专家齐聚一堂，探讨国际商事仲裁并为有可能进行的实证研究项
目献计献策。受那次会议讨论的鼓舞，我们开始着手编辑这本关
于国际商事仲裁实证研究的文集。我们的书名来自上面引用到的

---

　　*　Frances Kellor, *American Arbitration* (Harper & Brothers, New York, 1948), pp. 55 ~
56, 147.

弗郎西丝·凯洛尔（Frances Kellor）关于美国仲裁协会历史的著作里的一个章节的名称（"仲裁学探索"）。我们赞同凯洛尔关于建立一门"仲裁学"的重要性的看法，也跟她一样对仲裁作为一种解决纠纷和减少冲突的方法充满期待。

xvi 　　我们编辑这本书的具体目的有二：

　　第一，我们希望仲裁员、当事人及其代理人以及国际仲裁的其他参与者能够轻易地获取关于国际仲裁的实证信息。由于仲裁是不公开的纠纷解决方式，外界很难知晓国际仲裁过程中发生的事情。在这本书里，我们尽最大的努力去收集关于国际商事仲裁实证研究的文献（主要是定量研究），并力求全面（如果我们遗漏了相关的论文，我们向读者及这些论文的作者致歉！）。除了重印已经发表的论文，我们也收入了几篇首次发表的实证论文，这些论文所讨论的问题还没有人研究过。只有来自数据而不是轶闻趣事的、更加系统的仲裁知识才能让国际仲裁的参与者获益。

　　第二，我们希望能有助于并能推动未来的国际商事仲裁实证研究。本书为研究者提供了接触现有文献的捷径，同时还包含广泛的评论，这些评论不仅对现有的研究进行反思，还对数据来源和实证方法（在国际仲裁中的运用）进行分析，并且对未来的研究议题提出建议。当前的研究已经为探索国际仲裁的实证认识开了一个吸引人的好头，但更多的工作仍有待完成。

　　我们非常感谢杰克·科（Jack Coe）、汤姆·金斯伯格（Tom Ginsburg）、拉斯提·帕克（Rusty Park）、凯瑟琳·罗杰斯（Catherine Rogers）、托马斯·瓦尔德（Thomas Wälde）和史蒂夫·维尔（Steve Ware）提供的有价值的评论。在巴塞罗那研讨会及后来于

2004年4月在荷兰海牙和平官举行的由争议解决研究全球中心（与常设仲裁院和联合国国际贸易法委员会联合）主办的会议上，与所有参与者进行的讨论也让我们获益匪浅。感谢克里斯·肯佛（Chris Confer）、安吉拉·福特（Angela Ford）和大卫·罗比（David Roby）提供的出色的研究协助工作以及亨利·萨林纳斯（Henry Salinas）为书稿付出的宝贵帮助。一如既往，感谢我们的家人对我们的理解和鼓励。

　　感谢堪萨斯法学院、争议解决研究全球中心和美国仲裁协会，没有它们的支持，本书不可能问世。当然，书中表达的观点只是我们个人的意见，不代表堪萨斯大学、争议解决研究全球中心或美国仲裁协会的立场。

克里斯多佛·R.德拉奥萨

于堪萨斯州劳伦斯市

理查德·W.奈马克

于纽约州纽约市

2004 年 8 月 31 日

/目录/

第一部分

导　论

▼
▼
▼

国际商事仲裁的实证视角[*]

墙后，众神嬉戏；他们用数字玩耍，这些数字构成   3
了世界。

——勒·柯布西耶（Le Corbusier)[1]

仲裁是可供国际合同当事人选择的一种纠纷解决机制。[2] 通过在合同中加入仲裁条款，当事人同意他们之间的任何纠纷将由一个或几个私人的裁判者（仲裁员）而不是官方的法院来解决。然而，尽管仲裁是"解决国际贸易纠纷的常规方法"，[3] 我们却

---

* 这篇导论是为 2004 年 4 月 22～23 日在荷兰海牙举行的全球争议解决会议"对未来国际商事仲裁的启示"准备的论文的修订版。

〔1〕 Quoted in J. E. H. Shaw, "Some Quotable Quotes for Statistics", www. warwick. ac. uk/ statsdept/staff/JEHS/data/jehsquot. pdf, Dec. 28, 2001, p. 35.

〔2〕 E. g., Gerald Aksen, "Arbitration and Other Means of Dispute Settlement" in David N. Goldsweig & Roger H. Cummings（eds.）, *International Joint Ventures: A Practical Approach to Working with Foreign Investors in the U. S. and Abroad*（2nd edn., American Bar Association, Chicago, 1990）, p. 287（"在当今世界，纠纷解决的方式总是仲裁"）.

〔3〕 Pierre Lalive, "Transnational（or Truly International）Public Policy in Arbitration" in Pieter Sanders（ed.）, *Comparative Arbitration Practice and Public Policy in Arbitration*（Kluwer Law & Taxation Publishers, Deventer, 1987）, pp. 257, 293.

对之所知甚少。更准确地讲，由于仲裁是**私人**审判，很少有关于仲裁的系统的信息能从公开的途径获得。此外，我们关于国际仲裁的许多知识是建立在轶闻趣事（诸如个别案件的事实、律师的"作战故事"等等）而不是在认真的经验研究的基础上的。通常，我们不知道一个具体的情形是一时的失常还是每天都在发生。[4]

不过，关于国际商事仲裁的实证作品正在增加。这得益于学术界和实务界对仲裁实证研究的兴趣、争议解决研究全球中心这类组织的努力，[5] 以及（至少一些）仲裁机构越来越愿意允许研究者利用它们的案件材料。[6] 在广义上，"实证"研究（意味着研究"依靠或来自观察或实验"[7]）包含定性和定量两种研究方法。[8] 简单的说，定量研究方法涉及对可计算的数据的收集和分析，而定性研究方法涉及不可计算的数据的收集和分析。伊夫斯·德扎雷（Yves Dezalay）和布赖恩特·G. 加思（Bryant G. Garth）所做的可能是最著名的关于国际仲裁的实证研究《依美

4

---

〔4〕 这些观点此前的表述，参见 Christopher R. Drahozal, "Of Rabbits and Rhinoceri: A Survey of Empirical Research on International Commercial Arbitration" (2003) 20 *J. Int'l Arb.* 23.

〔5〕 争议解决研究全球中心的网址是 www. globalcenteradr. org。全球中心努力的一个例子，参见 "Barcelona Symposium – Global Center for Dispute Resolution Research，February 21 ~ 22, 2002" (2003) 20 *J. Int'l Arb.* 1 ~ 119.

〔6〕 参见下文注释〔29〕~〔32〕.

〔7〕 *American Heritage Dictionary of the English Language* (4th edn. , Houghton Mifflin, Boston, 2000), p. 586.

〔8〕 See Shari Seidman Diamond, "Empirical Marine Life in Legal Waters: Clams, Dolphins, and Plankton" (2002) *U. Ill. L. Rev.* 803, 804 ("一个访谈研究可以编制一个反馈者比例的报告，这些反馈者能够描述出一种他们认为可以起诉但是选择不起诉的情形。相反，同一研究的非定量版本可以在访谈的基础上详细描述受损的个体对其所受的损害的各种反应类型，而不是试图确定所发生的不同反应的次数。这两种研究都以观察为基础，都属实证研究")。

德行事》（Dealing in Virtue）就是一种定性研究。[9] 德扎雷和加思对数百名国际仲裁程序的参与者进行访谈，[10] 但是没有用定量的方法报告他们的结果。

本书收集了现有的关于国际仲裁的实证研究，添加了评论以交待各项研究的背景并提出将来的实证研究议题。本书集中关注的是定量研究而不是定性研究。我们饶有兴趣地看到各种数据。一系列方法和技术的使用也让人印象深刻。研究者对当事人、当事人的代理人和国际仲裁员展开调查，考察仲裁条款和仲裁裁决，利用仲裁地公开的信息和关于法院执行仲裁裁决的非公开的信息进行回归分析。研究的主题也呈多样化，从当事人认为仲裁中哪些因素是重要的，到仲裁员是否收取取消开庭费（cancellation fees），再到仲裁员是否在裁决里"劈分婴儿"（split the baby）。然而，尽管话题很广泛，本书只是触及可能进行的研究的表层。现存的文献已经为探索国际仲裁的经验认识创造了重要的开端，但许多仍然有待挖掘。我们希望，通过把相关的研究收集到一个易于获取的地方，能够点燃对国际商事仲裁的实证研究的兴趣并为研究提供便利。

本导论的其余部分如下：第一部分讨论国际商事仲裁已公布的和未公布的数据来源；第二部分接着对应用到国际仲裁的实证研究方法做个简要的描述，描述集中在实证研究的定量（而不是

---

〔9〕　Yves Dezalay & Bryant G. Garth, *Dealing in Virtue: International Commercial Arbitration and the Construction of a Transnational Legal Order* (University of Chicago Press, Chicago, 1996). 关于跨国矿石合同纠纷解决的一个早期实证研究，参见 Thomas Wälde, "Negotiating for Dispute Settlement in Transnational Mineral Contracts: Current Practice, Trends, and an Evaluation from the Host Country's Perspective" (1977) 7 *Denver J. Int'l L. & Pol'y* 33.

〔10〕　Dezalay & Garth, supra note〔9〕, at 9.

5 定性）方法，评析不同方法的优劣；第三部分最后总结现存的研究文献，同时对本书的其余部分提供一个概览。

一、数据来源

　　"数据！数据！数据！"他不耐烦地叫道，"没有泥土我做不出砖头。"

　　　　　　　　——夏洛克·福尔摩斯（Sherlock Holmes）[11]

　　李·爱泼斯坦（Lee Epstein）和加里·金（Gary King）描述过实证研究的三个目的是："**积累数据**供研究者或其他人使用，**归纳数据**以便于理解以及**进行描述或因果推论**，这需要使用我们已经观察到的数据去认识我们想要收集的数据。"[12] 无论是出于什么目的，起点都是数据，就像用来制作分析之砖的都是泥土。对于国际商事仲裁的数据，研究者可以求之于已公布的来源和未公布的来源。[13]

　　（一）已公布的来源

　　由于仲裁程序是保密的，关于国际仲裁已公布的数据来源是有限的。至少两个收集各国仲裁法的专集已经出版。[14] 同时，许多（但不是全部）关于国际仲裁的法院裁定可以通过公开的途径

---

　　〔11〕 Arthur Conan Doyle, "The Adventure of the Copper Beeches" in *1 Sherlock Holmes: The Complete Novels and Stories* (Bantom Books, New York, 1986), pp. 429, 437.

　　〔12〕 Lee Epstein & Gary King, "The Rules of Inference" (2002) 69 *U. Chi. L. Rev.* 1, 19~20.

　　〔13〕 这一部分的讨论来自 Drahozal, supra note〔4〕, at 24~27.

　　〔14〕 International Council for Commercial Arbitration, 1~4 *International Handbook on Commercial Arbitration* (Kluwer Law International, The Hague, 2003); H. Smit & V. Pechota (eds.), 1 *Smit's Guides to International Arbitration: National Arbitration Laws* (Juris Publishing, Huntington, New York, 2001).

获得。[15] 但是，无论是各国仲裁法还是法院的裁决都不能很好说明仲裁程序实际是如何进行的，同时它们作为数据来源对其他目的的实证研究所起的作用也很有限。[16]

　　管理仲裁程序的机构掌握着大量研究者感兴趣的信息，但这些信息很少是公开的。这些机构制定的规范仲裁程序的规则发布在网络上，但是当事人可以（而且实际上确实）通过仲裁协议 6 对这些规则进行修改。一些机构，最著名的是国际商会（the International Chamber of Commerce，ICC）的国际仲裁院，[17] 选择性地公布了一些仲裁裁决，这些裁决通常经过了大量的编辑以删除所有可识别的信息。[18] 但是国际商会公布的裁决样本并不是随机抽取的，这让以此为对象的实证分析受到质疑。[19] 美国仲裁

---

〔15〕 当然，关于仲裁法的法院决定可以从涉及各个法院的国家报告中找到。此外，《商事仲裁年鉴》（*Yearbook Commercial Arbitration*）收集了世界各国解释《承认和执行外国仲裁裁决公约》（即"纽约公约"）的法院裁定。参见 Albert Jan van den Berg（ed.），1 ~ 28 *Yearbook Commercial Arbitration*（Kluwer Law International，The Hague，1976 ~ 2003）。与此类似，联合国国际贸易法委员会（"UNCITRAL"）拥有一个在线数据库，可以查询关于解释其所制定的《国际商事仲裁示范法》的法院裁定。参见 UNCITRAL，"Case Law on UNCITRAL Texts：UNCITRAL Model Law on International Commercial Arbitration"，www.uncitral.org/english/clout/MAL – thesaurus/cloutSearch – e.htm.

〔16〕 例如，对法院裁定（及仲裁裁决）进行实证研究的又一个复杂因素是选择偏差，这将在下文所附的注释〔44〕~〔47〕进行讨论。

〔17〕 ICC 已经被描述为国际商事仲裁的"龙头机构"。Dezalay & Garth，supra note〔9〕，at 45. 其他著名的仲裁机构的名单参见附件 1。

〔18〕 Jean-Jacques Arnaldez et al.（eds.），*Collection of ICC Arbitral Awards 1996 ~ 2000*（ICC Publishing S. A.，Paris，2003）；Jean-Jacques Arnaldez et al.（eds.），*Collection of ICC Arbitral Awards* 1991 ~ 1995（ICC Publishing S. A.，Paris，1997）；Sigvard Jarvin et al.（eds.），*Collection of ICC Arbitral Awards 1986 ~ 1990*（ICC Publishing S. A.，Paris，1994）；Sigvard Jarvin & Yves Derains（eds.），*Collection of ICC Arbitral Awards 1974 ~ 1985*（ICC Publishing S. A.，Paris，1990）.

〔19〕 See W. Laurence Craig et al.，*International Chamber of Commerce Arbitration*（3rd edn, Oceana Publications, Inc.，Dobbs Ferry, New York, 2000），pp. 338 n. 62 & 639 n. 39.

协会（The American Arbitration Association，AAA）最近修订了国际仲裁规则以允许选择性地公布一些裁决，但是目前还没有开始公布。[20]

许多仲裁机构公布了受案量的数据，[21] 但这些统计资料"应十分谨慎对待"。[22] 问题在于：

> 例如，当机构公布案件量时，一些机构公布的是一年内受理的新增案件量；另一些机构公布的是他们系统尚未审结的案件量，即允许与前年度的未结案件重叠；还有一些机构公布的是自机构成立以来受理的案件量。[23]

此外，很难对公布的统计数据进行评估，因为有些数据包括受理的国内和国际仲裁案件，[24] 而另外一些则"将许多小案件与非常大的案件混在一起"。[25]

国际商会不仅仅是简单地发布案件量统计，它还公布了涉及仲裁程序许多方面的信息，包括当事人地域来源、仲裁员的国籍、

---

〔20〕 美国仲裁协会《国际仲裁规则》，第 27（8）条（2003 年 7 月 1 日生效）（"除非当事人另有约定，管理人可以通过出版或其他方式让公众获得选定的经过编辑隐去当事人名称和其他可识别信息的裁决、决定和判决以及在执行过程中或其他阶段已经公开的裁决、决定和判决"）。

〔21〕 参见附件 1。

〔22〕 Dezalay & Garth, supra note〔9〕, at 298 n. 19.

〔23〕 Richard W. Naimark, "Building a Fact – based Global Database: The Countdown" (2003) 20 *J. Int'l Arb.* 105, 105.

〔24〕 See, e. g., Gillis Wetter, "The Internationalisation of International Arbitration: Looking Ahead to the Next Ten Years" in Martin Hunter et al. (eds.), *The Internationalisation of International Arbitration: The LCIA Centenary Conference* (Graham & Trotman, London, 1995), pp. 85, 94 n. 9.

〔25〕 Dezalay & Garth, supra note〔9〕, at 298 n. 19.

国际商会仲裁案件的仲裁地点的总体数据。[26] 但这些数据的总合 7
性质（比如，在特定年度里来源于某一国家的仲裁员总数）限制
了其对实证研究的有用性。在这方面，关于个案的数据甚至会更
有用。[27] 此外，来源于某一特定机构（或来自于全体仲裁机构）
的数据必然无法提供国际仲裁实践的完整画面，因为这些数据没
有把临时仲裁（没有仲裁机构管理的仲裁）计算在内。[28]

（二）未公布的来源

许多（也许是大部分）关于国际仲裁的重要问题都无法利用
已公布的数据来源进行实证研究。最明显的未公布的数据来源是
仲裁机构。但仲裁机构公布的仅仅是他们可以得到的整体信息的
一部分。造成这一问题的一个原因是成本：收集关于案件程序的
数据是耗时费钱的。另一个原因是保密性：由于仲裁的保密性，
仲裁机构一般要限制仲裁程序信息的获取途径，只有有限的例外。
例如，ICC 仲裁院的主席或秘书长"可以批准从事有关国际贸易法

〔26〕 ICC 的统计报告发布在《ICC 国际仲裁院简报》（*ICC International Court of Arbitration Bulletin*）春季号，可参见 "2003 Statistical Report" (2004) 15(1) *ICC Int'l Ct. Arb. Bull.* 7. 此外，在此简报出版之前数年的一些统计数据，可以从 Craig 等，前注〔19〕，第 727~743 页表 3~8，及之前的版本中找到。然而，在该资料里面的数据对实证研究来说不是很有用，因为许多年的数据被算到一起而不是逐年计算。

〔27〕 See also SCC Institute *Annual Report*, www. sccinstitute. com/_ upload/shared_ files/scc_ ann_ report_ 2002_ eng. pdf, 2002, p. 3 (reporting data from the Arbitration Institute of the Stockholm Chamber of Commerce on total number of cases, nationality of the parties, and subject matter of disputes).

〔28〕 这一遗漏的重要意义无法估计，但它本身提出了一个有趣的实证问题：
这些临时仲裁案件更难跟踪。我一直在做一项针对擅长国际商事仲裁的律师的非正式口头调查。我问他们的问题很简单，"与机构管理的仲裁相比，一年有多少临时仲裁案件发生？"有些律师说只有少数临时仲裁的案件，大多数的案件还是去了机构；另外一些说临时仲裁的案件很多，估计数量与机构仲裁的案件相当；有两个律师告诉我说，他们认为每年全世界的临时仲裁案件比所有机构仲裁的案件加一起还多。哪一个是正确的答案呢？ Naimark, supra note〔23〕, at 106.

律学术研究的人士了解裁决和其他一般的文件"，前提是研究者保持文件的保密性，并且要将所有涉及的材料在发表之前提交秘书处批准。[29] 但是，这一规定没有允许查阅"备忘录、笔记、陈述以及其他一些在仲裁程序的框架内由当事人提交的文件"。[30] 美国仲裁协会也已经允许研究者获取案件信息，包括国内和国际仲裁案件。[31] 更多有关数据收集的系统努力正在展开，这将给研究者提供宝贵的资源。[32]

8

另一个关于国际仲裁的未公布的数据的来源是程序参与者（当事人、他们的代理人和仲裁员）。正如下文所述，研究者可以通过调查程序参与者收集有关仲裁的信息，调查的问题可以从为什么当事人同意仲裁到败诉方是否会遵守裁决。此外，研究者可以从事实验研究，通过模拟研究参与者在受控环境下的反应，收集有关仲裁程序的数据。下一部分将探讨这些研究方法的优劣。

---

〔29〕 Internal Rules of the International Court of Arbitration of the ICC, art. 1(4) & (5) (effective Jan. 1, 1998).

〔30〕 Id. art. 1(4).

〔31〕 See, e. g., Lisa B. Bingham, "Employment Arbitration: The Repeat Player Effect" (1997) 1 *Employee Rts. & Employment Pol'y J.* 189; Lisa B. Bingham, "Unequal Bargaining Power: An Alternative Account for the Repeat Player Effect in Employment Arbitration" (1998) *Industrial Relations Research Association 50th Annual Proceedings* 33; Theodore Eisenberg & Elizabeth Hill, "Arbitration and Litigation of Employment Claims: An Empirical Comparison" *Disp. Resol. J.*, Nov. 2003/Jan. 2004, p. 44; Elizabeth Hill, "Due Process at Low Cost: An Empirical Study of Employment Arbitration Under the Auspices of the American Arbitration Association" (2003) 18 *Ohio St. J. on Disp. Resol.* 777; Stephanie E. Keer & Richard W. Naimark, "Arbitrators Do Not' Split the Baby': Empirical Evidence from International Business Arbitrations" (2001) 18 *J. Int'l Arb.* 573, reprinted in Part 7.

〔32〕 See Naimark, supra note〔23〕, at 107.

二、实证研究方法

通过少部分的样本，我们可以判断出整体状况。

——米格尔·德·塞万提斯（Miguel de Cervantes）[33]

谎言有三类：谎言、糟糕的谎言和统计。

——本杰明·迪斯雷利（Benjamin Disraeli）[34]

如果数据是实证研究的泥土，那么研究方法就是建造技术。建立在正确的研究方法基础上的研究允许研究者通过仅仅考察总体（population）中的部分样本（sample），而推论出整个总体（也就是判断出整体状况）。但是研究者在数据分析上必须十分小心以免误导他人（哪怕是完全无意的）。[35] 这部分简单讨论了三种实证研究方法（调查、观察研究和控制实验）以及它们在国际商事仲裁实证研究中的适用。[36]

（一）调查

对许多人来说，首先浮现于大脑的实证研究方法是调查：向

---

〔33〕 Miguel de Cervantes, 1 *Don Quixote de la Mancha* (1605) (Peter Motteux trans.) (Random House, New York, 1941), p. 53.

〔34〕 Mark Twain, 1 *Mark Twain's Autobiography* (Harper & Brothers Publishers, New York, 1924), p. 246 (attributing remark to Disraeli).

〔35〕 E. g., Darrell Huff, *How to Lie with Statistics* (Norton, New York, 1954); Gary King, "How Not to Lie with Statistics: Avoiding Common Mistakes in Quantitative Political Science" (1986) 30 *Am. J. Pol. Sci.* 666.

〔36〕 关于实证研究方法在法律领域适用情况的有用信息，可参见 Federal Judicial Center, *Reference Manual on Scientific Evidence* (2nd edn., West Group, St. Paul, 2000) (also available at the Federal Judicial Center web site < www. fjc. gov >); Howell E. Jackson et al., *Analytical Methods for Lawyers* (Foundation Press, New York, 2003); Hans Zeisel & David Kaye, *Prove It with Figures: Empirical Methods in Law and Litigation* (Springer-Verlag, New York, 1997); Epstein & King, supra note 12.

那些了解特定主题的个人（或其他所持观点具有重要意义的个人）发放调查问卷（或者对其进行访谈）。一项设计良好的调查能够得到通过其他方法都无法获取的信息。本书重印的许多论文都是基于对当事人、当事人代理人和国际仲裁员的调查。

要使调查结果有意义，反馈的人必须是被调查人群中具有代表性的样本。调查不具有代表性的样本产生的风险在对美国投票者的一项早期调查中尽现无遗。该调查错误地预测在 1936 年的总统选举中，艾尔弗·兰登（Alf Landon）会打败富兰克林·罗斯福（Franklin Roosevelt）。作为样本的被调查者是那些拥有私家车、电话或者订阅《文摘》（该杂志实施此次调查）的人，他们并不能代表全体美国投票者。[37] 未反馈偏差（non-response bias）也是一个严重的问题，因为"一个有事实依据的假定是对调查进行反馈的人与没有进行反馈的人是不同的"。[38] 此外，设计一份有效的调查问卷是有难度的。对问题措辞的微小改变都可能导致得到的反馈内容有重大不同。[39] 同时，所有的调查都很容易漏掉在事后看来非常重要的问题。最后，调查研究还依赖于反馈者回答问题的能力和意愿。但是"人们经常不知道或者说不清楚他们那样做的原

---

〔37〕 See Maurice C. Bryson, "The *Literary Digest* Poll: Making of a Statistical Myth" (1976) 30 *Am. Statistician* 184.

〔38〕 Zeisel & Kaye, supra note 36, § 7.6, at 111; see also Shari Seidman Diamond, "Reference Guide on Survey Research" in *Reference Manual on Scientific Evidence*, supra note 〔36〕, at 245（讨论对于调查来说"可以接受的未反馈程度"）.

〔39〕 See, e.g., Jackson et al., supra note 36, at 504（"对'禁止堕胎的宪法修正案'的民意调查比对'保护未出生婴儿生命的宪法修正案'的民意调查所获得的支持度通常要低"）. See generally Earl R. Babbie, *Survey Research Methods* (2nd edn., Wadsworth Publishing Co., Belmont, CA, 1990); Floyd J. Fowler, Jr., *Survey Research Methods* (2nd edn., Sage Publications, Beverly Hills, 1988); Diamond, supra note 〔38〕, at 248~260.

因"[40]，或者他们可能由于各种原因不愿意准确地回答。[41] 总之，人们的行为并不总是与他们所说的行为一致，因此调查结果可能并不反映事情的真实状态。

（二）观察研究   10

另外一个被社会科学家普遍使用的研究方法是"观察研究"。研究者不再是询问人们想什么或者做什么，而是观察人们实际所做的。观察研究因此避免了在调查研究中会碰到的难题，即（有意或无意的）误报（misreporting）。数据的收集可以是"实时"的（比如，观察正在进行之中的仲裁程序），或者是事后的（比如，使用 ICC 公布的数据或者查阅仲裁档案或裁决）。到目前为止，已发表的对国际仲裁的研究一直使用的是后一种收集数据的方法。

观察研究的一个难点是需要控制其他可以解释观察结果的因素。即使将研究组织到有某种"控制"群体（比如，通过比较近来颁布了新仲裁法的国家与那些没有颁布仲裁法的国家），法规变化之外的因素也可能解释重要变量（比如，各国的仲裁案件数量）的不同。统计分析提供各种技术（比如，多元回归）来控制这种复合因素（confounding factors）。[42] 但是统计分析并不能解决这些因素之间的

---

〔40〕 See, e. g., Epstein & King, supra note〔12〕, at 93.

〔41〕 See, e. g., Jackson et al., supra note〔36〕, at 504 ［"例如，一些调查的参与者可能意在展示自己的正面形象（或者至少不是负面形象）……其他一些参与者可能想要推进自己的个人或政治目的"］。

〔42〕 Epstein & King, supra note 12, at 79（"调查者可以使用统计方法来控制变量，'保持统计学上的恒定'"）。根据杰克逊（Jackson）等人的著作，"多元回归非常适合用于分析作为许多变量相互作用结果的复杂现象。" Jackson et al., supra note〔36〕, at 555. 本书有几篇论文使用回归分析，以求控制复合因素。关于多元回归的一个不过分（强调）技术性的讨论，可参见 Michael S. Lewis-Beck, *Applied Regression：An Introduction*（Sage Publications, Beverly Hills, 1980）；Daniel L. Rubinfeld, "Reference Guide on Multiple Regression" in *Reference Manual on Scientific Evidence*, supra note〔36〕, at 179～227.

关系是否为因果关系。相关与有因果关系并不能等同。[43]

对观察研究来说（与调查一样），被观察的样本必须能代表相应的总体。对仲裁结果的研究来说（例如，在仲裁中是申请人还是被申请人更经常胜诉？申请人在仲裁中的胜诉率与原告在诉讼中胜诉率相比如何？），案件选择偏差是一个特别严重的问题。[44]案件并不是被随机分配进行诉讼或仲裁的。相反，当事人通过在他们的合同中加入（或不加入）仲裁条款在法庭和仲裁庭之间作选择。[45] 而且，当事人解决纠纷本身也无随机性，因此观察到的仲裁裁决（和法院判决）也不是对所受理的全部案件整体的随机抽样。[46] 如此一来，比较仲裁结果与诉讼结果的观察研究必须仔细地限定，因为有可能仲裁员决定的案件与法官和陪审团决定的案件是不同的。[47] 案件选择偏差也有可能妨碍将诉讼与仲裁的其他方面（例如案件解决的成本或速度）进行比较。

（三）控制实验

第三个实证方法是控制实验，它在自然科学中非常流行但在

---

〔43〕 Epstein & King, supra note〔12〕, at 37; Jackson et al. , supra note〔36〕, at 539（"相关并不意味着有因果关系；即便两个变量之间存在非常强的相关性本身也不能完全成为一个变量变化会导致另一个变量变化的决定性证据"）。

〔44〕 See, e. g. , George L. Priest & Benjamin Klein, "The Selection of Disputes for Litigation"（1984）13 *J. Legal Stud.* 1; Joel Waldfogel, "Selection of Cases for Trial" in Peter Newman (ed.), 3 *The New Palgrave Dictionary of Economics and the Law*（Macmillan Reference Ltd. , London, 1998）。

〔45〕 Stephen J. Ware, "The Effects of *Gilmer*: Empirical and Other Approaches to the Study of Employment Arbitration"（2001）16 *Ohio St. J. on Disp. Resol.* 735,757〔"实证研究容易受到的一个攻击是所研究的进入仲裁（程序）的案件可能与所研究的进入诉讼（程序）的案件有着系统性的不同。只要法律允许通过合同决定一个案件是否进行仲裁,这种情况就不会改变"〕。

〔46〕 Christopher R. Drahozal, "Ex Ante Selection of Disputes for Litigation"（2004）（未出版手稿参见 www. ssrn. com）。

〔47〕 E. g. , Eisenberg & Hill, supra note〔31〕, at 51.

社会科学中不那么普遍。研究者做一个实验室式的试验，测量实验对象在控制环境下的反应。[48] 有一小部分的研究已经使用仲裁员作为研究对象，尽管只是美国国内仲裁中的仲裁员，而不是国际仲裁员。[49]

实验研究的一个明显优点是研究者有能力保持案件事实不变，不像在观察研究中每一个案件在某些方面都是独特的。不仅如此，通过将一个控制群体和随机分配的对象结合在一起，研究者可能从实验结果中推断出因果关系，而不仅仅是相关性。[50] 但是从实验研究（尤其是社会科学中的实验研究）得出的结果可能会比较难以外推到真实世界的场景。选择偏差可能在实验结果和现实行为之间"打进一个大楔子"，因为实验的对象可能与相应的实际群体处于不同系统中。[51] 此外，与人们在真实世界做决定相比，实验研究对象对他们的行为不用那么负责任，[52] 而且所获得的信息比在真实世界情境下做决定的人要少。[53] 然而，尽管有这些限制，

---

〔48〕 实验研究有时候会与调查研究重叠，因为实验有时包含着调查，要求对假定的问题进行回答。

〔49〕 See Lisa B. Bingham & Debra J. Mesch, "Decision Making in Employment and Labor Arbitration" (2000) 39 *Indus. Rel.* 671; Neil Vidmar & Jeffrey J. Rice, "Assessments of Noneconomic Damage Awards in Medical Negligence: A Comparison of Jurors with Legal Professionals" (1993) 78 *Iowa L. Rev.* 883.

〔50〕 Zeisel & Kaye, supra note〔36〕, at 1 ~ 4; Clay Helberg, "Pitfalls of Data Analysis (or How to Avoid Lies and Damned Lies)" < my. execpc. com/ ~ helberg/pitfalls/ > , June 1995.

〔51〕 Richard A. Posner, "Rational Choice, Behavioral Economics, and the Law" (1998) 50 *Stan. L. Rev.* 1551, 1570 ~ 1571.

〔52〕 Gregory Mitchell, "Why Law & Economics' Perfect Rationality Should Not Be Traded for Behavioral Law and Economics' Equal Incompetence" (2002) 91 *Geo. L. J.* 67, 110 ~ 114; Philip E. Tetlock, "Accountability and Complexity of Thought" (1983) 45 *J. Personality & Soc. Psychol.* 74, 74 ~ 75.

〔53〕 Gregory Mitchell, "Taking Behavioralism Too Seriously? The Unwarranted Pessimism of the New Behavioral Analysis of Law", (2002) 43 *Wm. & Mary L. Rev.* 1907, 1985.

关于国际商事仲裁的实验研究在未来可能会变得越来越普遍。[54]

12　　**三、实证视角**

> 测量可以测量的东西，并让不能测量的变得可以
> 测量。
>
> 　　　　　　　　　　　　　　——伽利略（Galileo）[55]

　　本书其余的部分收集现有的国际商事仲裁实证研究的论文。每一部分讨论仲裁过程的一个不同方面，从当事人决定开始仲裁到仲裁庭签发裁决。每一部分的重点是导论性的评论，提供该部分所涉领域的法律和实践的综述，总结和评论现有的实证研究，同时提出可供未来研究的议题。评论之后是论文本身，本书将重印其全部或相关部分。

　　本书的编排遵循典型的仲裁流程。第二部分着眼于当事人为什么同意仲裁的研究。克里斯汀·布赫林-乌勒（Christian Bühring-Uhle）一个范围广阔的调查（结合访谈）支持了普遍看法（conventional wisdom），因为他发现国际合同当事人同意仲裁的"两个最重要的原因"是：①避免对方当事人所在国的法院系统以及②利用规范仲裁裁决可执行性的国际法律框架。[56] 理查德·W. 奈马克（Richard W. Naimark）和斯蒂芬妮·E. 基尔（Stephanie E. Keer）所做的研究要

---

〔54〕　关于实验研究的进一步讨论（特别是关于法官、陪审员和仲裁员的决定过程的实验研究），参见本书第八部分。

〔55〕　Isabel S. Gordon & Sophie Sorkin, *The Armchair Science Reader* 300（Simon & Schuster, New York, 1959）.

〔56〕　Christian Bühring-Uhle, *Arbitration and Mediation in International Business*（Kluwer Law International, The Hague, 1996）, pp. 135 ~ 136, reprinted in Part 2.

求美国仲裁协会国际仲裁的参与者按顺序列出一系列因素在具体程序中的重要性。[57] 他们发现"绝大部分当事人把公平公正的结果作为最重要的属性，甚至排在收到金钱裁决、产生结果的速度、成本或仲裁员的专业性之上"。

第三部分讨论国际合同中仲裁条款的实证研究。这一主题对仲裁条款的起草者（因为它说明了一般的起草实践）和研究者（因为它提供证据证明当事人的仲裁偏好）都很重要。斯蒂芬·R.邦德（Stephen R. Bond）的一个经典研究考察了1987年和1989年到ICC仲裁的仲裁条款。[58] 邦德的发现之一是最常见的附加到ICC仲裁条款的规定是一个用以明确合同应适用某一特定国家法律的选择适用法律的条款。同时，很少有条款规定一个纠纷根据"跨国法"（transnational law）的原则来解决或不考虑任何国家的法律（第六编会讨论这一主题）。第三部分的评论提供了新的关于纠纷解决条款的数据，这些数据来自一小部分国际合资协议的样本。尽管样本太少以致难以得出任何可靠的结论，但这一方法的好处是样本不限于特定仲裁机构的仲裁条款。 13

第四部分收集了关于仲裁程序的实证论文（除了仲裁员的选择，这将在下一部分考虑）。论题分布广泛并且现有的研究只是涉及可能进行的研究的表层。第一项研究是罗伯特·卡尔森（Robert Coulson）做的一个关于美国人对国际仲裁的看法的调查，问题涵

---

〔57〕 Richard W. Naimark & Stephanie E. Keer，"International Private Commercial Arbitration: Expectations and Perceptions of Attorneys and Business People: A Forced-Rank Analysis"，(2002) 30 *Int'l Bus. Lawyer* 203，reprinted in Part 2.

〔58〕 Stephen R. Bond, "How to Draft an Arbitration Clause (Revisited)" (1990) 1(2) *ICC Int'l Ct. Arb. Bull.* 14, reprinted in Part 3.

盖仲裁员的选择、开庭前的安排、庭审程序和裁决执行。[59] 克里斯多佛·R. 德拉奥萨（Christopher R. Drahozal）的一个研究发现，一个国家在制定新的或者修订仲裁法之后所进行的 ICC 仲裁的次数会增加，尽管有时候新法带来的经济利益似乎远没有所说的那么大。[60] 奈马克和基尔调查了在美国仲裁协会国际仲裁名册中的仲裁员关于临时措施的经历。[61] 64 名反馈的律师之中，有 38 人报告他们参与的 50 个案件中涉及临时救济申请，其中大部分是一个预先禁止当事人从事某些活动的命令。最后，布赫林－乌勒等人的一篇论文讨论了一项调查（为了其著作的最新修订版而作）的初步结果，该调查的主题是国际仲裁的和解实践与技术，强调对仲裁员在多大程度上进行调解纠纷的不同观点。[62]

第五部分考虑了另一个适于实证研究的话题：国际仲裁员的选择。道格拉斯·厄尔·麦克拉伦（Douglas Earl McLaren）报告了对美国专门做公司法务的律师进行调查的结果，发现人们对当事人单方选定的仲裁员的中立性有不同偏好。[63] 尽管大多数受访者认为所有的仲裁员（包括当事人单方选定的仲裁员）应该总是中立的，但不容忽视的少数人赞成美国国内仲裁传统的默认规则，那就是当事人选定的仲裁员不必中立。德拉奥萨的一篇论文（在

---

〔59〕 Robert Coulson, "Survey of International Arbitration Procedures" *N. Y. L. J.*, June 11, 1981, reprinted in Part 4.

〔60〕 Christopher R. Drahozal, "Regulatory Competition and the Location of International Arbitration Proceedings" (2004) 24 *Int'l Rev. L. & Econ.* _____, reprinted in Part 4.

〔61〕 Richard W. Naimark & Stephanie E. Keer, "Analysis of UNCITRAL Questionnaires on Interim Relief" (2001) 16(3) *Mealey's Int'l Arb. Rep.* 23, reprinted in Part 4.

〔62〕 Christian Bühring-Uhle et al., "The Arbitrator as Mediator: Some Recent Empirical Insights" (2003) 20 *J. Int'l Arb.* 81, reprinted in Part 4.

〔63〕 Douglas Earl McLaren, "Party – Appointed vs List-Appointed Arbitrators: A Comparison" (2003) 20 *J. Int'l Arb.* 233, reprinted in Part 5.

本书首次发表）考察了一个国家新仲裁法的制定对 ICC 仲裁中的
仲裁员选择的影响。[64] 研究提供证据证明该国仲裁员从新仲裁法
中获益，因为立法之后在该国进行的仲裁越来越多并且该国仲裁
员在那些仲裁中被选为仲裁员的比率增加。约翰·由纪夫·五反   14
田（John Yukio Gotanda）调查的主题是仲裁员费用。[65] 调查结果
显示大部分仲裁员根据工作量收费（而不是收固定费用或者根据
争议金额的一定比例收费），除非管理机构另有不同的做法。此
外，相当比例的提供反馈的仲裁员（尽管少于50%）称，如果一
个案件在开庭之前和解了，他们要收取取消开庭费。

第六部分探讨了国际仲裁中的决定规则，包括任何可以适用
的国家法、跨国的法律原则（比如，商人法）和商业惯例。第一
个研究是克劳斯·彼得·伯格（Klaus Peter Berger）和跨国法中心
（Center for Transnational Law，CENTRAL）的一个研究团队所做的
一个广泛并且仔细的调查，力图收集关于跨国法在国际仲裁中的
使用情况的信息。[66] 据伯格的报告，"高比例"（33% ~42%）的
调查反馈者"表示他们知道跨国法在法律实践中的应用"，大约
10%的人知道2~5个涉及跨国法应用的案件，另有3%~4%的人
知道6~10个此类案件。但是调查没有为确定当事人使用跨国法的
相对程度提供基础，因为调查只是询问了使用跨国法的案件的绝

---

〔64〕 Christopher R. Drahozal, "Arbitrator Selection and Regulatory Competition in International Arbitration Law", *infra* Part 5.

〔65〕 John Yukio Gotanda, "Setting Arbitrators' Fees: An International Survey"(2000) 33 *Vand. J. Transnat'l L.* 779, reprinted in Part 5.

〔66〕 Klaus Peter Berger et al. , "The CENTRAL Enquiry on the Use of Transnational Law in International Contract Law and Arbitration" in Klaus Peter Berger (ed.), *The Practice of Transnational Law* (Kluwer Law International, The Hague, 2001) , p. 91, reprinted in Part 6.

对数量，而没有问及案件的相对数量（也就是比例）。在另一个研究中，德拉奥萨考察了商业惯例（即特定行业规范）在国际仲裁中的使用，发现相当数量的仲裁法、仲裁规则和仲裁裁决依赖交易惯例（而不是双方先前的交易）作为解决纠纷的基础。[67]

第七部分的主题是仲裁裁决，包括仲裁庭制作裁决和裁决在法院的执行。第一篇论文（在本书首次发表）考察了在美国仲裁协会（AAA）或国际争议解决中心（International Centre for Dispute Resolution，ICDR）的当事人的裁决后经历。[68] 这一研究揭示了仲裁裁决执行的商业实践（例如，当事人经常在裁决之后再次协商）和法院介入的重要程度。下两个研究提供了关于仲裁裁决在中国执行的相反的观点。王生长的报告说中国法院"已经执行了超过87.8%的裁决（中国国际经济贸易仲裁委员会的裁决被不予执行的有12.2%而外国的裁决有7.14%……）"，[69] 然而裴文睿（Randall Peerenboom）发现"外国裁决的执行率为52%，略高于中国国际经济贸易仲裁委员会的47%"。[70] 裴文睿解释，不同结果"非

---

〔67〕 Christopher R. Drahozal, "Commercial Norms, Commercial Codes, and International Commercial Arbitration" (2000) 33 *Vand. J. Transnat'l L.* 79, reprinted in Part 6.

〔68〕 Richard W. Naimark & Stephanie E. Keer, "Post-Award Experience in International Commercial Arbitration", *infra* Part 7.

〔69〕 Wang Sheng Chang, "Enforcement of Foreign Arbitral Awards in the People's Republic of China" in Albert Jan van den Berg (ed.), *Improving the Efficiency of Arbitration Agreements and Awards: 40 Years of Application of the New York Convention* (Kluwer Law International, The Hague, 1999), pp. 461, 483, reprinted in Part 7. CIETAC is the China International Economic and Trade Arbitration Commission.

〔70〕 Randall Peerenboom, "Seek Truth from Facts: An Empirical Study of Enforcement of Arbitral Awards in the PRC" (2001) 49 *Am. J. Comp. L.* 249, 254, reprinted in Part 7. 裴文睿还提供了一个以全部样本为基础的详细分类："在全部的72个案件里面，有17%的申请人裁决得到100%的执行，17%的申请人得到75%~99%的执行，7%的申请人得到50%~74%的执行，10%的申请人得到少于一半的执行。"前引书，第265页。

常可能"源于王生长报告中反映的未反馈偏差。[71] 最后，在一个关于美国仲裁协会的国际仲裁裁决的调查中，奈马克和基尔讨论了关于仲裁决定的一个古老问题：仲裁员作折中裁决（就是通常所说的"劈分婴儿"）了么？[72] 他们断言，"研究的结果表明仲裁员在裁决中没有出现'劈分婴儿'的做法"。[73]

最后，第八部分考察了国际商事仲裁实证研究未来的可能方向。重点关注仲裁决定过程，详细考虑仲裁员的决定在多大程度上受到心理学和经济学文献已经证实的认知错觉的影响。[74] 该文建议对仲裁决定进行实验研究，就像越来越多的对法官和陪审团的决定过程所做的同类研究一样。[75]

本书还收入了两个关于国际商事仲裁汇总数据的附件。附件1列出了从1993～2003年10个主要仲裁机构的受案量。附件2汇总了ICC1995～2003年的仲裁案件的各方面数据，比如仲裁地和仲裁员的国籍。

（陈福勇　译）

---

〔71〕 Id. at 258~259, 267~268.

〔72〕 Keer & Naimark, supra note〔31〕.

〔73〕 Id. at 578.

〔74〕 关于这一领域研究的综述，可参见 Thomas Gilovich et al. (eds.), *Heuristics and Biases: The Psychology of Intuitive Judgement* (Cambridge University Press, Cambridge, U. K. , 2002); Daniel Kahneman et al. (eds.), *Judgement Under Uncertainty: Heuristics and Biases* (Cambridge University Press, Cambridge, U. K. , 1982); Cass R. Sunstein (ed.), *Behavioral Law & Economics* (Cambridge University Press, Cambridge, U. K. , 2000).

〔75〕 See , e. g. , Chris Guthrie et al. , "Inside the Judicial Mind"(2001) 86 *Cornell L. Rev.* 777; W. Kip Viscusi, "How Do Judges Think about Risk?" (1999) 1 *Am. L. & Econ. Rev.* 26; W. Kip Viscusi, "Jurors, Judges, and the Mistreatment of Risk by the Courts" (2001) 30 *J. Legal Stud.* 107; Reid Hastie & W. Kip Viscusi, "What Juries Can't Do Well: The Jury's Performance as a Risk Manager" (1998) 40 *Ariz. L. Rev.* 901.

第二部分

为什么用仲裁解决国际纠纷？

▼

▼

▼

评　论

　　在过去十年里，国际仲裁案件显著增长。[1] 这些仲裁案件， 19
至少机构管理的仲裁案件，绝大部分是因纠纷发生前的仲裁协议
（也就是合同中的仲裁条款）而产生。[2] 本部分考察为什么当事
人同意用仲裁解决国际纠纷。评论者列举了各种各样的仲裁优势，
包括仲裁庭的中立性、程序的灵活性和裁决的可执行性。[3] 但是
这些因素（及其他因素）对当事人的相对重要程度是个实证问题。

　　在本部分的第一项研究里，克里斯汀·布赫林－乌勒就仲裁
与诉讼相比在解决国际商事纠纷方面的优势，和68个国际仲裁员、

---

〔1〕　参见附件1。

〔2〕　Stephen R. Bond, "How to Draft an Arbitration Clause (Revisited)" (1990) 1(2) *ICC Int'l Ct. Arb. Bull.* 14,15,reprinted in Part 3. 数量有所增长的还有条约仲裁，即产生于条约承诺而不是双方当事人协议的仲裁（例如，NAFTA,ICSID 协定和双边投资条约）。See International Centre for Settlement of Investment Disputes, "Disputes Before the Centre" (2003) 20(2) *News from ICSID* 2,www. worldbank. org/icsid/news/news_20 - 2. pdf. 一项尽管宽泛但很有趣的实证任务将是从本书中考虑到的许多方面将条约仲裁与传统的商事仲裁进行比较。

〔3〕　E. g. , Alan Redfern & Martin Hunter, *Law and Practice of International Commercial Arbitration* (3rd ed. , Sweet & Maxwell, London, 1999), ¶ ¶ 1 - 36 to 1 - 37; William W. Park, "Arbitration Avoids 'Hometown Justice' Overseas" *Nat'l L. J.* , May 4, 1998, at C18.

当事人的代理人或公司的法务人员进行了访谈。[4] 他向这些在国际商事纠纷领域具有"丰富经验"的反馈者提供了一个关于仲裁潜在优势的单子，要求对它们依据从"高度相关"到"优势不存在"的标准进行评价。布赫林－乌勒承认反馈者可能用不同的方式解释可能的答案。然而，他指出"这些答案的确有些价值，可以大致衡量在国际仲裁中特定现象的相对和接近绝对的重要程度"，因而增加了我们对"国际商事纠纷解决这一多样化又具保密性领域"的认识。

反馈者确认的仲裁的"两个最重要的优势"是仲裁庭的中立性和国际仲裁裁决的可执行性。其他一些重要的优势（尽管总体而言没有中立性和可执行性那么重要）是通常仲裁所具有的仲裁过程的保密性，当事人可以挑选专家组成仲裁庭，没有上诉程序和有限的证据开示程序。依照反馈者的排序，国际仲裁的"微弱优势"是仲裁过程的迅捷和友善，以及仲裁裁决更容易得到自愿履行的可能性。排在最后的优势（布赫林－乌勒将其描述为"不相关"或"不存在"）是仲裁声称的较低成本和结果的可预测性。根据这些结果，布赫林－乌勒最后认为当事人选择仲裁是对"在国内法院进行国际纠纷诉讼出现的特定问题"的一种反映，而不是期望"创建一种根本不同于诉讼的程序"。

布赫林－乌勒设计了一些具体问题，以便在与国内法院诉讼进行比较的基础上说明国际仲裁的成本和速度。这项调查要求反馈者确认仲裁与诉讼相比"一般情况下花费少"、"一般情况下花

20

---

〔4〕 布赫林－乌勒的研究还考察了和解，这个议题将在本书第四部分讨论。布赫林－乌勒和几个作者合作的一篇文章将在这部分重印，该论文对这项研究中的一些发现进行了更新。

费并不少"或者"只在特定国家或特定类型的案件上比诉讼的花费要少"。对于仲裁是否比诉讼速度快,问卷给予了反馈者类似的选择。布赫林－乌勒归纳调查结果如下:"总的来说,仲裁被认为**比诉讼速度快但花费并不比诉讼少**,不过不同地域的反馈者所持的态度具有相当大的差异"(例如,美国人"对仲裁的迅捷持有较大的怀疑态度",但"对于国际商事仲裁的成本优势则比样本中的其他反馈者更持肯定态度")。

仲裁是否比法院诉讼更快或者成本更低是一个时时刻刻都要面对的问题,也是影响当事人选择纠纷解决场所的重要因素之一。但是它却是一个很难回答的问题。由于案件选择偏差的存在,将法院案件与仲裁程序进行的直接比较并不成功。仲裁员仲裁的案件与法院审判的案件是不相同的,因而将实际仲裁程序的平均成本和速度与法院实际案件进行比较并不具有特别的意义。一个更复杂的问题是不同国家的法院体系不一样,因此比较的基准极为关键:仲裁在一个国家可能比诉讼更便宜或更快,但在另一个国家则并非如此。

一个可能的方法是把实际案件的数据作为一项仲裁费用实验研究的一部分。研究者掌握了关于诉讼案件的实际费用数据后,要求当事人的代理人基于诉讼案件的事实估计其在仲裁中的可能费用,或者相反。通过向当事人的代理人调查各类案件,并将结果进行标准化处理,一个研究者也许能够获得一些关于可比较案件的仲裁和诉讼费用情况的洞见。另外一个可能的方法是对产生于同样或相似事由的案件进行比较,在这些案件中,一些当事人同意仲裁,而其他当事人并不同意。特许就是一种可能发生这种案件的情形,因为有些特许协议的版本包含有仲裁条款,有些没

有。如果被特许人与特许授予人发生同样的纠纷，有些纠纷会通过仲裁解决，而另外一些则在法院解决。尽管这些案件并不相同，

21 但却非常相似，这也许使研究者能够将通过仲裁解决案件的速度和费用与诉讼中的案件进行比较。

与抽象地询问当事人关于仲裁的优势有所不同，理查德·W. 奈马克和斯蒂芬妮·E. 基尔在重印于本书的第二项研究中则集中于一个与此相关的问题。奈马克和基尔要求美国仲裁协会（AAA）的国际仲裁参与者（90 位律师和 55 位商业人士进行了反馈）仅就未决纠纷中的八项因素的重要性进行排序。"绝大多数"的参与者（81%）将"公平和公正的结果"列为最重要的因素，明显超过了紧随其后的重要因素——成本（46%）、速度（46%）、获得金钱裁决（43%）和仲裁员的专业性（41%）。奈马克和基尔对这一结果提供了几种可能的解释，包括愤世嫉俗的解释（"公平和公正的结果"仅仅是"想赢得胜诉的借口"）、哲学性的解释（当事人想的不仅是"实体正义"，还有"程序正义"——即"以'恰当的方式'获得结果"）和方法论的解释（"一些调查的参与者可能倾向于给出他们相信更具有社会期待性的答案"）。更有可能的是"公平和公正的结果"是用另一种方式表明：当事人选择仲裁是因为仲裁提供中立的——也就是公平和公正的——解决纠纷的场所。

另一个有趣的结果是参与者对纠纷解决程序的保密性以及与另一方当事人保持进一步的商业关系的潜在可能的排名很低。尽管这两项经常被列举为当事人同意仲裁的原因，但在本研究的特定案件参与者（包括律师和商业人士）看来是相对不重要的。考虑到所有的这些当事人都因与对方的纠纷而被卷入到仲裁程序，对保持未来的商业关系的重要性排名较低也许并不令人奇怪。至

于保密性，奈马克和基尔解释道，"随后与仲裁员的圆桌讨论揭示了一个观点"，即在国际仲裁中"保密性是经常被高估的一项特性"。尽管在一些案件中保密性可能很重要，但在另外一些案件中明显并不重要。

考察当事人为什么会同意仲裁的一个替代性的方法是将重点放在当事人的行为而不是他们对调查问题的反馈上面。[5] 这样的研究需要抽取一些国际合同的样本，其中的一些合同包含有仲裁条款，而另一些没有，同时加上量化了的可以解释当事人选择仲裁或诉讼的因素的数据。接着将对这些数据进行统计分析，利用回归分析以控制各种复合因素。然而要收集这些所需的数据从而实施这项研究是很困难的，尤其是在国际背景下。当然，如果能够收集到数据，直接考察当事人的行为而不是当事人对他们行为的**说法**就是这一方法的优势。

另一个未来研究的可能课题是为什么有些纠纷要到仲裁中来 22 而有些不用。很显然，并不是所有国际合同的当事人都会有纠纷；有些出现纠纷也能够不用求助于仲裁就得到解决。[6] 什么因素能解释这种差别呢？当然，有人会期待经济周期在解释中发挥一些

〔5〕 采取这种进路，利用美国特许协议的样本所做的一项研究，参见 Christopher R. Drahozal & Keith N. Hylton, "The Economics of Litigation and Arbitration: An Application to Franchise Contracts"（2003）32 *J. Legal Stud.* 549.

〔6〕 在对利昂·E. 特拉克曼（Leon E. Trakman）所做的调查的反馈中，国际石油公司（international oil companies）的法务人员估计，因履行问题产生的纠纷只占国际石油合同的 12%。Leon E. Trakman, *The Law Merchant: The Evolution of Commercial Law*（Fred B. Rothman & Co., Littleton, Colorado, 1983），p. 53; 另见 Leon E. Trakman, "Nonperformance in Oil Contracts"（1981）29 *Oil & Gas Tax Q.* 716, 731. 这些纠纷中76%当事人在诉讼或仲裁之前就能解决，只有13%最终通过诉讼解决，9%最终通过仲裁解决。（这项调查是特拉克曼所做的关于石油合同不履行问题的一项广泛得多的实证项目的组成部分。由于他报告的结果大部分都是定性而非定量的，所以没有在本书中重印。）

作用（比如当经济处于下滑阶段时，纠纷更可能发生）。如果研究者能够识别那些可以在第一时间减少纠纷产生的数量的合同规定，包括纠纷解决条款的规定，这将是特别有意思的事情。

　　大部分同意仲裁的当事人是在没有法院命令的情况下进行仲裁的（尽管这还需要实证资料来证实）。但是涉及到法院的案件情况如何？法院命令当事人去仲裁的案件占多大比例？法院拒绝执行仲裁协议的比例是多少？当事人到法院对仲裁协议提出异议的最常见的理由是什么？法院拒绝执行的原因是什么？这些信息对当事人决定是否同意仲裁以及对纠纷解决条款的起草者都是很有用的。[7]

　　最后一个比较有意思的领域则是从宏观角度而不是微观角度来考察仲裁的好处：国际商事仲裁是如何影响到整个社会而不仅仅是合同当事人的？让国际仲裁协议（和裁决）具有可执行性的法律和条约是否促进了经济增长或是否促进了国际贸易？理论上，有理由相信执行仲裁协议能够促进经济的增长和国际贸易。[8] 在许多研究中，经济学家关注"经济自由"（包含合同执行和法治指

---

　　〔7〕　当然，案件选择偏差（导致被异议的条款并非来自随机抽样）要求从任何实证结果中提出结论都必须很谨慎。

　　〔8〕　例如，菲利普·麦克康那盖（Philip McConnaughay）区分了发展中国家和发达国家在扩大公法请求的可仲裁性方面的效果。对于发展中国家，他主张：

　　将合同自治延伸到公法……可能从两方面推动国际商业和促进经济发展，第一方面是作为在公共领域不完善或者尚缺乏的经济规制机制和纠纷解决机制的替代，另一方面则是通过促进国内向法治转型，增加经济持续增长的可能性。Philip J. McConnaughay, "The Scope of Autonomy in International Contracts and Its Relation to Economic Regulation and Development"(2001) 39 *Colum. J. Transnat'l L.* 595, 640 ~ 641. 通过对比，他认为"当发达国家将国际合同中的自治延伸到公法领域时，这种延伸有可能减少国际商业的可预测性，降低跨国商业的保护性规则。"Id. at 645 ~ 646. 这种区分，至少部分是可以通过实证验证的，尽管有一定的难度。

标）与一个国家的贸易模式和经济增长之间的关系。[9] 大部分的研究没有明确考虑各国的仲裁法（尽管衡量一个国家对法治的尊重程度的一个众所周知的指标是"它对合同纠纷的外国仲裁的认可"）。[10] 但是，一项研究的确发现，一个国家批准《解决国家与他国国民之间投资争议公约》（又称《华盛顿公约》或者《ICSID公约》）和该国家国际贸易量之间存在正相关。[11] 通过利用能解释批准《关于承认与执行外国仲裁裁决的纽约公约》（以下简称《纽约公约》）或采用《UNCITRAL 示范法》的变量来复制这类研究看起来似乎相对简单。尽管想发现任何可测量的效果似乎期望过高，[12] 但的确值得一试。

最后，马卡姆·鲍尔（Markham Ball）和 理查德·鲍尔（Richard

---

〔9〕 E. g. , Dani Rodrik et al. , "Institutions Rule: The Primacy of Institutions Over Geography and Integration in Economic Development", Oct. 2002（NBER Working Paper 9305）; Priya Ranjan & Jae Young Lee, "Contract Enforcement and the Volume of International Trade in Different Types of Goods", May 2003（working paper）. *Compare* Andrew K. Rose, "Do We Really Know that the WTO Increases Trade?", Oct. 2002（NBER Working Paper 9273）（forthcoming *Am. Econ. Rev.*）（发现 "一旦标准因素已得到考虑，GATT/WTO 的成员资格与提高贸易并没有关联"）*with* Arvind Subramanian & Shang-Jin Wei, "The WTO Promotes Trade, Strongly But Unevenly", Oct. 2003（NBER Working Paper 10024）（发现 "WTO 显著增加了工业国家的进口，增加比例可能达到 68%……但是它在增加发展中国家的进口方面发挥的作用则没有那么明显"）. 对于法律制度和经济增长之间关系的一个文献综述，参见 Frank B. Cross, "Law and Economic Growth"（2002）80 *Tex. L. Rev.* 1737, 1764 ~ 1771.

〔10〕 William W. Beach & Marc A. Miles, "Explaining the Factors of the *Index of Economic Freedom*" in Heritage Foundation & Wall Street Journal, *2004 Index of Economic Freedom*, pp. 49, 64, www. heritage. org/research/features/index/downloads. html.

〔11〕 Ranjan & Lee, Supra note〔9〕, at 17（"当两个国家都是 ICSID 缔约国时，其差异货物贸易量比至少有一个国家不是 ICSID 缔约国的两国间的量要高出 27%"）. 作者对有望出现这种正相关提供了两种原因："首先，签订这一条约能够向别人表示这一国家将有意执行财产权等。其次，由于许多国际贸易都是通过跨国企业进行，ICSID 缔约国之间跨国投资的增加也会增加跨国企业之间的贸易量。" Id. at 15.

〔12〕 Cf. Cross, supra note〔9〕, at 1764 ~ 1765（"我们不大可能从一项具体的反托拉斯学说中发现对一般的经济增长的效果，例如……"）.

Ball）的一项正在进行的研究项目将视线放在了一个相反的问题上。与考察一个国家的仲裁法律框架对国际贸易或经济增长的作用不同，他们的项目关注的是"与成功的仲裁体制相关联的法律环境和其他经济和社会因素……"[13] 换句话说，马卡姆·鲍尔和理查德·鲍尔试图确定什么样的国家有可能将仲裁培育成一项解决纠纷的替代机制。这一研究还没进行到可以被收入本书的时候，但其预示着未来的希望。

（陈福勇　译）

---

[13] Global Center for Dispute Resolution Research, Press Release, Feb. 21, 2003.

▼
▼
▼

关于国际商业纠纷仲裁与
和解的一项调查[*]
——仲裁的优势

克里斯汀·布赫林－乌勒

一、调查方法   25

从 1991 年 11 月到 1992 年 6 月，笔者做了一项实证研究。……调查主要是就选择仲裁的原因、与仲裁相关的成本与迟延、仲裁中使和解达成的方式等问题询问国际商事仲裁参与者的感受，并对其在多大程度上会启用替代程序进行了调查。

---

* 原文发表于 Christian Bühring-Uhle, *Arbitration and Mediation in International Business*（Kluwer Law International, The Hague, 1996），pp. 127~156（注释重新排序）. Copyright ⓒ 1996 by Kluwer Law International. 该书的第二版将于 2005 年发行。这里重印的选节讨论了为什么当事人同意对他们的纠纷进行仲裁而不是进行诉讼。没有在此重印的部分里面，该书还考虑了：①仲裁中成本的发生时间问题（依赖于脚注中提到的"附加的调查问卷"）；②仲裁员是如何在仲裁程序中促进和解的；以及③替代性纠纷解决技术在仲裁中的使用。关于仲裁中和解的最新研究成果请参看本书的第四部分。

（一）数据的搜集

在来自国际商事仲裁和替代性纠纷解决领域的许多学者、从业人员和机构的帮助下，调查问卷得以设计完成，同时确定了一组在国际商业纠纷方面拥有丰富经验的从业者作为样本群。调查问卷包含定量部分及"补充"部分。前者要求回答"是"或"否"，并以百分比估算或四和五级量表的评估形式给出数值的反馈；后者包含定性的开放式的问题，要求提供个人的观察、判断和建议。[1] 这些定性问题旨在引出实例或较具体的说明，作为解读统计资料的基础；同时提供与定量问题所不可避免的一般化相区别的信息。因此，问卷中定性的部分是访谈时的重心所在。

近150份调查问卷被发放给来自20多个国家的仲裁员、律师和公司法务人员，结果共有来自17个国家的91个人给予回应。[2] 其中，68个是面对面的访谈，[3] 其余的是书面访谈。访谈持续20分钟到两个半小时之间，平均时长40到50分钟。[4] 在这些谈话中，重点主要放在问卷的定性部分，而定量的问题通常在最后的10到15分钟进行回答，亦或在访谈之前或之后用书面回答。在有些情况下，访谈全部围绕着定性问题。在67份问卷中定量部分得

〔1〕 相关结果（在可以量化的范围内）可以在原书（to Christian Bühring-Uhle, *Arbitration and Mediation in International Business*）附件1和2的表格里找到。

〔2〕 除了对仲裁从业者进行了访谈，还对12个替代性纠纷解决方法领域的专家就ADR方法的具体方面进行访谈。然而在这些访谈中搜集的数据没有进入到调查中来，因为它们与国际商事纠纷解决无关。受访者的名单见原书（to Christian Bühring-Uhle, *Arbitration and Mediation in International Business*）附件3。

〔3〕 有两次访谈是通过电话进行的。

〔4〕 大部分的访谈是通过英语进行的，也有少数场合使用德语、法语和西班牙语。只有少数的访谈中，用录音带对谈话进行录音。所有的访谈都是用英语进行记录的，部分是记了摘要，部分是实录。这些需要保密的记录以及完整的问卷由作者保存，可以在签订保密协议之后供检验或进一步研究。

到了回答。由于有三次是两个从业者一起被访谈的，因此这 67 份问卷中包含了 70 个从业者的观察。[5]

（二）样本

………

一定的样本规模（有 67 份问卷被用于定量分析）是进行准确统计评估的较低层次的要求。[6] 但是，在与参照组（reference group）的整体规模作对比时，样本规模的重要性就显示出来：世界范围内有着多次国际商事仲裁经历的从业者总数可能在 500 名到 1000 名之间，根据可以证明的经验和行业内的声誉，可以假定本次调查的样本群中至少有 1/3 的从业者属于全球国际商事仲裁领域中排名前 100 位的最重要人士。同时，从 68 个个人访谈[7]中获取的丰富的定性数据无疑也为定量结果的定性解释提供了良好的基础。

样本群包括了 20 个居住在美国的美国人、3 个居住在巴黎的美国人、13 个德国人、6 个瑞士人、5 个法国人、5 个英国人、2 个哥伦比亚人、2 个荷兰人、2 个西班牙人、1 个澳大利亚人、1 个奥地利人、1 个丹麦人、1 个埃及人、1 个意大利人、1 个墨西哥人、1 个波兰人、1 个瑞典人和 1 个叙利亚人。大部分的调查参与者来自欧洲和美国是因为受后勤等方面的限制，访谈的地点只

27

---

〔5〕 另外一份问卷涉及随着时间经过而自然增加的成本以及仲裁庭费用的相对重要性，仅得到来自于 5 个国家的 16 个反馈者的的回应，样本量比较少，参见注释〔16〕。

〔6〕 这就是为什么本文的定量分析只限于计算百分比和平均值，而没有试图进行回归分析或其他类型的关联分析。

〔7〕 这些访谈的书面记录达到 300 多页（每页都是单倍行距）。

能定在欧洲和美国，[8] 同时也因为寄往其他地区的问卷回收率低。不过，这同时也是当前的国际商事仲裁制度起源于欧洲并且具有绝对的"西方"性质的一种反映。[9]

因此，这次调查发现的结果应该被认为只代表在国际仲裁领域占主导地位的"古典的"、"西方式的"实践，不能忘记的是还有其他的实践存在于世界上的特定地区[10]和具体领域内。[11]

由于后勤等方面的原因，大部分的访谈在美国和德国进行。因此，如果从这两个国家在国际商事仲裁实践中的相对分量来衡量的话，美国人和德国人在样本群里面可能被过度代表。[12] 比较来自不同国家的受访者的态度和经历，可以发现两种模式：对有些讨论的问题，具有普通法背景（美国和英国的参与者）的法律人和具有民法法系背景的法律人（来自欧洲大陆国家的参与者）出现有分歧。[13] 然而，在大部分的事项中，德国受访者表现出的经验和态度可以被清楚地区别于从其他欧洲民法法系国家的受访者所获得的数据。在这些例子中，三类群体模式的发展构成一段

28

---

〔8〕 例外是有两次访谈是 1991 年 12 月在哥伦比亚的波哥大（Bogotá）进行的。

〔9〕 尽管非欧洲和非美国的当事人数量有所增长，同时诸如 ICC 和 LCIA 等仲裁机构以及诸如国际商事仲裁委员会（ICCA）等组织最近几年已经采取真正的全球视野和国际化人员构成，国际商事仲裁仍然是一个由"西方"占支配地位的制度。大部分的当事人、仲裁员和仲裁地点仍在欧洲，甚至来自于世界其他地方的当事人也经常在欧洲或美国的律师代理，委任欧洲或（在较少情况下）美国的仲裁员。

〔10〕 具有特殊意义的地域多样化是在远东的几个国家已经有所发展的区域文化元素和国际商事仲裁框架的结合……。

〔11〕 后者的例证是海商和货物仲裁……。

〔12〕 不过，作为国际贸易和投资的主要参与者，美国人和德国人也是经常参与国际仲裁程序的当事人，这是为什么大部分被访谈的公司法务人员来自于这两个国家的原因。

〔13〕 其他来自普通法系国家（一个澳大利亚人）和非欧洲民法法系国家（三个南美洲人）的反馈者没有加入对比的行列，因为他们个体的数量太少以至无法区分他们是属于传统的普通法组、民法组还是自成一组。

值谱，美国和德国受访者分布在两极而其余的欧洲大陆的受访者分布在中间的某一段。[14]

就样本群中相关成员的背景而言，所有的参与者都是受过训练的法律人，12 个是具有国际业务公司的法务人员，其余的是法学教授和占主要部分的私人从业者。他们中有些主要是担任仲裁员，其他的则在国际仲裁程序中代表当事人。然而，大多数人既担任过仲裁员也担任过代理人。这些人的经验水平从参与几件到一百多件国际仲裁案件不等，其中大约 80% 的人参与过十次以上的国际仲裁。[15] 总而言之，调查反映了超过 1500 件的国际仲裁案件的经验。[16]

·············

（三）数据的质量

国际商业纠纷类型极其多样，每一个国际仲裁在某种意义上都是一个独特的事件。国家商事仲裁的法律框架非常富有弹性，允许大量的程序变化以满足特定案件的特别需要及参与者的偏好和习惯。这种把法律和文化背景迥异的律师和商人召集到一起的程序，不可避免地产生了来自于不同源流的程序因素的独特结合。

---

〔14〕英国反馈者和居住在巴黎的美国人提供的答案有时候接近于美国人的答案，有时候又接近于欧洲大陆人的答案。但是这一群体人数太少以至无法对他们进行可靠的定量评估。

〔15〕28 个（42%）反馈者参与了 30 次以上的仲裁，10 个（15%）反馈者参与仲裁的次数少于 10 次，同时 16 个（24%）反馈者没有明确说明他们的经验程度。

〔16〕〔对于两个问题，使用了一组较小的样本，因为这些问题涉及在原来的问卷中没有包括的仲裁的成本构成和它们随着时间经过出现的自然增长情况，因此必须起草一份附加的问卷。由于后勤等方面的原因这份问卷只能分发给来自 7 个国家的 25 位非常资深的从业人员。其中有 20 位从业人员作了反馈，但是只有来自于 5 个国家的 16 个反馈者的回答被用于定量分析，因为有 4 个反馈者提供了描述性的答案而不是填写调查问卷。〕

因此，任何统计分析和任何形式的关于国际商事仲裁一般化陈述的做出及其理解，都必须极其谨慎。

第二个警告是，如同任何实证调查或其他科学调查一样，所获得的回应总是受到问题的具体设问方式的影响，而问题的设问方式，与一般的研究行为一样，不可避免地受到作者的具体研究目的（*Erkenntnisinteresse*）的引导。

此外，**语义的不确定性**必须给予应有的考虑。用以描述特定现象和定性的词语，尤其是有关仲裁程序的特定因素的相关性或频率的词语可能对不同的个体有不同的意义，尤其当个体有着**不同文化和语言背景**之时。相同数值的频率可能被一个受访者评估为"有时"，而被另一个认为是"很少"。诸如"高度相关"或者"显著"或者"经常"等词以及"有时"、"很少"的限定语，乃至诸如"几乎总是"、"实践中从来没有"、"众多因素之一"等表面上毫无歧义的词语都会有不同的理解。这导致的现象是，同样的数值频率依据语境和与情景相关的一般期待的不同而有不同理解：四个案件里面有一个案件使用了专家证人可能被归类为"有时"或"很少"发生，但是如果是与仲裁员接受贿赂相关，那同样的比例会被认为是"经常"（甚至是**过于**经常）。尽管如此，调查所获得的回应在以下两方面的确有些价值：一是作为国际仲裁中特定现象的相对（较低程度的绝对性）重要性的粗略指标；二是代表了朝着更好地全面理解国际商事纠纷解决这一多样而隐秘领域的方向迈进的一步。

另外一个不确定因素是不可能对答案进行核实，特别是因为许多问题涉及个人的观察和判断，这导致**回答不可避免地具有主观性**。然而，国际仲裁的过程并不公开进行，以至于几乎不可能找到一个更精确的实证分析形式，[17]而样本群总的来说提供了大量丰富的经验，这就是为什么研究发现确实允许一定程度的仲裁程序一般化。[18]

....

对于大部分问题都以假设的形式提供标准化的答案，要求对这些假设进行确认或否认，或者根据它们的实践相关性或频率进行排列。调查围绕着四个主要的议题：①国际商事仲裁相对于诉讼的优势；②仲裁的成本；③仲裁之前和仲裁期间的自愿和解；④替代性纠纷解决机制在国际商业纠纷中的使用。[19]

二、仲裁的优势

......第一个打算通过调查来验证的假设是国际商事仲裁**仅仅**是更符合国际商务需要并且能避免在国家法院进行诉讼所产生的缺陷的**另一种形式的诉讼**，它**没有**并且也无意作为一种绝对不同的**"替代性"**解决程序去运行。

为了发现国际商事仲裁的真正功能和为什么当事人选择仲裁

---

〔17〕 一项更精确的实证研究方式也许是对大量国际仲裁程序进行观察，但是由于仲裁程序的本质特征和平均持续时间，这将需要许多年的时间、巨大的财力和一支完整的熟悉国际仲裁并精通各种语言的观察员队伍，而这反过来将产生数据收集方法的一致性问题。

〔18〕 ［最后，以附加问卷为基础进行调查得出的结果应该持有特别的谨慎去看待，因为样本规模相当小，无法对不同地域群体进行独立分析，同时所要评论的现实情况也有着巨大的差异性。一些反馈者添加了警诫性提示，强调所做回答本质上具有尝试性，不同个案之间会出现很大的波动性。］由于同样的原因，反馈回来的一些附加问卷给出的答案有一定的区间范围，而不是确切的数字，如对仲裁员在证据听审上花费的时间占仲裁员总的工作时间量的比例问题，一些反馈者不是提供一个固定比例而是回答一个范围，比如20%～50%。这使得计算出所有反馈者的平均数难度更大，但它有利于对总体可能性范围做出更精确的确定。

〔19〕 对 ADR 技术在国际范围内使用情况的调查结果将在原书（Christian Bühring-Uhle, *Arbitration and Mediation in International Business*）第六部分"替代性纠纷解决程序的背景"中说明。

而不选择在国家法院诉讼的原因，问卷列出一些通常提到的仲裁优势，并要求被调查者根据其个人经验来回答这些优势是否实际上存在以及如果存在，其与选择仲裁的决定有多大程度的关联。[20]

在国际范围内对仲裁与诉讼进行的所有比较，都必须明确区分仲裁是与哪一种诉讼制度进行比较。下面讨论的问题在这一点上并没有区分，因为将国际仲裁和不同国家法院系统下的诉讼分别比较，将使问卷及其定量分析难以操作。有鉴于此，理解下面的分析时必须牢记这一限制条件。

每一项假设的优势存在五种可能的答案：[21]

- "高度相关"，
- "显著"，
- "众多因素之一"，
- "不相关"和
- "优势不存在"。[22]

31　　……接下来是对最重要的发现结果的讨论，顺序先后依据假设的优势和样本里出现的变量的相关性进行确定。

（一）最重要的优势

毫无疑问，两个最重要的优势，可能也是两个选择仲裁作为国际商事纠纷解决途径的最重要的原因似乎是**仲裁庭的中立性**（亦即避免受到一方当事人所在国法院管辖的可能性）和法律框架

---

〔20〕　由于不是每一个参与者对所提供的假设都进行反馈，每一个假设的优势收到的回答数量在 53~60 之间。

〔21〕　同等程度的相关性可用于回答几项假设的优势。

〔22〕　后者可能意味着在反馈者眼中一项假设不是错误（例如，仲裁并没有被认为比诉讼更友善），就是它陈述的事实并不能成为一项优势（例如，没有上诉程序被一些人认为是优势，却被另一些人认为是劣势）。

的优越性（即由诸如《纽约公约》这样的条约保障的裁决可在国际范围内执行）。这两项都被超过80%[23]的反馈者认为是"高度相关"或"显著"，同时，每一项只有3个反馈者（5%）认为实际上该优势不存在。[24]

根据从 –1（"优势不存在"）到3（"高度相关"）[25] 的量表进行赋分，关于仲裁庭中立性和裁决可在国际范围内执行的综合显著系数高达 2.4,[26] 这就几乎把两项考虑的因素放在了"显著"和"高度相关"的正中间。

（二）其他重要优势

按照相关性的顺序，仅次于最重要优势的是国际商事仲裁中存在程序的**保密性**、仲裁庭的**专业性，没有上诉程序**和**有限的证据开示程序**。这四项供考虑的因素中每一项都明显地被大多数（接近或超过60%）的反馈者认为"高度相关"或"显著"。在这一组的仲裁优势中，程序的保密性最少受到质疑（只有7%的人认为这一项优势不存在），其他三项因素受到大约1/5（在19%和

32

---

〔23〕 所有百分比数字都被四舍五入到整数。

〔24〕 更多细节参见原书（Christian Bühring-Uhle, *Arbitration and Mediation in International Business*）附件1的表格。

〔25〕 在评分表里，其他的数值包括："显著" = 2，"许多因素中的其中之一" = 1，"不相关" = 0。

〔26〕 这一单个"显著性系数(significance factor)"的数值被四舍五入到小数点后第一位数。"显著性系数"的计算方法是：讨论某一属性时，对答案为"高度相关"（"HR"）的乘以3，对"显著的"（"S"）乘以2，对"许多因素中的其中之一"（"OF"）乘以1，对"不相关"（"NR"）乘以0，对否认优势存在的答案给予乘数 –1（"D"），再除以收到的答案总数（"T"）。公式如下：(HR×3 + S×2 + OF×1[+ NR×0] – D) / T。这个公式对于比较性目的是有用的，但可能对于假定优势的绝对相关性并不是一个完全准确的指标，原因在于它对于否认存在的答案乘以 –1，但对于确认一项优势存在的答案最高可以乘以3，这可能夸大关键特性的显著性。这一问题本质上是无法解决的，因为没有办法将一项优势的显著性与它不存在的"显著性"进行数字化比较。

23%之间）的质疑，并且平均相关值接近"众多因素之一"和"显著"之间的正中央：可以选择具有特定专长的仲裁庭得分为1.6分，没有上诉程序得1.5分，可以采取有限证据开示程序被赋予1.3分。

对于有限证据开示，存在矛盾的看法，因为有些反馈者倾向于把它与美国法院实践中广泛的证据开示相比较，而其他反馈者并不了解普通法意义上的证据开示程序，只是将其与民法法系的实践相比较。[27] 因此，如果有相对多的受访者（21%）认为有限证据开示的做法不存在优势，他们的原因可能是非常不同的。同时，受访者所处的不同的法律传统导致在对仲裁实践这一方面优势进行评估时呈现明显的"地域"差别。另一个存在矛盾看法的仲裁属性是没有上诉程序。对大部分从业者来说，要想在合理的时间段内取得最后裁决，没有上诉程序是至为关键的，但在一些接受访谈的从业者看来，这一点同时也可以被认为是劣势，因为没有上诉程序严格限制了纠正仲裁庭所犯错误的可能性，即便仲裁庭犯有严重的错误也是如此。因此，在本组的四项仲裁优势之中，没有上诉程序在"高度相关"（37%）和"优势不存在"（23%）两项都得到最高比例。

（三）微弱的优势

国际商事仲裁的属性中，总体上被认为只是处于"众多因素之一"和"不相关"之间具有微弱优势的是程序的**快捷、友好**和可能更**自愿执行**裁决结果。在每一项中，认为这一属性"高度相

---

〔27〕 See Christian Bühring-Uhle, *Arbitration and Mediation in International Business*, p. 29ff.

关"或"显著"的受访者不会超过40%，比认为优势不存在的受访者要少。仲裁可能速度更快和更友好的相关性平均得分都是0.7分，而可能更自愿执行仲裁裁决的相关性平均得分为0.5分。

33

（四）不相关或者优势不存在

调查问卷中提供的11个假设的仲裁优势中，两个最不重要的是程序成本比较低（这一项总体上被认为不相关）和结果的可预测性（这一项被认为在不相关和不存在之间）。超过一半的受访者（51%）认为成本优势不存在，同时3/4（75%）的人怀疑仲裁结果更具有可预测性。对假定的成本优势的重要性总体分值为0.2分，对结果更有可预测性的分值是－0.5分，这是在所有讨论的考虑因素中最低的综合分值。

（五）"其他"优势

做出反馈的个人中有15个具体指出了选择仲裁而没有选择诉讼的八项"其他"原因：

● 最频繁提到的原因（被提到5次）是当事人**可以自己选择仲裁庭成员**；

● 被提到4次而紧随其后的是感觉在国际商事纠纷中**没有**真正**能够替代**仲裁的解决机制；

● 接下来是被提到3次的程序具有**更大的灵活性**和

● 在程序中**选择语言的可能性**；

● 被提到2次的属性是**商业关系的保持**和

● 仲裁作为一种"**豪华的**"诉讼形式的事实；

● 每项被提到1次的是仲裁员在适用**外国法**中的特别专长和

● **程序的进行较少受技术性问题的困扰**。

这些"其他"优势大部分可以看作只是对调查问卷里面已经

34

提到的一些假定的优势的不同表述。比如，选择仲裁庭的可能性
在仲裁庭的中立性和更强的专业性中得到体现，感觉缺少可替代
的选择与中立性和可执行性密切相关，因为当事人不认为在国家
法院进行诉讼可作为替代性选择的原因是他们想避免①不得不出
现在另一方当事人的"所在国法院"以及②执行外国判决的困难。
同样，保持商业关系的假定可以看成是仲裁友善的一种功能；对
外国法的专长仅仅是仲裁庭总体专长的一个侧面。至于剩下的
"其他"优势，同样可以看成是从仲裁的根本特征延伸出来的：仲
裁固有的**当事人自治**使得在当事人和仲裁员的合作下可能设计出
一种高质量的程序。这种程序犹如量身定做，更符合当事人包括
语言方面在内的特别需要，同时也更富弹性，较少受技术性问题
所困扰。一个法国仲裁专家的评论展示了仲裁的特性：

> "……对一个法国当事人，最大的优势是国际商事仲
> 裁提供了'豪华的审判'……而不是让一个 6 亿美元的
> 纠纷到了巴黎商事法院面前，在那里每一方只给一个小
> 时进行答辩，你不能提供证人，没有证据开示程序；对
> 于一个如此重要的纠纷，值得花成本去得到一个更国际
> 化并且更'豪华'的审判；你可以得到对证人证言更广
> 泛也更彻底的核实，又可以避免美国法庭程序的极
> 端。"[28]

（六）样本中不同组之间的区别

不同组别根据**地理位置**（美国人、德国人和其他欧洲大陆的
反馈者）、**经验**（参与 30 个以上国际仲裁的反馈者）、**职能**（公司

---

[28] 1992 年 2 月对一位法国从业者兼学者进行的访谈（由作者翻译）。

法务人员作为独立的一组）分别进行分析。**总的来说，**所发现的**区别不是非常明显，**特别是关于两个最重要的考虑因素：在每种情形中，超过3/4的反馈者认为**仲裁庭的中立性**和**结果可在国际范围内执行**是"［高度］相关"或"显著"。

在值谱的低端，对于最不重要的假设优势再次达成广泛的一致意见：在比较的每一组中，超过70%的反馈者认为仲裁裁决并没有比法院判决**更具有可预测性**。

对于以下三个假设优势，不同组别的确出现了不一致：证据开示程序的有限性、可能的成本优势和程序可能更友好。

也许并不奇怪，**证据开示问题**被德国人认为是最不重要的，他们很少碰到证据开示问题，因此给的显著系数是0.3（与总的平均值1.3相比较），然而美国人则属于给这一项最高分值（1.6）的一组，因为他们经常要担忧证据开示的成本问题。

调查问卷中所讨论的最具争议的考虑因素之一是程序可能的成本优势。但是这一次，美国人和德国人位于值谱的同一端，其余的欧洲大陆人处于另一端。反馈的美国人和德国人似乎认为有轻微的成本优势，给出的总体显著系数分别为0.6和0.3，其他欧洲大陆国家则比较怀疑：超过2/3（69%）的人否认这一优势的存在，给出的总分值是 -0.4 分。

最后，关于仲裁程序更友好的假设，公司法务人员和一般律师的评估有一点不同：7/10 的公司法务人员认为这一优势不存在，相应的总重要性分值是 -0.4 分，[29] 这远远低于该项的整体分值（0.5 分）。

35

36

---

[29] 10个反馈者中有7个（70%）认为更为友善的优势并不存在，有1个人（10%）认为这一优势是"不相关"、"许多因素中的其一"或者"显著的"，没有人认为它是一个"高度相关"优势。

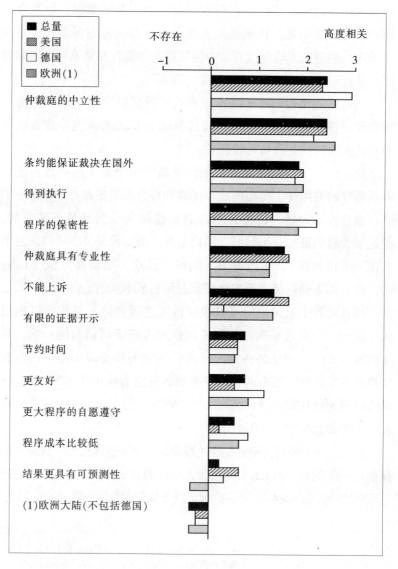

图表 1 仲裁的优势

（七）评论

经过检验的假设表明国际商事仲裁成为国际商业纠纷解决的主要途径，更多的是因为在国家法院争讼国际纠纷存在的具体问题，而不是因为想要创造一种根本不同于诉讼的程序。

仲裁庭的**中立性**和结果可**在国际范围内执行**这两项代表国际商事仲裁最重要优势的考虑因素清楚表明了跨国诉讼的两个基本问题：不管是否有正当理由，国际商务主体对国家法院是否能对外国当事人保持完全的中立没有信心，因此有强烈的愿望去避免到对方的"所在国法院"去接受审判。当一方当事人是政府或国有企业的时候，这一考虑就变得特别重要，因为一方面政府不愿意（有时候是受到宪法的限制）去接受另一个政府的管辖，另一方面私营主体也往往厌恶在自己的所在国法院去面对一个主权国家。

国际商务的参与者似乎痛苦地意识到跨国诉讼的法律框架缺陷，[30] 特别是在国外管辖权范围内执行判决的问题：

> "如果在判决方面存在类似于《纽约公约》的条约，那么50%的大的国际商事仲裁会变成法院诉讼。"[31]

一个被认为比较不重要但是明显与可执行性相关的考虑因素是仲裁裁决的**自愿执行**比例，根据国际商会（ICC）的数据，这一比例很高。[32] 尽管没有办法获取数据证明**为什么**当事人自愿执行，但似乎可以推定一个有效的执行机制的存在成为促使当事人自愿

37

---

〔30〕 更详细的分析参见 Christian Bühring-Uhle, *Arbitration and Mediation in International Business*, p. 17 ff.

〔31〕 1992 年 2 月 21 日在巴黎对皮埃尔·巴蕾（Pierre Bellet）的访谈（由作者翻译）。

〔32〕 根据"Thieffry, The Finality of Awards in International Arbitration", 2（3）*J. Int'l Arb.* 27, 29 n. 3（1985），ICC 的所有裁决中有 92% 是被自愿执行的。

执行的重要原因。

被认为重要的下一组国际仲裁优势同样与寻求任何纠纷解决的"替代"方法无关。**保密性**只是意味着公众（以及竞争者）被排除的程序之外，它与关起门来进行的具体程序类型没有关系。把纠纷交给对争议事项有**专长**的"法官"来决定以及缩短过度拖延的**证据开示程序**和冗长的**上诉程序**的这两个目的，应该被理解为一种提高诉讼质量和效果的期望而不是想要创造一个不同种类的程序。

最后，寻找一个比较非正式的"替代"纠纷解决方法的核心目标，即渴望得到一种**更加快捷，成本更低和更友好**的程序，似乎与在国际商务中选择仲裁只有很小的关联。这不是因为人们觉得在国际仲裁中这些优势没有实现，就是因为这些特性并不在参与者真正优先考虑的因素之中。这两个原因似乎都是（至少部分）正确的：超过一半的反馈者否认仲裁比较便宜，超过1/3 的人对仲裁更快和更友好表示怀疑，只有1/10 的反馈者认为速度、节约成本和友好是选择仲裁作为纠纷解决方式的"非常重要"的因素。正如一个从业者所解释的：

38

> "……当事人通常不担心成本，因为他们主要关注的是程序的结果；仲裁的优势不是减少成本，它是一个强调质量的量身定做的程序。"[33]

总而言之，国际仲裁所提供的和参与者所期待的不是一个"诉讼"的替代，而是一个**能在国际背景下起作用的诉讼体系**，以避免在国家法院进行跨国诉讼的缺陷。用国际商会仲裁院秘书长

---

〔33〕 1992 年2 月20 日在巴黎对马修·德·伯塞森（Matthieu de Boisseson）的访谈（由作者翻译）。

的话说：

"……驱使人们选择国际商事仲裁的［原因］不是他们想要一种更简单的审判形式，而是他们想要**一个更有信心的争议解决场所**，这种场所就是**仲裁机构所应该提供的主要服务**。"[34]

三、仲裁的成本与迟延

……

除对仲裁的比较优势进行一般性的讨论之外，调查问卷专门问到国际商事仲裁是否：

- 比诉讼"一般成本比较低"，
- "一般不存在成本较低"，
- "只有在跟下述国家的诉讼进行比较的时候才成本比较低"（要求列出这些国家），
- "只有与下述类型的案件诉讼相比的时候才成本比较低"（要求列出具体的案件类型）。

对于国际仲裁是否比诉讼更快捷的问题，也设计了相同的选项。

……

总而言之，作为一个一般性的结论，我们可以说，仲裁被认为比诉讼**更快捷**但并**没有**被认为比诉讼**成本低**。[35] 但反馈的情况

---

〔34〕 1992 年 2 月 25 日在巴黎对 ICC 国际仲裁院秘书长埃里克·施瓦茨（Eric Schwartz）的访谈（重点标志为作者所加）。

〔35〕 这一结果与克瑞泽尔（Kritzer）和安德森（Anderson）对美国国内仲裁所进行的研究发现是一致的，他们的研究结论是美国仲裁协会（AAA）的仲裁比诉讼快捷但并不必然成本更低，参见 Kritzer & Anderson, The Arbitration Alternative: A Comparative Analysis of Case Processing Time, Disposition Mode, and Cost in the American Arbitration Association and the Courts, 8 *Justice Sys. J.* 6 (1983).

根据所在的地区分组不同而有较大的差别。

对仲裁和诉讼所产生的**成本**进行比较，只有少数的反馈者（41%）认为仲裁"一般成本较低"，认为"一般不存在成本较低"的反而占多一点（43%），5 个反馈者（9%）认为只有在与特定国家（特别明显的是在 5 次中被提到 4 次的美国）的诉讼相比较的时候才成本比较低。[36] 另外 4 个反馈者（7%）认为仲裁只要在特定类型的案件中成本才会比较低，比如商品仲裁。

39　　仲裁在**迟延**方面获得了比较好的评价。对这一问题进行反馈的从业者中有 2/3（67%）认为国际商事仲裁"一般比诉讼更快捷"，只有 1/5（21%）认为一般不会更快捷。大约 1/10（12%）认为只有在与特定国家的诉讼（比如美国）或在特定类型的案件中（比如小额的商事或商品纠纷）才更快捷。

反馈的情况因反馈者**国籍**的不同有很大的差别。美国的反馈者对仲裁的快捷性更怀疑，59% 的人认为一般更快捷，24% 的人认为一般没有比诉讼更快捷。但是与样本中的其他人相比，美国人更认可国际商事仲裁的成本优势，只有 29%（相较于 43%）的人认为一般没有比诉讼成本低。对国际仲裁最赞许的要数德国人：几乎 2/3 的人认为它一般成本比较低，而整整 3/4 的人认为它一般更快捷。这种观点与其他欧洲大陆人的体验形成鲜明对比，后者的观点差异最大：大部分人肯定仲裁的快捷性（80% 的人认为仲裁一般比诉讼更快捷），但占到 2/3 的大多数人反对仲裁比诉讼成

40　本更低的观点。拥有最丰富**经验**的从业者也持有相类似的观点：

---

〔36〕　这 4 个人当中，3 个是美国人。

参加过 30 次以上国际仲裁的反馈者中有 3/4 （73％）[37] 的人认为仲裁一般比诉讼更快捷，但只有 1/4 （25％）[38] 的人认为仲裁一般花费更低。

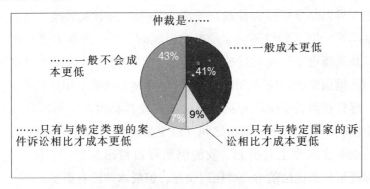

图表 2　与诉讼相比的成本优势

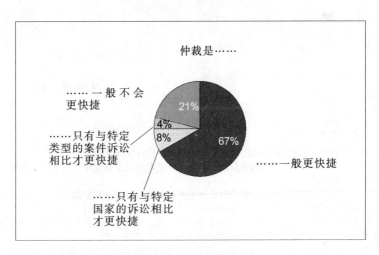

图表 3　与诉讼相比的延迟情况

---

〔37〕　26 个反馈者中的 19 个。

〔38〕　24 个反馈者中的 6 个。

仲裁通常略为快捷也许可以用以下事实进行解释：仲裁一般没有对实体问题的上诉和通常[39]仲裁不存在法院因案件积压所产生的问题。[40] 尽管有这些优势，仲裁通常和诉讼一样耗费成本，这至少可以部分解释为仲裁庭的成本必须由当事人承担，而法院的成本至少能部分得到国家的补贴。同时，……成本主要是律师和仲裁员所做工作量的反映，虽然相同数量的工作可以在更紧凑的时间里面完成，较早的结束程序并不必然意味着工作量的减少。

41　　尽管任何关于国际仲裁和诉讼的比较都会因源于不同仲裁和诉讼体制[41]以及不同纠纷之间（以个案比较为基础时）[42]的许多差别而在效果上打折扣，我们仍然可以得出结论：总体而言，国际商事仲裁比法院诉讼要**相对快捷，但成本并没有更少**。

（陈福勇　译）

---

〔39〕 亦即，如果仲裁员实际上处于能够对案件投入足够时间的状态。

〔40〕 在一些国家，在诉讼中仅仅获得一审开庭时间就要好几年，在上诉法院有时候需要等更长时间。

〔41〕 这种比较同样取决于诉讼时是否考虑上诉的可能性以及仲裁时是否考虑裁决被司法审查的可能性。就此而言，必须承认，尤其是涉及大额争议时，诉讼案件倾向于走完所有可能的上诉程序；同时在多重管辖的背景下，拒绝执行裁决要比拒绝执行外国判决发生得少。但这是在任何情况下都必须认真对待的残酷事实。另一个必须考虑的因素是当一项纠纷进入仲裁，严重的拖延和成本也会偶尔因程序方面的附带诉讼而产生，尤其是涉及仲裁庭管辖权问题的附带诉讼……。

〔42〕 不过，在特定纠纷中影响仲裁成本的许多因素（比如案件的复杂程度、争议金额、对抗的程度，等等）都将显现出来，而不会因该案件是通过仲裁还是诉讼来解决而有区别。

▼
▼
▼

国际私人商事仲裁[*]
——律师和商人的期待与感受：
一项强制排名分析

理查德·W.奈马克　斯蒂芬妮·E.基尔

　　笔者承担了一个项目，对律师及其客户在私人国际商事仲裁 43
中的感受和期待进行调查，这是一个超越单纯的满意度调查的难
得机遇。[1] 调查旨在了解当事人对仲裁程序及其在程序中之角色
的具体感受，获取与之相关的经验理解———一种比通常所获得的
更深层次的理解。

　　本文介绍调查中的一项特别重要的问题。参与者被要求依据

---

　　* 最早发表于（2002）30（5）*International Business Lawyer* 203～209. Copyright ©
2002 by the IBA Section on Business Law. 重印已获授权。

　　〔1〕 Thomas J. Stipanowich, "Beyond Arbitration: Innovation and Evolution in the United
States Construction Industry" （1996）31 *Wake Forest L. Rev.* 65～182; see generally Steven
Lazarus, John J. Bray, Larry L. Carter, Kent H. Collins, Bruce A. Giedt, Robert V. Holton Jr.,
Phillip D. Matthews and Gordon C. Willard, *Resolving Business Disputes: The Potential of Com-
mercial Arbitration* （1965）,15～171.

在目前纠纷中的重要性程度对各因素进行排名（具体的参与者、程序和统计资料见本文后的附件）。结果有点出乎意外，比如对程序保密性的重要性被排名很低。更加值得注意的是，与诸如获得金钱裁决、速度、成本、仲裁员的专业性和终局性等因素相比，程序的公平和公正具有压倒性的重要地位。

目前的研究结论初步展示了通向仲裁（至少是国际商事仲裁）中当事人观点和期望的比较具体的路标。这一路标让我们认识到广义的公正对当事人的重要性，同时暗示着当事人对仲裁中的重要因素进行评价时实体[2]和程序[3]同样重要。

44

一、结果

强制排名调查的最重要发现是绝大多数的当事人把公平公正的结果放在最重要的位置，甚至高于获得金钱裁决、产生结果的速度、成本和仲裁员的专业性（表1）。[4] 排名上面的差异非常显著，81%的被调查者把公正的结果列为最重要的（从1到3按重要性排序），然而将获得金钱裁决、产生结果的速度、成本和仲裁员的专业性被列为最重要的占到参与调查者的41%到46%之间。这意味着一个公正结果的重要程度几乎是下一个最接近的排名因素的两倍。

---

〔2〕 Craig A. McEwen, "Towards a Program-Based ADR Research Agenda" (1999) 15 *Negotiation J.* 325~338; Allan E. Lind, Carol T. Kulik, Maureen Ambrose and Maria V. de Vera Park, "Individual and Corporate Dispute Resolution: Using Procedural Fairness as a Decision Heuristic"(1993) *Admin Sci. Q.*, 224~251.

〔3〕 Allan E. Lind, Robert J. MacCoun, Patricia A. Ebener, William L. F. Felstiner, Deborah R. Hensler, Judith Resnik and Tom R. Tyler, *The Perception of Justice: Tort Litigants' Views of Trial, Court-Annexed Arbitration, and Judicial Settlement Conferences* (RAND Institute for Civil Justice, 1989); Gerald Aksen, "What Do 'Users' Look for When Considering the Use of International Commercial Dispute Settlement Services?"(1993) *Int'l Fed'n Com. Arb. Inst.*, 15~23.

〔4〕 关于参与者、程序和应用于本研究的统计的具体细节参见本文文末的附件1。

　　与申请人相比，被申请人对公正结果的排名更高，不过两者都将这一因素列为最重要的，而且明显高于任何其他的选择（被申请人是 90%，申请人是 75%，两者平均 81%）。仲裁中的被申请人通常处于防守的姿态，因此可以理解为什么被申请人会把结果公正放在那么高的位置，因为对程序和结果的质量的担忧会超过其他的担忧。

　　与裁决作出之后相比（没有展示的数据），参与调查者在第一次开庭之前对八个强制排名变量的感觉并没有明显不同，但有一个变量是例外。被列为是八个因素之中最重要的结果公正的排名在作出裁决前很高（中位值 = 7），在裁决作出后更高（中位值 = 8）。这意味着在纠纷解决之前，人们对获得一个有利的结果更感兴趣，然而在经历了解决过程之后，人们对他们是如何被对待的更感兴趣。[5] 因为案件前的排名和案件后的排名没有任何其他的不同，数据被集中到一块作为一个单一的数据库进行分析（具体参见附件）。在庭审之前和裁决之后的数据没有什么不同说明仲裁之前被列为最重要的问题在仲裁裁决作出之后其重要性依然得到保持。

　　我们如何才能解释这一结果呢？采取愤世嫉俗的观点，一个人可以坚持说当事人寻求结果公正只是要求胜诉的另一种说法。在大多数情况下，从仲裁中胜诉意味着赢得一项重大的财务裁决（financial award）。但是我们注意到调查把取得金钱裁决作为一个选项，且这一选项得到的排名要低很多（43% 对 81%）。这似乎意

---

　　〔5〕　Tom R. Tyler, Yen J. Ho and E. Allan Lind, "The Two Psychologies of Conflict Resolution: Differing Antecedents of Pre-Experience Choices and Post-Experience Evaluations" (1999) 2 *Group Processes & Intergroup Relations* -.

味着仅仅得到金钱裁决并不是当事人所寻求的全部。

45   表1   所有当事人、申请人和被申请人把每一个变量排在

最重要位置的百分比和频率

变量	第一至第三最重要的%（n）	X^2	p
公正的结果			
所有当事人	81（**106**）		
申请人	75（**60**）	4.66	<0.10*
被申请人	90（**46**）		
成本			
所有当事人	46（**61**）		
申请人	45（**36**）	0.26	ns
被申请人	50（**25**）		
金钱裁决			
所有当事人	43（**57**）		
申请人	54（**44**）	16.66	<0.01
被申请人	26（**13**）		
裁决的终局性			
所有当事人	32（**42**）		
申请人	34（**27**）	0.38	ns
被申请人	30（**15**）		
速度			
所有当事人	46（**58**）		
申请人	51（**40**）	3.24	ns

变量	第一至第三最重要的%（n）	X^2	p
被申请人	35（**18**）		
仲裁员的专业性			
所有当事人	41（**53**）		
申请人	31（**24**）	11.96	<0.001
被申请人	57（**29**）		
保密性			
所有当事人	8（**11**）		
申请人	8（**5**）	3.12	ns
被申请人	12（**6**）		
未来的关系			
所有当事人	4（**5**）		
申请人	4（**3**）	2.70	ns
被申请人	4（**2**）		

注：百分比以罗马字体放在前面，频率以黑体放在括号里。当申请人和被申请人之间存在统计上的显著差异时提供了卡方（X^2）和 p 值。[6]

同样不容否认的是，在相当部分的案件里，得到金钱裁决对 46 被申请人而言不是一个重要的选择，因为他们处于一个更加防御

---

[6] See F. J. Gravetter and L. B. Wallnau, *Statistics for the Behavioral Sciences* (5th edn., Wadsworth/Thomson Learning, 2000), pp. 545 ~ 550. X^2（卡方）匹配度检验是用来检验以比例或频率的形式表现出来的样本数据与总体数据有多匹配的假设。p 值（<0.05）表示结果在偶然情况下无法发生的概率。ns = non – statistically significant（不具有统计显著性）。

的姿态，害怕必须付款的结果。这使获得金钱裁决的排名被拉下。然而，申请人和被申请人之间对取得金钱裁决的中位值等级的差异并不具有统计显著性（表2）。公平公正结果的重要性和接下来四个因素的重要性之间的巨大差距，以及申请人与被申请人之间不具有统计显著性的差异（表2）所显示的一致性，似乎讲述的是完全不同的事情。

表2　申请人和被申请人关于八个强制排名事项答案的
中位值（＋四分位距）比较[7]

变　量	中位值/IQR	U	p
公平和公正的结果			
申请人（n＝80）	7/2.5	1546	＜0.002
被申请人（n＝51）	8/2		
成本			
申请人（n＝80）	5/2	1875	ns
被申请人（n＝51）	5/3		
金钱裁决			
申请人（n＝80）	6/4.75	1749	ns
被申请人（n＝51）	5/4		
决定的终局性			
申请人（n＝79）	5/3	1893	ns
被申请人（n＝51）	5/3		
速度			
申请人（n＝78）	6/3	1602	ns
被申请人（n＝51）	5/2.75		
仲裁员的专业性			
申请人（n＝78）	4/3	1295	＜0.001

[7]　前引书，p 值显示结果不是由于偶然性引起的，因此具有统计显著性。

变　量	中位值/IQR	U	p
被申请人（n = 51）	6/3		
保密性			
申请人（n = 78）	2/1	1329	< 0.001
被申请人（n = 51）	3/2		
未来的关系			ns
申请人（n = 78）	1/1	1968	
被申请人（n = 51）	1/1		

注：排名依据 1~8 的强制排名幅度：

IQR = interquartile range（四分位距）；

U = value of Mann-Whitney U test for differences between group medians（对各组中位值的差异进行曼-惠特尼 U 检验的值）；

ns = non-statistically significant result（不具统计显著性的结果）.

　　越来越多的理论研究试图分析正义或公正结果的构成要素。[8]　48
最有代表性的观点认为，正义可以分解为两部分：实体正义和程

---

〔8〕 See generally Kenneth Kressel and Dean G. Pruitt, *Mediation Research*（Kenneth Kressel and Dean G. Pruitt eds. , Josey-Bass, 1989）; Tom R. Tyler and Richard Folger, "Distributional and Procedural Aspects of Satisfaction with Citizen-Police Encounters"（1980）1 *Basic Applied Soc. Psychol.* 281 ~292; Tom R. Tyler, "The Role of Perceived Injustice in Defendant's Evaluations of their Courtroom Experience"（1984）18 *Law Society Rev* 51 ~74; Tom R. Tyler, "The Psychology of Disputant Concerns in Mediation"（1987）3 Negotiation J. 367 ~374; Tom R. Tyler, "Conditions Leading to Value-Expressive Effects in Judgments of Procedural Justice: A Test of Four Models"（1987）52 *J. Personality Applied Psychol.* 333 ~344; Tom R. Tyler, Kenneth A. Rasinski and Nancy Spodick, "Influence of Voice on Satisfaction with Leaders: Exploring the Meaning of Process Control"（1985）48 *J. Personality Soc. Psychol.* 72 ~ 81; Craig A. McEwen and Richard J Maiman, "Small Claims Mediation in Maine: An Empirical Assessment"（1984）33 *Me. L. Rev.* 237 ~268; Craig A. McEwen, "Managing Corporate Disputing: Overcoming Barriers to the Effective Use of Mediation for Reducing the Cost and Time of Litigation"（1998）14 *Ohio St. J. on Disp. Resol.* 1 ~ 27; Joan B. Kelly and Lynn Gigy, "Measuring Clients' Perceptions and Satisfaction"（1988）19 *Mediation Q.* 43 ~52. Donald E. Conlon, "Decision Control and Process Control Effects on Procedural Fairness Judgments"（1983）13 *J. Applied Soc. Psychol.* 338 ~ 350. See Pauline Houlden, Stephen LaTour, Laurens Walker and John Thibaut, "Preference for Modes of Dispute Resolution as a Function of Process and Decision Control"（1978）14 *J. Experimental Soc. Psychol.* 13 ~30. . .

序正义。实体正义实际上就是一个"正确"的结果。程序正义实际上是以"正当的方式"取得结果。尽管有些作者建议进一步分解正义的概念，[9] 这两种类型的正义仍占主导地位。

在本研究中，我们借鉴了这些概念来解释公正结果压倒性地排在其他属性之上这一发现。即使是对于那些相信当事人只是想要赢下案件的愤世嫉俗者，获胜也会被包含在实体正义的概念之中，而程序正义（通过正当的方式取得结果）则提供了理解当事人目标的一个完全不同的维度。在哲学乃至理想主义的视角里，广义的正义似乎具有重要意义。我们注意到公正结果在案件结案的时候的等级比在案件开始的时候的等级（尽管仍然排在首位）更高。仅仅是赢得案件本身无法解释这种排名倾向。用"正当的方式"取得结果即程序正义同样强有力地影响着仲裁当事人。

样本包含有商人的事实对在这个领域从业的律师来说应该富有意义。他们的客户追求广义的公正意味着好的客户服务在关注结果的同时应包含有传达程序内在品质的方法。仲裁员和仲裁机构也应该注意到这一点。为了取得一个结果，他们程序上怎么做具有很大的意义。各种程序规则、证据规则和议定书（protocols）不断从不同的现存法律制度中衍生出来。人们想知道，这些规则和程序是否最大限度地传达了其方式和结果的公正？这是值得深思的，因为它对有案件在仲裁的当事人很重要。

我们注意到结果会因"社会期待性"因素而发生偏离，[10] 有

---

〔9〕 See Deutsch, supra n. 8.

〔10〕 See Floyd J. Fowler Jr. , "Designing Questions to Gather Factual Data" in *Improving Survey Questions: Design and Evaluation Applied Soc. Res.* , 388~45 (Susan McElroy ed. ,1995)

些调查的参与者可能倾向于提供他们认为更符合社会期望的答案。但是我们认为排名和当事人在排名时的表面一致性之间戏剧性的差距反驳了无效性的主张。

这就提出了其他值得研究的问题。程序的哪些方面传递了公正给当事人？这些程序或者仲裁员和律师的行为是否影响了当事人的感受？在国际背景下，令人感兴趣的问题是是否存在特定的全球适用的公正因素或者是否存在文化的差异。文化的差异是否对公正的实质有影响？影响的结果又是什么？如果发现确实存在差异，这些差异更像是一种法律制度差异的结果还是一种文化差异？他们能不能被分开？

在提供仲裁的过程中，律师、仲裁员和仲裁机构往往小心地关注程序的公正（integrity of process）。本研究结果表明实体和程序正义的传递方式同样值得关注。

二、成本、速度、金钱裁决和仲裁员的专业性   49

成本、速度、金钱裁决的获得以及仲裁员的专业性形成了排在第二位的四个层次（见表1）。前三个层次是结果，仲裁员的专业性是一个特征。仲裁员的专业性可以意味着许多的事情，比如以前的仲裁经验、专业背景、对诉讼标的有专门技术或培训。很明显当事人认为仲裁员对于仲裁的程序和结果至关重要。进一步探索当事人偏好方面的细节以及仲裁员专业性对案件结果的影响将十分有趣。此外，当事人在选择首席仲裁员和选择当事人一方委任的仲裁员时是否存在不同的偏好也是很值得注意的。

长期以来，有许多文献讨论仲裁的商业适应性，暗示赢得案件不是商人的惟一重要结果。[11] 成本、速度和获得金钱裁决排在相同的位置表明这一看法是正确的。一个要很长时间才能取得的结果或交易成本过高的结果会减损商业的价值。商人可能把仲裁和诉讼看作他们商业过程的延伸，需要评价效果和效率。成本和速度在某种意义上是镜像，随着时间的流逝，突显的是经济成本和企业寻找最佳投资时机的机会成本。

申请人对获取金钱裁决的排名比被申请人要高（排在最重要一组里的比例是 54% 对 26%），是一个在某种程度上可以预测到的结果。仲裁员的专业性对被申请人比对申请人更重要（57% 对 31%）可能反映了被申请人处于更防御的姿态和更担心公正的问题。速度对申请人来说比对被申请人更加重要。成本在本质上则对申请人和被申请人同等重要（申请人 45% 对被申请人 50%；见表 1）。

特别有意思的是应该注意到在商人和律师对这些因素的排名中，除了终局性外，没有具有统计显著性的差异（表 3 和表 4）。不时有人在说，律师的利益和商人的利益有时会有分歧。研究表明这种差异很小。事实上，两者对于仲裁程序的目的和特征的期望有着惊人的一致。

三、终局性

终局性被奉为是以商业为导向解决漫长的上诉和裁决后诉讼所带来的费用以及机会成本问题的方案。这一因素表明了其对当事人的重要性，因而在调查中其位列第三位并且有 32% 的参与者把它放在了最重要的一组里（表 1）。

---

〔11〕 See Aksen, supra n.〔3〕.

表3　律师和商人将每个变量排名为最重要的

比例和频率（以黑体放在括号里）[12]

变　量	第一至第三最重要的%（n）	X^2	p
公平和公正的结果			
律师	80 (**67**)	2.98	ns
商人	83 (**39**)		
成本			
律师	46 (**38**)	1.90	ns
商人	49 (**23**)		
金钱裁决			
律师	47 (**39**)	1.70	ns
商人	38 (**18**)		
裁决的终局性			
律师	31 (**25**)	6.21	<0.05
商人	35 (**20**)		
速度			
律师	44 (**37**)	0.03	ns
商人	45 (**21**)		
仲裁员的专业性			
律师	41 (**33**)	4.68	ns
商人	57 (**29**)		

[12] See Gravetter and Wallnau, supra n. [6].

变　量	第一至第三最重要的%（n）	X^2	p
保密性			
律师	9（**8**）	4.93	ns
商人	4（**3**）		
未来关系			
律师	4（**4**）	1.22	ns
商人	2（**1**）		

注：双层次的 X^2 值用于表示律师与商人的对比，ns = non-statistically significant result（不具统计意义的结果），p 值表示结果不是由于偶然性引起的，因此具有统计显著性。

表4　律师和商人关于八个强制排名
事项答案的中位值（＋四分位距）的比较[13] 　　51

变　量	中位值/IQR	U	p
公平和公正的结果			
律师（n＝84）	7/2	170	ns
商人（n＝51）	8/2		
成本			
律师（n＝84）	5/3	193	ns
商人（n＝47）	5/2		
金钱的裁决			
律师（n＝84）	5/4	176	ns
商人（n＝47）	5/4		
裁决的终局性			

〔13〕　Id.

变　量	中位值/IQR	U	p
律师（n = 83）	4/3	158	ns
商人（n = 47）	5/2		
速度			
律师（n = 83）	5/3	178	ns
商人（n = 46）	5/3		
仲裁员的专业性			
律师（n = 83）	5/2	184	ns
商人（n = 46）	5/4		
保密性			
律师（n = 82）	2/1	189	ns
商人（n = 47）	2/1		
未来的关系			
律师（n = 82）	1/1	164	ns
商人（n = 47）	1/0		

注：IQR = interquartile range（四分位距）；

U = value of Mann-Whitney U test for differences between group medians（对各组中数值差异进行曼 – 惠特尼 U 检验的值）；

ns = non-statistically significant result（不具统计显著性的结果）。

终局性的一些排位基础（strength）可能被归入了排名更高的成本和速度中，这两者是终局性的直接构成因素。商人对终局性的排名比律师更高，这是他们各自职业导向的一种合理延伸。尽管应该注意的是，律师和商人对终局性的重要性的中位值等级（样本的中点）本质上是相同的（在 1 到 8 这 8 个分值中属于 4 和 5；见表 3 和表 4）。

四、保密性

被申请人（中位值为 3）对保密性的排名比申请人（中位值

为2）要略高一点，但在重要性的百分比上，当事人之间并没有差别（表1），不过，总体而言，两组的等级都低于3，在重要性上排在倒数第三。考虑到关于利用仲裁程序保护贸易秘密、商业运作、客户名单和声誉的讨论，保密性在最重要性排名中得到相对低的排名（8%）以及在综合中位值等级（表2）中得到不是非常重要这样的评价（中位值为2）显得很出乎意料。[14]

随后通过一个圆桌会议与一些仲裁员的讨论揭示了一个观点，保密性是一个经常被估计过高的特性。[15] 上市公司必须披露源于法律程序的重大财务风险。其他当事人有时候把借助媒体作为给对手施加压力的一种途径，却并没有试图隐瞒他们卷入仲裁的事实。这不是说在特定的具体案件中保密不是头等重要的。但从综合排名看，保密性列于量表的倒数第二。

五、保持关系的可能性

保持足够的文明和礼貌使商业关系得以持续的可能性或许存在，但在这一调查中，这一点被列为最不重要的。几乎没有被列为一项重要属性被提及。这可能部分反映了一个事实，即很少有参与调查者与他们的对手先前有任何的商业关系。在具有商业交易历史的当事人之间，这一点是否能得到更高的排名不得而知。对这一组而言，它不作为考虑因素。

六、结论

仲裁许多潜在的优势只有在当事人重视并追求它们的时候才能作为优势。理解当事人偏好的相对重要程度，对仲裁程序的参

53

---

〔14〕 See Aksen, supra n.〔3〕.

〔15〕 Richard W. Naimark, *Paris Arbitrator Roundtable*, Paris, France, 2001（unpublished manuscript）.

与者——仲裁机构、仲裁员、律师来说可以作出更好的决策。本调查显示了一些惊人的发现以及一系列值得进一步探究的问题。

然而，由于抽样过程不是随机的，在解读数据的时候必须审慎，不要对一般的律师和商人群体作出过度宽泛的推论。记住，本研究的参与者代表了那些即将进入一个具体仲裁案件或最近已经得到一个仲裁裁决的人群。

仲裁的参与者关注的是广义的公正。但他们也在意程序的公正。所有司法制度都非常依赖于参与者的接受和参与者相信该制度以正当的方式提供了公正的结果。我们期待未来的研究能为那些希望尽可能以最好的方式从事仲裁的人提供更好的借鉴。

附件：参与者、程序及统计分析

参与者和程序

被抽样的人群是私人商业纠纷仲裁的律师和当事人，既有处于第一次开庭之前的，也有已经获得裁决的。这些仲裁是从 2000 年 1 月 1 日到 11 月 30 日之间由美国仲裁协会管理的国际仲裁案件中，根据是否至少已经举行过一次庭审或者裁决是否已经作出，采取非概率抽样和关键个案抽样的方式选出来的。前八个问题使用的是强制排名的格式，要求参与者对八个问题的重要性从 1 到 8 进行排列，1 表示最重要的问题，8 表示最不重要的问题（表 A）。

表 A　问卷中问题的实例

根据在这次纠纷中的重要性顺序（从 1 到 8），对以下 8 点进行排序，其中 **1 = 最重要的**，2 = 第二重要的，3 = 第三重要的，4 = 第四重要的，5 = 第五重要的，6 = 第六重要的，7 = 第七重要的，**8 = 最不重要的**。

_____出结果的速度

_____保密性

_____获得金钱裁决

_____公正的结果

_____成本合算

_____裁决的终局性

_____仲裁员的专业性

_____与对方保持关系

数据分析

用于本次研究的数据是从一个更大的关于仲裁程序的感受和期待的探索性研究中选取出来的。[16] 本研究中，参与者的总数在121 到 131 之间。参与者包括申请人（n = 78 ~ 80）、被申请人（n = 51 ~ 56）、律师（n = 82 ~ 90）和商人（n = 36 ~ 55）。样本规模的不同是因为有些参与者对特定问题没有作答而造成数值缺失。不同组中位值之间的差异将利用曼-惠特尼 U 检验（The Mann – Whitney U Test）进行评估以确定数据顺序。[17]

强制排名数据的频率是用卡方（X²）匹配性检验[18]进行分析的，以决定不同组的参与者在给不同的问题进行最重要或最不重

---

〔16〕 Stephanie E Keer and Richard W Naimark, *International Private Commercial Arbitration I. Expectations and Perceptions of Attorneys and Business People at the Beginning of the Case* (April, 2001) (unpublished manuscript).

〔17〕 曼 – 惠特尼 U 检验是用来评估两个不同组在中位值上的差异，本研究中案件作出裁决之前和之后、原告和被告之间以及律师和商人之间就属于这种情形。

〔18〕 See F. J. Gravetter and L. B. Wallnau, supra n.〔6〕. X² （卡方）匹配度检验是用来检验以比例或频率的形式表现出来的样本数据与总体数据有多匹配的假设。

要排名的时候，是否存在差异，以及申请人与被申请人之间、律师与商人之间在排名时是否存在差异。对排名的分析是通过把 8 个问题分成 3 类进行的，把参与者排为第一、第二、第三重要的问题列为"最重要"一类，排名第四、第五的作为中间或中性的一类，排名第六、第七和第八的问题作为"最不重要"的一类。

（陈福勇　译）

第三部分
仲裁条款

▼
▼
▼

评 论

机构仲裁规则可以作为标准合同条款，由当事人在他们的仲 57
裁协议中直接引用。当事人可以选择一个仲裁机构准备的一套规
则，[1] 而不用在每次签合同时都起草和商谈一整套的仲裁规则
（或者完全在合同中留下一个漏洞）。但并非所有的当事人都愿意
接受这种"一揽子"的标准条款。一些人会在他们的仲裁条款中
对机构的规则进行修改，规定在一些方面不同于标准形式的程序。
通过考察这些修正后的程序，仲裁条款的实证研究能够提供关于
当事人对仲裁程序的偏好的见解。此外，这种研究通过强调其他
起草者已经发现的有益的方法和条款，可以为起草者提供指导。

本部分重印了斯蒂芬·R. 邦德（Stephen R. Bond）（时任 ICC
国际仲裁院秘书长）的一篇关于引起 ICC 仲裁的仲裁条款的研究。
邦德考察了 1987 年提交 ICC 仲裁的 237 个案件以及 1989 年的 215
个案件的仲裁条款。这项研究得出了一些引人注目的结论，包括：

---

〔1〕 或者他们可以选择与特定仲裁机构没有联系的仲裁规则，比如《联合国国际
贸易法委员会仲裁规则》（The UNCITRAL Arbitration Rules）。

● 当事人很少使用未经修改的标准 ICC 条款。在 1987 年受理的 237 个案件中只有 1 例，在 1989 年受理的 215 个案件中只有 3 例一字不差的采用了标准条款。经过细微修改，标准文本在 1987 年的 47 例条款（占全部的 20%），1989 年的 21 例条款（占全部的 10%）中得到采用。

● 最常见的添加到 ICC 基本条款中的规定是：选择适用的实体法（1987 年有 75% 的条款，1989 年有 66%）以及仲裁地点（1987 年有 57% 的条款，1989 年有 68%）。

● 指定仲裁员人数的仲裁条款远不足半成（1987 年是 24%，1989 年是 29%）。在这些条款中，绝大多数规定了 3 名仲裁员：1987 年有 47 例（81%），1989 年有 55 例（89.7%）规定了 3 名仲裁员；在 1987 年有 11 例（19%），1989 年有 7 例（11.3%）规定了 1 名仲裁员。邦德补充道："仲裁条款倾向于不包含涉及仲裁庭的其他要素。"[2]

● 少数 ICC 仲裁条款要求仲裁员在解决当事人的争议时适用跨国法律原则（比如商人法），按邦德的话说，"统计数据……支持这一观点，当事人选择仲裁通常并不是因为他们希望通过一种'法律之外'的方式来解决他们的纠纷。"[3]

● 少数条款提到如下事项：证据开示和交叉询问

[2]　关于仲裁庭组成的进一步讨论详见第五部分。
[3]　这一主题将在第六部分详细阐述。

（1987 年有 1 例，1989 年没有）；多方当事人争议（1987
年有 4 例，1989 年有 2 例）以及仲裁费用（1987 年有 6
例，1989 年有 2 例）等。有人猜测，今天继续这项研究
将会发现有更多的仲裁条款规定了这些事项中的一部分。

对于那些渴求对国际仲裁条款拥有经验认识的从业者和研究
者来说，邦德的研究至今依然是他们的宝贵资源。但是邦德研究
中的数据迄今已经过去差不多 15 年了。关于更多新近条款的信息
将是有益的。[4] 此外，邦德的结论限于规定 ICC 仲裁的仲裁条款。
对其他机构的仲裁条款进行研究将很有价值，即使它们仅仅是得
出了与邦德一样的研究结论。[5]

到目前为止，讨论集中在基于某一仲裁机构的数据而对仲裁
条款进行的研究。这种研究的一个显著优势是数据是现成可获取
的。[6] 但这种研究同样有重大的局限。首先，它们没有提供仲裁
相对于其他解决国际纠纷的方式（比如在法院进行的诉讼）的应
用信息。其次，它们没有提供有关规定临时仲裁（也就是没有机
构管理）条款的频率和规定。最后，实际发生纠纷的案件中的仲
裁条款可能完全不同于没有发生纠纷的案件中的仲裁条款。如果
仲裁条款中的某些规定可以非常有效地鼓励双方在提起仲裁前解

---

〔4〕 ICC 国际仲裁院的年度统计报告为邦德所研究的部分但不是全部主题提供了
最新的数据。参见"1990～2003 Statistical Reports"（1991～2004）2（1）～15（1）*ICC
Int'l Ct. Arb. Bull.*

〔5〕 大卫·布莱玛·托马斯（David Brynmor Thomas）建议我们开展另一项有趣的
研究，去考察在纠纷解决条款的复杂性与该条款在法院被提出异议的可能性之间是否存
在某种联系。比如，条款越复杂，被提出异议的概率是否会越高（抑或相反）。不管结
论如何，起草者都将从这一研究中获益。

〔6〕 确实，机构仲裁条款通常要求在仲裁申请书中写入仲裁条款文本。比如国际
商会仲裁院仲裁规则第4(3)(d)条；美国仲裁协会国际仲裁规则第2(3)(c)条；伦敦国际
仲裁院仲裁规则第1(1)(b)条。

决争议或者完全避免争议的发生，这些规定就无法在实际发生纠纷的案件中的条款样本中充分体现出来。

59　　鉴于上述原因，未来一项（或多项）很有价值的研究计划将是对更大范围的国际合同样本中的仲裁条款进行研究，而不是局限于仅规定某一仲裁机构的仲裁条款。[7] 作为这一工作的第一步，我们分析了包含在美国证券与交易委员会（United States Securities & Exchange Commission，SEC）的公司披露文件中的国际合资企业合同中的一小部分样本。这些合同来自于在 1993 年到 1996 年期间备案的披露文件，可以在密苏里大学哥伦比亚分校契约与组织研究中心（Missouri – Columbia's Cortracting and Organizations Researoh Institute，CORI)[8] 所维护的在线网站的数据库中找到。因为这些合同是从美国证券与交易委员会 EDGAR 数据库中的公司备案文件中挑选出来的，该样本就很难反映国际合资企业合同的整体情况：样本只包括在美国"至少有一方是上市公司（或者此公司有股票公开上市）的合同"，以及"那些被认为对投资者有重大影响的合同"。[9]

　　这一样本由那些被当事人称为合资企业合同的合同组成，且①由一家美国公司和至少一家非美国公司签订，或者②由两家非

---

　　〔7〕　这种方法的另一好处是，可以对那些用以解释当事人为何在仲裁条款中写入不同规定的因素进行检验。在第二部分的评论中，我们已经讨论过一个类似的研究方案，这一方案主要关注当事人在仲裁和诉讼之间如何进行选择。

　　〔8〕　密苏里大学哥伦比亚分校契约与组织研究中心（Missouri-Columbia's Contracting and Organizations Research Institute，CORI）（CORI K-Base），cori. missouri. edu/index. htm，2002 年 10 月 18 日访问。

　　〔9〕　Michael E. Sykuta，"Empirical Research on the Economics of Organization and the Role of the Contracting and Organizations Research Institute（CORI）"，cori. missouri. edu/WPS/Sykuta-CORI. pdf，Dec. 19，2001，pp. 7～8.

美国公司签订。在 CORI 数据库的合资企业合同中，仅有 17 例满足对"国际性"的限定。几乎所有的合同（17 例中的 14 例，占82.4%）都是一家美国公司和至少一家非美国公司签订的。既然这些被研究的合同是在美国证券管理部门备案的，样本中美国公司占据优势就一点都不令人吃惊。但是，美方当事人在样本中的高比例毫无疑问会使部分结论产生偏差。

在这些被研究的国际合资合同中，近乎 90%（17 例中有 15例，占 88.2%）都含有一个仲裁条款。这一数字与文献中的其他预测结果是一致的，[10] 尽管这一比例可能因国际商事合同类型的不同而有区别。多层次纠纷解决条款是很常见的。在这些含有仲裁条款的合同中，几乎全部（15 例中有 14 例，占 93.3%）规定了在提交仲裁机构之前进行"友好协商"或者"以诚信的态度进行谈判"的期间。但是，15 例条款仅有 1 例（6.7%）规定调解作 60为仲裁的一个前提条件。

在这些规定仲裁的条款中，除了两个例子以外，剩下的（15例中有 13 例，占 86.7%）全部规定了机构仲裁，如表 1 所示。相当高比例的条款规定仲裁由斯德哥尔摩商会仲裁院（Arbitration Institute of the Stockholm Chamber of Commerce，SCC）进行，这很令人惊讶，因为与其他仲裁机构相比（比如美国仲裁协会和中国国

---

[10]　Klaus Peter Berger, *International Economic Arbitration* (Kluwer Law & Taxation Publishers, Deventer, 1993), p. 8 & n. [62]（"大约 90% 的国际经济合同都含有仲裁条款"）[citing Albert Jan van den Berg et al., *Arbitragerecht* (1988), p. 134]; Alessandra Casella, "On Market Integration and the Development of Institutions: The Case of International Commercial Arbitration" (1996) 40 *Eur. Econ. Rev.* 155, 156 ~ 157（"据荷兰仲裁协会的工作人员介绍，超过 80% 的私人国际合同都有这样的条款，规定将纠纷提交仲裁解决"）.

际经济贸易仲裁委员会），SCC 的年受案量要少得多。[11] 余下的 2 例条款规定了临时仲裁。在这些条款中，有 1 例指定适用联合国国际贸易法委员会（UNCITRAL）仲裁规则；其余将这一仲裁应遵循的程序规则留给当事人和仲裁员协商确定。

表 1 临时仲裁与机构仲裁对比

	仲裁条款的数量（百分比）
临时仲裁	2（13.3%）
机构仲裁	
国际商会仲裁院（ICC）	5（33.3%）
斯德哥尔摩商会仲裁院（SCC）	3（20.0%）
中国国际经济贸易仲裁委员会（CIETAC）	1（6.7%）
美国仲裁协会（AAA）	1（6.7%）
其他	3（20.0%）

除两例条款外（15 例中有 13 例，占 86.7%），其余全部指定了仲裁地点，该地点（除了其他方面的作用以外）将决定仲裁程序自身所应适用的法律。[12] 一个完整的城市名单见表 2。在 12 个指定仲裁地点的仲裁条款中，有 8 例（66.7%）规定仲裁应在一个中立的地点进行，有 3 例（25%）规定应在一方当事人的所在国进行，有 1 例（8.3%）规定应在被申请人的所在国进行。

---

〔11〕 参见附件 1。全部的三个协议选择 SCC 仲裁规则进行仲裁的条款都是美国公司和中国公司所签合同中包含的。

〔12〕 进一步的讨论请参见第四部分的评论。

同样，除 2 例条款外（15 例中有 13 例，占 86.7%），全部规定了仲裁员的人数：13 例中有 9 例（69.2%）规定 3 名仲裁员；13 例中有 4 例（30.8%）规定只需要 1 名仲裁员。13 例中有 7 例（53.8%）规定了仲裁员的资质。最常见的要求（有 4 例条款）是英语流利（鉴于大多数合同涉及一家美国公司，这一要求也在情理之中）。其他 3 例条款对首席仲裁员提出特别要求，最详尽的表述（除 ICC 仲裁规则的要求外）是："被确定或指定的首席仲裁员应该是纽约法领域公认的法律专家，对争议事项的处理有着丰富经验，同时能够熟练使用英语。" 61

表 2　仲裁地点

	仲裁条款的数量（百分比）
斯德哥尔摩	3（20.0%）
伦敦	2（13.3%）
日内瓦	2（13.3%）
墨西哥城	1（6.7%）
巴黎	1（6.7%）
圣地亚哥	1（6.7%）
圣地亚哥或者东京	1（6.7%）
上海	1（6.7%）
由仲裁员决定仲裁地点	1（6.7%）
对仲裁地点未作约定	2（13.3%）

在仲裁条款中规定仲裁程序的情形并不常见。只有刚刚过半

的仲裁条款（15 例中有 8 例，占 53.3%）规定了在仲裁程序中应使用的语言（或几种语言）。鉴于合同的一方当事人基本都是美国公司，英语被选定为仲裁语言并不奇怪，不过有 1 例同时规定了英语和汉语。15 例仲裁条款中有 4 例（36.7%）明确授予当事人到法院寻求临时救济的权利，比如财产保全或者临时禁令的签发。[13] 没有条款允许仲裁员可以根据单方的请求作出临时救济的裁定。另外，15 例中有 4 例（26.7%）特别规定了证据开示的范围，至少在有些案件中证据开示的数量已经超过了通常仲裁可以开示的范围。[14] 涉及证据开示事项的仲裁条款在数量上的增加，可能是因为美方当事人占据绝对数量的原因。最后，仅有一个条款（15例中有 1 例，占 6.7%）涉及到多方争端，允许合同的另三方作为共同仲裁人参与根据本条款"所启动的任何仲裁程序"，"只要这一合并仲裁的纠纷是产生于同一事实或者法律关系"。

62

所有的合同（15 份）都规定了一个特定国家的法律来管辖合同。[15] 在全部案件中，准据法都是合同一方当事人的国内法（或

---

〔13〕 与这一比例相比，在美国特许经营合同中，有 47.1% 明确规定，至少有一方当事人有权去法院寻求临时救济，同时还有 29.4%，虽然规定的不太明确，但也可以作出同样的解释。参见 Christopher R. Drahozal，"Party Autonomy and Interim Measures in International Commercial Arbitration" in Albert Jan van den Berg（ed.），*International Commercial Arbitration*: *Important Contemporary Questions*（Kluwer Law International，The Hague，2003）（ICCA Congress Series No. 11），pp. 179，184.

〔14〕 这些条款的规定，分述如下："在仲裁申请送达之日起的 60 日内，任何一方应将其所持有的与仲裁请求或争议有关的所有文件和资料向对方披露。同时，仲裁庭可以根据公正庭审的需要允许当事人提供宣誓证词或进行其他方面的开示"；"每个当事人都应与对方当事人合作，在对方提出请求时，向其充分披露并使其能够获得全部与仲裁程序有关的资料和文件，该合作义务只允许因为承担保密义务而例外"；"每个当事人都应被允许进行合理的庭前开示"；"争议各方应该使用一切合理的手段去推动仲裁，使彼此和仲裁员能够核实和提取仲裁员认为与争议有关的全部文件、账簿、档案以及他们所控制的人员"。

〔15〕 有两份没有仲裁条款的合同也含有指定准据法的法律选择条款。

者在其中一个案件中为合同履行地的法律）。没有仲裁条款选择与合同没有任何联系的国家的法律作为准据法。有 3 份（15 份中，占 20%）全部是在美方与中方当事人之间签订的合同，含有文字规定考虑跨国商事法，但仅限于填补准据法的空白，而不是代替准据法。举例来说，在确定"本合同应受中国已颁布的法律管辖"后，某条款接着规定："在中国颁布的法律对某一事项没有明文规定时，应适用国际法律原则或惯例。"另一个条款（6.7%）同时包括指定中国法作为合同准据法的法律选择条款以及一个要求仲裁员"适用中华人民共和国法律以及被广泛接受的国际惯例"的仲裁条款。

有的条款还对赔偿问题作出规定。有 2 例条款（15 例中，占 13.3%）禁止仲裁员对惩罚性或示范性损害赔偿作出裁决[16]。4 例条款（26.7%）要求仲裁员在裁决书中裁决由双方分担仲裁费用（正如一般仲裁规则规定的一样[17]）。有 1 例（6.7%）规定胜诉方可以获得仲裁费用的补偿。有 4 例对律师费的分担作出了规定，其中 2 例规定胜诉方可以从败诉方获得律师费的补偿，另 2 例则要求双方各自承担自己的律师费。有 2 例规定仲裁员应在短期内作出裁决：1 例要求仲裁裁决在庭审后 30 天内作出，另一例则要求在提起仲裁后 120 天内作出裁决。

最后，大多数仲裁条款（15 例中有 11 例，占 73.3%）规定

---

〔16〕 某些国际仲裁规则下的缺省规则就是当事人不能获得惩罚性的损失赔偿。参见《美国仲裁协会国际仲裁规则》第 28（5）条（"除非双方另有约定，当事人明确放弃主张任何惩罚性、示范性或其他类似性质的损失赔偿，除非一国法律要求以特定方式增加补偿性的损失赔偿"）。

〔17〕 E. g. , ICC Rules of Arbitration, art. 31（3）; AAA International Arbitration Rules art. 31; LCIA Rules of Arbitration, art. 28. 2; UNCITRAL Arbitration Rules, art. 40(1).

仲裁裁决是终局的和/或有约束力的，同时有差不多半数（15 例中有 7 例，占 46.7%）明确规定由法院判令执行仲裁裁决。[18] 有 3 例条款（15 例中，占 20%）写入了当事人自动放弃任何对仲裁裁决提出上诉的权利。[19] 比较而言，没有仲裁条款意欲扩大法律明文规定的司法审查的范围。对于扩大司法审查范围的规定在美国法下是否有效，美国上诉法院的观点目前依然存在分歧。[20]

因为 CORI 数据的局限性，以及样本量很小（仅有 17 例合同），我们很难从这些研究结果中得出一般性结论。尽管如此，这些研究还是说明了一些值得更详细考虑的重要问题。因此，我们希望本文能够为未来对于国际仲裁条款的研究指明方向。

最后一个供将来实证研究的主题不是仲裁条款的内容，而是其协商制定的过程。在合同磋商过程中，当事人花了多少时间在

〔18〕 See 9 U. S. C. § 9（"如果当事人在协议中同意法院的判决应根据仲裁裁决作出……"）. 如果当事人在仲裁协议中没有写明这样的意愿（或者其他类似表述），目前至少有一个美国法院已经拒绝执行这样的仲裁裁决。See Oklahoma City Assocs. v. Wal-Mart Stores, Inc. , 923 F. 2d 791（10ᵗʰ Cir. 1991）（认为法院对此没有管辖权）.

〔19〕 这些仲裁条款之一指定日内瓦为仲裁地，瑞士法规定，"双方当事人在瑞士均无住所、惯常居住地或营业场所的，他们可通过仲裁协议中的一项明示声明或事后的一个书面协议，完全放弃撤销裁决的请求权"。Swiss Private International Law Act, art. 192（Dec. 18, 1987）, in International Council for Commercial Arbitration, 3 *International Handbook on Commercial Arbitration*（Kluwer Law International, The Hague, Sept. 1988）, Annex II – 5. American law does not permit parties to contract for less court review than provided by statute. E. g. , Hoeft v. MVL Group, Inc. , 343 F. 3d 57（2d Cir. 2003）; M&C Corp. v. Erwin Behr GmbH & Co. , 87 F. 3d 844（6ᵗʰ Cir. 1996）.

〔20〕 *Compare* Kyocera Corp. v. Prudential – Bache Trade Servs. , Inc. , 341 F. 3d 987（9ᵗʰ Cir. 2003）（en banc）（refusing to enforce expanded review provision）; Bowen v. Amoco Pipeline Co. , 254 F. 3d 925（10ᵗʰ Cir. 2001）（same）*with* Harris v. Parker Coll. of Chiropractic, 286 F. 3d 790（5ᵗʰ Cir. 2002）（enforcing expanded review provision）; Hughes Training Inc. v. Cook, 254 F. 3d 588（5ᵗʰ Cir. 2001）, *cert. denied*, 534 U. S. 1172（2002）（same）; Gateway Technologies, Inc. v. MCI Telecommunications Corp. , 64 F. 3d 993（5ᵗʰ Cir. 1995）（same）.

争议解决条款上？在磋商的哪一个环节，双方会开始协商争议解决条款？为避免有瑕疵的仲裁条款，当事人内部都遵循怎样的程序？比如，在多大程度上，律师向仲裁专家进行了咨询或者商人向法律顾问进行了咨询？当事人是不是更可能在仲裁条款中写入那些经过仲裁机构推荐的条款？诸如此类，不一而足。

（丁建勇　译）

▼

▼

▼

如何起草仲裁条款（修订版）[*]

斯蒂芬·R. 邦德

65　　本文以两份对 ICC 国际仲裁院所受理案件中的仲裁条款的研究为基础。较早的一份研究（显然也是第一个系统性的研究）涉及 1987 年 ICC 受理的案件。[1] 由于第一份研究的结果导出了某些结论，这些结论不仅影响了起草仲裁条款的实践，也促进了国际仲裁自身的发展，因此，我决定进行第二次研究（基于 1989 年 ICC 受理的案件），并对两份研究报告的结果进行了比较。[2] 大家将会看到，这两份研究的结果几乎是一致的。

---

* 本文最初发表在：(1990) 1(2) *ICC International Court of Arbitration Bulletin* 14~21. Copyright © 1990 by the ICC International Court of Arbitration. 经授权重印。ICC 国际仲裁院公报可以从以下途径获得：ICC Publishing SA, Service Bulletin, 38 cours Albert 1er, 75008 Paris, France; bulletin@ iccwbo. org; www. iccbooks. com.

〔1〕 第一篇研究的结果已经刊发在：S. R. Bond, "How to Draft an Arbitration Clause", *J. Int. Arb.*, 1989, p. 66.

〔2〕 特别感谢费尔南多·曼提拉·塞拉诺（Fernando Mantilla Serrano）律师对 1989 年调研的出色帮助。该调研是国际仲裁院国际实习生计划的一部分。

"如何起草仲裁条款"这一主题已经被很多人撰文论述过。[3]大量文章分析了仲裁条款的基本要素，有时会在结尾提供一个能够解决仲裁所固有的各种问题的"万能条款"（miracle clause）。不过，大部分万能条款在付诸实施时将面临几个难题。

首先，正如有人指出，纠纷解决条款通常是后加的，并没有经过深思熟虑。而实际上，对争议事项进行准备和研究是必要的。

其次，对方当事人对理想条款的构成可能有完全不同的理解。双方的相对谈判能力在此也会发生作用，各方的谈判代表必须知道哪些是其根本利益，哪些是可以被安全地放弃的。

最后，事实上，能够适用于所有情形的万能条款并不存在。比如，在仲裁条款中规定支付利息在正常情况下是非常合理的，但如果你必须在沙特阿拉伯或其他一些国家去执行基于这样一个 66仲裁条款而作出的裁决，对利息的提及可能导致整个仲裁条款和仲裁裁决无效。所以，在仲裁条款中规定仲裁地也是比较可取的。然而，如果仲裁地在一个特别不稳定的国家，就可能在发生纠纷的时候，由于政治或安全的原因，几乎无法在指定的地点提出仲裁，结果可能会使仲裁条款无法执行，并使当事人丧失进行仲裁的权利。

尽管如此，在实践中，因为仲裁的合意本质，以及对仲裁条款有效性的各种必备条件的要求，如果你希望通过仲裁来解决你与商业伙伴之间的纠纷，就必须有一个仲裁条款。同样，一个认

---

〔3〕 Craig, Park and Paulsson, *International Chamber of Commerce Arbitration*, 2nd edition (1990); Ulmer, "Drafting the International Arbitration Clause", in *The International Lawyer*, VoL. 20, No. 4 (1986); Redfern, "Drafting the Arbitration Clause/Forum selection", unpublished speech to ABA National Institute Seminar on Resolution of International Commercial Disputes (1987).

真起草的仲裁条款，可以消除或减少那些经常使仲裁程序和仲裁裁决的执行复杂化或延迟的问题。

此外，所协商的仲裁条款越有效，它被实际使用的可能性就越小。这是因为一个无效的纠纷解决条款对意欲违约的一方当事人来说是没有威慑力的。所以，即便是那些期望与律师尽可能少打交道的商人，也会很有兴趣在纠纷解决条款的协商中聘请律师参加。除非他们想再一次证明这个古老的格言：仲裁是这样一个程序，开始（仲裁条款起草时）参与的律师越少，最终（当仲裁实际发生时）参与的律师越多。

接下来，对于在起草和协商仲裁条款中必须考虑的因素，我想提出一些看法。同时，为了使这一介绍尽可能产生实效，我对在 1987 年提交给 ICC 国际仲裁院的 237 个案件以及 1989 年提交的 215 个案件中的仲裁条款进行了分析（注：这些案件不反映这两年要求仲裁的案件总数，仅涉及为了开始仲裁程序，而实际提交给 ICC 国际仲裁院的案件）。在这些仲裁条款中，我们可以学到一些实用经验：哪些因素是当事人在制定仲裁条款时所重视的，仲裁条款中的哪些地方是经常需要完善的。

一、你需要一项仲裁条款吗?

这里无意详细论述在国际商事纠纷解决中仲裁对诉讼的优势。但作为常识，只要说仲裁通常比诉讼更为高效且成本更低就足够了，即便国际商事交易的日渐复杂以及仲裁中诉讼式策略的广泛使用已经使这些优势受到影响。

仲裁程序的保密性、仲裁庭的中立性以及仲裁员的独立性和专业性吸引当事人选择仲裁。当然，仲裁裁决通常也比一国法院的判决在国外更容易得到执行。

如果一方当事人想利用这些优势，是必须在合同中写入仲裁 67
条款，还是在有时协商难以达成一致时，等到纠纷实际爆发后再
进行？

经验表明，如果一方当事人想仲裁，就必须将仲裁条款写入
合同，或者使其成为确立该方当事人与其商业伙伴的贸易关系的
书面协议中的一部分。

在提交给 ICC 国际仲裁院的案件中，在 1987 年仅有 4 件，
1989 年有 6 件基于仲裁协议（compromis，也就是双方同意将一个
已经发生的纠纷提交仲裁的协议）而提起。其余案件都是源于合
同中的仲裁条款（clauses compromissoires），即同意将未来发生的纠
纷提交仲裁的条款[4] 原因是很明显的。一旦纠纷发生，当事人
在多数情况下很难就任何问题再达成一致意见，包括如何解决纠
纷。相反，各方均急于求助于国内法院，他们认为在那儿才是对
其最有利的。任何事先达成的口头仲裁协议事实上已经没有意义，
因为如果要得益于《关于承认与执行外国仲裁裁决的纽约公约》
（the New York Convention on the Recognition and Enforcement of For-
eign Arbitral Awards），仲裁条款就必须是书面形式。可见，正如有
人所言，口头协议一文不值。

二、仲裁条款概述：好的、差的和有瑕疵的（the Good，the
Bad，and the Ugly）

仲裁条款不需要冗长复杂，但要使其有效，就必须很明确。
含糊不清是能够想到的最坏的敌人，因为其可能导致仲裁条款无

---

〔4〕 在该领域，近期一个重要的发展是（埃及）开罗上诉法院在 1990 年 6 月 13
日作出的一个决定。根据该决定，一个选择埃及为仲裁地的仲裁条款，即使不含有仲裁
员的姓名，也是有效的。

效，或者至少会使问题复杂化，增加时间成本和金钱成本，从而使当事人当初选择仲裁的一些真正的理由丧失。

作为多年的 ICC 国际仲裁院秘书长，弗雷德里克·爱斯曼（Frederic Eisemann）称这些不幸的仲裁条款为"病态（pathological)"的仲裁条款，这样的条款在 ICC 仲裁院每年都有发现[5]。举个例子，ICC 国际仲裁院频繁遇到将其名称错误指定为"苏黎世"或"日内瓦"的 ICC 的仲裁条款。在 1978 年，这样的仲裁条款有 16 例（占总数的7%），在 1989 年有 12 例（占总数的6%）。把 ICC 说成跟瑞士一样中立、值得信赖和受人尊敬会有奉承之嫌，但事实上，世界上仅有一个国际商会，它的总部在巴黎。这表面上看起来是无关紧要的错误却可能产生严重的困境。在一起案例中，申请人已经开始准备涉及苏黎世商会的临时仲裁，而后又不得不同意被申请人的观点，仲裁条款实际上指定的是在 ICC 国际仲裁院仲裁。在另外一起案件中，被申请人强烈反对 ICC 国际仲裁院的管辖权，坚称仲裁条款的本意是指仲裁应适用苏黎世商会的仲裁规则。

然而，1987 年的另一合同中的仲裁条款写道："仲裁在韩国首尔进行，由大韩商事仲裁院根据 ICC 调解与仲裁规则进行裁决。"当事人对于仲裁条款所指的到底是哪一个仲裁机构存有异议，在数次诉诸韩国法院后，由 ICC 指定的仲裁庭不得不就此作出部分裁决。即使一个仲裁条款提及"在法国巴黎的正式商会进行仲裁"，这还会产生不确定性，正如去年的一个案例中，国际商会就

---

〔5〕 See B. G. Davis, "Pathological Clauses: What Frederic Eisemann Still Sees"，这是作者在 1990 年 9 月举行的第 23 界美国律师协会年会上的演讲，尚未公开发表。

被认为并非巴黎惟一的"商会"。[6]

一项经典的仲裁条款表明，清晰明了远比华丽的词藻重要。比如"英国法——仲裁，如有争议，在伦敦，根据 ICC 国际仲裁院的规则（'English law – arbitration, if any London according ICC Rules'）"。英国法院认为这是一项有效的仲裁协议，规定任何争议引起的仲裁应在伦敦进行，适用 ICC 国际仲裁院的规则，并根据支配合同的英国法律作出裁决。[7] 法院甚至认为这项条款构成一项"排他性协议"，排除了任何向法院提起的上诉，这一主题将随后讨论。与此相类似的另一种表述是"仲裁在巴黎进行，适用国际商会仲裁规则"。

三、仲裁条款的构成要素

（一）临时仲裁还是机构仲裁

这个问题本身就可以作为一个完整的专题进行研究，它是在进行任何下一步工作前必须完成的基础性的选择，因为这个决定影响着仲裁条款的其他各个方面。个人以为，在国际仲裁中，仲裁条款应该规定机构仲裁，我希望这个观点是客观的。虽然你需要支付一些管理费用，但是拥有一个信誉良好的机构，是值得你花这笔钱的。举例来说，若你指定的是 ICC 国际仲裁院，你将获得一个经过 7000 多宗案件检测过的仲裁系统，和一个经验丰富的具有不同国家背景的秘书处以及其他 ICC 国际仲裁院的特有优势，比如每一仲裁裁决草稿均需经过其严格审查，由此使得绝大多数

---

〔6〕 Société Asland v. Société European Energy Corporation, T. G. I. Paris, *Rev. arb.* 1990, p. 521, note by Pluyette p. 353. 法国法院判决认为，当事人已经明确选择了 ICC，这是巴黎公认的解决国际商事争端的仲裁机构。

〔7〕 See Arab-African Energy Corp. Ltd. v. Olieprodukten Nederland B. V. (Q. B. Com. Ct.). (1983) 2 *Lloyd's Rep.* 419.

69 的 ICC 裁决能够获得当事人的自愿履行，对当事人利益的平衡也赢得了各国法院的广泛支持。由于这些原因，大多数含有仲裁条款的国际合同均规定仲裁应适用 ICC 仲裁规则。[8]

很显然，一旦争议产生，从一个**临时仲裁**条款转为指定机构的仲裁条款是极度困难的。因此，智慧和审慎，好律师的两个格言，督促他们努力把机构仲裁写入仲裁条款。当以后争议产生时，如果随后出现使当事人确实有意寻求**临时仲裁**的任何原因，经验表明，双方经常能够就此达成一致意见。

不过，ICC3383 号判例给我们提出了一个警示。[9] 该判例的案情是：当事人已经基于 ICC 条款提出仲裁。而后双方决定改由同一仲裁庭进行**临时仲裁**，并就此起草了一项**仲裁协议，其中规**定仲裁裁决必须在 3 个月内作出，同时，这一期限可以延长 4 次。其后，被告基于其本国法对这份仲裁协议的合法性提出质疑，并拒绝任何延期。仲裁庭宣布该期限已经届满。申请人事后又试图重新开始 ICC 仲裁，但是 ICC 的独任仲裁员认为双方的**仲裁协议**已经替代了原先的 ICC 仲裁条款，因此，双方之间已无有效的仲裁条款授权 ICC 进行仲裁。

（二）标准仲裁条款

选择机构仲裁自然会给你提供该仲裁机构所推荐的标准仲裁条款或格式仲裁条款。比如，ICC 的格式仲裁条款如下：

"与本合同有关的一切争议应根据 ICC 国际仲裁院调
解与仲裁规则，由根据该规则指定的一名或几名仲裁员

---

〔8〕 Ulmer, supra Note〔3〕, p. 1336.
〔9〕 ICC Case 3383: VII *Yearbook Commercial Arbitration*, p. 119 (1983).

最终裁决。"

这种表述简洁明了，却包含了任何有效的仲裁条款必备的三项基本要素：[10] "一切争议"、"与……有关"、"最终解决"。这样的标准条款被实际使用的次数有多少呢？在1987年的237起案件的仲裁条款中，一字不差地使用标准条款的仅有一例。在1989年的215个仲裁条款中，也仅有3例。

这是否意味着标准仲裁条款就没有价值了呢？显然不是。标 70 准条款只是我们制定一个有效的仲裁协议的基本条款，但很多当事人都希望在这个基本条款中增加点其他内容。事实上，含有自1988年1月1日起施行的修正后的ICC仲裁规则的出版物本身即在标准条款后表明：

　　"谨此提醒当事人可以在其仲裁条款中规定合同适用的法律、仲裁员的人数、仲裁地点和仲裁语言。"

这样，在1987年，有47个仲裁条款（20%）使用了经少量词句改动的ICC标准仲裁条款，在1989年有21个（10%），通常这些条款都增加了仲裁地点。

让我们回到已经经受过时间检验的ICC标准仲裁条款中，[11]来研究它的各项基本要素。

1. 仲裁范围："与……有关"。ICC标准条款指的是"与合同有关的"一切争议。很多提交ICC仲裁的仲裁条款则指向"由合同引起的争议或与合同有关的争议"、"合同产生的争议"、以及"与履行合同直接和/或间接有关的争议"等等。

---

〔10〕　Craig, Park and Paulsson, supra Note〔2〕, Part II, section 6.03, p. 111.

〔11〕　ICC国际仲裁委员会已经成立了一个工作组来检验是否有必要对该标准条款进行修改。从目前来看，似乎不大可能推荐任何重大修改。

　　这些不同的表述看起来都是同样的意思，然而，法律分析方法发展了一条分界线，明确区分所谓的"狭义"的仲裁条款和"广义"的仲裁条款。一个"广义"的仲裁条款是非常清楚地"独立于"它所处的合同的，即使有人主张合同本身无效，例如是因受欺诈而订立合同，"广义"的仲裁条款准许仲裁庭对其是否有管辖权作出决定。

　　在美国一起案件中，（第九巡回上诉法院）认为，"据此引起的争议"这种表述对仲裁范围的规定是相对狭窄的，该法院认为，这一仲裁仅限于"与合同解释和履行有关的争议和分歧"。[12] 根据这一解释，诸如合同因欺诈而订立之类的纠纷，仲裁庭就无权进行审理。

71　　在距现在更近的一起美国案件中，联邦地方法院基于上述案例，认为对于一个 ICC 仲裁条款中的"与本协议有关的"的表述应作"略微狭义的解释"，从而将当事人之间的 9 种纠纷类型中的一种排除在外。这一结论在上诉中被驳回，上诉法院声明："ICC 的推荐仲裁条款应当被解释为包含了广泛的仲裁事项范围，……包括当事人间产生的与合同有重要联系的所有争议，而不考虑争议所呈现的类型。"[13]

　　此番表述及其相应的推理，清楚的表明使用 ICC 标准仲裁条款中关键用语的优势，以及指定在一个被广泛选定，并被内国法

---

〔12〕　Mediterranean Enterprises, Inc. v. Sangyong Corp., 708 F. 2d 1958（9th Circuit, 1983）．

〔13〕　J. J. Ryan & Sons, Inc. v. Rhöne Poulenc Fibers, S. A.；Rhodia A. G.；Sodetal, S. A. Rhöne Poulenc, S. A., 863 F. 2d（4th Cir. 1988）．See also: Tennessee Imports, Inc. v. Pier Paulo Filippi and Prix Italia S. R. L.；US District Court for the Middle District of Tennessee, （Aug. 19, 1990），*Int. Arb. Report*, Vol. 5 # 9, 9/90.

院法官所熟知的仲裁机构进行仲裁的优势。

因此，当事各方应该特别注意不要轻率地仅通过将该条款限制为"基于合同产生的"或"与合同执行或履行有关的"争议，缩小仲裁条款的范围。

2. "最终解决"。这一点将在下文讨论。

3. "国际商会"。对 ICC 不正确的指称所引起的问题将在下文讨论。

4. 应适用 ICC 仲裁规则的哪一个版本？这个问题在两年前提出尤为恰当，因为自 1988 年 1 月 1 日起，新修改的 ICC 仲裁规则已经生效。在这个修改后的仲裁规则的附函中，我曾声明：

"新修改的 ICC 仲裁规则将适用于在 1988 年 1 月 1 日或之后提起的所有仲裁。当事人也可同意对之前已经开始的仲裁适用新规则。如果当事人在 1988 年 1 月 1 日以前制定的仲裁条款中已经一致同意适用当时有效的 ICC 仲裁规则，ICC 将尊重当事人的这种约定，而不用考虑仲裁在何时提起。"

在 1987 年间，大约有 10 个仲裁条款对这个问题特别作出规定，其中 2 例指定适用"当时生效"的 ICC 仲裁规则，大概是指将争议提交 ICC 仲裁之时。另外 6 例则规定适用"不时修改的"，或"修正后的"的 ICC 仲裁规则，同样也接受任何将来修改的版本。在 1989 年，只有 3 例对这一问题作出规定，其中 2 例选择适用"当时生效"的 ICC 仲裁规则。

我想提请大家注意的是，ICC 仲裁规则上次修改是在 1975 年，那时仲裁员很少遇到适用哪一个版本的仲裁规则的问题，据我所知，诉至内国法院的也极少。对于 1988 年的仲裁规则，实践中也是如此。事实上，绝大多数的指定条款特别规定：本案应适用

72

1988 年规则，即便仲裁先于 1988 年 1 月 1 日提起。

（三）仲裁地点

仲裁地点的重要性，怎么高估都不过分。关于它的立法将决定内国法院介入仲裁行为的可能性及程度（或者是司法"支持"，或者是司法"干预"），仲裁裁决得到执行的可能性（取决于一方当事人所在国所参加的国际公约），以及在仲裁程序中必须遵守的强制程序规则的范围及性质（比如，在沙特阿拉伯，仲裁员必须是穆斯林且为男性）。这些因素远比特定地点的风景名胜（有时候，这些风景名胜成为选择某一仲裁地的决定性因素）重要得多。

当事人通常都能够意识到仲裁地点的重要性，至少可以通过这些事实看出，在 1987 年有 136 个仲裁条款（57%）特别指定了根据该条款进行仲裁的城市或国家。在 1989 年，这个数字更高：有 146 个仲裁条款（68%）指定了仲裁地点。仲裁地点和选择适用的法律都是最常见的被添加到 ICC 基本仲裁条款中的要素。

仲裁地点的选择可以在事实上决定案件的结果。在一家芬兰公司和一家澳大利亚公司之间发生的 ICC 仲裁案中，[14] 伦敦被双方在仲裁条款中选定为仲裁地点。案件涉及特许使用费未支付和一方意欲取消双方于 1976 年达成的有关特许使用权的协议等问题。1982 年，特许权人提起仲裁。仲裁员发现由于仲裁在英国进行，因此，仲裁也必须适用《英国诉讼期限法》中关于诉讼时效的规定。所以，即便可适用芬兰法律并且芬兰法律没有相似的关于诉讼时效的规定，仲裁员还是根据英国 6 年的诉讼时效规定，决定驳回发生于 1976 年以前的仲裁请求，而这实际上意味着驳回申请人

---

〔14〕 No. 4491, published in the *J. Int. Arb.*, Vol. 2, No. 1, March 1985.

全部的请求。(后来英国对诉讼期限法做了一个修正，将在英国进行但当事人双方都不是英国人的国际仲裁排除在其适用范围之外。)

然而，还有一个例子表明：即使如此简单的选择也不能草率作出。在美国联邦法院审理的一起案子中，涉及美国与伊朗当事人在伊朗革命以前签订的一项合同，其中指定的仲裁地点为伊朗。[15] 美国法院拒绝了一方当事人将仲裁地点改为美国的请求。 73
法院认为：

> "没有成文法或衡平法的规定允许我们为了当事人事后的便利，而有权变更双方事先签订的合同……亦无学理或政策可以提供（给伊朗当事人）一个指导原则，据此我们可以绕开仲裁地选择条款中的明文表述，从而避免适用双方最初作出的极其明确的合同约定。"

我想在这里对仲裁地选择问题作一特别说明。在 1987 年提交 ICC 的仲裁条款中，有 57 例（占 24%）（1989 年有 56 例，占 26%），并不是简单地指定 ICC，而是指定"在巴黎的" ICC，或者"巴黎的" ICC，或者"位于巴黎的" ICC。如前所述，事实上这么写是没有必要的，因为世界上只有一个"国际商会"。不过，可以理解，很多当事人感到增加这样一个详细说明会更让人放心。（确实，在 ICC 最近的一个案件中，仲裁员不得不针对被申请人对仲裁管辖权的异议作出裁定。被申请人主张仲裁条款并非指定 ICC，理由正好是该指定没有特别说明是"在巴黎"，被申请人辩

---

〔15〕 National Iranian Oil Company（NIOC）v. Ashland Oil, 641 F. Supp. 211, S. D. Miss. 1986. National Iranian Oil Co.（NIOC）v. Ashland Oil, Inc., 817 F. 2d 326, 5th Circuit 1987.

称，"世界上有为数众多的国际商会"。不过仲裁庭还是驳回了被申请人的这种推理，这是极其正确的。)

然而，当事人应该意识到，指定"巴黎的"ICC，或者"在巴黎的"ICC 将被 ICC 国际仲裁院解释为是将巴黎作为仲裁地点，除非仲裁条款明确规定了其他**地点**（这种情况时有发生）。1989 年的数据清单表明，这些同时指定 ICC 和巴黎的 56 个案例中，有 33 例对仲裁地点另有约定。

上文提到的"解释规则"在 1989 年的 11% 的案例中得到了适用。当一个仲裁条款错误地指定"日内瓦的"ICC，或者"在苏黎世"或其他地方的 ICC 时，这一解释规则同样适用。毕竟，世界上只有一个 ICC，从逻辑推理上，指定其他城市的 ICC 并不会让人产生歧义。ICC 国际仲裁院的这一立场已经得到一些 ICC 仲裁裁决和法院判决的坚定支持。[16]

74　　（四）适用的法律

虽然，由当事人选择仲裁员在审理双方的实体争议时应适用的法律并不是仲裁条款有效的必备要素，但还是很希望当事人在仲裁条款中能够就所适用的法律尽可能的达成一致意见。否则，这会成为增加仲裁的时间成本与金钱成本的一个重要原因。而且，仲裁员对该事项作出的决定（即使是机构仲裁，该事项也应该由仲裁员作出决定），可能会令一方当事人很不满意。最后，在实践中，在仲裁机构指定首席仲裁员或者独任仲裁员时，任命一个对

---

〔16〕 See Case No. 3460, and accompanying comment reported in *Journal du Droit International*, 1981, p. 939. 在 Tennessee Imports v. P. P. Filippi 一案中（前注〔13〕），一家美国地方法院将指向"威尼斯（意大利）的国际商会仲裁院"的争议解决条款解释为指定 ICC 国际仲裁院，并暗示威尼斯为仲裁地。

该国法律最为熟悉的专家担当仲裁员，将是指定最合适人选的一个捷径。

基于上述原因，选择合同应适用的法律已经是最为常见的被写入合同，并经常在仲裁条款中直接加以规定的要素。在1987年，大约有178个合同（75%），1989年有146个合同（66%），规定了合同应适用的专门法律，或者是规定某一特定国家的法律或者是一方当事人所在国的法律（例如"卖方所在国的法律"）。1987年有81例（1989年有111例）在仲裁条款中直接规定了合同应适用的法律。同样需要引起我们注意的是，鲜有仲裁条款授权仲裁庭可以基于公平、友好仲裁、公平合理的原则，或者仲裁员作为调解员的方式来解决争议。在1987年，仅有9个仲裁条款（3%）含有这样的解决纠纷的根据。（虽然在ICC仲裁程序中，如果仲裁庭没有当事人特别授权就无法充当友好仲裁人，还是有一些仲裁条款特别规定禁止**友好仲裁**。）在1989年有8个仲裁条款规定了友好仲裁，其中一些还特别规定可以同时适用一个国家的法律。

在1987年提交ICC仲裁的一个涉及南斯拉夫方和肯尼亚方当事人的合同中，规定任何争议应基于"国际法"解决。还有一个合同规定，争议应根据"国际合同的传统规则"解决。而另一合同则规定应适用"在西欧国家适用的一般法律原则"。在1987年和1989年，没有仲裁条款提及**商人法**。

当然本文的目的并不是考察仲裁的"基本原理"，但我不得不提醒大家注意，上述引证的数据表明，当事人通常并不是因为希望用一种"法律之外"方式来解决他们的纠纷才选择仲裁的。相反，当事人似乎愿意选择一个基于某个特定的、可预期的法律系统的争议解决方式。他们明显不想看到的是，这一法律系统是由对方当事人的国内法院适用的。

在决定合同适用的法律时，必须牢记几个要点，简要列举如下：

首先，希望双方选定的法律体系对于任何最终争议中可能涉及的特定事项都有很完备的规定。

其次，你或许想避免适用所选择法律的冲突法规则，那么就需要明确说明，或者是通过特别规定适用有关国家的"实体法"。

最后，确保根据你所选择的国家法律，所欲解决的合同争议是可被仲裁的事项。版权或者专利问题、反垄断事项等等，通常是不允许通过仲裁解决的，只能由内国法院处理。

（五）仲裁庭的组成

下一个我们应该高度关注的因素就是仲裁庭的组成。你希望有几个仲裁员？他们如何被选定？他们是否应该具备一些特别的资格？没有一个宽泛的通用原则能够涵盖所有可能出现的情形。

关于仲裁员人数，在 1987 年有 58 个仲裁条款（占 24%）（1989 年有 62 例，占 29%）规定了 1 名或者 3 名仲裁员。其中 11 例（1989 年有 7 例）规定了 1 名仲裁员，47 例（1989 年有 55 例）规定了 3 名仲裁员。有趣的是，在 1987 年的 83 个案件中，虽然仲裁条款都没有确定仲裁员的人数，但当事人总能够在 ICC 国际仲裁院作出决定之前就此达成一致意见。这意味着，在实践中，即使在争议发生后，当事人也很容易对这一要素达成协议。因而，相比其他因素来说，双方并不急于在商议仲裁条款时就这一点达成共识。

在 1987 年的这些仲裁条款中，有 4 例（1989 年有 2 例）规定了 1 名仲裁员，前提是双方能够就该仲裁员人选达成合意，否则将由 3 名仲裁员组成仲裁庭。虽然基于这么少的数据，无法得出一个普遍结论，但我相信这几个仲裁条款已经向我们透露了一个当事人非常关心的问题，即需要有一个双方都能够信任的仲裁庭。这一信任体现在双方对该人选都有所了解并一致选定其为独任仲裁员，或者在无法做到这一点时，由双方各选定一名仲裁员组成一个 3 人仲裁庭。或许是由于上述原因，ICC 的经验表明，来自发展中国家和东欧国家的当事人对 3 人仲裁庭有很强的偏好。他们似乎认为，即使其选定的仲裁员必须遵循 ICC 规则，独立于指定他们的一方当事人，但与其国籍相同的仲裁员能够向仲裁庭的其他仲裁员解释该方当事人所处的法律、经济和商业环境。

当然，3 人仲裁庭的费用也是更为昂贵的，并且仲裁持续的时间一般也会更长一些。这些都是在起草仲裁条款时不能忽略的。

对于仲裁庭组成的其他因素，仲裁条款倾向于不作规定。在 76
1987 年，仅有 3 个仲裁条款规定了首席仲裁员的国籍，并且每次都规定他必须是瑞士人。此外，只有一例规定了首席仲裁员的专业资格，即其必须是"受过良好教育与培训的律师"。

在 1989 年，在含有特别规定的 13 个仲裁条款中，有 10 个涉及到首席仲裁员或者所有仲裁员的国籍。还有一些提供了明确的指示，比如"首席仲裁员必须是瑞士的职业法官"。其他则排除了某些国籍，比如下面提到的在不涉及来自发展中国家或者东欧国家的当事人的 3 个不同案件中，仲裁条款规定，"仲裁员不能与任一方当事人的国籍相同"，这也肯定了上文的分析结果。

在这个问题上，ICC 仲裁条款并不典型，这很可能是因为当事人都确信 ICC 仲裁员的素质是非常优秀的，并且 ICC 规则要求首席仲裁员或独任仲裁员必须来自于与当事各方不同的国家。因此，关于仲裁员的选择问题，对仲裁机构的信任足以减少双方协商的细节，而这些细节一般都是要写入临时仲裁条款的。

（六）仲裁语言

许多当事人可能会误以为书写合同的语言将会自动成为该合同所引起的争议仲裁的语言。举例而言，ICC 仲裁规则第 15（3）条确实有这样的规定，仲裁员在决定仲裁的语言时"应对合同的语言给予必要的关注"。不过，只有在双方当事人无法就仲裁语言达成一致意见的情况下，才会由仲裁庭决定这个问题。

正如我们可以想象的那样，庭审时的同声传译以及把所有文件翻译成两种或两种以上的语言文字是非常花费时间与金钱的。如果在仲裁条款中对仲裁的语言不能达成合意，双方可以协商就口译与翻译费用进行平摊，或者由要求口译或翻译的一方当事人承担该项费用。不过在 1987 年和 1989 年，没有一个仲裁条款就此作出规定，尽管在 1987 年有 32 例（占 13.5%；1989 年有 40 例，占 19%）选择了仲裁语言，其中有 25 例规定英语（1989 年有 31 例），6 例规定法语（1989 年有 4 例），1 例规定法语和/或英语。（在 1989 年，有一例规定了法语和西班牙语，另一例规定了英语和德语）。

（七）放弃上诉权及"排除协议"

一般而言，仲裁的主要优势是，在仲裁过程中基本排除司法介入，并且仲裁裁决在一定意义上是"终局的"，即不允许对其实体问题进行司法审查。ICC 仲裁规则第 24 条规定"仲裁裁决是终局的"，如果当事人放弃异议的决定是有效的，其将被视为已经放弃任何上诉的权利（waive of appeal）。尽管有此规定，在 1987 年还是有 49 项条款（24%），在 1989 年有 56 项条款（26%）特别规定：仲裁裁决对"同意放弃所有上诉权利的当事人是终局的和有约束力的"。

基于各方当事人的国籍、仲裁地点、被执行财产的所在地的不同，仲裁条款中这样一个放弃上诉的特别规定可能会非常有用。举个例子，英国1979年《仲裁法》修订了"藉案件呈述"（case stated）制度（该制度允许英国法院在一方提出仲裁裁决适用法律错误时，对仲裁裁决进行司法审查），该法规定如果双方当事人意欲排除法院对仲裁裁决的司法审查，就必须订立一份"排除协议"（exclusion agreement）。

如上所述，英国法院已经根据 ICC 仲裁规则第 24 条，[17] 将一个 ICC 仲裁条款解释为其自身即构成这样一个排除协议。不过，在瑞士，虽然《联邦国际私法典》第 12 章允许非瑞士籍当事人采用排除协议，但是评论家们看起来都认为，任何这样的协议都必须是明确清晰的，而仅提及一整套的仲裁规则，比如 ICC 仲裁规则，将不能构成一个有效的排除协议。

（八）判决登记的约定

在美国，仲裁条款经常规定，当事人可以在任何有管辖权的法院对仲裁裁决进行判决登记（entry of judgement for stipulation）。AAA 的示范仲裁条款就包含有类似的表述，如前述，在仲裁涉及美方当事人，或者寻求在美国执行仲裁裁决时，当事人最好在仲裁条款中写入这样的规定。在 1987 年有 31 例（13%），在 1989 年有 21 例（10%）仲裁条款包含这样的约定，而且这些仲裁条款并

---

〔17〕 See Arab-African Energy Corp. Ltd. v. Olienprodukten Nederland B. V. (1983) 2 *Lloyd's Rep.* 419.

不是每次都涉及美方当事人。有一个例子，当事人依靠违约金条款来确保仲裁程序和执行程序能够顺利进行。在其仲裁条款中规定，任一方拒绝参加仲裁或者不予执行仲裁裁决，并藉此迫使对方在地方法院提起诉讼的当事人，应该向对方支付总额为100万法国法郎的违约金。

78　　（九）其他事项

在仲裁条款中规定各种其他事项会有很多好处，根据条件不同，这些事项被证明在减少金钱支出和时间耗费方面是大有益处的。然而，在1987年和1989年，这些其他事项事实上从未被提及。当然这并不是说这些其他事项没什么用，但确实反映着协商一个过于详细的仲裁条款存在诸多实际困难，以及这样一个事实，即只有当事人有提起仲裁的动机和激励以后，他们才会集中精力充分考虑这些问题。

然而为了文章的完整性起见，我还是在下面列出这些其他事项，以便我们能够记住。一旦条件成就，有一天它们中的一项或多项将被证明在一个特定的仲裁中是非常重要的。（每一事项后注明的次数是其在1987年仲裁条款中出现的次数，1989年的同样也做了标注。）

（1）应适用的程序法（1987年有1例；1989年有1例）。

（2）仲裁员变更合同的权力（1987年有1例，拒绝任何这种权力；1989年没有类似规定）。

（3）证据开示和交叉询问的范围（1987年有1例；1989年没有）。

（4）国家主权豁免的放弃（1987年和1989年都没

有）。

（5）多方争端的调停（1987 年有 4 例；1989 年有 2
例）。

（6）由当事人分担仲裁费用（1987 年有 6 例；1989
年有 2 例）。

（7）禁止或要求中间裁决（1987 年和 1989 年都没
有）。

（8）技术专家意见（1987 年没有；1989 年有 2 例）。

最后，在 1989 年，有 3 个建设工程合同中的仲裁条款实质上
规定了"工程在仲裁程序未结束前将继续进行"。

四、结　语

我无法通过向你展示一个通用的、万能的仲裁条款以结束本
文，因为没有一个仲裁条款能完全适用于所有的案子。在每次商
谈仲裁条款时，你需要严格分析与特定交易有关的各种背景，以
使你所拟定的仲裁条款能够符合身边的客观情况。从长远看，这
项工作会给你在节省时间和金钱方面带来无可限量的益处。

（丁建勇　译）

第四部分
仲裁程序

▼

▼ ▼

▼

评 论

威廉·W.帕克（William W. Park）在写到他作为仲裁员，与 81 "一些世界上最优秀的仲裁员"共事的经历时说：

> 这些杰出的仲裁员中有很多人非常偏爱一套程序或其他类似的规则。但很讽刺的是，他们经常支持自己喜欢的做法，并主张"我们应按惯例行事"。然而，对某人来说是习惯的做法对其他人来说可能是奇怪的或者不切实际的，这使细心的观察员们担心，"如果最出类拔萃的人都无法达成一致意见，我们又如何期盼新手仲裁员能够知道什么是正确的？"[1]

是否有一个（或多个）仲裁员及当事人在仲裁中都应予以遵循的"惯例"从根本上来说是一个实证问题，也是本编研究的主题。[2]

---

〔1〕 William W. Park, "The 2002 Freshfields Lecture-Arbitration's Protean Nature: The Value of Rules and the Risks of Discretion" (2003) 19 *Arb. Int'l* 279, 292 n. 〔48〕.

〔2〕 一个例外是仲裁员的选定，这在第四编有单独论述。此外，第三编讨论了仲裁条款的内容，并分析了当事人对仲裁程序的看法。

对仲裁程序的实证解读可能是本书所有主题中最不深入的一个。仲裁本身是保密的，因而很难进行研究。仲裁程序的性质也增加了研究的难度。很多仲裁过程中发生的事情（比如证据开示）在主要的案例档案中可能都没有记载。收集已经记载的数据也是一个耗时耗力的事情。（事实上，关于诉讼程序的实证研究相对很少也明显是因为这些难题。）案例选择的偏差使得对任何发现的评估都很困难。最后，仲裁程序是一个有许多潜在问题可供研究的领域。简言之，实证研究仅仅是揭开了国际商事仲裁过程冰山之一角。

概　　述

82　　　一些基本问题尚未得到研究。仲裁员及当事人在国际商事仲裁程序中普遍遵守的惯例是什么？这些惯例在机构仲裁和临时仲裁间有何区别？〔3〕这些惯例在不同仲裁机构管理的仲裁间有何区别？这些惯例是如何影响仲裁程序的效率和成本的？〔4〕

　　很多文章都写了当事人、代理人和仲裁员的法律文化是如何

---

〔3〕　Richard W. Naimark，"Building a Fact – based Global Database：The Countdown"（2003）20 J. Int'l Arb. 105，106［"临时仲裁案件在什么情况下会发生？这些案件与机构管理的案件是否有某些区别？临时仲裁案件的记录是不是在所有方面都和其他案件不同？（比如，它们是更长还是更短；更便宜还是更昂贵；在适用法律上是更严格还是更宽松；被法院执行的更多是更少；满意度更高还是更低；它们是否使用与机构或其他组织相同的仲裁员；程序设置的不同是不是临时仲裁和机构仲裁案件的惟一区别?）"］.

　　〔4〕　Laurence Shore，"What Lawyers Need to Know About International Arbitration"（2003）20 J. Int'l Arb. 67，71（"对于下述问题，我们需要详尽的信息和分析：此类程序耗时多长，案件中止的类型，争议金额，当事人的国籍，当事人律师的国籍，等等。举例来说，从最初立案到最终裁决，以及从最初立案到开庭审理的期限的平均值和中间值是多少?"）.

影响选定的仲裁程序的，并强调了来自普通法系和民法法系的不同参与者之间的差异。[5] 与此同时，其他文章则看到了仲裁程序的逐渐统一，甚至"日渐上升到一个标准仲裁程序的水平"。[6] 杰克·科（Jack Coe）建议进行如下的实证研究：

> 选取一个由经验丰富并有适度多样化的仲裁员及仲裁律师组成的样本，以他们接受法律训练的地点进行分类，要求他们根据在混合文化背景下的发生频率，以及得到令人满意的解决方案的相对容易程度和方式来列出可疑的问题范围。初步看来，这些问题可能包括证据开示（关于开示范围和方式的问题），交叉询问（是否允许以及如何控制），律师在庭前与证人的交流（包括己方及对方提供的证人），以及与庭审形式有关的问题（要求多少审理时间，是否允许证人到庭提供直接证词，证人是否会被隔离，对异议自认的性质的认定，以及其他类似问题等等）。被调查者可能被要求增加未被提及的问题范围并提供评论。[7]

对于仲裁程序各个方面的实证研究同样应该考虑在实践中因 83 参与者法律背景的不同而产生的差异。

另一个基本问题是仲裁规则的恰当的明确程度，也就是说，

---

〔5〕 E. g., Christian Borris, "Common Law and Civil Law: Fundamental Differences and Their Impact on Arbitration" (1994) 60 Arb. 78; Andreas F. Lowenfeld, "The Two-Way Mirror: International Arbitration as Comparative Procedure" (1985) 7 *Mich. Y. B. Int' l Leg. Stud.* 163.

〔6〕 E. g., Gabrielle Kaufmann – Kohler, "Globalization of Arbitral Procedure" (2003) 36 *Vand. J. Transnat' l L.* 1313, 1323.

〔7〕 Jack J. Coe Jr., "From Anecdote to Data: Reflections on the Global Center's Barcelona Meeting" (2003) 20 *J. Int' l Arb.* 11, 17.

规则是否应该比授予仲裁员很多自由裁量权的现行规则更为详尽抑或相反 [8] 帕克教授在 2002 年富尔德讲座中提出 "有关仲裁员自由裁量权的好处的那些广为流传的假设很可能会被证实是不正确的" [9] 确实，亚瑟·L.马里奥特（Arthur L. Marriott）已经指出了一些轶闻证据，"即那些仲裁实践者，尤其是来自英美国家的律师，感觉有必要在协议中写入详细的仲裁条款，明确到使仲裁员不得不遵循这些程序和规则。" [10] 但 "没有任何实证研究可以证伪关于规则明确程度的此方或彼方观点"，帕克解释道，"只有在并且正在进行一项试验时，我们才会得知，事先的更为精确的规定是否会更有吸引力。" [11] 对于实验的方式，帕克所想的似乎是让一个仲裁机构公布一套更为明确的规则，然后观察当事人的反应。

这种实证研究方法可以被更为广泛的使用：每当一个仲裁机构修改其规则，或者一个国家修订其国内仲裁法时，就提供了一个检验改革效果的机会。与修改前相比，是否有更多的当事人同意在修改后的特定仲裁规则下进行仲裁？ 在某个国家修订了仲裁

---

〔8〕 Hilmar Raeschke – Kessler, "The IBA Rules of Evidence: How Does an Arbitral Tribunal Establish the Facts of the Case?" in Center for Transnational Law (ed.), *Understanding Transnational Commercial Arbitration* (quadis publishing, Münster, Germany, 2000), pp. 75, 79.

〔9〕 Park, supra note〔1〕, at 300.

〔10〕 Arthur L. Marriott, "Pros and Cons of More Detailed Arbitration Laws and Rules" in Albert Jan van den Berg (ed.), *Planning Efficient Arbitration Proceedings: The Law Applicable in International Arbitration* (Kluwer Law International, The Hague, 1996), pp. 65, 65 ~ 66.

〔11〕 Park, supra note〔1〕, at 295. 他补充道，"大多数仲裁所期望的保密性使我们几乎不可能对如下问题做任何有意义的调研，该问题是，仲裁条款是否会因为当事人希望规则更为明确具体，而经常被从合同中省去。" Id. at 295 n.〔61〕.

法之后，是否有更多的当事人愿意在这个国家进行仲裁？[12] 当然，难点在于如何控制其他可能解释这一变化的因素。举例来说，如果对规则或法律有多处变更，就极难分辨出其中某一处变更所带来的影响。虽然如此，一项精心构思的研究能够充分利用此类自然实验的优势，从而为我们对国际仲裁程序的认识补充一些重要见解。

研究的议题

在本编重印的第一篇研究中汇集了许多可能对仲裁程序进行 84 实证研究的议题。在 1981 年，美国仲裁协会向美国的律师事务所及跨国公司进行了一次关于"他们对国际商事仲裁某些方面的偏好"的调查。该调查所涵盖的议题很广泛；与仲裁程序有关的结果如下：

- 56 人中有 27 人（48.2%）经常或总是"推荐通常在美国法院使用的证据开示程序"，尽管在 46 人中只有 13 人（28.3%）一般会在他们的仲裁条款中规定这一程序。

- 至于仲裁机构是否有必要"批准关于争议焦点的声明"，反馈者的意见分歧很大（23 人认为有，29 人认为没有，6 人不发表意见）。

- 绝大多数反馈者（58 人中有 53 人，占 91.4%）

---

[12] 本编重印的一篇论文对该问题进行了考察，参见 Christopher R. Drahozal, "Regulatory Competition and the Location of International Arbitration Proceedings"（2004）24 *Int'l Rev. L. & Econ.* __ .

赞成由仲裁机构安排一次庭前会议。

- 58 人中有 36 人（62.1%）表示愿意在提起仲裁前参加调停。

- 当事人在选择仲裁地点时的一些非常重要的考虑包括：通信设施（58 人中有 46 人，占 79.3%）；可适用的仲裁法（58 人中有 44 人，占 75.8%）；仲裁参与者的个人安全（58 人中有 44 人，占 75.8%）；以及没有旅行限制（57 人中有 40 人，占 70.2%）。

- 很多反馈者指出交叉询问（29 人认为是必需的；27 人认为是可以的）和庭前案情摘要（23 人认为是必需的；34 人认为是可以的）在国际商事仲裁中是必需的；少数反馈者表示，未出庭证人的书面证词（7 人认为是必需的；49 人认为是可以的）和中间裁决（1 人认为是必需的；50 人认为是可以的）应该是必要的，但是多数认为它们是可以被允许的。

- 58 人中有 48 人（82.8%）同意国际商事仲裁案件应该"秘密进行，与案件无关人员不得参加庭审"。

不过，这一结果已经过时（调查已经过去 20 多年），而且是基于一个有限的样本（限于美国律师事务所及公司）。虽然如此，该研究还是提出了许多实证研究的潜在议题。[13] 关于这些议题（和其他议题）中的一些议题的更为详细的讨论如下。

85

代理。谁在国际商事仲裁中作为当事人的代理人？德扎雷和

---

〔13〕 国际仲裁程序中的程序问题清单，参见 UNCITRAL Notes on Organizing Arbitral Proceedings（1996）；Park，supra note〔1〕，at 300 app.

加思（Dezalay & Garth）在写到跨国律师事务所大量涌入国际商事仲裁领域时说，"英美律师事务所提供了很多资源和客户，强调对事实进行调查以及对抗性的执业风格，同时它们也为一般法律顾问和商业界提供了主要的联系渠道。"[14] 迈克尔·D. 戈德哈伯（Michael D. Goldhaber）为《美国律师》（American Lawyer）杂志编辑了一系列"大"仲裁栏目，声称"那些大所的律师……很自然地成为代理高风险和资源密集型案件的主力"。[15] 定量的证据能证实这些一般化的结论么？其他可能进行实证研究的问题包括：当事人在聘请代理人时，他们在期待什么？他们应该遵循什么程序？当事人的代理人要收取哪些费用？代理人的国籍是如何影响国际仲裁程序的？

仲裁地点。 仲裁地在国际商事仲裁中有着重要作用：它决定仲裁程序应适用的仲裁法，同时是确保仲裁裁决可以得到执行的主要因素。[16] 当事人通常会就仲裁地达成一致意见。比如，在ICC 2003 年的仲裁中，当事人在仲裁条款中协商确定了仲裁地点的案件占 76%，事后通过协议方式确定仲裁地点的案件占11%。[17] 在余下的13%案件中，ICC 国际仲裁院指定了仲裁地点。

---

〔14〕 Yves Dezalay & Bryant G. Garth, *Dealing in Virtue* (University of Chicago Press, Chicago, 1996), p. 62.

〔15〕 Michael D. Goldhaber, "Private Practices" *American Lawyer: Focus Europe* < www. americanlawyer. com/focuseurope/privatepractices. html >, Summer 2003.

〔16〕 Gary B. Born, *International Commercial Arbitration* (2nd ed., Transnational Publishers, Inc., Ardsley, N. Y., 2001), pp. 574 ~ 575; Alan Redfern & Martin Hunter, *Law & Practice of International Commercial Arbitration* (3rd ed., Sweet & Maxwell, London, 1999), ¶ ¶ 6 – 15 to 6 – 23. 仲裁地并不必然是开庭的地点。大多数仲裁规则和法律允许仲裁员在仲裁地以外的地方开庭。Redfern & Hunter, supra, ¶ 6 – 24. 这种做法是否经常发生是一个值得研究的实证问题。

〔17〕 "2003 Statistical Report" (2004) 15(1) *ICC Int'l Ct. Arb. Bull.* 7, 12.

表1总结了在 ICC 1999 年到 2003 年间受理的案件中，最常被当事人选择的仲裁地点。[18] 表2总结了在同时期最常被 ICC 国际仲裁院指定的仲裁地点。[19] 两个表都显示出欧洲城市在 ICC 仲裁中的优势，涉及美国的城市也有不少。根据表中的资料，最常被选择的城市（在 2003 年）依次为：巴黎（112～97 次是当事人选择，15 次是 ICC 国际仲裁院指定）；伦敦（48～42 次是当事人选择，6 次是 ICC 国际仲裁院指定）；日内瓦（38～35 次是当事人选择，3 次是 ICC 国际仲裁院指定）；纽约（33～31 次是当事人选择，2 次是 ICC 国际仲裁院指定）；苏黎世（26～25 次是当事人选择，1 次是 ICC 国际仲裁院指定）。[20] 不出所料，当事人选择的仲裁地范围比 ICC 国际仲裁院指定的更为广泛，在 1999 年到 2003 年间，当事人每年选择的不同国家有 38 到 46 个，而 ICC 国际仲裁院指定的只有 18 到 19 个。被选择的国家以及被选择的次数见附录 2。

本编重印的第二篇研究考察了一个国家新制定或修订后的仲裁法对当事人选择仲裁地的影响。国家之间通过修改仲裁法以争相吸引国际仲裁在本国进行；这篇研究考察了这些国家在这方面取得了多大程度上的成功。克里斯多佛·R. 德拉奥萨（Christopher R. Drahozal）利用 ICC 的数据，挑选出在 1994 年到 1999 年间新制定或修订仲裁法的国家作为样本，发现在制定新法后，仲裁案件的数量仅有一小部分增加（整个样本中最多有两个新增的 ICC 仲裁案；对于"主要"仲裁国家，最多有 8 个到 10 个新增的 ICC 仲

86

---

〔18〕 "1999～2003 Statistical Reports" (2000～2004) 11(1)～15(1) *ICC Int'l Ct. Arb. BulL.* Additional data on the place of arbitration in ICC arbitrations (covering more years and more countries) are in Appendix 2.

〔19〕 Id.

〔20〕 "2003 Statistical Report", supra note〔17〕, at 12.

裁案），但是比例大幅增加（从全样本的 18.39% 到主要仲裁国家的 26.95%）。如果转化为货币形式，这一结论意味着，这些国家从修订仲裁法中获取了每年总额达 60 万美元的财政收益，远低于一些仲裁提倡者们所估计的数额。

表 1 在 ICC 仲裁中当事人协议选定的仲裁地点

	1999	2000	2001	2002	2003	合计
法国	89	56	103	72	97	417
瑞士	74	72	73	99	69	387
英国	46	48	52	48	43	237
美国	35	37	35	40	46	193
德国	16	21	20	15	17	89
新加坡	11	11	13	14	14	63
奥地利	10	11	8	10	7	46
荷兰	6	4	10	12	9	41
意大利	2	11	4	5	12	34
瑞典	8	6	3	6	6	29

表 2 ICC 国际仲裁院指定的仲裁地点

	1999	2000	2001	2002	2003	合计
法国	23	23	25	16	17	104
瑞士	10	12	12	12	5	51
美国	9	6	4	10	7	36
英国	2	7	9	5	6	29
德国	5	2	4	1	5	17
比利时	4	3	0	4	2	13
新加坡	1	4	4	0	2	11
荷兰	3	2	2	1	2	10
加拿大	2	1	1	2	3	9
奥地利	3	0	2	0	3	8

87   关于这一研究的三种研究方法值得提一下。首先，因为可利用的数据很有限，这一研究看起来仅仅是针对 ICC 仲裁案件，而不包括其他仲裁机构或者临时仲裁所受理的案件。在这一点上，它或许无法完整反映新仲裁法的影响。其次，研究只是使用了关于仲裁地点的聚合数据（也就是说，在一定年限内在某个国家进行的仲裁总数）。而运用个体数据进行更深层次的研究将是很有价值的。最后，当事人同意仲裁和仲裁实际发生之间的时间差使这种研究更为复杂化。ICC 报告了纠纷发生后仲裁地的数据。但是如果当事人在仲裁条款中约定了仲裁地点（多数如此），那么他们很可能考虑了在他们签约时所生效的内国仲裁法。因而，对内国仲裁法进行任何修订的影响都将在多年后才会在 ICC 数据中显现出来。德拉奥萨的研究通过使用 ICC 公布的有关合同形成时间分布的数据来控制这一时间间隔，以评估关键的涉及法律的变量（statutory variable）。[21]

保密性。保密性是典型的被作为当事人同意仲裁，而不是去法院解决纠纷的理由之一。[22] 但近年来法院的决定已经将国际仲裁程序的保密性作为一个法律问题提了出来。[23] 此外，在第二编重印的理查德·W. 奈马克（Richard W. Naimark）和斯蒂芬妮·E. 基尔（Stephanie E. Keer）的一份研究，表明当事人并不如先前

---

〔21〕 关于引起 ICC 仲裁的合同是何时形成的，见附录 2。

〔22〕 Born, supra note〔16〕, at 9; Redfern & Hunter, supra note〔16〕, ¶ 1 –43.

〔23〕 Esso Australia Resources Ltd. v. Plowman, 183 C. L. R. 10 (Austl. 1995); Bulgarian Foreign Trade Bank Ltd. v. A. I. Trade Finance Inc., Case No. T 1881 ~ 1899 (Swed. 2000).

认为的那样经常把保密性置于相对较高的重要程度。[24] 确实，在
2003 年出版的《美国律师》杂志"大仲裁"专栏中，不仅确定了 88
40 个争议金额超过 2 亿美元的国际仲裁案件，还写明了当事人、
代理人和仲裁员的名称。[25] 据该专栏的作者所言，"律师所提供的
广泛合作"证明"仲裁保密性正在日渐丧失"。[26]

简·保尔森（Jan Paulsson）和奈杰尔·罗丁（Nigel Rawding）
确认了很多与仲裁程序保密性有关的问题：[27]

- 仲裁程序本身是否是保密的？[28]
- "仅仅公开争议的存在是否可以不经双方当事人
同意？"
- "在一个正在进行的仲裁中出示的证据是否可以在
其他仲裁中出于其他目的而披露？"
- "仲裁庭是否会拒绝考虑（一方当事人）获得的
在另一仲裁庭审理的案件中披露的证据？"
- "仲裁裁决或其他仲裁记录中的内容，是否可以在
仲裁结束后，不经双方当事人同意而公开？"

---

〔24〕 Richard W. Naimark & Stephanie E. Keer, "International Private Commercial Arbitration: Expectations and Perceptions of Attorneys and Business People" (2002) 30 *Int'l Bus. Lawyer* 203, *reprinted in* Part 2. *Compare* Christian Bühring – Uhle, *Arbitration and Mediation in International Business* (Kluwer Law International, The Hague, 1996), pp. 136 ~ 137, 在第二编重印（调查发现，保密性曾是仲裁的一个"重要优势"）。

〔25〕 See Michael D. Goldhaber, "Big Arbitrations" *American Lawyer: Focus Europe* < www. americanlawyer. com/focuseurope/bigarbitrations. html >, Summer 2003.

〔26〕 See Goldhaber, supra note 〔15〕.

〔27〕 Jan Paulsson & Nigel Rawding, "The Trouble with Confidentiality" (1994) 5(1) *ICC Int' l Ct Arb. Bull.* 48, 49 ~ 50.

〔28〕 保尔森和罗丁（Paulsson & Rawding）将其描述为"无疑是该问题最简单的一个方面。外人通常不允许参加仲裁庭审，也无权获取书面的庭审笔录。"Id. at 49.

　　当事人及仲裁员对于这些问题所涉及的隐私与保密问题的习惯做法是什么？当事人订立保密协议会到什么程度，是作为仲裁条款的一部分还是在争议发生后再行协商？这些保密协议的条款是什么？由于公司信息披露的要求，或者是出于保险的目的，当事人在仲裁程序进行中或者仲裁程序结束后应该在多大程度上向第三方披露信息？

　　临时措施。 仲裁规则和很多国家的仲裁法（虽然不是全部）都授予仲裁员发布临时救济命令的权力，这些命令旨在维持现状，防止造成无法挽回的损害，保全财产以满足最终的实体裁决，或者保全解决纠纷的关键证据。[29] 但作为一个现实问题，仲裁并不是很适合使用这些紧急措施：到仲裁庭组成之时，这一救济也许太迟了。[30] 当事人可以利用的其他选择包括决定临时救济措施，[31] 或者完全排除在仲裁中提出这些申请（以避免对法院准予

89

---

　　〔29〕　E. g. , Redfern & Hunter, supra note 16, ¶ ¶ 7 – 11 to 7 – 13; see UNCITRAL Arbitration Rules, art. 26 (1976); UNCITRAL Model Law on International Commercial Arbitration, art. 17 (1985). 临时救济种类的列表可以从一个 UNCITRAL 工作组正在进行中的修订 UNCITRAL 示范法第 17 条的草案中得到解释。E. g. , United Nations Commission on International Trade Law, Report of the Working Group on Arbitration on the Work of Its Fortieth Session, A/CN. 9/547, Apr. 16, 2004, p. 18 〔hereinafter UNCITRAL Working Group Report〕.

　　〔30〕　如加里 · B. 伯恩（Gary B. Born）所言：
　　　　临时措施通常在纠纷开始时才有必要。不过，在纠纷开始时，一般还没有组成仲裁庭；即使在仲裁申请已经被受理后，选择和确定仲裁员的程序也要花费数月时间。因此，从仲裁员那里获得临时措施通常是很难的。
Born, supra note 16, at 934.

　　〔31〕　E. g. , International Chamber of Commerce, Rules for a Pre – Arbitral Referee Procedure (in force from Jan. 1, 1990). 该程序极少被使用：ICC 在 2003 年仅收到一份要求庭前紧急事件审理程序的申请，在 2001 年和 2002 年收到 2 份申请。"2001 ~ 2003 Statistical Reports" (2002 ~ 2004) 13(1) ~ 15(1) *ICC Int' l Ct. Arb. Bull.*

临时救济以支持仲裁的权力提出质疑）的特别仲裁程序。[32]

本编重印的第三篇研究报告了理查德·W. 奈马克和斯蒂芬妮·E. 基尔对美国仲裁协会国际仲裁院所做的一份调查的结果。在 64 份反馈中（共发出 320 份问卷），38 个反馈者表示他们参加过有一方当事人申请临时救济的仲裁案。这些仲裁案一共有 50 个，其中 32 个是国际仲裁。事实上所有的案件（50 件中有 44 件，占88%）都涉及行为中止、请求特别履行、提供担保的命令或同时涉及这几个。在一半的案件中（50 件中有 25 件），申请人获得了一些自己请求的救济方式，虽然在其中的 5 个案件中，胜诉方报告说这一命令"未被履行"。对仲裁中临时救济的使用，以及当事人对仲裁中临时救济的局限性的反应的进一步实证研究对当事人的代理人及仲裁员来说是很有帮助的。

实证证据也与 UNCITRAL 示范法第 17 条可能进行的修订有关，这一修订将允许仲裁员可以应单方请求发布临时措施的命令（也就是说，不需要通知临时措施将要约束的对方当事人）。[33] 如果仲裁员获得这一授权，接下来的问题就是缺省规则应该是什么：90当事人是否必须在协议中择入（opt in）该规则或者择出（opt

---

〔32〕 See Christopher R. Drahozal, "Party Autonomy and Interim Measures in International Commercial Arbitration" in Albert Jan van den Berg (ed.), *International Commercial Arbitration*: *Important Contemporary Questions* (Kluwer Law International, The Hague, 2003), pp. 179, 183 ~ 185.

〔33〕 See UNCITRAL Working Group Report, supra note 29, at 18 ~ 19. For a debate on the issue, compare Yves Derains, "The View Against Arbitral *Ex Parte* Interim Relief" *Disp. Resol. J.*, Aug. /Oct. 2003, p. 61 with James E. Castello, "Arbitral *Ex Parte* Interim Relief: The View in Favor" *Disp. Resol. J.*, Aug. /Oct. 2003, p. 60.

out）？〔34〕确定适当缺省规则的一个通常方法是适用"多数任意性规则（majoritarian）"："有代表性的当事人在掌握充分信息的、理性的和零交易成本的情况下将会规定的条款。"〔35〕 如果这些实证证据确认了这一表面事实，即极少数的当事人约定仲裁员有权作出单方临时救济〔36〕的决定，也就意味着缺省规则应该是当事人必须择入单方救济。

多方当事人程序。在国际仲裁中，涉及多方当事人的纠纷日益增多。就 ICC 仲裁而言，多方当事人的案件已经从 1993 年受理的20.4%增加到 2002 年的 31.2%。〔37〕 在 2003 年受理的案件中，30%（174 件）涉及多方当事人，其中 92 件（52.9%）涉及多方被申请人，53 件（30.5%）涉及多方申请人，还有 29 件（16.7%）同时涉及多方申请人与多方被申请人。〔38〕 在多方当事人的案件中，当事人的平均数是 5 个；被申请人最多是 26 个；申请人最多是 12 个。〔39〕 仲裁员及仲裁机构是如何处理多方争议的？

〔34〕 See UNCITRAL Working Group Report, supra note 29, at 18 ~ 19〔第 17 (7) (a) 条的草案文本为："［除非当事人另有约定］［如果当事人明确同意］，仲裁庭可以［在例外情况下］批准一项临时保全措施，而无需向该措施所针对的当事人发出通知……"］。

〔35〕 Alan Schwartz, "The Default Rule Paradigm and the Limits of Contract Law" (1993) 3 *S. Cal. Interdisc. L. J.* 389, 390. 关于"少数任意性规则"的讨论,参见 Ian Ayres & Robert Gertner, "Majoritarian vs. Minoritarian Defaults" (1999) 51 *Stan. L. Rev.* 1591.

〔36〕 参见第三编的评论。

〔37〕 Anne Marie Whitesell & Eduardo Silva – Romero, "Multiparty and Multicontract Arbitration: Recent ICC Experience" (2003) 14 *ICC Int' l Ct. Arb. Bull.* 7, 7 n. 3 (Special Supp.). In addition, multiple contracts were involved in approximately 20% of ICC arbitrations in 2002. Id. at 7 n. 4.

〔38〕 "2003 Statistical Report", supra note〔17〕, at 8. 在 2002 年，这一比例如下："18.4%涉及多方申请人和多方被申请人,30.8%涉及多方申请人,50.8%涉及多方被申请人。"Whitesell & Silva – Romero, supra note〔37〕, at 7 n. 2.

〔39〕 "2003 Statistical Report", supra note〔17〕, at 8.

在多大程度上他们会允许当事人的合并而不是最初案件当事人的合并？涉及有关争议的案件是否要合并审理？当事人是如何制订仲裁协议以处理多方争议的？多方案件中所遵循的程序与其他案件有何不同？

　　审前程序。普通法系与民法法系在实践中声称的区别在审前程序中可能尤为明显。当事人应遵循何种证据开示的做法？仲裁庭允许的证据开示的一般范围是什么？应该提交哪些文件？"是否有规定庭前证人宣誓的趋势？"[40] 证据开示的其他形式怎样，比如质询（interrogatories）或者要求承认事实（requests for admissions）等？[41] 关于备忘录和证人证词的实践做法是什么？当事人是否经常提交证人证词？证人证词应多详细？仲裁员及仲裁机构是否会举行庭前会议？庭前会议会持续多长时间？他们都包含哪些事项？在国际商事仲裁中使用电子通讯（包括 email 和证据的电子存档）有多广泛？ICC 仲裁中典型的调查范围有什么特征？[42] 在非 ICC 仲裁案件中，当事人是否会使用调查范围或类似事项？仲裁庭是否会频繁指定他们自己的专家？[43] 当事人或者仲裁员在多大程度上会遵循国际律师协会关于在国际商事仲裁中调取证据的规则？[44]

91

---

　　[40]　Shore, supra note [4], at 73.

　　[41]　Kaufmann - Kohler, supra note [6], at 1328.

　　[42]　Rules of Arbitration of the International Chamber of Commerce, art. 18 (effective Jan. 1, 1998).

　　[43]　Shore, supra note 4, at 73 [很多从业者迫切希望看到有关使用仲裁庭指定专家的实证数据："举例来说，这些专家被指定的案件比例；案件类型；仲裁庭类型（机构还是临时）；组成仲裁庭的仲裁员的国籍；以及对程序进展速度和成本的影响"]. 很多相同问题可以提给当事人指定的专家。

　　[44]　See International Bar Association, Rules on the Taking of Evidence in International Commercial Arbitration, arts. 3 ~ 7 (June 1, 1999).

关于这些问题，最简单的收集数据的方法就是向仲裁员及仲裁从业者进行调查。但其他数据收集方法也要予以考虑。比如，某研究者可以通过检查当事人在仲裁程序中提交的证据来收集关于证词使用的数据。这一研究方法的一个可能的障碍是它并不符合一些仲裁规则的规定。[45]

庭审程序。仲裁庭审给实证研究提供了很多潜在的议题。在多大程度上证人的证词可以在庭审中取代口头证言？"多大比例的已经提交了书面证词的证人没有被通知进行交叉询问，从而无法在仲裁庭前作证？"[46]对于证人的口头询问需要多长时间？所需的时间是否因代理人或者仲裁员的法律背景不同而有区别？[47]由对方律师进行交叉询问是否是通常做法？仲裁庭在询问证人的过程中扮演什么角色？庭审中最常使用的语言是什么？[48]对证人证言进行同声传译是否普遍？当事人或仲裁员是否更可能遵循国际律师协会关于庭审程序或者审前程序的规则？[49]

调解（Mediation）和调停（Conciliation）。据杰克·科所言，

---

〔45〕 ICC 国际仲裁院内部规章 1（4）规定："仲裁院主席或秘书长可以批准从事有关国际贸易法律学术研究的人士了解裁决和其他一般文件，但当事人在仲裁程序当中提交的备忘录、记录、书面陈述和文件属于例外。"该规章同时限制了研究人员可以考察和要求的文件，即研究目的必须是"国际贸易法"，这可能并不包括本文建议的这类研究。

〔46〕 Shore, supra note〔4〕, at 73.

〔47〕 Yves Derains, "The ICC Arbitration Rules" in Center for Transnational Law（ed.）, *Understanding Transnational Commercial Arbitration*（quadis publishing, Münster, Germany, 2000）, pp. 57, 71（"在有普通法律师参与的一项重大仲裁案中，对证人的询问耗时几周。相反，在民法法系背景下，1～2 天一般就足够了。"）.

〔48〕 有人期望在裁决使用的语言和庭审使用的语言之间存在着很大的联系。关于ICC 仲裁裁决所使用的语言的有关数据，参见第七编的评论。

〔49〕 International Bar Association, Rules on the Taking of Evidence in International Commercial Arbitration, arts. 8～9（June 1, 1999）; see supra text accompanying note 44.

"令人难以置信的是，很明显，调解并没有成为仲裁在解决国际商事纠纷中的主要竞争对手。"[50] 对调解和仲裁的详尽探讨已经超出了本书的范围。但是对于它与国际仲裁的交集作些考虑是适当的。

本编的最后一篇研究报告了克里斯汀·布赫林－乌勒（Christian Bühring－Uhle）等人所作的一项关于"仲裁员在推动自动和解中的角色"的调查结果。[51] 53 个反馈者（包括公司法务人员、当事人的代理人及仲裁员）中的绝大多数（86%）都认可：促进当事人自动和解是仲裁的功能之一。但在仲裁员参与推动和解的频率和适当性上，反馈者的观点有明显分歧。比如，90% 的反馈者认为仲裁员可以建议当事人进行和解，且表示其相对频繁地碰到这样的做法。比较而言，在仲裁员参与和解商谈的问题上，民法法系和普通法系背景的反馈者的观点存有分歧。根据克里斯汀·布赫林—乌勒等人的调查：

德国的参与者更为熟悉这种过程……他们很少反对仲裁员作为调解员参与其中（仅有 25% 的德国反馈者认为这样是不合适的）。这与普通法系的反馈者的观点截然相反，后者几乎没有遇到过这样的事情（31 人中有 28 人"几乎没有见过"），且有 2/3 的多数认为这种做法是不合适的。

在国际仲裁中，考察促进和解的实践是否会像仲裁实践的其他方面据说已经做到的那样融合成一个标准做法，将是非常有趣的一件事情。[52]

----

〔50〕 Coe, supra note〔7〕, at 12.

〔51〕 该调查的进一步结果将在布赫林－乌勒的著作《国际贸易中的仲裁和调解》（Arbitration and Medication in International Business）第二版中报告。本书第二编重印了该书第一版的摘要。

〔52〕 See supra text accompanying notes 5~6.

我们可以对多种议题作进一步的实证研究（除了以克里斯汀·布赫林－乌勒等人的发现为基础继续研究外），这些议题包括：使用多层次的争议解决条款（规定协商和调解作为仲裁的前提）；[53]"调解（和调停）的本质特征在何种程度上能够被不同的非机构参与者（公司法务、律师和仲裁员）认可和赏识"；[54] 调解和调停在处理国际纠纷中的区别；利用调解/仲裁的一些混合形式；[55] 仲裁过程中进行和解的时机以及替代性争议解决程序对该时机的影响；[56] 等等。

（丁建勇　译）

---

〔53〕　参见第三部分的评论。

〔54〕　Coe, supra note〔7〕, at 13～14.

〔55〕　Haig Oghigian, "The Mediation/Arbitration Hybrid"（2003）20 *J. Int'l Arb.* 75; Shore, supra note 4, at 72（"在仲裁过程中，仲裁员在何种情形下作为调解员——频率有多高，在哪个法域，是否经常成功？"）.

〔56〕　举例来说，布赫林－乌勒早期调查的反馈者表示：①5% 到 85% 的仲裁以和解结案（其中有 2/3 在 30% 到 60% 之间）；②平均起来，有 8% 的和解发生在指定仲裁员之前，21% 的发生在指定仲裁员和首次与仲裁员会谈之间，33% 在首次会谈后，开庭之前，还有 37% 在开庭后；③和解的最大障碍（根据布赫林－乌勒提供的列表排列）是"内部不予让步的压力"以及"不愿第一个作出让步"，尽管反馈者主动提供了很多其他因素（比如"经常存在的当事人对结果的不同评估"的差异）；以及④和解的最重要的理由（再次根据布赫林—乌勒提供的列表排列）是"当事人更为现实的看待他们的胜诉机会"和"对可能发生的仲裁成本与持续时间的认识"。See Christian Bühring－Uhle, *Arbitration and Mediation in International Business*（Kluwer Law International, The Hague, 1996）, pp. 157～188.

▼
▼
▼

关于国际仲裁程序的调查[*]

罗伯特·卡尔森

　　"因不断扩大的国际贸易的需求，和商人们对外国司法一贯的　95
不信任，以及众多法院决定对仲裁裁决的支持，国际商事仲裁迅
速流行起来。"[1] 对国际商事仲裁设施和程序的日益增长的需求已
经鼓励国际商业人士及律师去了解这一程序。在 1981 年夏季，美
国仲裁协会完成了一项调查，以确定律师事务所和商业企业在该
领域的偏好。这项报告基于一份向美国的 150 家律师事务所和 100
家跨国公司发放的问卷。他们被要求说出对于国际商事仲裁某个
方面的偏好。在本文写作的时候，已经收回 58 份反馈。

　　该调查同样涉及对该领域从业人士的访谈，包括国际性的律
师和企业管理人员，讨论他们的经验、建议和认识。这些访谈是

---

　　* 本文的重印得到《纽约法律期刊》(*New York Law Journal*)（1981 年 6 月 11 日）
的授权。Copyright © 1981 by The New York Law Publishing Company. 版权所有，未经允
许，不得另行复制。

　　〔1〕 Francis J. Higgins and William Brown, "Pitfalls in International Commercial Arbitra-
tion", *The Business Lawyer*, Vol. 35 (April 1980).

由一位美国仲裁协会的实习生，就读于康奈尔大学的艾米·布朗（Amy Brown）完成的。国际商事仲裁遵循的现行程序以及某些改进的建议都在讨论之列。

了解了这些信息，美国仲裁协会应该能够更好的满足国际商事仲裁中当事人的需求。

从 1970 年开始，美国加入了《关于承认与执行外国仲裁裁决的纽约公约》（the Convention on the Recognition and Enforcement of Foreign Arbitral Awards），该公约为在缔约国境内作出的外国仲裁裁决和特定国际贸易合同中的仲裁条款赋予了司法执行力。该公约反映了美国承认仲裁作为解决国际商事纠纷的一种方式。[2]

96　　　仲裁提供了一个高效的、非正式的仲裁庭，以一个花费较少的方式，在一个较短的时间内解决争议。很多当事人对在外国法院进行诉讼敬而远之，"他们可能怀疑外国法院的中立性，也可能不了解它们的法律和程序"。[3] 缔约双方转而向中立机构寻求多样的管理服务。这些机构提供了当事人所要求的服务。比如，美国仲裁协会通过公布程序规则，向立案的当事人提供仲裁员名单，以及鼓励以仲裁方式迅速解决纠纷等方式，以满足公平服务的需求。其他机构也已经提供了有些类似的服务。

在一些案件中，当事人已经批评了某些机构的程序。这些批评和评论还没有被整理成一篇全面系统的关于偏好的研究。

当事人遇见的一些困难可以通过仲裁实践的修正或者规定仲裁的合同条款的变更予以缓解。本次调查中的一些问题就关注了

----

〔2〕　Id.
〔3〕　Id.

这样的程序。必须承认的是，与社会公众相反的看法经常出现。国际仲裁经常涉及到来自各种法系的不同国家的当事人。这些差异在选定的仲裁系统中很常见。

在谈判之时，仲裁条款看起来并没有什么争议。不过一旦发生纠纷，情况就可能有变化。当事人应该认识到仲裁条款的重要性。为了提供一个高效的仲裁系统，有必要对在最初签约时没有提及的各种程序问题达成协议。当事人应该认识到，加入"语言"或者"地点"条款可以在仲裁实际发生时避免争执。仲裁时当事人就程序问题必须作出的决定越少，仲裁的进展就会越快。美国仲裁协会和其他仲裁机构应当告知当事人可以采取一切措施来推动仲裁程序。

仲裁条款并不能保证所有的争议都可以在法院外解决。仲裁是一个自愿程序。同样，它取决于当事人履行义务的意愿。[4] 最初签约时协商一致的规定越多，当事人越可能避免随后发生的由法院介入到程序事项的漫长过程。

在本文的结尾有一份写有反馈意见的调查问卷。在列表统计这些结果时，律师事务所和跨国公司的反馈被分开统计，以确定它们之间是否存在显著差异。事实上，我们发现外部律师和公司的法务人员之间仅有些许差异。这些将在下文讨论。

一、当事人指定的程序

开始的三个问题涉及所谓的当事人指定的仲裁员。涉及大量 97 金额的案件通常由 3 名仲裁员进行审理。如果当事人要求一个 3 人

---

〔4〕 Martin Domke, "Settlement of Disputes in International Trade", *University of Illinois Law Forum* (Spring 1959).

仲裁庭，尽管这一程序的费用可能会超过原来的 3 倍，但集体决策一般被认为比独任仲裁员的决定更为可靠。[5] 有些 3 人仲裁庭包括双方各自指定的 1 名仲裁员以及 1 名中立的仲裁员。据该项调查的反馈者反映，一方当事人指定的仲裁员很少是不偏不倚、公正无私的。当事人经常选择他们以为将会赞同他们公司观点的人做仲裁员。

如果一方当事人指定的仲裁员被认为有明显偏袒，基于对第三仲裁员公正性的信任，对方当事人更倾向于指定一名忠于己方的仲裁员予以对抗。既然一方选定的仲裁员可能会"投票"支持该方当事人的利益，第三仲裁员的意见将是决定性的。有人会问，为何要使用这样的一个仲裁庭？某反馈者表示，"可能是因为一方选定的仲裁员能够在仲裁庭的其他秘密评议中有效代表他们的立场。"[6] 在任何一个案件中，共同决策也许是更为科学的，尤其是在大的案件中。[7]

在 55 个反馈者中，有 41 人表示，当事人指定的仲裁员"很少"或者"从未"是公正的。这一观点看起来与如下事实是吻合的，即除 3 人外所有的反馈者都选择了"赞同"他们观点的仲裁员。大约有 2/3 的反馈者认为一方当事人与他们指定的仲裁员进行联系"很少"或者"从未"是合适的。

二、中立仲裁员的选定

在指定中立仲裁员时，多数反馈者不希望机构主动选定。他们更希望机构提供一个仲裁员名单，以供双方当事人从中选择中

---

〔5〕 Higgins, *op. cit.*

〔6〕 Id.

〔7〕 1981 年 8 月 4 日与大西洋富田公司的伯特仑·巴尔其的会谈。

立仲裁员。在来自律师事务所的 30 名反馈者中，有 26 人"经常"或者"总是"偏好一个双方从中立机构提供的名单中共同选定仲裁员的方法。在 24 名跨国公司的反馈者中，仅有 11 人推荐这一方法。还没有一个解释能说明产生这一差别的原因。

律师们看起来支持这种名单程序，尽管它比较复杂。少数律师反馈者提到，令人不满意的名单会导致选定程序的拖延。管理机构必须确定名单上的人选都是合格的仲裁员[8] "与典型的要受到上诉审查的法官不同，仲裁员几乎拥有对提交给他们的纠纷的绝对的自由裁量权。仲裁员的选择对于争议双方来说具有极为重要的战术和战略意义。"[9]或许最好的折中办法就是由机构提供一份初始的仲裁员名单供双方选择，但在双方无法达成一致意见时，机构应该准备好指定一名仲裁员。 98

多数反馈者表示，国际案件中的当事人偏向于选择与双方国籍不同的第三国的仲裁员。如果当事人得知仲裁员与他们对手的国籍不同，他们也许会感到更为放心。美国仲裁协会仲裁规则第 16 条授予任一方当事人请求一个非内国中立仲裁员的权利。在一个中立仲裁庭的情况下，3 名仲裁员可能都必须来自第三国。

在选择仲裁员时，仲裁员的语言能力及对适用法律的了解被认为是最为重要的因素。仲裁员必须熟知有关程序及实体事项的法律。行业知识则被反馈者们列为次重要的。

一些反馈者表示，在选择仲裁员时，正直是一个非常重要的考虑，这一因素并没有在问卷中列出来。个别反馈者说他们喜欢

---

〔8〕 与来自 Milgrim, Thomajan, Jacobs & Lee 公司的大卫·朗格罗斯在 1981 年 8 月 4 日进行的会谈。

〔9〕 Higgins, *op. cit.*

对仲裁员的个性有一点"感觉"，以预期他们在个案中如何进行仲裁。

有一个代理人强调了仲裁员理解双方问题的能力的重要性。仲裁员应当熟知商业术语，并有行业工作经验。仲裁员经常活跃在特定行业。但是如果他们总是作为一个货物销售员，就可能无法理解一个买方的立场。[10]

一些反馈者表示了对某些仲裁员偏袒行为的担忧，尤其是在粮食和纺织品案件中。审理粮食类案件的仲裁庭一般由相对少数的仲裁员组成。有一个代理人评论道，获得一个真正中立的仲裁庭是很困难的，因为仲裁员和当事人可能存在商业往来。他建议粮食案件的仲裁庭应该扩大，以使当事人能够更为广泛的选择那些潜在的仲裁员。另一个反馈者指出，纺织品案件的仲裁庭大多数成员都是纽约纺织业的主管人员，这可能会置国外当事人于不利地位。他建议仲裁庭应该扩大，以包括国外纺织业和服装业的仲裁员。

我们没有收到对国际仲裁员真实偏见的抱怨。反馈者们表达出来的担心是由于先前的商业往来，一个仲裁员可能看起来存在偏袒行为。有一个反馈者还推测，在一些欠发达国家，仲裁员可能会受到不适当的政治压力。

另外一个反馈者强调了中立仲裁员做好采取坚定立场，并就仲裁过程中可能出现的程序问题作出裁定的准备以控制程序的这种能力的重要性。

99　　　　在耗时较长的案件中，我们很难找到愿意长时间处理案件而

―――――――――

〔10〕　在 1981 年 7 月 24 日与来自 Pavia & Harcourt 的米歇尔·波特威尼克的会谈。

对自身的商业利益有所牺牲的仲裁员。

三、法律适用

国际合同通常都含有指定适用法律的条款。除一人外，所有的反馈者"总是"或者"经常"在合同中加入这样一个条款。选择适用的法律涉及到仲裁进行的地点，该地点随之可能会决定仲裁机构的选择。有时，法律适用条款所指定的国家与举行庭审的国家并不相同。比如，当事人可能会断定，纽约或者英国的完备的法律体系对其可能是有利的。另一方面，一些欠发达国家也许会坚持仲裁应遵循他们本土的法律，而这一法律可能并不一定那么完备。如果当事人就应适用的程序法不能达成一致意见，或者仲裁地的法律规定不明确，在诸如证据开示和质证等事项上就会产生争议，因为他们的预期是不同的。[11]

四、语言

一些反馈者表示规定仲裁语言通常是有用的。但并不是所有时候都能就这一规定达成一致意见。在 58 名反馈者中，有 30 人表示他们"总是"或者"经常"指定一种仲裁语言。有趣的是，同样有 40 名反馈者认为，语言能力是选择仲裁员的一个非常重要的因素。

五、证据开示

大多数当事人在他们的国际仲裁协议中没有就证据开示（discovery）作出专门规定。这又是一个有争议的主题。一些人表示，在仲裁中，证据开示能够帮助查清当事人的立场，并加速仲裁程序。不过，只有不到 1/4 的反馈者经常在他们的合同中规定证据开

---

〔11〕 1981 年 8 月 5 日与来自 B. F. Goodrich 的约翰·哈尼的会谈。

示。庭前的证据交换，可以通过缩小争议范围来帮助当事人准备庭审。然而，一些反馈者认为，全面的证据开示是一个容易被滥用的武器，经常被用来拖延程序。根据联邦民事诉讼规则，证据开示的成本很高。"仲裁是否在其他方面比诉讼成本更高或者更少，部分取决于在特定案件中，仲裁庭允许的证据开示的范围。在诉讼中，这一程序往往是成本高昂的，也已经受到很多批评。"[12] 因为证据开示在大多数外国并不存在，在美国进行仲裁的国外当事人可能会认为证据开示是一个陌生且繁琐的程序。

有 3/4 的反馈者表示，仲裁员应该有权要求当事人在庭前交换证据，以促进仲裁。这一程序将会有助于尽快解决纠纷，因为当事人在庭前都持有与案情相关的信息和证据。

多数反馈者表示他们并不赞成需要管理机构来批准一个关于争议焦点的声明，（尽管）这在 ICC 规则中是一个惯常做法。必须承认，这一反馈可能反映了一种美国的偏见。个别当事人认为，关于争议焦点的任何声明都应该由当事人作出，而不应有机构的介入。很多人赞成在第一次开庭前向仲裁庭提交一份争议焦点的声明，以缩小审理范围。对于仲裁员在首次开庭前对案件一无所知的美国传统实践来说，这是一次变革。有些回答者坚信机构不应介入仲裁事项的实体审理，而是应该专心于推动和服务仲裁程序。

六、庭前会议

反馈者普遍赞成在机构的安排下举行一个庭前会议（prehearing conference），以帮助当事人安排程序的次序和进行证据交换。

---

〔12〕 Higgins, *op. cit.*

当事人希望机构推动仲裁，接收书面材料并开辟沟通渠道，作出管理安排，确保当事人得到充分信息，并提供设施。

七、调停

2/3 的反馈者表示愿意在仲裁前进行调停（conciliation）。一些人认为调停可以帮助当事人在一个开放式的场合讨论争议事项，以达成可能的和解方案。一个第三方的中立者可以使争议事项更为清晰。只要当事人相信调停不会延缓仲裁程序，他们还是愿意参加这一过程。

其他的反馈者则认为调停是在浪费时间。双方的代理人可能已经花了大量的时间和精力来自行解决争议。因为他们通常对案件事实最为熟悉，当事人的法务代表一般最适于参加没有调解员出席的自愿和解。

八、可仲裁性

对于可仲裁性的问题，当事人倾向于认为由法院或者仲裁员在开庭后决定。在美国的国内案件中，仲裁员通常在首次开庭时就可仲裁性问题作出决定。这样一来，法院不介入这一程序，而仲裁员对待决事项拥有最终决定权。希望由仲裁员来处理可仲裁性问题的当事人一般更喜欢经过开庭后再作出决定。

少数当事人赞成由机构来决定可仲裁性的问题，开庭可有可无。有一个反馈者声称，ICC 将在几周内作出一个这样的决定。[13] 如果机构可以不经开庭作出决定，可仲裁性的问题就可以迅速解决。其他反馈者则支持将此类问题交由法院决定。如果一方当事人拒绝将此类问题提交仲裁员，对于可仲裁性的诉讼将是费钱又

---

[13] Langlois, *op. cit.*

耗时的，并使仲裁的部分目的无法实现。

九、地点

在决定仲裁地时，参与者的人身安全，所适用的仲裁法以及通讯设施等都是很多反馈者认为非常重要的因素。管理机构的参与以及办公的便利性的重要性要小一些。其他经常被提到的因素包括没有旅游限制、司法审查和执行、语言以及可以找到能够胜任的辩护律师。在33名来自律师事务所的反馈者中，有22名认为仲裁费用是一个非常重要的因素，相比而言，在25名法律顾问中只有10名持这种看法。没有解释能说明这个差异。

十、案情摘要

几乎所有的反馈者都表示，当事人应该在庭前向仲裁员提交案情摘要（briefs）或相关证据。另一方面，他们同意，如果一方当事人与仲裁员有不当联系，机构有权更换该仲裁员。一个中立的案件管理员的介入对于防止一方当事人不适当地提交材料似乎并无必要。

十一、庭审程序

102 　　交叉询问是惟一的超过半数的反馈者认为必须进行的程序。略小于半数的反馈者认为庭前案情摘要是必需的。一些反馈者表示，这种案情摘要有助于以一种合理的方式引导双方围绕争议焦点展开辩论。40%的反馈者认为庭前案情摘要是必需的。如果当事人未提交，通常由仲裁庭命令他们提交。同时庭前案情摘要能够发挥一定作用，它们也许是对时间和金钱的一种权衡，因为如果当事人必须提交案情摘要，庭审将有可能被推迟。在一些案件中，由于仲裁请求表述的很模糊，一方当事人可能无法组织全部争议焦点。如果在复杂的案件中，这种案情摘要没有提交给仲裁员，仲裁员就必须在庭审中耗费时间来帮助当事人组织他们的陈述。案情摘要可以促成一个更为现实的当庭陈述，迫使当事人关注各方在案件中的优劣面。

十二、庭审笔录

是否制作庭审笔录（transcripts）由当事人自行决定。3/4 的反馈者认为不需要。部分反馈者告诉我们庭审笔录在可能提起上诉或者在复杂、冗长的案件中是有用的。不过，由于庭审笔录花费甚多，应慎重考虑它们是否必要。

十三、连续开庭

几乎每个反馈者都认为应该在连续日（consecutive days）开庭。因为费用原因，外国当事人通常更喜欢在连续日开庭，以减少差旅成本，并防止拖延战术。

十四、保密性

90%的反馈者认为不应准许外部人员参加庭审。因为仲裁是一个保密程序，这在国际商事案件中尤为重要。同样有 90%的反馈者认为，在仲裁进行过程中，应该禁止一方当事人与仲裁员进行联系。这与之前的一个问题的反馈相似，在此情况下可以授权机构更换与当事人有不当联系的仲裁员。

十五、执行

多数反馈者表示，他们一般会指定承认裁决的法院。这些条款通常是一般管辖条款，声明"任何有管辖权的法院"可以作出执行裁决的裁定。美国仲裁协会商事仲裁规则也推荐了该条款，目的在于减少裁决提交司法执行后所面临的问题。这样的条款在国外并不常见。当事人在考虑写入该条款时，应该认真研究所适用的法律。在一些国家，这样的执行条款是不适当的。既然当事人选择仲裁以避免外国法院管辖，他们也许希望约定适用一个在执行时对他们可能最有利的仲裁法。

十六、附理由的裁决

多数反馈者表示，在裁决中加入仲裁员的理由并不会增加裁决得到执行的可能性。但有少数人认为，附理由的裁决（reasoned award）可以使其更有说服力，劝使败诉方遵守裁决内容。虽然书写附理由的裁决所需要的时间可能会延长仲裁期限，败诉方或许更希望能有一个上诉的机会。仲裁的这个特征是一柄双刃剑。有一个代理人抱怨道，仲裁和诉讼一样费钱费力，因为它不能上诉，而执行又必须通过法院。[14] "如果执行一项仲裁裁决必然会导致繁琐的诉讼，那么对于彻底解决争议来说，仲裁只完成了非常小的一部分。"[15]

在其他国家，附理由的裁决已经是一些争论的主题。在英国最近修订法律之前，"藉事实呈述"和司法审查程序允许当事人对仲裁员的决定提出异议。美国仲裁协会商事仲裁规则却对附理由的裁决不作要求。另一方面，附理由的裁决在国际案件中很常见。某反馈者表示希望得到一份商事仲裁员的书面意见的摘要。没有这些意见，判例将无从产生。对于当事人是否必须将裁决在法院备案，如一些欧洲国家所规定的那样，反馈者的观点存在明显分歧。

大多数反馈者没有规定在仲裁裁决的计算中应使用的特定货币。但少数反馈者表示，指定货币可以加快执行程序，以消除将

---

〔14〕 Haney, *op. cit.*

〔15〕 John P. McMahon, "Implementation of the U. N. Convention on Foreign Arbitral Awards in the United States", *Journal of Maritime Law & Commerce*, Vol. 24, No. 4 (July 1971).

来拖延支付的可能性。

十七、报酬

不到一半的反馈者在仲裁条款中规定了支付给国际商事仲裁 104
员报酬的一个具体的美元数额。从其他反馈看，每日最高为 1020
美元，平均为 670 美元，最低为 354 美元，反映了回收反馈的平均
水平。一般而言，当事人似乎愿意支付给国际仲裁员的报酬略高
于美国的惯常数额。

十八、结论

为数不多的反馈者表示，调查问卷似乎侧重于盎格鲁—撒克
逊诉讼程序，比如证据开示、交叉询问和案情摘要等，还有一些
问题涉及合同中关于仲裁形式的特别规定。美国律师并不经常能
够获得这样的规定。美国律师更喜欢起草一份完备的仲裁条款，
在其中规定双方协商一致的适用法律、司法执行程序、英文语言
以及共同选定的仲裁员。但在实践中，这些事项很难得到外国商
业伙伴的同意。[16] 仲裁条款很少是一个被最先考虑的事情。律师
们或许无力说服客户以让他们相信，在仲裁发生时，仲裁条款的
完备性对于节约时间和金钱是很重要的。

在外国当事人不能接受普通法系程序规则的情况下，欧洲的
做法可能更容易被接受。国际商事仲裁在那些存在对外国法院和
法律不信任的地方得到了广泛使用。在一些情况下，当事人承认
他们互不信任。在涉及东欧国家和美国或者西欧国家的案件中，
谈判代表可能会乐于花费大量的时间和精力来洽谈一个包括详细
程序规则的仲裁条款。

---

〔16〕 1981 年 8 月 4 日与来自 Westinghouse Electric 的布莱尔·克劳福德的会谈。

美国仲裁协会应该继续提醒当事人关于仲裁条款的重要性，以及经过深思熟虑的详细约定的必要性。当事人希望有一个管理机构来推动仲裁，通过提供开庭场所、开辟沟通渠道等方式，使案件审理更为有效。大多数反馈者对美国仲裁协会商事仲裁规则的规定表示满意。许多人支持管理者安排一次庭前会议，以协助双方当事人安排程序以及整理证据。美国仲裁协会所推动的做法，以及它所能提供的意在确保仲裁更为快速有效地进行的沟通和指引，对于在国际商事仲裁中不断取得成功是必要的。当事人看起来更喜欢仲裁依然是以非正式的、省钱的和高效的方式允许当事人自行解决他们之间的争议。

国际商事仲裁调查问卷
（基于 59 份问卷的统计结果）

一、仲裁员选定程序

在机构仲裁出现以前，通常是由双方各自选定的仲裁员共同推选中立仲裁员。这一做法在如今的一些国际合同中依然可见。

1. 你相信一方选定的仲裁员是公正的吗？

总是（0）　　　经常（14）　　　很少（34）　　　从未（8）

2. 在指定仲裁员时，你是否会选择赞成你方观点的仲裁员？

总是（25）　　　经常（27）　　　很少（4）　　　从未（0）

3. 你认为，一方当事人与他们选定的仲裁员在仲裁过程中进行联系是否适当？

总是（3）　　　经常（14）　　　很少（20）　　　从未（18）

4. 你是否喜欢由双方在一家中立机构提供的名单中共同选定仲

裁庭的组成人员？

总是（15） 经常（25） 很少（12） 从未（2）

根据一些国际仲裁机构的规定，中立仲裁员由仲裁机构直接指定；而在其他机构，当事人可以参与选择仲裁员。下面的几个问题就涉及仲裁员指定过程。

5. 在指定中立仲裁员时，你是否赞成由仲裁机构主动指定？

是的（13） 不是（44） 不知道（1）

6. 在指定中立仲裁员时，你是否更喜欢从仲裁机构提供给当事人的名单中选择？

是的（48） 不是（6） 不知道（3）

7. 你是否赞成中立仲裁员的国籍应该与双方当事人不同？

是的（29） 不是（9） 不知道（16）

8. 在选择仲裁员时，下列因素对你的重要程度？

	非常重要	有些重要	不重要
对准据法的了解	（37）	（20）	（1）
对特定行业的了解	（31）	（26）	（1）
知名的国际仲裁员	（11）	（24）	（22）
语言能力	（41）	（9）	（8）
仲裁协会的会员	（5）	（14）	（38）
国籍	（11）	（32）	（14）

二、庭前安排

下列问题涉及初步程序决定。

9. 在国际商事合同中，你是否写入了指定适用法律的条款？

总是（25） 经常（30） 很少（1） 从未（0）

10. 在国际商事合同中，你是否指定了仲裁使用的语言？

总是（15）　　经常（15）　　很少（20）　　从未（8）

11. 在国际商事合同中，你是否喜欢有一个在美国法院普遍适用的证据开示程序？

总是（7）　　经常（20）　　很少（21）　　从未（8）

12. 在国际商事合同中，你是否会加入关于这一证据开示程序的具体规定？

总是（4）　　经常（9）　　很少（19）　　从未（14）

13. 你是否认为，仲裁员应该有权在国际商事案件中决定进行证据开示？

是的（43）　　不是（12）　　不知道（3）

14. 是否应该授权仲裁机构在庭前要求当事人交换证据？

是的（49）　　不是（7）　　不知道（2）

107　15. 根据一些国际商事仲裁制度，仲裁机构必须批准一份有关争议焦点的声明。你是否赞成在仲裁中采用这一程序？

是的（23）　　不是（29）　　不知道（6）

16. 根据一些国际商事仲裁制度，仲裁机构可以安排一个庭前会议以帮助当事人安排庭审顺序和交换证据。你是否赞成这一程序？

是的（53）　　不是（1）　　不知道（4）

17. 在国际商事仲裁案件中，你是否愿意在仲裁前与对方进行协商？

是的（36）　　不是（15）　　不知道（7）

18. 在国际商事仲裁中，有时会产生可仲裁性的问题。你更喜欢以何种方式就该问题作出决定？

由仲裁机构根据寄送的文件决定（7）

由仲裁机构在开庭后决定（5）

由仲裁员以通信方式决定（4）

由仲裁员在开庭后决定（24）

由法院决定（19）

19．在选择国际商事仲裁案件的仲裁地时，下列因素的重要性如何？

	非常重要	有些重要	不重要
没有旅行限制	（40）	（14）	（3）
适用的仲裁法	（44）	（13）	（1）
有能力的辩护律师	（28）	（22）	（8）
通信设施	（46）	（11）	（1）
费用	（33）	（22）	（3）
法院监督与执行	（37）	（15）	（3）
语言	（34）	（23）	（1）
办公便利性与开庭场所	（20）	（38）	（0）
参与者的人身安全	（44）	（12）	（2）
有管理机构	（12）	（28）	（16）
交通	（25）	（32）	（1）

20．在庭审前，是否应该向仲裁庭提交案情摘要或者有关证据材料？

是（50）　　　否（3）　　　不知道（3）

21．如果发现在一方当事人与仲裁员之间存在不当联系，是否应 108 授权仲裁机构更换该仲裁员？

是（48）　　　否（2）　　　不知道（7）

三、庭审程序

22．在国际商事仲裁中，你认为下列程序是必要的，还是应得到许可的？

	应许可的	必要的
庭前案情摘要	（34）	（23）
证人的直接证供	（35）	（21）
交叉询问	（27）	（29）
不能出庭的证人的书面陈述	（49）	（7）
笔录	（42）	（14）
庭后代理意见	（42）	（11）
由仲裁员作出临时裁决	（50）	（1）

23．一旦庭审开始，你是否更喜欢在连续日进行？

是（46）　　否（3）　　　不知道（8）

24．国际商事仲裁是否应保密进行，不允许外人参加庭审？

是（48）　　否（4）　　　不知道（6）

25．是否应该禁止一方当事人在庭审过程中与仲裁员进行单方联系？

是（50）　　否（5）　　　不知道（3）

四、仲裁裁决的执行

在国际商事仲裁中，仲裁裁决能否得到执行是一个备受关注的问题。

26．在国际商事合同的仲裁条款中，你是否会指定承认仲裁裁决的法院？

是（33）　　否（24）

27．在国际商事仲裁中，裁决可能附具仲裁员的理由。这是否会增加裁决得到执行的可能性？

是（18）　　否（26）　　不知道（14）

28．在一些国家，仲裁裁决必须在法院备案后才能执行。这是否是一个合理的规定？

是（25）　　　否（23）　　　不知道（11）

29．在国际商事合同中，你是否会规定仲裁裁决在计算时必须使用的货币？

是（18）　　　否（36）

30．你希望以美元支付给一个国际商事仲裁员的每日报酬范围是多少？

最高（1000）　平均（650）　　最低（350）

如有任何可以帮助我们更好的理解律师和企业对国际商事仲裁程序偏好的意见，请不吝赐教。

（丁建勇　译）

▼
▼
▼

规制竞争及国际仲裁地点[*]

克里斯多佛·R.德拉奥萨

一、引言

111　　很多评论者已经注意到，国家之间竞相通过制定有利于仲裁的法律来吸引国际仲裁。据桑德斯（Sanders, 1996, p. 12～30）所言，"仲裁法的现代化源于使仲裁对用户更具吸引力的要求，国家之间吸引仲裁在本国进行的竞争是很普遍的。"卡本尼欧（Carbonneau, 2000, p. 1143）则抱怨道，通过"追赶'对仲裁友好的国度'的潮流"，"各国已经毫无遮掩的表现出吸引仲裁业务的愿望"。尽管此前有人已经大肆宣扬此类法律将给制定国带来经济利益，但至今尚无针对仲裁法制定效果的实证研究。[1]

---

　　* 最初发表于：（2004）24 *International Review of Law & Economics* __ . Copyright ©
2004 by Elsevier, Inc. 重印已获作者授权。

　　〔1〕 比较而言，经济学家已经开展了多项关于公司法领域规制竞争的程度和效果的实证研究。参见 Bebchuk et al.（2002）；Bebchuk & Hamdani（2002）；Kahan & Kamar（2002）；Romano（2001）；Romano（1993）. 尤其是贝布查克（Bebchuk）和科恩（Cohen）（2003）进行了一项关于公司决定在何处注册的实证研究，与本文讨论的问题类似。

本文首次采用实证方式对国际仲裁法的规制竞争进行了研究。本文考察了这类竞争对当事人选择仲裁地的影响，亦即修订仲裁法的那些国家在多大程度上成功吸引了当事人在他们国家进行更多的仲裁。文章选择在 1994 年到 1999 年间制定或者修订仲裁法的国家作为样本，发现在这些国家制定或修订仲裁法后，在其国内进行的 ICC 仲裁数量具有统计上的显著增长。尽管绝对值不大，但按百分比看，这一增长幅度之大令人惊讶。这些实证结果仅限于目前能搜集到的集合数据（aggregate data）（而非个案的数据）。虽然如此，本文提供的证据证明制定或者修订仲裁法确实可以使制定国从中受益，尽管这些收益看起来比这些法律的一些支持者们预测的要低很多。

本文第二部分介绍了国际商事仲裁研究的背景，包括当事人对仲裁地的选择以及仲裁地之间吸引仲裁的竞争。第三部分对样本进行了描述，第四部分讨论了变量和数据。第五部分简要介绍了实证结果。第六部分进行了总结。

二、背景

国际商事交易的当事人通常在他们的合同中写入一个仲裁条款，规定由一名（或多名）中立仲裁员作出一个有约束力的裁决，以解决双方之间可能发生的所有争议（Berger，1993）。对国际商事纠纷进行仲裁避免了由对方本国的法院来解决纠纷的"家乡正义"（hometown justice）（Park，1998）。与法院判决相比，仲裁裁决在国际上也更容易得到强制执行（Bühring-Uhle，1996）。

很多主要贸易城市都有仲裁机构，为国际仲裁提供管理服务（收取一定费用），同时发布他们管理的仲裁所应遵循的规则。总部在巴黎的 ICC，是国际商事仲裁界的"龙头机构"（central insti-

112

tution)，尽管其面临来自很多国内仲裁机构与日俱增的竞争（Dezalay & Garth，1996，p. 45）。[2] 在 2000 年，ICC 受理了 541 件新增的仲裁案，比 1999 年增加了 12 件，比 1997 年增加了 89 件。[3]

多数当事人在其仲裁协议中规定仲裁应在一个特定的地方或"地点"进行（Bond，1990）。[4] 当事人在选择仲裁地时有多种考虑，包括交通的便利性，必要的基础设施，以及可以适用的有关仲裁裁决执行的国际条约（例如《纽约公约》[5]）。[6] 不过，"在最终的分析中"，"法律因素应具有最为重要的影响，因为管理仲裁的法律（所谓的**仲裁法**）通常被认为应该是仲裁地及裁决执行地的法律"。[7]

鉴于法律环境对当事人选择仲裁地的重要性，近年来许多国家已经制定或者修订他们的仲裁法，以使其对国际仲裁更具吸引力。举例来说，自 UNCITRAL 在 1985 年发布《国际商事仲裁示范

---

〔2〕 See also Drahozal (2000，pp. 99~100)（对竞争进行了描述并列举了其他主要仲裁机构）。当事人可以不用仲裁机构的服务，而选择由仲裁庭自行管理的临时仲裁。

〔3〕 2000 ICC Statistical Report，at 5.

〔4〕 ICC 仲裁规则允许仲裁员，"在与当事人磋商后"，在指定的仲裁地之外的其他地方进行开庭。参见 ICC 仲裁规则第 14（2）条。不过，至于仲裁员是否经常这样做，目前还没有这方面的实证研究。

〔5〕 Convention on the Recognition and Enforcement of Foreign Arbitral Awards，June 10，1958，330 U. N. T. S. 38，21 U. S. T. 2518 (1970)（"纽约公约"）。

〔6〕 1996 年联合国国际贸易法委员会《关于组织仲裁程序的说明》（第 22 条）所列举的因素颇具代表性：

比较重要的因素有：①仲裁地仲裁程序法能否满足需要；②仲裁发生地及裁决执行地国之间是否有执行裁决的双边或多边条约；③当事人及仲裁员的方便程度，包括差旅路途的远近；④所需配套服务是否可供利用及成本；及⑤争议标的所在地及是否方便获取证据。

See also Craig et al. (2000，§ 7. 02); Redfern & Hunter (1999，pp. 283~290).

〔7〕 Reisman et al. (1997, p. 172); see also Redfern & Hunter (1999, p. 284)（"最重要的因素通常是法律环境"）。

法》以来，[8] 已经有超过 30 个国家采用了该示范法（这是一国使其仲裁法现代化的一种低成本方式）。根据伯格（Berger, 1993, p. 6 & n. [55]）的观点，这些新仲裁法是一种"'营销策略'，意欲向国际仲裁界传递一个信号，即它们的法律环境对适用者的友好及在它们的管辖范围内所提供服务的质量"。

很多利益集团有支持制定新仲裁法的激励：国内仲裁机构，从仲裁程序的管理中收取费用；当地律师，在仲裁中为当事人提供代理服务以获得代理费；以及酒店，收取会议室和住宿的费用。但如诺塔吉（Nottage, 2000, p. 56）所言，新仲裁法的"主要受益者"是"优秀的本地仲裁员"。对于当事人来说，在仲裁庭的组成中选择至少一名本地仲裁员有一个很充分的理由，即他或她了解当地仲裁法。若新仲裁法的制定能够增加在制定国进行的仲裁，当地仲裁员将从中受益。因此，几乎和"推动国家之间竞相修补法律的可能是律师，而不是立法机关"（O'Hara & Ribstein, 2000, p. 1161 n. [37]）一样，仲裁地间的竞争也可能是由预期成为国际仲裁员的人所推动（Drahozal, 2003）。

在进行制定或修订仲裁法的游说时，支持者们频繁吹捧他们所预期的巨大经济收益。举一个众所周知的例子，在 1979 年仲裁法制定的议会辩论期间，"阿斯伯尔的库伦勋爵（Lord Cullen）大胆预测，一部新仲裁法将以仲裁员报酬、律师费、顾问费以及专家证人费等形式，为英国带来每年 5 亿英镑的'无形出口'"（Craig et al. 1990, pp. 467 ~ 468）。在 1999 年，支持爱尔兰采用 UNCITRAL 示范法的

---

[8] UNCITRAL Model Law on International Commercial Arbitration, June 21, 1985, U. N. Doc. No. A/40/17; see UNCITRAL (2001).

人们同样提出立法将为该国带来的潜在经济收益,尽管并没有量

114 化。[9]不过,评论家们已经开始质疑这些收益的程度。据德扎雷和

加思(Dezalay & Garth,1996,p. 299,n.〔21〕)说:

> 在英国,仲裁法改革的支持者们曾预言,伦敦及其
> 法律行业将会损失数百万英镑的收入,因为国外的竞争
> 对手们认为英国仲裁法限制重重且成本高昂。不过,同
> 样是这些人,现在也承认当初被广泛报道的预言完全是
> 子虚乌有。

目前还没有关于新仲裁法实施效果的可靠评估。本文将为填

补这一空缺尽点绵薄之力。

三、样本

本样本由在 1994 年到 1999 年间制定新仲裁法或者修订仲裁法

的国家所组成。这些国家与施密特和皮克塔（Smit & Pechota）

（2001）文中的名录是一致的。就目前所能获取的这些法律的英译

本而言,我核实（后确认）这些法律完全可以被视为对仲裁更为

有利的“现代”仲裁法。[10] 所有被列为主要仲裁国家（定义见下

文）的国家,其仲裁法都符合这一条件。

为确保数据具有足够的样本特征（variability）,样本所选取的

---

〔9〕 See,e. g. ,Press Release,O'Donoghue Publishes Bill Designed to Attract International Inward Investment to Ireland（Oct. 2,1997）（“其他国家已经从仲裁业务中获得了相当大的经济收益,对于爱尔兰来说,没有理由不从中分一杯羹”）（quoting John O'Donoghue,Minister for Justice,Equality and Law Reform”）；Debates of the Houses of the Oireachtas on Arbitration（International Commercial）Bill,1997：Second Stage（“〔该法案〕将会强化爱尔兰的地位,我相信我们能够因此成功获得大量国际业务”）（remarks of Mrs. Taylor Quinn）；id.（“法案所提供的现代仲裁法拥有为该国吸引重大仲裁业务的可能性”）（remarks of Miss M. Wallace,Minister of State and the Department of Justice, Equality and Law Reform）.

〔10〕 在样本中,超过半数的国家采用了 UNCITRAL 示范法,其余国家中很多制定了被仲裁文献评论为对仲裁更为有利的仲裁法。

国家应满足两个条件：至少有一方当事人在所研究的年度参与过ICC仲裁；在2000年前批准了《纽约公约》。同样，由于数据缺失，我排除了德国、科威特和阿曼；同时排除了中国、香港和台湾，由于报告资料对这些法域的处理各不相同。

最终的样本由31个国家组成。数量最多的是欧洲国家（13个），其次是南美洲和中美洲国家（7个），亚洲和中东地区国家（6个），非洲国家（4个），以及澳大拉西亚国家*（1个）。

四、变量和数据

（一）因变量

因变量SITEPTY指每年由当事人约定在该国进行的ICC仲裁数量。在相当多的案例中，当事人会共同选定仲裁地。[11] 我不考察少部分当事人未就仲裁地达成一致，或者由ICC国际仲裁院代为指定仲裁地的案例。

ICC已经公布了在1994年到2000年间当事人选择仲裁地的数据，因此样本中的每个国家都可以获得这7年的数据。这些数据由全年的仲裁总数构成。虽然关于单个仲裁中仲裁地的数据可能更有研究价值，但ICC并未公布这类数据。[12] 尽管ICC公布了仲裁中争议金额的一个总体分布，它并没有根据国家来公布这些数据。[13] 因此，本文考察的是仲裁案件的数量，而不是仲裁案件的大小。

115

---

* Australasia，泛指澳大利亚、新西兰和附近南太平洋诸岛。——译者注

〔11〕 2000 ICC Statistical Report, at 10（"在2000年受理的案件中，82%是由当事人协议选择仲裁地，其余18%是由仲裁院指定"）.

〔12〕 ICC拒绝向我提供年度统计报告以外的数据。另见ICC仲裁规则，附件Ⅱ第Ⅰ(4)条〔允许ICC仲裁院仅可以批准"从事有关国际贸易法律学术研究的人士了解裁决和其他一般文件"（加重号为作者所加）〕.

〔13〕 See, e. g.，2000 ICC Statistical Report, at 11. 比如在2000年，ICC仲裁的争议标的从5万美元到1亿美元以上不等，其中半数以上超过100万美元. Id.

（二）自变量

自变量如下（表1中有简介）：

PARTIES：在该年度参与 ICC 仲裁的该国当事人总数，包括申请人与被申请人。关于该变量的预计结果并不确定。一种可能是，当事人同意在一方或者对方当事人的所在国进行仲裁，以减少差旅及其他费用（结果为正）。或者当事人试图避免在任何一方的所在国进行仲裁（结果为负），"因为通常做法是在一个'中立'的国家进行仲裁，也就是说，该国不是争议各方的国家"[里德芬和亨特（Redfern & Hunter），1999，p. 284]。一个难题是使用的数据是集合数据：那些有大量当事人参与 ICC 仲裁的国家充当了彼此的仲裁地，导致在总体上结果为正，即使在所有个案中都不存在这样的联系。PARTIES 变量同样受制于仲裁数量在所研究年度内的任何整体增长，同时也在某种程度上受制于国家之间在整体"好讼程度（litigiousness）"上的差异。

REGION：在该年度与参与 ICC 仲裁的国家属于同一地区（采用 ICC 对"地区"的定义）的其他国家的当事人的数量，包括申请人与被申请人。ICC 在 2000 年重新定义了它的报告区域。我用先前定义的区域重新计算了 2000 年的数据，以确保与其余数据的计算保持一致。这里预计的系数符号为正，因为选择与至少一方当事人同区域的仲裁地将会减少当事人的差旅费用，同时还能保持一定程度的中立性。不过，使用和 ICC 一样的区域定义是否会引起这样的考虑是不确定的。

WTDSTAT：该变量等于 STAT（一个虚拟变量，如果该国在特定年度具有一部生效的新仲裁法或者修订的仲裁法，该变量等于 1，反之等于 0）与在该年度提交 ICC 仲裁的所有争议合同中，在这些年签订的争议合同的比例的乘积。

如上所述，当事人通常在合同的仲裁条款中约定仲裁地。不过，从当事人签订合同到发生该合同项下的纠纷可能要经过许多年。举例来说，在 2000 年 ICC 受理的仲裁案中，从合同形成到提起仲裁的时间间隔为 2～4 年。[14] 甚至有一个在 2000 年提起仲裁的合同签订于 1947 年，时间跨度超过 50 多年。[15] 可见，在一国制定或修订仲裁法之后签订的合同引起纠纷的时间明显落后于这些法律制定的时间。

考虑到这一时间间隔，我们设计了变量 WTDSTAT，使用 ICC 公布的有关合同（在我们所研究的每一年度中引发纠纷的合同）签订日期的数据。举例而言，白俄罗斯在 1999 年制订了一部新仲裁法。在 1998 年及以前，WTDSTAT 的值为 0，因为 STAT 等于 0。在 1999 年，STAT 等于 1（白俄罗斯在这一年制定了一部新仲裁法）。在 1999 年向 ICC 提起仲裁的纠纷中，有 23 件（或者 4.6%）产生于在 1999 年签订的合同。[16] 因此，对于 1999 年的白俄罗斯来说，WTDSTAT 的值为 0.046。在 2000 年，37 件向 ICC 提起仲裁的纠纷来自于在该年签订的合同，同时另外 69 件来自于在 1999 年签订的合同，合计为 106 件（或者 19.6%）。[17] 因此，对于 2000 年的白俄罗斯来说，WTDSTAT 的值为 0.196。WTDSTAT 可能的最大值为 1.00，尽管在样本中它从来没有达到过。

[14] 2000 ICC Statistical Report, at 10.
[15] Id.
[16] 1999 ICC Statistical Report, at 12.
[17] 2000 ICC Statistical Report, at 10.

表1　变量的定义

117

因变量	
SITEPTY	每年由当事人约定在该国进行的 ICC 仲裁数量。
自变量	
PARTIES	在该年度参与 ICC 仲裁的该国当事人总数。
REGION	在该年度与参与 ICC 仲裁的国家属于同一地区（采用 ICC 对"地区"的定义）的其他国家的当事人数量。
WTDSTAT	STAT（一个虚拟变量，如果该国在特定年度具有一部生效的新仲裁法或者修订的仲裁法，该变量等于 1，反之等于 0）与在该年度提交 ICC 仲裁的所有争议合同中，在这些年签订的争议合同的比例的乘积。
YRSSTAT	自该国制定新仲裁法或修订仲裁法以来有多少年，制定当年计为 1 年。
WTDNYC	该变量等于 NYCONV（一个虚拟变量，如果《纽约公约》在特定年度在该国是有效的，该变量等于 1，反之等于 0）与在该年度提交 ICC 仲裁的所有争议合同中，在这些年签订的争议合同的比例的乘积。
WTDGNIPC	以现行国际美元为单位，用购买力平价计算的人均国民总收入（以前称国民生产总值），基于在这 10 年签订并发生争议的合同的比例对这些年（的人均国民总收入）进行加权。
WTDPOP	人口总数，基于在这 10 年签订并发生争议的合同的比例对这些年（的人口）进行加权。

118　　如果制定新仲裁法或修订仲裁法将使在该国进行的仲裁数量

增加，对于 WTDSTAT 的预计相关系数将为正。

WTDNYC：该变量等于 NYCONV（一个虚拟变量，如果《纽约公约》在特定年度在该国是有效的，该变量等于1，反之等于0）与在该年度提交 ICC 仲裁的所有争议合同中，在这些年签订的争议合同的比例的乘积。关于 WTDNYC 的说明同上面的 WTDSTAT，除了虚拟变量反映的是在相应的时间段《纽约公约》在该国是否生效以外。通常，我预计 WTDNYC 的相关系数为正，因为一个国家如果是《纽约公约》的成员国，这一事实对于提高在该国作出的仲裁裁决的可执行性具有重要意义。不过，由于个别原因，《纽约公约》的优势可能很难以实证方式进行验证。首先，样本中的很多国家（及所有的"主要"仲裁国家，如下所定义的）在本文研究的时间段前很多年就已经批准了《纽约公约》。举例来说，对于主要的仲裁国家，WTDNYC 的平均值为0.98（在1.00范围内），同时标准偏差为0.032。可见，我们很难在此基础上区分国家之间的差异。其次，《纽约公约》仅在胜诉方寻求在国外执行裁决时才有意义。但我们无法从现有数据中看出有多少案件的当事人打算申请国际执行。最后，在越来越多的国家，国内仲裁法对仲裁裁决执行的规定和《纽约公约》一样有利（或者更有利）。因此，对于当事人选择仲裁地来说，《纽约公约》的重要性可能已经不如以前。

WTDGNIPC：以现行国际美元为单位，用购买力平价计算的人均国民总收入（以前称国民生产总值），基于在这10年签订并发生争议的合同的比例对这些年（的人均国民总收入）进行加权。该变量反映了该国支持仲裁的基础设施情况。就这一点而言，我预计系数为正，因为有较好基础设施的国家将是更有吸引力的仲裁地。

WTDPOP：该国总人口，和 WTDGNIPC 一样进行加权。预计的系数符号并不确定。人口更多的国家可能有更多的机会作为仲裁地，从而使系数为正。或者人口较少的国家可能被认为更加中立，因此更可能被双方当事人所接受，从而使系数为负。

（三）数据

有关在样本中各个国家进行的 ICC 仲裁数量的数据，和来自该国以及同地区其他国家的参与 ICC 仲裁的当事人数量一样，都来自于 ICC 的年度统计报告（1994~2000）。关于仲裁法的资料来自于施密特和皮克塔（2001）。[18] UNCITRAL（2001）确认了《纽

表 2　概要统计——全部样本

	观察值	平均值	标准偏差	最小值	最大值
因变量					
SITEPTY	217	2. 369	6. 867	0	48
自变量					
PARTIES	217	9. 806	17. 619	0	88
REGION	217	178. 369	197. 496	6	685
WTDSTAT	217	0. 260	0. 285	0	0. 834
YRSSTAT	217	2. 111	2. 094	0	7
WTDNYC	217	0. 821	0. 291	0	1
WTDGNIPC	207	7884. 506	6544. 762	705. 244	23 786. 27
WTDPOP	217	$5.19e+07$	$1.61e+08$	500 231. 3	$9.61e+08$

---

[18]　See also International Council for Commercial Arbitration (2002).

约公约》生效的国家。国民生产总值和人口数据来自于世界银行《2000年世界发展指标光碟》(2000 World Development Indicators CD-ROM)，并根据世界银行网站的信息进行了更新。[19]

关于全部样本的概要统计见表2。样本中，由当事人协议进行仲裁的年均数量为2.369，其中最小值为0，最大值为48。

五、实证结果

(一) 基本发现

表3介绍了使用全部样本对一个固定效应模型 (a fixed effects model) 进行评估的结果。[20] 对于此处为重要变量 (variable of interest) 的 WTDSTAT，其相关系数在 0.05 水平上具有显著性，这个结果也与预期相符。[21] 仲裁案件的预期增长在绝对数量上是微不足道的。WTDSTAT 的相关系数为 1.6755，表明当 WTDSTAT 等于 1 (其最大值，在本样本中从未达到过) 时，每年在该国进行的新增仲裁平均起来少于两件。另一方面，从百分比看，新仲裁法或修订仲裁法的影响是比较大的。在 WTDSTAT 等于平均值时，制定或者修订仲裁法使 ICC 仲裁比样本中的平均数增加18.39%。此外，如预计的一样，WTDGNIPC 的相关系数为正，且具有高度显著性 (在 0.01 显著性水平上)。因此，具有较高人均 GNI (衡量是否有可用基础建设与配套设备的一个替代性指标) 的国家更有

120

---

〔19〕 参见世界银行网站 www.worldbank.org.

〔20〕 有关面板数据 (panel data) 的评估技巧，参见 Greene (2000, ch.14).

〔21〕 为了检测结果对具体规定变量 (statutory variable) 的敏感度，我用变量 YRSSTAT (该国制定或者修订仲裁法至今的年数) 代替 WTDSTAT 对模型进行了重新评估。YRSSTAT 采用一种替代方式处理上文讨论的时间间隔问题，通过隐含地假设每年引起争议的合同数量均呈直线增长。和 WTDSTAT 一样，YRSSTAT 结果为正，且在 0.05 水平上具有显著性。见表3。

可能被选为仲裁地。[22]

表 3　新仲裁法或修订仲裁法
对当事人选择仲裁地的影响——全部样本

自变量		
常数	- 1. 6527	- 1. 8020
	(- 0. 91)	(- 0. 95)
PARTIES	0. 0989	0. 0981
	(1. 47)	(1. 45)
REGION	- 0. 0054	- 0. 0054
	(- 0. 86)	(- 0. 84)
WTDSTAT	1. 6755 **	
	(2. 15)	
YRSSTAT		0. 2203 **
		(2. 05)
WTDNYC	- 0. 7191	- 0. 6216
	(- 0. 97)	(- 0. 86)
WTDGNIPC	0. 00070 ***	0. 00070 ***
	(3. 08)	(3. 11)
WTDPOP	- 2. 28e - 08	- 2. 29e - 08
	(- 0. 79)	(- 0. 76)
R^2	0. 1689	0. 1685
观察值	207	207
国家固定效应?	是	是

注：括号内为使用怀特标准误差的 T 统计量。
　　 *　　表示在 0. 10 的水平上具有显著性。
　　 **　 表示在 0. 05 的水平上具有显著性。
　　 *** 表示在 0. 01 的水平上具有显著性。

---

　　[22]　PARTIES、REGION、WTDNYC 及 WTDPOP 的相关系数都不具备统计上的显著性。

为考察是否样本中的众多只有少数仲裁的国家稀释了新仲裁法的效果，我用"主要"仲裁国家[23]（根据仲裁数量进行界定）作为子样本（sub - sample）对模型进行了重新评估。关于主要仲裁国家的概要统计见表4。在这些主要仲裁国家，平均仲裁数量比整个样本的平均数要多很多：主要仲裁国家的年均仲裁数量为7.714，相比而言，整个样本的年均数量为2.369。

表4　概要统计——主要仲裁国家

	观察值	平均值	标准偏差	最小值	最大值
因变量					
SITEPTY	63	7.714	11.081	0	48
自变量					
PARTIES	63	27.143	24.705	4	88
REGION	63	357.635	238.794	8	679
WTDSTAT	63	0.249	0.293	0	0.834
WTDNYC	63	0.982	0.032	0.819	1
WTDGNIPC	63	12 878.21	8030.965	1356.698	23 786.27
WTDPOP	63	1.45e+08	2.78e+08	2 724 051	9.61e+08

表5报告了对以主要仲裁国家作为子样本的固定效应模型（fixed effects models）的评估结果。[24] WTDGNIPC不再具有统计上的显著性。相反，WTDPOP在0.10或者0.05水平上具有显著性（依靠该模型），且为负。因而，在这些主要仲裁国家中，如果其他条件相等，人口越少的国家越容易被选为仲裁地。就整个样本

　[23]　样本中的"主要"仲裁国家有：比利时、埃及、希腊、印度、印度尼西亚、意大利、新加坡、瑞典及英国。
　[24]　相反，在使用"较小"仲裁国家（样本中主要仲裁国家以外的全部国家）作为子样本的固定效应模型中，相关系数都不具备统计上的显著性（结果不再赘述）。

而言，WTDSTAT 的相关系数为正，且具有统计上的显著性。[25] 毫不奇怪，主要仲裁国家的评估效果在绝对值（相关系数从 7. 9322 到 10. 0178）和比例上都大于对整个样本的评估。[26]

123　　表5　新仲裁法或修订仲裁法对当事人选择仲裁地的影响——主要国家

自变量				
常数	−4. 2808 （−0. 17）	−7. 0696 （−0. 31）	9. 0418 （1. 24）	−11. 2446 （−0. 48）
PARTIES	0. 1136 （1. 55）	0. 0976 （1. 30）	0. 1133 （1. 56）	0. 1126 （1. 55）
REGION	−0. 0120 （−1. 03）		−0. 0123 （−1. 07）	−0. 0096 （−1. 02）
WTDSTAT	8. 3497* （1. 95）	8. 4496** （2. 03）	7. 9322* （1. 91）	10. 0178*** （2. 91）
WTDNYC	16. 3383 （0. 58）	18. 9687 （0. 72）		29. 3665 （1. 26）
WTDGNIPC	0. 00042 （0. 70）	0. 00016 （0. 33）	0. 00061 （1. 28）	
WTDPOP	−7. 12 e − 08* （−1. 82）	−7. 36 e − 08* （−1. 88）	−6. 78 e − 08* （−1. 75）	−8. 27 e − 08** （−2. 22）
R^2	0. 0580	0. 0549	0. 0667	0. 0389
观察值	63	63	63	63
国家固定效应？	是	是	是	是

注：括号内为使用怀特标准误差的 T 统计量。

　　*　　表示在 0. 10 的水平上具有显著性。

　　**　　表示在 0. 05 的水平上具有显著性。

　　***　表示在 0. 01 的水平上具有显著性。

----

〔25〕　根据模型中的其他变量，显著性水平从 0. 01 到 0. 10 不等。

〔26〕　在 WTDSTAT 等于平均值时，立法增加的 ICC 仲裁数量比平均高出 26. 95%（使用 WTDSTAT 等于 8. 3497 时的预计相关系数）。

这些评估能够反映出由制定或修订仲裁法所导致的仲裁业务的最小增长值。ICC 仅仅是很多国际商事仲裁机构中的一员（虽然是最为著名的）。而在一国制定新仲裁法时，或许一国的国内仲裁机构比 ICC 获取的利益还要多。关于新仲裁法或者修订仲裁法的效果的完整描述要求我们对从其他仲裁机构获取的数据进行同样的分析，并得出类似的评估结果。不幸的是，目前只有 ICC 公布了足以开展这样一项研究的数据。

这些结果表明，新仲裁法的效果并不限于最早进行仲裁法现代化的国家。本文研究的国家都在 1994 年到 1999 年间制定或者修订仲裁法，远晚于 1985 年 UNCITRAL 示范法的颁布及其他国家对示范法的采用，比如加拿大（1986 年）、澳大利亚（1989 年）以及其他国家。[27] 有可能这些国家从他们较早进行的仲裁立法中获益更多，但是，再次受数据所限无法对这种可能性进行检验。

（二）对经济收益的评估

如上述，目前可用的数据不足以评估新仲裁法是如何影响仲裁案的大小的，相对于仲裁案的数量而言。有关仲裁案大小的信息（用争议金额进行衡量）是很有用的，因为仲裁地国的经济收益与仲裁案大小明显呈正相关。依照 ICC 规则（附件三第 4 条），仲裁员的报酬根据争议金额确定，可以进行调整。此外，有较大争议金额的案件很可能是更为复杂的案件，需要更多的开庭时间以及仲裁地的支持资源。

我们可以通过如下假设对经济收益进行一个非常粗略的评估，

---

[27] See Drahozal (2000, table 3).

即新法制定后的新增仲裁案等于一般 ICC 仲裁案的中等大小，争议标的额大约在 100 万美元。[28] 仲裁员从每个这类大小的仲裁案中获取的报酬为 11 250 美元到 53 500 美元不等[29]。进一步假设：①有一半新增仲裁案涉及一名独任仲裁员，同时另一半新增仲裁案涉及三人仲裁庭，如 ICC 仲裁的一般情况；[30] ②平均而言，三人仲裁庭的一半仲裁员和 3/4 的独任仲裁员来自于仲裁地国；[31] ③仲裁员的报酬处于 ICC 的中游水平（32 375 美元）；④仲裁中的日常开支（logistical costs）、当地律师费及专家证人费大体等于本地仲裁员的报酬；以及⑤所有开庭都在仲裁地进行，而不是其他地方（如 ICC 仲裁规则允许的那样）。[32] 根据这些假设，仲裁地从每个涉及一名独任仲裁员的新增仲裁中获取的平均收益为 48 562.50 美元，而从每个涉及三人仲裁庭的新增仲裁中获取的经济收益为 97 125 美元。如果新仲裁法导致 ICC 仲裁每年增加 8 件（如对主要仲裁国家的评估一样），收益总数仅为 582 750 美元，远远低于部分仲裁法的支持者估计的最高值（high-end estimates）。[33] 不过，这一评估仅仅考察了 ICC 仲裁，并不包括其他仲裁机构管理的仲裁或者临时仲裁，因而反映的很可能是那些结果的最小收益。

---

〔28〕 2000 Statistical Report, at 11.

〔29〕 Craig et al. （2000, table 9B）.

〔30〕 2000 Statistical Report, at 8.

〔31〕 这一假设与 Drahozal（2003）的发现是一致的。

〔32〕 参见前注〔4〕。如果开庭或者其他程序在仲裁地外的其他地方进行，仲裁地的收益（来自于当事人的住宿和其他后勤支出）也将相应减少。

〔33〕 此外，增加的税收并不同于经济收益，因为它"在很大程度上体现了对当地居民提供的产品和服务的机会成本的补偿"。Kahan & Kamar（2002）.

六、结论

本文发现，一国在制定或者修订仲裁法后，由当事人协议约定在该国进行的 ICC 仲裁数量有统计上的显著增长。因为目前公开的数据只有 ICC 仲裁，而没有其他机构管理的仲裁（或者临时仲裁），这里的评估很可能反映了最小的增长结果。在绝对数量上，预计增长是很少的，在整个样本中大约只有 2 件新增仲裁；在主要仲裁国家，大约有 8 到 10 件。考虑到每年在全球进行的 ICC 仲裁数量相对很少，这一点就不令人奇怪。相比而言，从比例来看，评估的结果则比较大，从整个样本的 18.39% 到主要仲裁国家的 26.95%。因为本文涉及的仲裁数量很少，仲裁地从新仲裁法或修订仲裁法中获取的预计经济收益明显少于一些人曾经的预测，尽管由于数据所限，我们无法将仲裁数量的增长精确地转化为经济收益。

（丁建勇　译）

参考书目

1994 ~ 2000 statistical reports. *ICC International Court of Arbitration Bulletin*, May 1995 ~ Spring 2001.

Bebchuk, L. A. & Cohen, A. (2003). Firms' decisions where to incorporate. *Journal of Law & Economics*, 46, 383.

Bebchuk, L. A., et al. (2002). Does the evidence favor state competition in corporate law? *California Law Review*, 90, 1775 ~ 1821.

Bebchuk, L. A. & Hamdani, A. (2002). Vigorous race or leisurely walk: reconsidering the competition over corporate charters. *Yale Law Journal*, 112, 553 ~ 615.

Berger, K. P. (1993). *International economic arbitration*. Deventer [Netherlands]; Boston: Kluwer Law & Taxation Publishers.

Bond, S. R. (1990). How to draft an arbitration clause (revisited). *ICC International Court of Arbitration Bulletin*, Dec. 1990, 14 ~ 21, [reprinted *in* Part 3].

126   Bühring – Uhle, C. (1996). *Arbitration and mediation in international business*. The Hague: Kluwer Law International.

Carbonneau, T. E. (2000). *Cases and materials on the law and practice of arbitration* (2d ed.). New York: Juris Publishing, Inc.

Craig, W. L. , et al. (1990). *International chamber of commerce arbitration* (2d ed.). Dobbs Ferry, N. Y. : Oceana Publications, Inc.

Craig, W. L. , et al. (2000). *International chamber of commerce arbitration* (3d ed.). Dobbs Ferry, N. Y. : Oceana Publications, Inc.

Dezalay, Y. & Garth, B. G. (1996). *Dealing in virtue: International commercial arbitration and the construction of a transnational legal order*. Chicago: University of Chicago Press.

Drahozal, C. R. (2000). Commercial norms, commercial codes, and international commercial arbitration. *Vanderbilt Journal of Transnational Law*, 33, 79 ~ 146, [reprinted *in* Part 6].

Drahozal, C. R. (2003). Arbitrator selection and regulatory competition in international arbitration law. University of Kansas School of Law, Working Paper, [*infra* Part 5].

Greene, W. H. (2000). *Econometric analysis* (4th ed.). Upper Saddle River, N. J. : Prentice HalL.

International Council for Commercial Arbitration (2002). *International hand-*

book on commercial arbitration, Vols. I ~ IV. The Hague: Kluwer Law International.

Kahan, M. & Kamar, E. (2002) . The myth of state competition in corporate law. *Stanford Law Review*, 55, 679 ~ 749.

Nottage, L. (2000). The vicissitudes of transnational commercial arbitration and the *lex mercatoria:* A view from the periphery. *Arbitration International*, 16, 53 ~ 78.

O'Hara, E. A. & Ribstein, L. E. (2000). From politics to efficiency in choice of law. *University of Chicago Law Review*, 67, 1151 ~ 1232.

Park, W. W. (1998) . Arbitration avoids "hometown justice" overseas. *National Law Journal, May* 4, 1998, C18.

Redfern, A. & Hunter, M. (1999). *Law & practice of commercial arbitration* (3rd ed.). London: Sweet & Maxwell.

Reisman, W. M. , et al. (1997) . *International commercial arbitration.* Westbury, New York: Foundation Press, Inc.

Romano, R. (1993) . *The genius of american corporate law.* Washington, D. C. : AEI Press.

Romano, R. (2001). The need for competition in international securities regulation. *Theoretical Inquiries in Law* 2, 387.

Rules of Arbitration of the International Chamber of Commerce (in force Jan. 1, 1998).

Sanders, P. (1996) . Arbitration, in: Cappelletti, M. (Ed.) , *International encyclopedia of comparative law*, Vol. XVI – 12. Tübingen: J. C. B. Mohr (Paul Siebeck) & Dordrecht: Martinus Nijhoff Publishers.

Smit, H. & Pechota, V. (2001) . *Smit's guides to international arbitration: National arbitration laws*, Vol. 1. New York: Juris Publishing, Inc.

United Nations Commission on International Trade Law (2001) . Status of conventions and model laws < www. uncitral. org/english/status/Status. pdf >.

127

▼
▼
▼

对 UNCITRAL 关于临时
救济的调查问卷的分析[*]

理查德・W. 奈马克　斯蒂芬妮・E. 基尔

129　　　仲裁界实际上包含许多领域, 每个领域都有自己的文化、习惯、传统以及（某种程度上的）法律。在劳动仲裁、消费者仲裁、证券仲裁及商业争议仲裁（一般被称为商事仲裁）之间存在一些显著区别。其中最为特别且日显重要的是国际商事争议仲裁, 通常被业内人士称为国际仲裁。

　　尽管通过国际仲裁处理的案件总数相对较少〔在 2000 年, 美国仲裁协会（AAA）管理了大约 15 000 件国内商事仲裁以及 507 件国际商事仲裁〕, 但因种种原因, 它却是一个很有吸引力的研究领域。传统上它是一个小型"俱乐部"（并不被外界所广泛知晓）, 具有一定数量的专业人士, 包括律师和仲裁员。它所处理的案件

---

　　* 最初发表于 16 *Mealey's International Arbitration Report*, March 2001, pp. 23 ~ 27.
Copyright © 2001 by Richard W. Naimark & Stephanie E. Keer.

遍及各行各业，其案由也是包罗万象。这么多年来，许多非常重大的商事纠纷已经通过仲裁方式予以解决。比如，ICC 受理了在阿拉伯国家和主要石油公司之间发生的几个重大石油案件，个别仲裁机构也处理了标的达数十亿美元的案件。在商界和法律界，越来越多地人使用或者优先选择仲裁作为跨国商事纠纷的救济措施。

国际仲裁的程序标准是很重要的，因为仲裁的一个主要优点是其程序不受仲裁地的影响，具有一致性和可预见性。在这方面，这些年已经做了大量的工作以确保提供足够的指引，比如《纽约公约》[1]和《巴拿马公约》[2]对国际仲裁裁决在内国法院的执行进行了规定，联合国的一个多国职能部门联合国国际贸易法委员会（UNCITRAL）起草了示范规则。

随着国际仲裁实践的不断发展，对由此产生的新问题进行研究的时机业已成熟，UNCITRAL 的一个工作组已经开始着手这方面的工作。这些问题之一即是临时救济（interim relief）。如果仲裁理念是由各自选定的仲裁员决定对商事合同争议的处理，那么请求临时救济就反映了仲裁员和当事人之间存在的特殊的微妙关系。 130

请求临时救济的基本理由在于其刻不容缓。这些请求通常要求在仲裁庭对案件事实和法律问题作出最终决定前，采取紧急措施对财产或资产进行某种保全。在各国，请求临时救济有不同的名称和形式，比如禁令救济（injunctive relief）、临时限制令（Temporary Restraining Order，TRO）、以及提存令（escrow orders）等。赞成临时救济的主要理由是，如果未能对财产、资产或经济生存能力（eco-

---

[1] 21U. S. T. 2517, T. I. A. S. No. 6997, 330 U. N. T. S. 3, C. T. I. A. Num. 8005. 000, 1959WL.

[2] C. T. I. A. Num. 9069. 000, 1976 WL 41072 (TIA).

nomic viability）进行保全将会使仲裁员或法官的最终决定毫无意义，因为已经没有或者只有很少的财产可供执行。

采取临时救济一般是法院的职能，但越来越多的实践表明，仲裁员经常被要求作出这样的决定。在国际案件中，临时救济产生了不少特别有趣和棘手的问题。这样的仲裁裁定在法院能够执行吗？在哪一国的法院执行？如果仲裁员得知临时救济的命令未被遵守时，他们会怎么做？另外，还会有一些补充问题，比如，此类临时救济请求有多么普遍？仲裁员在作出这些决定时应适用什么准则？当事人自愿遵守临时救济令的概率有多少？这些裁定的效力如何？

为了协助 UNCITRAL 工作组研究这些问题，一些机构已经在向他们的成员进行调查。美国仲裁协会将他们回收的调查表提交给了争议解决研究全球中心（the Global Center for Dispute Resolution Research）进行研究。下面是我们的统计结果。

共向美国仲裁协会国际仲裁庭的仲裁员发放问卷 320 份，收回 64 份。

对于问题"你作为仲裁员或者代理人，是否参加过当事人申请临时措施的仲裁？"有 38 名律师作了肯定回答，他们描述了当事人寻求临时救济的 50 个案件。在其中的 10 个案件中，律师是作为一方当事人的仲裁代理人，在余下的 40 个案件中，律师是作为仲裁员。在这 50 个案件中，有 16 个是"国内"案件，有 32 个为"国际"案件，还有 2 个案件无法确认为是国内案件还是国际案件。[3]

剩余 26 名反馈者表示，无论是作为代理人还是仲裁员，他们

---

〔3〕 参见临时措施表。

都没有在国内或者国际仲裁中遇到请求临时措施的案件。

尽管所描述的临时措施类型各不相同，但大致可以分为以下三类：

- 行为限制或禁止　　　　　　22 件（44%）　　131
- 强制履行　　　　　　　　　10 件（20%）
- 担保　　　　　　　　　　　8 件（16%）

此外，还有 4 件案件中有双重请求，也就是说，既要求限制令或者强制履行，也要求担保。

另外 6 件案件看起来并不完全符合我们对"临时保全措施"的描述，但也可以分为以下三类：

- 请求证据开示　　　　　　　2（4%）
- 初步裁定（threshold ruling）
  /简易判决（summary judgment）　　3（6%）
- 撤销法院作出的限制令
  （reversal of court ordered restraint）　　1（2%）

在这 50 件被确定为请求临时措施的案件中，25 件获得准许（50%），24 件被驳回（48%），还有 1 件待定（2%）。

这些案件中，仅有一件是单方采取临时措施的。

短评及后续问题

这些案件抽样提供了一些有关临时措施的解释，同时也提出了很多后续问题。在反馈的仲裁员中，已经碰到过这些问题的略高于半数（59%）。在这些仲裁员中，多数只是引用了一个涉及请求临时措施的案件。在遇到临时救济请求的人士中，多数（80%）是作为仲裁员，而不是代理人。

这并没有准确反映在全部案件中这些事件发生的实际频率。

因为许多反馈者可能有参与过很多仲裁的经历，在正态总体（样本）（normal population）中请求临时措施的总发生率可能相当小。考虑到问卷的回收率（23%），这一结果尤为明显。尽管无法对未反馈群体的特性作出确切的推测，但我们可以合理的推断，请求临时措施的发生率并没有超过反馈群体的比率。一个支持未反馈群体遇到的请求临时措施的比率更低的理由是这些人因为没有什么可以报告的，所以对问卷进行反馈的动力比较弱。这并不是减少那些提出过类似请求的案件的重要性。

看起来，这种救济［借用一个经济学家的术语即"被抑制的需求"（pent-up demand）］的必要性很可能已经超过了本文所记录的水平。问卷反馈本身也提出了一些可能会减少仲裁中这类请求和救济发生率的因素，包括：

（1）当事人可能认为仲裁员无权批准这样的救济，因而没有提起类似请求。

（2）仲裁员可能认为自己无权批准这样的救济，从而阻止类似申请。

（3）当事人可能在诉讼中向法院提出类似请求。

在调查问卷中，这些问题都没有涉及。因此，作为衡量临时措施必要性的一种方式，本次调查尚不足以确定临时措施的利用水平，以衡量它在仲裁中的使用是否被广泛承认。在回收的问卷中，有两个案例表明仲裁员已经拒绝了临时救济的请求，因为他们认为这样的请求超越了他们的职权。

50件案例中，仅有5件披露临时措施未被遵守。这意味着一个没有明确法律授权的事项却有一个很高的遵守率（90%）。不过，披露的方法并不是很可靠，因为仲裁员通常不参与当事人在庭审外的活动，对庭审外事项的进程可能并不知情。虽然如此，我们还是可以合理的推测，既然临时救济的请求往往在案件的早期提起，大多数未被遵守的案件将会引起仲裁员的注意。

我们可以对当事人分别向法院和仲裁庭申请临时救济的经历做一个有趣的比较。执行率（rates of compliance）、得到批准的速度（speed of access）及得到批准的简易程度（ease of access）都可以进行对比。虽然追踪未被执行的临时救济措施的历史和记录难度要大得多，但这种调查是非常有益的。

在已报告的案件中，有64%（32件）涉及国际争议，相比而言，涉及国内争议的有32%（16件）。鉴于在世界范围内国内仲裁远多于国际仲裁这一现实，样本中国际案件在数量上的优势意味着在国际仲裁中申请临时救济的比率比较高。一般认为，国内案件在国内法院系统中拥有更为可靠的救济方式，相反，国际案件在诉诸国内法院时则呈现了一连串的实际操作（logistic）与管辖权（jurisdictional）问题。既然国际仲裁是一种时常被用来规避国内法院管辖和任何形式的本国法院优势的方法，仲裁中临时救济的必要和诉求似乎可以用来解释其在国际仲裁中的高比率。

这里还有一些补充意见：

（1）某代理人发现，根据临时救济令提供的担保是执行最终裁决的惟一手段。

（2）根据 AAA、LCIA 和 ICC 的规则，临时救济被认为是适当的；不过，大部分仲裁员在批准此类救济措施时非常谨慎，而在最终裁决作出前，多数当事人也不敢贸然违反临时救济令。

（3）用某反馈者的话说，"根据我的经验，临时措施在许多仲裁中都是一个关键因素，尤其是在仲裁请求不止是源于一项简单

133

的损害赔偿时。维持经营现状常常是对申请人进行救济的必要方式。所以，设计一些适当的允许临时措施的方法对于有效仲裁来说是必不可少的。"

临时措施统计表*

是否频繁使用	数量	百分比	所寻求的救济类型	数量	百分比
是	50	66	限制	22	44
否	26	34	强制履行	10	20
合计	76	100	担保	8	16
			混合类型	4	8
			证据开示	2	4
			初步裁定/简易审判	3	6
			撤销限制令	1	2
			合计	50	100
仲裁类型	数量	百分比	救济是否被批准	数量	百分比
国内的	16	32	是	25	50
国际的	32	64	否	24	48
未知的	2	4	未确定的	1	2
合计	50	100	合计	50	100

* 对从美国仲裁协会国际仲裁员样本中回收的问卷进行简要统计，内容包括临时措施的频率，所寻求救济的种类，仲裁类型，以及救济是否被批准。

（丁建勇　译）

▼
▼
▼
▼

仲裁员担任调解员：一些
最近的实证见解*

克里斯汀·布赫林－乌勒

加百利·谢尔

拉尔斯·奇尔科霍弗

关于国际商事仲裁的实证研究是非常少的，因为很难形成有 135
用的实证数据，特别是针对国际商事仲裁的程序或"内部运作"。
原因很明显：仲裁的保密性及持续性使我们在事实上不可能观察
到大量的国际商事仲裁。即使一个非常有经验的业内人士也只能
够报告数量相对有限的仲裁。因此，获取大量有意义且具有代表
性的仲裁实践的惟一途径就是通过对仲裁界的主流从业人员进行
个人访谈，并以此为基础开展调查。

笔者正着手进行克里斯汀·布赫林－乌勒的著作《国际贸易

---

* 最早发表于（2003）20 *Journal of International Arbitration* 81~90. Copyright © 2003
by Kluwer Law International.

中的仲裁与调解》（Arbitration and Mediation in International Business）（1996）第二版的修订工作，该书除了提供国际仲裁和 ADR 程序的实用指南外，还是最早对国际贸易纠纷解决实践进行的系统实证研究之一。该项研究包括与来自 8 个国家的从业者进行的一系列深度访谈，同时还包括一项书面调查，得到了来自 17 个国家的 67 名从业者填写的调查问卷。

为了第二版，我们进行了一次新的调查，这项调查从 2001 年秋季开始，在 2002 年底完成。本文将介绍其中一些重要问题的调查结果的概况，这些问题涉及仲裁程序在促使当事人自动和解方面的能力，尤其是仲裁员在其中扮演的角色。该分析是基于 53 份已经完成的调查问卷。对于全部调查结果的详细分析和探讨，和从附加访谈中获得的见解一样，都将在即将问世的第二版中进行介绍。

一、样本

136　　　有人可能会质疑，从统计学的观点看，53 份反馈并不是一个很大的样本。可另一方面，在国际商事仲裁领域，拥有丰富实践经验的从业者在全球大概只有 100 ~ 200 人，他们形成了一个紧密联系、谨慎理智又工作繁忙的群体。样本充分涵盖了这一群体，而该样本群体在国际贸易纠纷解决中的总体经验也确实给人留下了深刻印象：53 个反馈者分别来自分布在各个大陆的 14 个国家，他们已经参与了超过 3000 余件国际商事仲裁和调解（2500 多件仲裁和 600 多件调解）。这一群体包括争议解决服务的使用者与提供者，亦即公司法务人员、律师和仲裁员/调解员。大部分反馈者都扮演过不同的角色，有时作为仲裁员或调解员，有时则在仲裁或调解中作为当事人的律师。所有人都有过国际商事仲裁的经历，其中35人参与过国际商事调解。

我们可以按照国籍对这一群体进行分类，不过以他们的主要法律背景进行分类可能更为重要。美国人和德国人是其中最大的两个群体，他们在很多问题上都表现出与其他人略有不同的经验和观点，这也是我们将样本分为四大类别的原因（见图表1）。

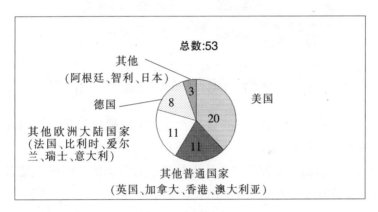

图表 1 问卷反馈者

二、作为仲裁功能之一的自愿和解

调查问卷的一个核心问题是，国际商事仲裁是否应该，以及它实际上在多大程度上，促进了当事人的和解。不出所料，绝大多数反馈者（86%）认为，推动双方和解是仲裁程序的功能之一。这一观点在德国反馈者和有普通法背景的非美国反馈者（英国、加拿大、香港以及澳大利亚）之间非常普遍，但少数美国反馈者（26%）和除德国外的民法法系从业者（15%）认为自愿和解并非仲裁的目的之一（见图表2）。

137

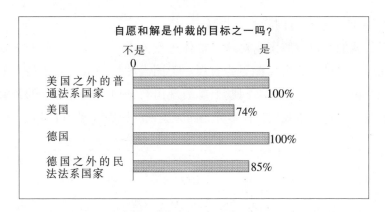

图表2　和解作为仲裁的功能之一

对于仲裁的作用，一些参与者（22%）把仲裁视为推动自愿和解的一个有效手段。这是主流观点，尤其是在德国参与者之间（58%）。然而，多数反馈者认为仲裁是有帮助的，但更多是以一种间接的方式发挥作用（见图表3）。

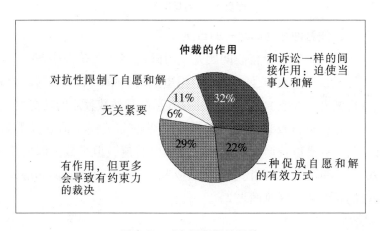

图表3　对自愿和解的促进

与大多数反馈者所说的间接作用相符，总的和解率（即在国际商事仲裁中，当事人在仲裁裁决作出前和解，从而不需要裁决的案件比例）是显著的，但仍是少数（43%）。不过，这一平均数由相差极大的一组个人经验组成（从5%到95%），并因反馈者的背景不同而有显著区别。这一现象与大家表达的关于仲裁功能的观点是一致的。那些将仲裁视为产生和解的一项主要手段的反馈 138
者都经历了高和解率，反之亦然。这一区别无法通过参与者的法律背景来解释（普通法系和民法法系），如图表4所显示的对比。

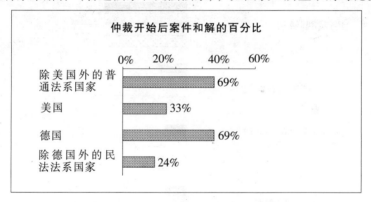

图表4　总的和解率

德国和美国的法律界人士在经验上的巨大差异可以通过各自 139
司法体系截然不同的惯例和传统来解释，特别是关于司法程序的功能和法官的角色（德国程序法要求法官尝试去调解，而美国法官的传统角色是一个独立的、公平的裁判者）。

三、仲裁员使用的促进和解技巧

在对具体促进和解技巧的观察和评价中，我们同样可以看到关于仲裁程序功能的不同观点。参与者们会看到最常被仲裁员用来促进和解的技巧中的6个，并被要求回答：①在他们的个人仲裁实践中，遇到这些技巧的频率（"经常"＝2；"有时"＝1；"几乎没有"＝0）；以及②他们认为仲裁员这么做是否合适（"合适"＝1；"不合适"＝0）（见图表5）。

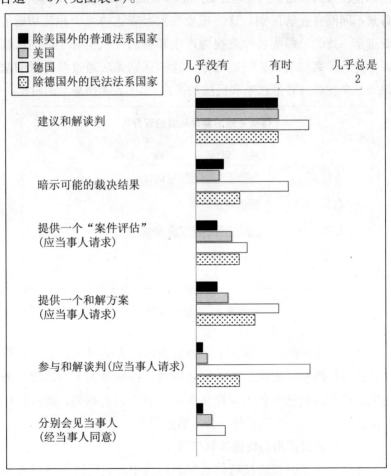

图表5 仲裁员参与和解的频率

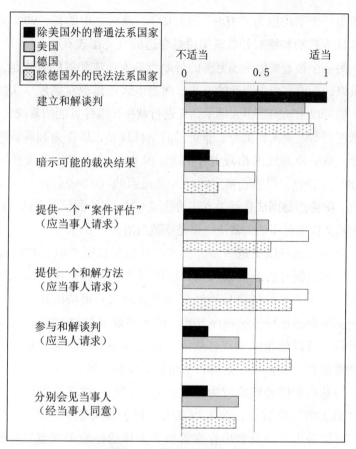

图表 6　仲裁员介入的适当性

　　这些技巧根据仲裁员扮演的角色以及其在当事人沟通和决策过程中介入程度的不同而有变化。干预最少且最常见的促进和解的方式仅仅是建议当事人回到谈判桌上，去商讨友好解决纠纷的方法。有 13 个反馈者"经常"遇到这一技巧，有 30 个"有时"遇到。仅有 11 个反馈者声称"几乎没有"遇到过。这些答案的分布得出一个平均值为"有时"（1.02）。意料之中的是，90%的反馈者认为鼓励和解对仲裁员来说是合适的（见图表6）。

另一个很重要但干预更多的帮助当事人达成和解的方式是，仲裁员以一种或多或少明确的方式，向当事人透露他对案件事实的看法。他可以主动向当事人暗示如果进行裁决，案件可能的裁决结果，或者应当事人要求提供一个非正式的案件评估，以作为和解谈判的指导。后一种方式的出现并不频繁（0.45，处于"几乎没有"和"有时"之间），尽管它被广泛认为是适当的（62%）。前者则颇有争议。除熟悉德国法官行为方式的德国人外，3/4的反馈者认为仲裁员主动透露案件可能的裁决结果是不适当的。

当事人也可以更进一步，要求仲裁员提供一个具体的和解方案。这里，拥有普通法系背景的法律界人士和拥有民法法系背景的法律界人士间的经典分界线变得明显起来。民法法系的法律界人士更为熟悉这种传统调停方式，绝大多数（超过80%）将其视140 为仲裁员可以使用的方式，然而，有大约一半的普通法系背景的反馈者则对（仲裁员）这样一个角色持反对意见。

与这些促进和解的较为传统的方式相比，仲裁员可以作为一个"真正的"调解员，介入当事人之间的实际谈判过程。这里，我们可以看出在参与者中存在着极其多样的经验和观点。与德国法院的通常做法再次保持一致，德国参与者显然更为熟悉这种程序（1.4，差不多介于"有时"和"经常"之间），极少有人反对141 仲裁员以调解员的身份介入到当事人的和解过程中（仅有25%的德国反馈者认为这样做是不适当的）。这与普通法系的反馈者截然相反，他们很少遇到这样的做法（31人中有28人视其"几乎没有"），同时有2/3的多数认为这是不适当的。

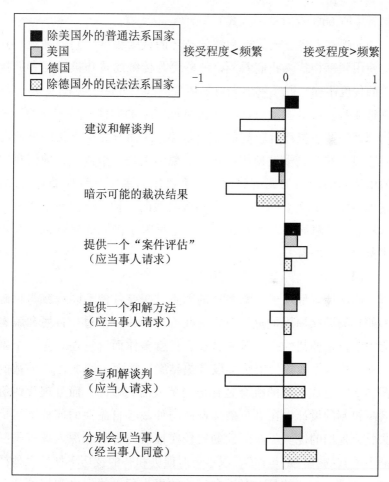

图表7 仲裁员参与的接受程度与频率

最后，仲裁员甚至可以分别会见当事人，以探寻和解方案或者利用这种私下交流的机会"开导他们"。这种介入方式显然是极不常见的（0.2，接近"几乎没有"），事实上也备受争议（全部反 142

馈者中有66%反对这一方式）。

　　如果有人将上述促进和解的技巧的接受程度与它们被观察到的使用频率相比，我们看到，一些更为传统的技巧被参与者们接受的程度不如它们频繁出现所能体现的接受程度（见图表7）。特别是那些仲裁员主动透露了裁决可能结果的案件。另一方面，更为积极的调解技巧有较高的接受程度，因而看起来比很多从业者可能想象的有更多被使用的机会。德国人是一个例外，他们在实践中遇到的积极的调解努力，似乎比他们事实上赞成的还要多。这可能显示了（不同）态度及相应实践的某种融合：一个代表德国从业者的略显怀疑的看法却大体上反映了国际商事仲裁中有较多调解尝试的潜力。

四、结论

　　本次调查呈现了一幅多样的图景。探寻各种不同观察与见解的差异的潜在原因的进一步研究仍在进行中。不过，自愿和解看起来明显是仲裁的一个重要特征，但就整体而言它还只是一个副产品，毕竟多数仲裁依然会以裁决结案。然而，增加在"仲裁的阴影下"达成和解的机会是符合当事人的利益的，而且现代纠纷解决机制的设计也在避免破坏调解与仲裁各自品性的前提下尽量去整合他们的优势。国际性的比较实证研究有助于深入理解国际商事仲裁的"内部运作"，以避免对促进和解的技巧不加反思地持保留意见。有趣的是，对上文讨论的更为积极的促进和解的技巧的接受程度，似乎比他们实际使用的频率还要高。因此，可以期待，对促进和解的技巧的不断了解和熟悉将会使仲裁员担任调解员的实践成为一个日益平常的现象。

（丁建勇　译）

第五部分
仲裁员的选定

▼
　▼
　　▼

评　论

　　对于当事人来说，仲裁的一个重要好处是能够选择由谁来决　147
定他们的案件。在一国的法院进行诉讼时，当事人也许可以选择
由哪个法院进行审理，但不能确定那个法院的哪位法官来主持庭
审。在仲裁中，当事人对案件决定者的人选有比较大的控制权
（尽管控制权的大小依仲裁员的选定方式而异）。克里斯汀·布赫
林－乌勒（Christian Bühring-Uhle）（见第二部分）主持的一项调
查把仲裁庭的专业性（自由选定的仲裁员所具有的作用）确定为
当事人同意用仲裁方式解决国际纠纷的一项重要原因[1]毫不奇
怪，仲裁员的选定对于案件结果至关重要。正如何塞·玛丽亚·
阿瓦斯卡尔（José Maria Abascal）所解释的，"仲裁员的选定也许
是当事人在仲裁中做出的最重要的决定"[2]卓娅·曼斯齐科夫

----

〔1〕　Christian Bühring-Uhle, *Arbitration and Mediation in International Business* (Kluwer Law International, The Hague, 1996), pp. 136~137, reprinted in Part 2.

〔2〕　José Maria Abascal, "Barcelona Afterthoughts" (2003) 20 *J. Int'l Arb.* 111, 116; see also W. Michael Reisman et al., *International Commercial Arbitration* (Foundation Press, Westbury, N. Y., 1997), p. 640（"在国际仲裁中，仲裁员的选定也许是当事人面对的最重要的一项任务"）.

（Soia Mentschikoff）和欧内斯特·A. 哈格德（Ernest A. Haggard）根据他们对美国国内仲裁的研究发现："从专业知识及以往经验来看，谁担任仲裁员是决策及合意过程中最重要的单个因素。"[3]正如谚语所说："仲裁的好坏取决于仲裁员的好坏。"[4]

一、关于仲裁员选定的经验性通则

已公布的数据显示了一些关于（至少在 ICC 仲裁中）仲裁员选定的基本要点。这些通则仅适用于 ICC 的仲裁，因为实际上所有已公布的关于仲裁员选定的数据都来自于 ICC。[5] 因此一个首要的实证问题是这些通则对其他仲裁机构管理的仲裁以及临时仲裁是否有效。

第一，明确规定仲裁员人数的 ICC 仲裁条款的比例尽管未过半数，但已经有相当稳定的增长。在 1987 年，明确规定仲裁员人数的 ICC 仲裁条款只有 24%，而 1989 年这一比例是 29%。[6] 如表 1 所示，20 世纪 90 年代，这一比例稳定增长，到了 1999 年高达 44.1%，接着在 2000 年回落到 38%。有相当比例的当事人能够在纠纷发生之后就仲裁员人数达成一致（这一比例在 1992 年高达

148

---

〔3〕 Soia Mentschikoff & Ernest A. Haggard, "Decision Making and Decision Consensus in Commercial Arbitration" in June Louin Tapp & Felice J. Levine (eds.), *Law, Justice, and the Individual in Society: Psychological and Legal Issues* (Holt, Rinehart, & Winston, New York, 1977), pp. 295, 307.

〔4〕 Stephen R. Bond, "The International Arbitrator: From the Perspective of the ICC International Court of Arbitration" (1991) 12 *Nw. J. Int'l L. & Bus.* 1, 1.

〔5〕 除非另有说明，接下来的信息来自于"1990 ~ 2003 Statistical Reports"（1991 ~ 2004) 2(1) ~ 15(1) *ICC Int'l Ct. Arb. Bull.*;另见 W. Laurence Craig et al., *International Chamber of Commerce Arbitration* (3d edn., Oceana Publications, Inc., Dobbs Ferry, N. Y., 2000), pp. 727 ~731 tables 3 & 4.

〔6〕 Stephen R. Bond, "How to Draft an Arbitration Clause (Revisited)" (1990) 1(2) *ICC Int'l Ct. Arb. Bull.* 14, 20, reprinted in Part 3.

45%，到 1999 年最低也有 30.5%），其余的案件（最近几年大约是 25%）则由 ICC 仲裁院决定仲裁员人数。相形之下，第三部分描述的国际合资合同样本中，有 86.7% 的仲裁条款明确规定仲裁员人数，这意味着不同合同类型之间可能存在差异。

表 1　ICC 仲裁中仲裁员人数的选定（占该年度仲裁案件的比例）

年　度	在仲裁条款中约定*	纠纷发生后当事人达成一致*	由 ICC 仲裁院决定*
2000	38.0%	36.3%	25.7%
1999	44.1%	30.5%	25.3%
1998	41.0%	32.0%	27.0%
1997	41.9%	33.1%	25.1%
1996	35.7%	35.9%	28.4%
1995	34.2%	38.8%	27.1%
1994	34.5%	34.1%	31.4%
1993	31.1%	40.4%	28.5%
1992	26.5%	45.0%	28.5%
1991	33.5%	41.9%	24.6%
平均值	36.8%	36.3%	27.0%

*由于四舍五入的原因所有比例相加的总数可能不是 100%。

第二，半成多的 ICC 仲裁通常由三位仲裁员组成仲裁庭。如表 2 所示，从 1991 年到 2000 年由三位仲裁员组成仲裁庭的比例范围在 1998 年的 47.4% 这一最低值（惟一一年低于 50%）和 1991

年 61.3% 这一最高值之间。[7] 这 10 年的平均比例是 54.4%。仅
仅就当事人明确规定仲裁员人数的案件来看，绝大部分案件规定
的是由三位仲裁员组成的仲裁庭：比例范围在 1997 年的 72.6% 和
1992 年的 93.9% 之间，平均比例为 81.4%。这些结果与第三部分
讨论的来自国际合资合同的数据是一致的，在这些合同中有
69.2% 的仲裁条款明确规定三位仲裁员。

表 2　ICC 仲裁中仲裁员人数（占该年度仲裁案件的比例）

年　度	总体情况		当仲裁条款明确规定仲裁员人数时	
	三位仲裁员组成的仲裁庭	独任仲裁员	三位仲裁员组成的仲裁庭	独任仲裁员
2000	51.2%	48.8%	81.0%	19.0%
1999	53.6%	46.4%	81.0%	19.0%
1998	47.4%	52.6%	75.6%	24.4%
1997	52.0%	48.0%	72.6%	27.4%
1996	56.5%	43.5%	79.5%	20.5%
1995	58.7%	41.3%	88.0%	12.0%
1994	54.5%	45.5%	82.4%	17.6%
1993	53.0%	47.0%	85.7%	14.3%
1992	58.6%	41.4%	93.9%	6.1%
1991	61.3%	38.7%	86.3%	13.7%
平均值	54.4%	45.6%	81.4%	18.6%

---

〔7〕　在过去的 10 年里(1981～1990 年)，由三位仲裁员组成的仲裁庭的比例范围在
1982 年的 47%（惟一一年低于 50%）到 1984 年的 64% 之间。参见"A Report on ICC Arbi-
tration in 1990"（1991）2(1) *ICC Int'l Ct. Arb. Bull.* 3,4.

第三，争议标的额大的仲裁案件由三位仲裁员组成的仲裁庭来决定比由独任仲裁员决定的可能性更大，争议标的额比较大可能成为增加仲裁员人数及相关费用的正当理由。尽管 ICC 公布了其管理的仲裁案件的争议标的额明细，但没有把这些争议标的额与当事人选定的仲裁员人数联系到一起。不过，2003 年《美国律师》（American Lawyer）杂志公布了一个"大"仲裁案件清单（其所定义的大仲裁案件是指争议标的额超过 2 亿美元的案件）。[8] 这些争议所引起的仲裁中，[9] 33 个案件里面只有 3 个（9.1%）涉及独任仲裁员。该样本有 14 个 ICC 仲裁案件，其中只有 1 个（7.1%）涉及独任仲裁员，其余均为由三位仲裁员组成的仲裁庭。

第四，可以获得的有限证据显示很少有 ICC 仲裁条款在 ICC 150 规则的要求之外明确规定仲裁员的资格。[10] 斯蒂芬·邦德（Stephen Bond）报告，在 1987 年，（在 237 个仲裁条款中）只有 3 个仲裁条款明确规定了首席仲裁员的国籍（每个案件都要求为瑞士国籍），只有 1 个条款要求特定的专业资格（要求首席仲裁员是一位"受过良好教育与培训的律师"）。[11] 1989 年，（在 215 个条款中）有 10 个条款对国籍有约定，另外 3 个包含有关于仲裁员资格的内容（邦德没有具体说明该内容）。邦德推测，约定由 ICC 仲裁的仲裁协议与约定由其他机构仲裁的协议相比，对仲裁员的资格

---

〔8〕 See Michael D. Goldhaber, "Big Arbitrations" *American Lawyer: Focus Europe*, www. americanlawyer. com/focuseurope/bigarbitrations. html, Summer 2003.

〔9〕 有些纠纷不止产生一次仲裁。ICSID 和双边投资条约的仲裁没有包括在总数中。

〔10〕 根据 ICC 仲裁规则，所有的仲裁员必须独立于当事人，首席仲裁员一般是来自于与当事人任何一方都不同的国家。参见 ICC 仲裁规则第 7（1）条及第 9（5）条。

〔11〕 Bond, supra note 6, at 20.

的规定可能要少，"因为当事人都确信 ICC 仲裁员的素质是非常优秀的，并且 ICC 规则要求首席仲裁员或独任仲裁员必须来自于与当事各方不同的国家"。[12] 有趣的是，尽管样本的规模很小，第三部分描述的国际合资合同中对仲裁员提出附加要求的比例（53.8%）相当高。

第五，实际上由谁选定 ICC 的仲裁员因仲裁员的人数以及选定方法而有所不同。当一个纠纷将由独任仲裁员解决时，ICC 仲裁的当事人通常不能就独任仲裁员的人选达成一致。例如，2003 年，只有 18.9% 的独任仲裁员由当事人指定，剩下的都是根据 ICC 国家委员会的建议（78.6%）委任或由 ICC 仲裁院直接指定的（2.5%）。[13] 根据邦德的观点，这些数据说明使用独任仲裁员以节省费用的代价是，"当事人在大部分情况下放弃了其在仲裁员选定上发挥任何作用的机会。"[14] 相形之下，对于由三位仲裁员组成的仲裁庭，2003 年由当事人单方指定的仲裁员（co-arbitrators）占到 95%。ICC 仲裁庭直接指定的占 2.4%，另外 2.6% 是根据 ICC 国家委员会的建议确定的。[15]（令人感到惊奇的是有 5.0% 的当事人没有指定他们自己的仲裁员，尽管这样做的话可能有好处。）至

---

〔12〕 前引书。邦德的假定是一项可以通过比较选择其他管理机构的仲裁条款进行实证检验的假设。

〔13〕 2002 年，当事人只委任 21.5% 的独任仲裁员。ICC 仲裁院直接委任的占 0.5%，78% 是根据 ICC 国家委员会的建议进行委任的。2001 年，当事人委任了 17% 的独任仲裁员。ICC 仲裁庭直接委任的占 3%，80% 是根据 ICC 国家委员会的建议进行委任的。

〔14〕 Bond, supra note〔4〕, at 4.

〔15〕 在 2002 年，当事人委任了 95.7% 的当事人单方指定的仲裁员，由 ICC 仲裁院直接委任的占 2.6%，根据 ICC 国家委员会的建议进行委任的占 1.7%。在 2001 年，当事人委任了 96% 的当事人单方指定的仲裁员，2% 是由 ICC 仲裁院直接委任的，2% 是根据 ICC 国家委员会的建议委任的。

于由三位仲裁员组成的仲裁庭的主席，45.9% 由当事人单方指定的
仲裁员指定，9.8% 由当事人自己指定。ICC 仲裁庭直接指定的仲裁
庭主席占 4.1%，根据 ICC 国家委员会的建议确定的占 40.2%。[16]

　　第六，如大家所料，ICC 的仲裁员通常来自欧洲国家和美国。
如表 3 和表 4 所示，从 1994 年到 2003 年，50% 以上的仲裁员来自
法国、瑞士、德国、英国和美国。在绝大多数年份里，来自这些
国家的首席仲裁员比当事人单方指定的仲裁员的比例略高一些。
尽管美国的仲裁员（特别是当事人单方指定的仲裁员）的比例有
明显的波动，来自美国的仲裁员在 ICC 所占份额的变动与来自法
国、德国、瑞士和英国的仲裁员在 ICC 所占份额的变动刚好抵消。
来自其他国家的仲裁员的比例在过去 10 年没有明确的倾向。[17] 当
然，这些结果是仅就 ICC 而言的。人们将会发现其他仲裁机构的
仲裁员来源有不同的地域分布。

151

---

　　〔16〕　在 2002 年，当事人自己指定了 9% 的三人仲裁庭的首席仲裁员，而当事人单方
指定的仲裁员委任了 51.4% 的首席仲裁员。ICC 直接指定了 3.3% 的首席仲裁员，36.3%
根据 ICC 国家委员会的建议委任的。在 2001 年，当事人指定了 9% 的三人仲裁庭的首席仲裁
员，而当事人单方指定的仲裁员委任 48% 的首席仲裁员。ICC 直接指定 4% 的首席仲裁
员，39% 是根据 ICC 国家委员会的建议委任的。

　　〔17〕　ICC 仲裁员的区域来源的详细列表见附件 2。

表3　ICC 仲裁中当事人单方指定的仲裁员的地域来源
（占该年度当事人单方指定的仲裁员的比例）

	法国、德国、瑞士、英国 *	美国 *	其他国家 *
2003	35.9%	15.2%	49.0%
2002	38.8%	18.6%	42.6%
2001	43.7%	13.4%	42.9%
2000	40.3%	11.7%	47.9%
1999	47.5%	9.5%	43.0%
1998	46.5%	9.5%	44.0%
1997	41.8%	14.6%	43.6%
1996	44.1%	12.8%	43.1%
1995	45.3%	11.9%	42.9%
1994	45.8%	9.2%	45.1%

* 由于四舍五入的原因所有比例相加的总数可能不是100%。

表4　ICC 仲裁中首席仲裁员的地域来源
（占该年份内任命委任首席仲裁员的比例）

	法国、德国、瑞士、英国	美国	其他国家
2003	47.2%	9.2%	43.6%
2002	52.4%	9.5%	38.1%
2001	51.7%	7.4%	40.9%
2000	47.9%	5.7%	46.4%
1999	50.5%	6.0%	43.5%
1998	54.1%	6.3%	39.6%
1997	53.4%	6.6%	40.0%
1996	47.5%	7.5%	45.0%
1995	52.7%	5.4%	41.9%
1994	54.6%	7.7%	37.7%

二、研究综述

除了这些经验性通则之外，仲裁员选定还提出了许多有趣而 152
重要的实证研究问题，其中大部分还没有被系统研究过。这一部
分收入了已经开始在这方面做出努力的三篇论文。

第一篇论文的作者是道格拉斯·厄尔·麦克拉伦（Douglas
Earl McLaren），该论文报告了对当事人及法律顾问就当事人单方
指定的仲裁员保持中立的重要性进行调查的结果。调查对象为美
国公司法律顾问协会诉讼委员会的成员（特别选择担任首席法律
顾问的成员）。该委员会的 320 位成员中，有 70 位填写了在线调
查。初步调查结果（根据前 38 个反馈）显示出对所有仲裁员（包
括首席仲裁员和当事人单方指定的仲裁员）保持中立的强烈偏好。
87％的反馈者赞同或强烈赞同当事人单方指定的仲裁员应该依中
立的方式行事，71％的反馈者赞同或强烈赞同当事人单方指定的
仲裁员不应该有任何有悖中立原则的举动。最终调查结果（根据
所有的 70 份反馈）则没有那么明确。大多数的反馈者（从 87％下
降到 59％）赞同或者强烈赞同所有仲裁员应该以中立方式行事，
同时微弱多数的反馈者（从 71％下降到 52％）赞同或者强烈赞同
当事人指定的仲裁员不应该有任何有悖中立原则的举动。[18]

麦克拉伦所作调查的一个局限是没有区分国内仲裁和国际仲 153

---

〔18〕 实践与理想可能并不相同。因此，在一项于 1981 年对美国律所和公司的调
查中，92.9％的反馈者通常或者总是选择一个对他们的观点表示赞同的当事人单方指定
的仲裁员。Robert Coulson, "Survey of International Commercial Arbitration Procedures"
N. Y. L. J., June 11, 1981, 重印于本书第四部分。与此相类似，75％的人认为当事人单
方指定的仲裁员很少或者从来不是无偏私的。

裁。[19] 调查的介绍称，这次调查"旨在了解公司法务人员在商事或建筑仲裁(不管是国内仲裁还是国际仲裁) 中对仲裁员选定问题的看法"（着重号为作者所加）。调查中没有一个问题区分国内和国际仲裁。而这一点是很重要的，因为美国国内仲裁的传统观点认为当事人单方指定的仲裁员无须独立于当事人,[20] 这与国际仲裁中的相反观点形成鲜明对比。[21] 这项调查结果也许仅仅说明了一些反馈者拥有大量的国内仲裁的经历（因此并不倾向于让当事人单方指定的仲裁员保持中立），而其他反馈者拥有大量国际仲裁的经历（因此倾向于让当事人单方指定的仲裁员保持中立）。调查并没有提供任何理由来质疑任何一种倾向。

第二篇论文的作者是克里斯多佛·R. 德拉奥萨（Christopher R. Drahozal），所考虑的是一个国家颁布新的或者修订后的仲裁法对国际仲裁员选任的影响。许多轶闻证据暗示各国会通过修改仲裁法律以吸引仲裁业务。在第四部分重印再版的德拉奥萨的论文中发现了一些证据，说明这些努力（在某种程度上）是成功的：在排除各种因素的影响后，在一个国家进行的 ICC 仲裁的数量在

---

〔19〕 另外一个可能的问题是时机：文章表示最初的结果是在接受调查的期间尚未结束之前发布出来的。这就可能使不同意最初结果的反馈者比那些同意的反馈者更有动力去反馈。

〔20〕 See Code of Ethics for Arbitrators in Commercial Disputes, Canon VII（A）(1977). 国内仲裁的这一观点似乎正在发生着变化（至少在一定程度上）。美国仲裁协会已经修改了它的《商事仲裁规则》，把所有的仲裁员，包括当事人单方指定的仲裁员，应该是"公正和独立的"作为缺省规定。AAA Commercial Arbitration Rules, Rule R – 17（a）(effective July 1, 2003). 美国律师协会已经批准了新的（职业）道德标准，规定"所有的三名仲裁员推定是中立的，并应该与第三名仲裁员遵守同样的标准"。Code of Ethics for Arbitrators in Commercial Disputes, Canon IX(A)(effective Mar. 1, 2004).

〔21〕 International Bar Association, *Ethics for International Arbitrators*, paras. 3 & 4 (1986).

新的或修订后的仲裁法律颁布之后增加了。[22] 这编再版的论文讨论了一个随之而来的问题：从新法律中获益的人是谁？根据卢克·诺塔吉（Luke Nottage)的观点："尽管仲裁机构将因管理更多的仲裁案件并收取额外费用而获益，当地律师更是如此（但是受到允许外国律师作为代理人趋势的影响），但（新仲裁法的）主要受益人还是当地优秀的仲裁员。"[23]

德拉奥萨指出一个国家潜在的仲裁员可能从新仲裁法的颁布中受益的三种方式。其一，（因为新出台法律）在一个国家进行的仲裁案件数量的任何增加本身可能使当地的仲裁员受益：所有其他条件相等的情况下，当事人倾向于从仲裁地选择仲裁员（因为这些仲裁员熟知当地法律）。其二，在颁布新法的国家进行的仲裁案件中，新法的颁布增加了当事人选择当地仲裁员的可能性，因为当地仲裁员可能最了解新法律。其三，法律的颁布可能增加当事人为在其他国家审理的仲裁案件从颁布法律的国家选择仲裁员的可能性，可能的原因在于一项新法律的颁布成为显示当地仲裁员的专业和技能的一种标志。

154

利用来自 ICC 的数据进行研究的结果证实了前两种受益方式，但没有证实第三种方式。在一项新的仲裁法颁布前，在一个国家审理的仲裁案件每增加 1 个，从这个国家选择的当事人单方指定的仲裁员就相应地增加 0.22 到 0.23 个。新法令颁布后，仲裁案件每增加 1 个，从这个国家选择的当事人单方指定的仲裁员相应地增加

〔22〕 Christopher R. Drahozal, "Regulatory Competition and the Location of International Arbitration Proceedings" (2004) 24 *Int'l Rev. L. & Econ.* __ , reprinted in Part 4.

〔23〕 Luke Nottage, "The Vicissitudes of Transnational Commercial Arbitration and the Lex Mercatoria: A View from the Periphery" (2000) 16 *Arb. Int'l* 53, 56.

0.48 个。这种对应关系在首席仲裁员中也相似，甚至更突出：新法颁布前，仲裁案件每增加 1 个，从这个国家选择的首席仲裁员要相应地增加 0.48 到 0.49 个。新法令颁布后，仲裁案件每增加 1 个，从这个国家选择的首席仲裁员要相应地增加 0.86 个。实证结果还提供了一些关于仲裁员选定的其他有趣见解，比如（在排除诸如来自于特定国家的当事人数量等因素的影响之后）首席仲裁员更多地选自小国而非大国。

第三篇论文考察了仲裁员收取的费用，并特别关注取消开庭费的收取情况。约翰·由纪夫·五反田（John Yukio Gotanda）对一个"著名的国际仲裁组织"的成员进行了调查，发放的 877 份调查中收到了 262 份反馈（回收率为 29.9%）。反馈者是世界各国的律师和仲裁员，其中 29% 来自于欧洲民法法系国家，25% 来自英国，20% 来自美国。调查的第一个实质性问题是"当担任仲裁员时，您的费用是如何计算的？"66% 的反馈者表示根据所花费的时间收取，同时有 10% 依据争议标的额收费，10% 收取固定费用，12% 使用其他一些方法。许多（27%）反馈者称，他们使用多种方法，即通常在机构仲裁中根据争议标的额收取费用，而在临时仲裁中根据所花费的时间来收费。调查的其余部分主要涉及取消开庭费（cancellation fees），结果发现 30% 的反馈者（其中一半来自英国）收取取消开庭费，同时更多的反馈者正在考虑这么做。

这项研究的一个局限在于对所有的反馈者都同等对待：它给予只是偶尔被选定的仲裁员的反馈和经常被选定的仲裁员的反馈同样的分量。但是，要想证明该研究的结论所说的"确定仲裁员费用最普遍采用的方法是以时间为基础的计算方法"，将需要根据仲裁员审理的案件数量来衡量对调查的反馈。如果最经常被选定的仲裁员不是根据花费时间来计算费用（或者如果大部分的仲裁在机构的管理下进行，而机构使用其他的方法计算费用），那所花费的时间也许就不是最普遍采用的方法。[24] 因而，对这项研究的一项有价值的深化是（从一些仲裁案件样本中）确定使用各种费用计算方法或者收取取消开庭费的案件比例。 155

另外一篇有影响的论文重印于第四部分：罗伯特·卡尔森（Robert Coulson）对美国律师事务所和跨国公司做了一项调查，其中包括一些关于仲裁员选定的问题。[25] 例如，调查要求反馈者对影响仲裁员选定的各种因素的重要性进行排名。半数以上的反馈者列为非常重要的因素是仲裁员熟悉所适用法律（58 个中有 38 个，占 63.8%）、了解特定行业（58 个中有 31 个，占 53.4%）以及语言能力（58 个中有 41 个，占 70.7%）。处于另一端的是仲裁协会的会员资格，这被 2/3 的反馈者（57 个中有 38 个）列为不重要。其他因素（仲裁员的国籍以及仲裁员是否为"知名的国际仲裁员"）排在中间。遗憾的是，调查的问题没有区分当事人单方指定的仲裁员和首席仲裁员，因而无法提供任何信息说明这些因素的重要性对两类仲裁员可能存在的差别。[26]

三、未来可能的研究课题

许多关于仲裁员选定的其他问题仍有待研究。如前所述，供未来研究的一个首要问题是 ICC 仲裁案件中的仲裁员选定在多大

---

[24] 这项研究结果表明，大部分仲裁员使用以时间为基础的方法计算他们的费用，但是这并不必然能得出以时间为基础的方法是仲裁中最普遍使用的方法这一结论。

[25] Coulson, supra note [18].

[26] 一个问题问到："你是不是更倾向于中立仲裁员具有与双方当事人的任何一方都不同的国籍？" Id. 在发表意见的 38 个反馈者中，29 个（76.3%）回答"是"，9 个（23.7%）回答"不是"。

程度上能代表（或不代表）其他仲裁机构管理的仲裁案件。这一研究要求从其他机构取得类似 ICC 所公布的数据。下面列出的是其他可能的重要课题。有些课题要求实施进一步的调查，其他的课题则要求能够将实际的仲裁员选定与具体个案的特征联系起来。当然，这份清单并没打算把所有问题全部罗列出来。

1. 一个国际仲裁员的典型背景和经历是什么？德扎雷（Dezalay）和加思（Garth）在他们的著作《依美德行事》（*Dealing in Virtue*）中描述了许多顶尖国际仲裁员的背景，[27] 但是进行定量的而不仅仅是定性的考察将更有意思。研究者可以从仲裁员名录中采集信息。但所得信息必须以每个仲裁员参与的仲裁案件数量为基础进行考察才富有意义。换句话说，真正重要的问题不是被列入仲裁员名录的个体的特征，而是那些被当事人选为仲裁员的个体的特征。[28] 一个进一步的问题是考察那些被选出来担任当事人单方指定的仲裁员的人与那些被选出来担任首席仲裁员的人是否存在不同特征。

2. 国际仲裁是由少数精英律师和仲裁员控制的吗？有人认为国际仲裁是"'小团伙'或者'俱乐部'"，[29] 但是简·鲍尔森（Jan Paulsson）称这些定性"缺少坚实的证据基础"。[30] 德扎雷和加思发现，"很显然，这个国际仲裁群体相对比较小而且相互联结非常紧密"，[31] 但是到底有多小以及多紧密联结都是实证问题。对《美

---

〔27〕　See Yves Dezalay & Bryant G. Garth, *Dealing in Virtue* (University of Chicago Press, Chicago, 1996), pp. 18 ~ 29.

〔28〕　例如，斯蒂芬·邦德报告过95% 的 ICC 仲裁员是法律专业人士。Bond, supra note〔4〕, at 5.

〔29〕　See Dezalay & Garth, supra note〔27〕, at 10.

〔30〕　Jan Paulsson, "Ethics, Elitism, Eligibility" (1997) 14(4) *J. Int'l Arb.* 13, 19.

〔31〕　Dezalay & Garth, supra note〔27〕, at 10.

国律师》（American Lawyer）列出来的大仲裁案件的观察显示，在所考察的 33 个仲裁中有 77 个不同的人士被选为仲裁员。[32] 77 个人中有 10 个不止一次被选定（2 次或 3 次），67 个只被选定 1 次。此外，结果可能因不同仲裁标的和管理机构而有所不同。

3. 国际仲裁员的性别和种族多样性情况是什么样的？在《美国律师》清单里被指定为仲裁员的 77 位人士中，只有 2 名是女性。[33] 迈克尔·D. 戈德哈伯（Michael D. Goldhaber）称：

> "就担任律师和仲裁员而言，在这个分散化的世界里，女性无论是按照什么方式来衡量都在很大程度上未得到充分代表。……女性在 ICC 国际仲裁院中占 11%，在商事仲裁国际委员会中占 5%，在 ICSID 仲裁员和调解员小组中占 5%，在伦敦海事仲裁员协会中的比例为 0，而在列入《世界顶级商事仲裁专家指引》的人中占 4%。"[34]

有些人已经提过缺少种族多样性，至少在美国的国际仲裁员中如此。[35] 性别和种族在什么方面影响到了国际仲裁员的选定呢？

4. 申请人和被申请人在选定仲裁员时有不同的考虑么？马 157
丁·亨特（Martin Hunter）说过："我真正寻找的当事人指定的仲裁员是一个最大程度的倾向我的客户，但同时又表现出最少偏见的

---

〔32〕 Goldhaber, supra note〔8〕.

〔33〕 Id.

〔34〕 Michael D. Goldhaber, "Madame La Présidente" *American Lawyer: Focus Europe*, www. americanlawyer. com/focuseurope/arbitration04. html, Summer 2004（补充一点，ICC 并没有关于在 ICC 仲裁中仲裁员性别的统计数据）.

〔35〕 Benjamin G. Davis, "The Color Line in International Commercial Arbitration: An American Perspective" April 16, 2004（论文在美国律师协会纠纷解决部第六次年会上发表）（报告调查的结果）.

人。"[36] 收入第四部分的卡尔森（Coulson）的调查结果与这段论述是一致的。[37] 另一方面，关于美国劳动仲裁的一项研究得出的结论是"雇主和工会明显地更喜欢一些仲裁员而不喜欢另外一些"，同时"雇主和工会的偏好彼此大致类似"。[38] 劳动仲裁的研究将很难再复制到国际仲裁中，因为所研究的仲裁案件使用的选定程序（在一份名单中双方对仲裁员进行排名）在国际仲裁中并不常见。[39] 也许通过比较由三名仲裁员组成的仲裁庭中当事人单方指定的仲裁员（每一方当事人选定一位）的特征可以获得一些洞见。可能的重要变量包括法律传统（是普通法系还是民法法系）；擅长的争议事项；诉讼经验；仲裁经验；所讲的语言；发表的作品；收取的费用；声誉或权威性（尽管这是很难测量的变量）；等等。

5. 由仲裁机构选定的仲裁员与一方或双方选定的仲裁员差别在哪里（如果有的话）？一般来说，当事人不能达成一致的时候，由仲裁机构指定仲裁员（这是经常发生的，至少对 ICC 仲裁中的独任仲裁员是这样的）。机构的指定在多大程度上与处于类似境地

---

〔36〕 Martin Hunter, "Ethics of the International Arbitrator" (1987) 53 *Arb.* 219, 223.

〔37〕 See supra note 〔18〕.

〔38〕 David E. Bloom & Christopher L. Cavanagh, "An Analysis of the Selection of Arbitrators" (1986) 76 *Am. Econ. Rev.* 408, 421. 这一结果与第七部分讨论的一个观点是一致的，即劳动仲裁员的决定具有"统计上的可替换性" See Orley Ashenfelter, "Arbitrator Behavior" (1987) 77 *Am. Econ. Rev. Papers & Proc.* 342, 342. 换句话说，"一个成功的（也就是基业常青的）仲裁员的策略是提供的裁决与其他仲裁员在相似情况下会作出的裁决预测相符"。Id. at 343.

〔39〕 See Bruce L. Benson, "International Economic Law and Commercial Arbitration" in Aristides N. Hatzis & Richard A. Posner (eds.), *Economic Analysis of Law: A European Perspective* (Edward Elgar Publishing Ltd., Cheltenham, forthcoming 2005). 但是皮尔特·桑德斯（Pieter Sanders）报告认为荷兰仲裁机构使用相似的名单程序，而"实践中当事人经常表达出相同的偏好"。Pieter Sanders, "The Harmonising Influence of the Work of UNCITRAL on Arbitration and Conciliation" in Center for Transnational Law (ed.), *Understanding Transnational Commercial Arbitration* (quadis publishing, Münster, Germany, 2000), pp. 43, 47.

的当事人做出的选择相似？不同的机构选定的仲裁员有不同特征吗？不同的 ICC 国家委员会提名的仲裁员呢？

6. 道德规范和披露要求是如何影响国际仲裁员的选定的？杰克·科（Jack Coe）描述过可能进行的对关于委任前面试的一系列问题的调查研究：

> 调查可以从仲裁员中发现对面试道德约束的一般意识、积极接受面试的仲裁员的比例、无需面试就获得当事人指定的频率、当事人滥用或不当使用面试的频率、指定后对面试的披露程度。

158

> 可能会对经历过仲裁的法律顾问提出以下疑问：面试对于第一次指定一个仲裁员是否是必不可少的？客户是不是总要参与面试？面试是否经常能获得影响指定候选人的信息？是否经常碰到候选的仲裁员拒绝面试的情况？[40]

其他值得实证检验的道德问题还包括国际仲裁员披露其与当事人及其律师的各种关系的频率；对仲裁员提出回避要求的概率，提出回避的理由，申请回避的成功的可能性；[41] 披露和成功申请

---

〔40〕 Jack J. Coe, Jr. , "From Anecdote to Data: Reflections on the Global Center's Barcelona Meeting" (2003) 20 *J. Int'l Arb.* 11, 19.

〔41〕 关于根据 ICC 规则对仲裁员提出回避申请的频率和成功比例（而不是成功申请回避的理由）的信息，参见 "2002 Statistical Report" (2003) 14(1) *ICC Int'l Ct. Arb. Bull.* 11(所报告的数据来自 1993 年到 2002 年：提出回避申请的数量范围在 1996 年的 6 个到 2000 年和 2001 年的 33 个之间；ICC 仲裁院接受回避申请的数量范围在 1995 年和 1999 年的 0 个到 2002 年的 5 个之间）。关于成功申请回避所依据理由的一些信息来自于 Bond, supra note 4, at 20(在 7 年多的时间里，ICC 仲裁院只接受了 7 项对仲裁员的回避申请，"一般是因为仲裁员和当事人或者其代理人之间的存在业务关系")。邦德还解释了对预定仲裁员的独立性的异议有 72% 不是被撤回就是没有得到 ICC 仲裁院的确认。对任期中的仲裁员的异议成功率更低（10.5%）。前引书第 16～17 页；另见 Craig et al. , supra note 5, § 13. 01, at 204. 对于 2003 年的数据，参见 "2003 Statistical Report" (2004) 15(1) *ICC Int'l Ct. Arb. Bull.* 7, 10.

回避的可能性之间的关系。[42]

7. 仲裁员使用的不同的费用计算方法会影响他们的选任和担任仲裁员的意愿吗？如上所述，现行实践中有三种普遍的计算仲裁员费用的方法：①"百分比计算法"（*ad valorem* method），即仲裁员费用根据争议标的额的一个比例来确定；②"'所花费时间'计算法"，即根据实际花费在仲裁中的时间，按小时或者天数计算仲裁员费用；③"'固定费用'计算法"，即仲裁员收取固定费用，无须考虑争议标的额或花费的时间。[43] 对每一种方法被实际使用的相对频率（在仲裁案件中所占的比例，而不是在调查的反馈者中所占的比例）以及各种方法产生的费用范围进行实证研究将是有益的。一个更复杂的调查也许是努力评估这些费用计算方法对一位仲裁员被选定的可能性或者（在费用是由仲裁机构决定的情况下）对仲裁员接受选定的意愿的影响。

（陈福勇　译）

---

〔42〕 See Bond, supra note 4, at 14 ~ 15（"仲裁员在独立性声明中提请当事人注意的特定事实和情况，有95%以上的案件当事人对所涉及的仲裁员不持异议"）.

〔43〕 Alan Redfern & Martin Hunter, *Law and Practice of International Commercial Arbitration* (3rd edn. , Sweet & Maxwell, London, 1999), ¶ ¶ 4 – 106 to 4 – 109.

▼

▼

▼

当事人单方指定的仲裁员与通过
名单选定的仲裁员
——一个比较研究*

道格拉斯·厄尔·麦克拉伦

一、目前的调查

为了评估仲裁服务的终端用户在选择仲裁员时是倾向于采用   161
当事人单方指定的方式还是双方合意选定的方式，我们对部分美
国公司的法务人员进行了一项调查。

（一）调查方法

调查的问题最初来源于一组提给美国建筑律师学院（the A-
merican College of Construction Lawyers）的会员的问题。2002 年 5
月下旬，有 11 个简短的问题发布在美国公司法律顾问协会（the
American Corporate Counsel Association）的主页上。该协会是总部
位于华盛顿特区的一个公司法务人员协会，自称有 12 500 位会员，

---

* 最初发表于（2003）20 *Journal of International Arbitration* 233，239 ~ 245（注释重
新排序）。Copyright ⓒ 2003 by Kluwer Law International.

其中有 2014 位同时也是诉讼委员会的成员。这 2014 位成员被看作是美国公司法律顾问协会中可能对国际仲裁（尤其是各种仲裁员选择方式）有一定兴趣和了解的群体。这些问题意在从被挑选出来的首席法律顾问那里获得他们对不同的仲裁员选择方法的感受、偏好和满意程度。

诉讼委员会中有 320 位同时担任首席法律顾问的会员被挑选出来作为这次调查的对象。调查人员向这些调查对象发送电子邮件，告诉他们调查的问题发布在美国公司法律顾问协会的主页上，要求他们在线完成调查。在 320 份电子邮件通知中，有 22 份由于地址不完整或不准确而被退回。到目前为止收到的 38 份反馈在美国公司法律顾问协会管理的电子数据库中自动完成统计，相关结果列在附件 1。

（二）对调查反馈的分析

162　　调查结果显示绝大多数的反馈者赞同所有仲裁员（不管是不是当事人单方指定的）在仲裁过程中以中立方式行事（87%）。近71% 的反馈者认为当事人单方指定的仲裁员在仲裁庭中不应该同意任何有悖中立的事。足足有一半的反馈者表达了对所有仲裁员都保持中立的强烈偏好。65% 的反馈者认为应该有适用于所有中立仲裁员的统一规则。这些反馈与国际仲裁中要求所有仲裁员以中立方式行事的两个主要道德守则的规定是一致的。前述反馈结果是非常引人注目的，因为其包含了美国公司的法律顾问，而这些人十分偏爱选择由当事人单方指定的仲裁员（至少在国内仲裁中），并认为这样做符合他们的利益。

尽管只有 47% 的反馈者表示当事人单方指定的仲裁员在某些情况下应该保持中立，但这些反馈者对所有仲裁员都保持中立似乎有明显的偏好。65%的反馈者认为平衡当事人单方指定的仲裁员的潜在偏见不完全是非当事人单方指定的仲裁员的责任，这意味着所有的仲裁员都有责任在仲裁过程中保持中立。例如，60%的反馈者认为中立仲裁员不应该在开始评议之前与当事人单方指定的仲裁员讨论他对案件的印象。

反馈者的偏好似乎与修订后的《道德规范》* 以及国际律师协会（IBA）的《道德准则》** 的有关规定是一致的。例如，反馈者表达了对当事人和仲裁员达成一个关于程序（包括当事人和仲裁员之间的单方联系）的详细协议的明显偏好（79%）。这些反馈还强调了当事人积极参与（如果不是控制的话）仲裁程序的愿望。

有两段叙述性的评论似乎都体现了一种迫切的愿望，即无论是通过当事人单方指定还是通过名单选定的仲裁员都应该以中立身份行事，包括旗帜鲜明地反对一方当事人单方指定的仲裁员在另一方当事人单方指定的仲裁员不在场的情况下同中立仲裁员进行任何交流。一位评论者指出当事人单方指定的仲裁员没有义务为指定他的当事人的立场辩护，而仅仅是"注意当事人的立场被首席仲裁员正确理解和充分考虑"。按照这位评论者的说法，"当事人单方指定的机制确保当事人知道至少有一位仲裁员真正（从他们的立场）理解争议事项"。

另一位评论者认为通过名单选定的仲裁员（他曾经做过这种仲裁员）从程序的开始到结束都应该一直保持完全的中立，不管

---

　　* 指美国仲裁协会与美国律师协会于 1977 年共同制定的《商事争议中仲裁员的道德规范》，2003 年确定了修改方案，2004 年 12 月 9 日修改方案被批准生效。——译者注
　　** 指国际律师协会于 1986 年颁布的《国际仲裁员行为准则》。——译者注

其与任何一方当事人是否熟悉或者有任何先前关系或交易。这位评论者进一步指出："通过名单选定的中立仲裁员应该时刻牢记，他/她被委任为仲裁庭成员是双方当事人共同同意的，他/她有义务为双方当事人提供完全中立的仲裁庭和程序以及公平/理由充分的裁决。"

163　　偏好当事人单方指定这一仲裁员选择方式的反馈者和偏好通过名单选定仲裁员的反馈者旗鼓相当。对于这个问题的反馈者人数相等可能意味着反馈者仅仅是假定仲裁员即使是在当事人单方指定的情况下也是中立的，他们实际上可能对这两种仲裁员的选择方法不加区分。同时，大多数反馈者（79%）赞成充分披露当事人和仲裁员之间的关系和单方联系，并且有53%的反馈者对这样的披露表示强烈赞成。此外，反馈的结果与现行的道德规范的要求是一致的。尽管存在充分参与界定当事人和仲裁员之间关系的明确期望，反馈的结果仍强调了对所有仲裁员在整个仲裁过程中保持中立的总体偏好。

二、结论和建议

当事人单方指定仲裁员的方法让当事人可以最大限度地控制仲裁员的选择过程，这将有助于增强当事人对仲裁程序的信心。然而，仲裁员预先倾向于指定他的当事人与保持"公平"和"公正"之间可能存在固有的冲突。最后，对于终端用户而言，在当事人单方指定和通过名单选定这两种仲裁员选择方法之间的可察觉的区别并不像以往想象的那么绝对。调查结果与国际律师协会的《道德准则》和修订后的《道德规范》一起证实：不管是当事人单方指定还是合意选定的方式挑选出来的仲裁员，对其期待的行为标准不应该有任何区别。因此，仲裁过程中的单方联系应该予以充分披露并给予特别限制。关键问题似乎在于是否应该继续努力对所有仲裁员提出强制的道德标准，以维护国际仲裁制度的公信力。

三、调查更新

最初的问卷在 2002 年 6 月发布的时候，收到了对在线调查的 38 份反馈。调查结束几周之后，又收到 32 份反馈。尽管调查的最终结果仍然支持问卷的最初结论，但到最后，最终结果并不像最初结果那么具有确定性。最终结果显示出对所有仲裁员（不管是不是当事人单方指定的）在仲裁过程中以中立方式行事具有明显的偏好（59% 的反馈者）。大多数的反馈者（52%）同时认为当事人单方指定的仲裁员在仲裁庭中不应该同意任何有悖中立原则的事，同时 46% 的反馈者认为应该有适用于所有中立仲裁员的统一规则。这些反馈内容与现行的道德规范的要求以及奈马克（Naimark）和基尔（Keer)[1] 于 2002 年夏天单独发表的研究结果是一致的。对申请人和被申请人的强制排名研究要求反馈者按照重要性对八项因素进行排列，而"公平和公正的结果"被列为最重要的因素。

在最后的分析中，只有 36% 的反馈者认为当事人单方指定的仲裁员在某些情况下应该被要求中立。46% 的反馈者感觉平衡当事人单方指定的仲裁员的潜在偏见不完全是非当事人指定的仲裁员的责任。53% 的反馈者认为中立仲裁员不应该在开始评议之前与当事人单方指定的仲裁员讨论他对案件的印象。甚至有更大比

164

---

[1] Richard W. Naimark and Stephanie E. Keer, International Private Commercial Arbitration: Expectations and Perceptions of Attorneys and Business People – A Forced Rank Analysis, *Int'l Business Lawyer* 203 (May 2002), reprinted in Part2.

例的反馈者（82%）表达了对当事人和仲裁员就仲裁程序达成详细协议的偏好。反馈的最终统计结果表明，偏好当事人单方指定这一仲裁员选择方式的反馈者（41%）略高于偏好通过名单选定方式的（36%）反馈者。同时，大部分（54%）赞成充分披露当事人和仲裁员之间的关系和单方联系，其中40%的反馈者对这样的披露表示强烈赞成。

美国公司法律顾问协会
对当事人单方指定仲裁员的调查

下面的简短调查旨在了解公司法务人员在商事或建筑仲裁（不管是国内仲裁还是国际仲裁）中对仲裁员选择问题的看法。如你所知，仲裁庭和/或中立仲裁员的选择可能是整个仲裁程序中最重要的一步。这次调查意在探寻您对通过名单选定仲裁员的方式（有时也被称为合意选择方式）与当事人单方指定仲裁员的方式的感受和偏好。

请拨冗回答下列问题并在线提交您的答案。我们将把答案汇集起来并将结果公布在我们的网页上。

1. 当事人单方指定的仲裁员在仲裁庭中不应该同意任何有悖中立原则的事。

强烈赞成	50%（19 次）
赞成	21%（8 次）
中立/无所谓	5%（2 次）
不赞成	21%（8 次）
强烈不赞成	3%（1 次）

165

2. 尽管当事人单方指定的仲裁员是由当事人选定的，仍应该以中立的方式行事。

强烈赞成	53%（20 次）
赞成	34%（13 次）
中立/无所谓	5%（2 次）
不赞成	8%（3 次）
强烈不赞成	0%（0 次）

3. 在进行评议之前，当事人单方指定的仲裁员（非中立仲裁员）在某些情况下应该保持中立，比如在证据听证的开始或完成之时。

强烈赞成	34%（13 次）
赞成	13%（5 次）
中立/无所谓	16%（6 次）
不赞成	26%（10 次）
强烈不赞成	11%（4 次）

4. 中立仲裁员（即不是由一方当事人选定的仲裁员）不应该在开始评议之前与非中立的仲裁员开诚布公地讨论他或她对非中立仲裁员的印象。

强烈赞成	47%（18 次）
赞成	13%（5 次）
中立/无所谓	13%（5 次）
不赞成	21%（8 次）
强烈不赞成	5%（2 次）

5. 仲裁案件当事人应该能够在程序开始之时参与达成一个详细的协议，以便在约束其他方面的同时规范当事人和他们选定的仲裁员之间单方联系的行为。

强烈赞成	50%（19 次）
赞成	29%（11 次）
中立/无所谓	13%（5 次）

不赞成　　　　　　　　　　0%（0 次）

强烈不赞成　　　　　　　　3%（1 次）

6. 平衡当事人单方指定的仲裁员之间存在的潜在偏见的责任应该完全由中立仲裁员承担。

强烈赞成　　　　　　　　　18%（7 次）

赞成　　　　　　　　　　　8%（3 次）

中立/无所谓　　　　　　　8%（3 次）

不赞成　　　　　　　　　　39%（15 次）

强烈不赞成　　　　　　　　26%（10 次）

166　7. 需要有适用于所有中立仲裁员的统一规则。

强烈赞成　　　　　　　　　39%（15 次）

赞成　　　　　　　　　　　26%（10 次）

中立/无所谓　　　　　　　13%（5 次）

不赞成　　　　　　　　　　16%（6 次）

强烈不赞成　　　　　　　　3%（1 次）

8. 对当事人和他们选定的仲裁员之间的关系和所有单方联系的充分披露要求应该贯穿于案件始终。

强烈赞成　　　　　　　　　53%（20 次）

赞成　　　　　　　　　　　26%（10 次）

中立/无所谓　　　　　　　11%（4 次）

不赞成　　　　　　　　　　11%（4 次）

强烈不赞成　　　　　　　　0%（0 次）

9. 指出您选择仲裁员时更喜欢当事人单方指定的方式还是通过名单（合意）选定的方式。

强烈赞成当事人单方指定的方式　　　　11%（4 次）

赞成当事人单方指定的方式　　　　　　26%（10 次）

中立/无所谓	26%（10 次）
赞成通过名单选定的方式	16%（6 次）
强烈赞成通过名单选定的方式	21%（8 次）

10. 在过去三年里，您或者您所在公司被卷入仲裁的次数是多少？

10 次或更多	18%（7 次）
5~10 次	11%（4 次）
1~5 次	45%（17 次）
没有	26%（10 次）

（陈福勇　译）

▼

▼

▼

仲裁员选定与国际
仲裁法中的规制竞争[*]

克里斯多佛·R.德拉奥萨

一、引言

167   运用"供方理论"对规制竞争（即不同国家之间通过修订法律以吸引商业活动的竞争）进行解释强调了利益集团政治在推动这一竞争过程中的重要性。[1]举例来说，特拉华州的律师受益于该州在美国公司法领域的有利地位，因而他们有激励去支持维持其现有地位的立法。该州在公司法领域的优势地位给律师带来的

---

[*] C. Drahozal & R. Naimark（eds.）；*Towards a Science of International Arbitration：Collected Empirical Research* ⓒ 2004 Kluwer Law International. 感谢贝斯·加内特（Beth Garrett）、劳拉·赫因斯（Laura Hines）、特德·吉尔（Ted Juhl）、史蒂夫·威尔（Steve Ware），以及参加美国中西部法律与经济协会年会（the Annual Meeting of the Midwestern Law & Economics Association）和爱尔兰利莫瑞科大学（the University of Limerick）研讨会的全体人员，他们的评述与讨论对本文的写作很有帮助。

[1] See Larry E. Ribstein, "Delaware, Lawyers, and Contractual Choice of Law" (1994) 19 *Del. J. Corp. L.* 999, 1009; see also Jonathan R. Macey & Geoffrey P. Miller, "Toward an Interest Group Theory of Delaware Corporate Law" (1987) 65 *Tex. L. Rev.* 469, 498～509; John C. Coffee, Jr. , "The Future of Corporate Federalism: State Competition and the New Trend Toward De Facto Federal Minimum Standards" (1987) 8 *Cardozo L. Rev.* 759, 762～764.

回报是非常可观的。近期的一份研究报告预测，对于特拉华州的律师来说，该州作为"公司注册港口"的地位在 2001 年使"律师报酬额外增加 16 500 万美元，同时律师营业收入额外增加22 700 万美元"。[2]

比较而言，在国际仲裁法领域，没有一个国家可以占据主导地位。相反，国家之间已经通过制定支持仲裁的法律进行积极竞争，并成功地吸引了国际仲裁业务。[3] 很多利益集团可能从新法带来的仲裁业务中获益：国内仲裁机构，从仲裁程序的管理中收取费用；当地律师，在仲裁中为当事人提供代理服务以获得代理费；以及酒店，收取会议室和住宿的费用。但如某评论家所言，新仲裁法"主要的受益者"是"优秀的当地仲裁员"。[4]

本文以实证的方式研究了新仲裁法的制定或者仲裁法的修订对选择国际仲裁员的影响。它对仲裁员可能从新仲裁法中获益的三种主要方式进行了考察。当事人可能偏向于选择仲裁地国的仲裁员，因为他们精通本国仲裁法（该法将支配仲裁程序的进行）。因此，一国在制定新仲裁法后所增加的任何仲裁都可能使本地仲裁员从中受益。此外，新仲裁法的制定可以使本地仲裁员更可能在本国进行的仲裁中被选任，因为法律制度的变革使本地仲裁员

〔2〕 Marcel Kahan & Ehud Kamar, "The Myth of State Competition in Corporate Law" (2002) 55 *Stan. L. Rev.* 679, 697. 不过，作者总结道，"其他州及律师从法律业务的增长中所能获取的预期利益是⋯⋯相当少的。" Id. at 694.

〔3〕 See Christopher R. Drahozal, "Regulatory Competition and the Location of International Arbitration Proceedings" (2004) 24 *Int'l Rev. L. & Econ* ____. （文章发现，在一国制定新仲裁法或修订仲裁法后，在该国进行的 ICC 仲裁数量有统计学意义上的显著增长），重印于第四部分。

〔4〕 Luke Nottage, "The Vicissitudes of Transnational Commercial Arbitration and the *Lex Mercatoria*: A View from the Periphery" (2000) 16 *Arb. Int'l* 53, 56.

的专业知识比变革前更有价值。最后，成功地游说制定一部新仲裁法可能表明，该国仲裁员拥有某种管理或者促成合意的技能，而这些技能可以使他们成为卓越的仲裁员。假如事实如此，立法也可以使当地的仲裁员更有可能在其他地方进行的仲裁中被选任。

本文使用横截面（cross-sectional）数据对 ICC 在 2000 年受理的仲裁案件中选定首席仲裁员和当事人单方指定仲裁员的模式进行了评估。主要的实证结论有三个方面。首先，在一国进行的仲裁数量与从该国选任的仲裁员数量之间有着紧密联系。因此，如预期的一样，一国在制定新仲裁法后仲裁案件的增加几乎一定会使该国有希望担任仲裁员的人受益。其次，在制定新仲裁法后，本地仲裁员在本地进行的仲裁中被选为仲裁员的比率增加。因而，立法有益于本地仲裁员不仅是通过增加在该国进行的仲裁数量，同时还通过增加本地仲裁员在这些仲裁中被选为仲裁员的比率。最后，在新仲裁法制定后，本地仲裁员在其他国家进行的仲裁中被选为仲裁员的比率看起来并没有增加，但在已经采用联合国国际贸易法委员会（UNICTRAL）《国际商事仲裁示范法》的国家被选为首席仲裁员可能是一个例外。可见，新仲裁法的制定作为仲裁员素质的一个信号这一理论还无法得到现有证据的支持。

本文第二部分讨论了在 ICC 仲裁中仲裁员的选定，第三部分更为详细地探讨了仲裁员是如何从一国仲裁法的现代化进程中获益的，第四部分介绍了实证研究的结果，第五部分进行了总结。

二、国际商事仲裁中仲裁员的选定

国际商事合同通常都含有一个仲裁条款，规定由一个或多个中立的第三方(仲裁员)来解决所有争议。[5] 尽管受到各国仲裁机构与日俱增的竞争,ICC 依然是国际商事仲裁界的 "龙头机构" (central institution)。[6] ICC 国际仲裁院 (由秘书处负责管理) 向国际商事仲裁中的当事人提供管理服务,并已经公布了在该机构进行的仲裁应遵循的规则。[7]

仲裁的一个显著特点是由当事人选择仲裁员。确实,"在国际仲裁中,选择仲裁员可能是当事人面对的最为重要的一项任务。"[8] 本部分首先描述了国际仲裁员的一般选任程序,接着确定了当事人及 ICC 国际仲裁院在选择仲裁员时所考虑的关键因素。

(一) ICC 仲裁规则下的仲裁员选定

ICC 仲裁规则下的缺省规则 (default rule) 是由一名独任仲裁员解决纠纷,除非当事人另有约定或者 ICC 仲裁院决定应指定三

---

〔5〕 Klaus Peter Berger, *International Economic Arbitration* 〔Kluwer Law & Taxation Publishers, Deventer, 1993), p. 8 & n. 62 (citing Albert Jan van den Berg et al., *Arbitragerecht* (1988), p. 134〕; Gerald Aksen, "Arbitration and Other Means of Dispute Settlement" in David N. Goldsweig & Roger H. Cummings (eds.), *International Joint Ventures: A Practical Approach to Working with Foreign Investors in the U. S. and Abroad* (2nd edn., American Bar Association, Chicago, 1990), p. 287 ("在当今世界,纠纷解决的方式总是仲裁").

〔6〕 Yves Dezalay & Bryant G. Garth, *Dealing in Virtue: International Commercial Arbitration and the Construction of a Transnational Legal Order* (University of Chicago Press, Chicago, 1996), p. 45; see also Christopher R. Drahozal, "Commercial Norms, Commercial Codes, and International Commercial Arbitration" (2000) 33 *Vand. J. Transnat'l L.* 79, 99 ~ 100 (描述了这一竞争,并列举了其他主流国际仲裁机构).

〔7〕 国际商会:仲裁规则 (1998 年 1 月 1 日起生效) (下称 ICC 规则)。

〔8〕 W. Michael Reisman et al., *International Commercial Arbitration* (Foundation Press, Inc., Westbury, N. Y., 1997), p. 640. *Cf.* Soia Mentschikoff & Ernest A. Haggard, "Decision Making and Decision Consensus in Commercial Arbitration" in June Louin Tapp & Felice J. Levine (eds.), *Law, Justice, and the Individual in Society: Psychological and Legal Issues* (Holt, Rinehart, and Winston, N. Y., 1977), pp. 295, 307 (国内仲裁) ("仲裁员的专业性及过往经验既是决策过程,也是合意过程中最为重要的单因素").

名仲裁员。[9] 在 2000 年 ICC 受理的仲裁案中，由一名仲裁员进行
170 审理的案件略小于半数；其余都是由三人仲裁庭进行审理。[10] 当
事人可以共同推荐一名独任仲裁员，由 ICC 仲裁院进行确认。[11]
如果当事人不能共同选定独任仲裁员，ICC 仲裁院将根据 ICC 的某
个国家委员会的建议指定该仲裁员。[12] 在 2000 年，77% 的独任仲
裁员是基于国家委员会的建议指定，19% 是由当事人共同选定，
其余 4% 则由 ICC 国际仲裁院直接指定。[13]

　　对于三人仲裁庭，其特点是由双方当事人各选定一名仲裁员，
再由两名被选定的仲裁员共同推选首席仲裁员，该仲裁员作为仲
裁庭的主席。根据 ICC 规则，ICC 仲裁院必须确认当事人对仲裁员
的选定。如果一方当事人未能选定仲裁员，或者当事人选择的程
序未能选定首席仲裁员，ICC 仲裁院将指定该仲裁员，通常是依据
某一国家委员会的建议作出。[14] 对于三人仲裁庭，在 2000 年，有
96% 的仲裁员（一般指当事人单方指定的仲裁员）由当事人选
定。[15] 对于首席仲裁员，有 58% 是由当事人选定的仲裁员或者当
事人自己共同推选。[16]

---

〔9〕　ICC Rules, supra note〔7〕, art. 8(2).

〔10〕　"2000 Statistical Report" (2001) 12(1) *ICC Int'l Ct. Arb. Bull.* 5, 8.

〔11〕　ICC Rules, supra note〔7〕, art. 9(2).

〔12〕　Id. art. 9(3). The ICC has seventy National Committees, "which serve as an inter-
face between the [ICC] members and the ICC headquarters in Paris." W. Laurence Craig et al.,
International Chamber of Commerce Arbitration (3rd edn., Oceana Publications, Inc., Dobbs Fer-
ry, New York, 2000), § 2. 02, p. 17; see also *infra* note 35.

〔13〕　"2000 Statistical Report", supra note〔10〕, at 8.

〔14〕　ICC Rules, supra note〔7〕, arts. 8(4), 9(3).

〔15〕　"2000 Statistical Report", supra note〔10〕, at 8.

〔16〕　Id.

（二）选定国际仲裁员

国际仲裁实践的评论家们总结了当事人和 ICC 国际仲裁院在选定国际仲裁员时所考虑的多种因素。很明显，因案件和当事人的不同，这些因素发挥的作用也有区别。虽然如此，相关文献一直将下文讨论的这些因素作为最为重要的一部分。

一个前提：在研究仲裁员的选定时，有必要区分选定当事人单方指定的仲裁员和首席仲裁员。如上文所述，当事人单方指定的仲裁员由一方当事人提名，无需对方当事人同意。被选定的仲裁员必须独立于提名的当事人，[17] 但由该当事人单方选定。相对而言，首席仲裁员必须由双方当事人（或者至少由双方选定的仲裁员[18]）一致选定。[19] 鉴于此，下文将分别探讨选定当事人单方指定的仲裁员与首席仲裁员。

1. 当事人单方指定的仲裁员。当事人无疑会寻求选定一名在实体上支持他们观点的仲裁员。[20] 但他们这样做会受到要求国际仲裁员必须独立于当事人[21] 且限制当事人与预期担任仲裁员的人

171

---

〔17〕 ICC Rules, supra note 7, art. 7 （1） & （2）; see Doak Bishop & Lucy Reed, "Practical Guidelines for Interviewing, Selecting and Challenging Party – Appointed Arbitrators in International Commercial Arbitration" （1998） 14 *Arb. Int'l* 395, 397 ~ 400.

〔18〕 尽管道德准则通常都禁止仲裁员与当事人单独进行联系，规则还是准许一方当事人指定的仲裁员可以与该方当事人就选定首席仲裁员的事项进行磋商。See International Bar Association, Ethics for International Arbitrators art. 5. 2 （1986）; Bishop & Reed, supra note 〔17〕, at 426 （"国际仲裁的实践趋于允许一方指定的仲裁员与该方当事人的律师就第三仲裁员的可能人选进行协商"）.

〔19〕 ICC 国际仲裁院在指定首席仲裁员时（在或者不在其国家委员会的帮助下），大概都会考虑双方当事人在该项指定中的利益。

〔20〕 如某国际律师所言："我所真正寻求的当事人单方指定的仲裁员应该是最大程度的偏向于我的客户，但表面上又最没有倾向性。"Martin Hunter, "Ethics of the International Arbitrator" （1987） 53 *Arb.* 219, 223.

〔21〕 参见前文注释〔17〕。

就案件实体问题进行讨论的规则的限制。[22] 因此，在选定当事人单方指定的仲裁员时，当事人需要考虑仲裁员的声誉以及如下因素：

（1）国籍。根据毕晓普（Bishop）和里德（Reed）的观点，"在当事人选定他们自己的仲裁员时，他们通常偏爱一名与其国籍相同，或者至少属于相同的文化和法学背景的仲裁员"。[23] 当事人可以根据仲裁员的国籍来判断其对案件实体问题的看法，或者据以表明仲裁员理解该方当事人所处的法律制度。当事人也可能偏向于选定一名来自这样一个国家的仲裁员，该国的仲裁法支配着仲裁程序（通常是仲裁地）或者其实体法支配着案件争议。[24] 在任一情况下，仲裁员对与程序紧密相关的法律制度的了解是其被选定的一个重要理由。

172

（2）经验与培训。当事人一般更喜欢有着丰富经验和良好培训的仲裁员。[25] 正如德扎雷（Dezalay）和加思（Garth）解释的那样，"当事人的代理人非常清楚，仲裁员的'权威性'及'专业

---

〔22〕 Bishop & Reed, supra note〔17〕, at 423～425.

〔23〕 Id. at 401.

〔24〕 Stephen R. Bond, "The International Arbitrator: From the Perspective of the ICC International Court of Arbitration" (1991) 12 *Nw. J. Int'l L. & Bus.* 1, 6: 虽然没有确切的统计数据，但给作者的总体印象是，东欧和发展中国家的当事人在传统上相当重视推荐一名与其国籍相同的仲裁员，相反，西方国家的当事人则优先选择在案件适用的内国实体法领域（比如建筑工程、高科技等）的特别专家，或者仲裁界的一般专家，而不用考虑其国籍。

〔25〕 E. g. , Alan Redfern & Martin Hunter, *Law and Practice of International Commercial Arbitration* (3d edn. , Sweet & Maxwell, London, 1999), ¶ ¶ 4 – 38 to 4 – 44.

性'决定了他们在仲裁庭中的影响力".[26]

（3）专业资格。尽管 ICC 仲裁规则未作要求，但绝大部分在 ICC 仲裁中被当事人选定的仲裁员都是法律专家。[27]

（4）语言能力。当事人通常偏向于选择一名"对仲裁使用的语言有足够应用能力"的仲裁员。[28] 如果需要对所有书面材料进行翻译并在仲裁过程中进行口译，虽然有时不得不这么做，都会极大的增加仲裁成本，同样也增加了出错的风险。

2. 首席仲裁员。对于首席仲裁员的选定，很多因素与选定当事人单方指定的仲裁员相同。比如当事人（和 ICC 仲裁院）都在寻找经验丰富且经过良好训练，同时具备适当的专业资质和语言技能的仲裁员。[29] 不过，这里也有一些重要的区别。

首先，尽管 ICC 规则允许一方当事人选择一名与其国籍相同的仲裁员，但其第 9（5）条规定，"独任仲裁员或首席仲裁员的国籍应不同于各当事人"。[30] 规则补充规定，"在适当的情况下"，首席仲裁员"可以从当事人国籍国选定"，该条规定仅在少数情况

---

〔26〕 Dezalay & Garth, supra note〔6〕, at 8～9. "权威性"及"影响力"的重要意义可以用来解释，为什么国际仲裁由经常被人形容为"俱乐部"或者"小团伙"的少数精英仲裁员所控制（或者至少让人感觉是这样）。See id. at 10. But see Jan Paulsson, "Ethics, Elitism, Eligibility" (1997) 14（4）*J. Int'l Arb.* 13, 19（辩称这种理解"缺少一个坚实的证据基础"）；另见 Dezalay & Garth, supra note〔6〕, at 47.

〔27〕 Bond, supra note〔24〕, at 5（"在由当事人推荐的仲裁员中，至少有 95% 的仲裁员自身就是律师、法学教授、公司法务人员，或者其他法律专家"）.

〔28〕 Redfern & Hunter, supra note〔25〕, ¶ 4－41; see also Bond, supra note〔24〕, at 7.

〔29〕 *Cf.* David E. Bloom & Christopher L. Cavanagh, "An Analysis of the Selection of Arbitrators" (1986) 76 *Am. Econ. Rev.* 408, 421（在美国选择劳动仲裁员）（"雇员和工会各自的偏好基本趋于一致"）.

〔30〕 ICC Rules, supra note〔7〕, art. 9(5).

173　下可以适用。[31] 确实，ICC 可以不从邻国指定仲裁员，"以避免任何可能的国籍歧视"。[32]

　　其次，与当事人单方指定的仲裁员相比，首席仲裁员更可能是仲裁地国的国民。[33] 因为支配仲裁程序的法律通常是仲裁地法，[34] 来自于仲裁地国的首席仲裁员就显得特别重要。确实，在 ICC 仲裁院指定一名首席仲裁员时，它一般要向仲裁地的国家委员会寻求建议。[35]

　　再次，与当事人单方指定的仲裁员相比，首席仲裁员促成合意的技能及"管理能力"[36] 更为重要。正如 ICC 仲裁院前任秘书长斯蒂芬·邦德（Stephen Bond）所言：

　　　　现今的仲裁是极其复杂并且需要经过一番"酣战"的，它要

---

　　〔31〕 Id. ; see Craig et al. , supra note〔12〕, §12.03, at 193 & n.15; Thomas H. Webster, "Selection of Arbitrators in a Nutshell" (2002) 19 *J. Int'l Arb.* 261, 264（根据 ICC 的实践，如果你选择一名与对方当事人国籍相同的仲裁员，而对方当事人也选定了一名相同国籍的仲裁员，此时 ICC 并不反对指定一名相同国籍的首席仲裁员"）.

　　〔32〕 Craig et al. , supra note〔12〕, §13.05 (iii), at 224～225.

　　〔33〕 在很多仲裁案件中，当事人经常在他们的初始合同中就仲裁地达成一致意见。See "2000 Statistical Report," supra note〔10〕, at 10（"在 2000 年受理的案件中，仲裁地由当事人选定的占82%，其余18%则是由仲裁院指定"）. 即使当双方无法就仲裁地达成一致意见时，ICC 国际仲裁院会在"要求该国国家委员会推荐仲裁员人选"之前确定仲裁地点。Craig et al. , supra note〔12〕, §2.05, at 27.

　　〔34〕 Gary B. Born, *International Commercial Arbitration* (2d edn. , Transnational Publishers, Inc. , Ardsley, New York, 2001）, p.413.

　　〔35〕 如克雷格（Craig）等人所作的解释："在选择国家委员会推荐首席或者独任仲裁员时，仲裁院最为频繁的向仲裁地的国家委员会寻求建议，特别是在该地点是由双方一致选定时。已经接受仲裁地的一方当事人通常不会对指定来自该仲裁地国的首席仲裁员提出异议。即便是由仲裁院指定仲裁地，它也是经常向该国的国家委员会征求意见。这是因为，首席仲裁员必须通晓当地法律的所有特征以及可能影响仲裁的程序规则。" Craig et al. , supra note〔12〕, §12.03, at 192; see also id. §2.03 (i), at 21; Id. §2.05, at 27.

　　〔36〕 Bond, supra note〔24〕, at 10.

求独任和首席仲裁员能够自如地"管理"仲裁。他们必须有能力激发并引导当事人单方指定的仲裁员行走于那些极其细小的界限之间,一方面是松弛和不当拖延,另一方面是独断与过度要求。[37]

当然,确认仲裁员是否具备这样的能力和技巧是非常困难的。

最后,在选定首席仲裁员时,当事人和 ICC 仲裁院经常寻找那些被邦德称为具有"法律国际主义"的仲裁员:他们能够正确评价"各种各样不同国家的法律制度以及解释当事人之间截然相反的设想、假定、期望与需求的原因"。[38]

174

三、规制竞争与国际仲裁员

本部分将研究国家之间在吸引国际仲裁业务方面的竞争对选定国际仲裁员的影响。这种竞争的出现已被大量证据所证实。皮尔特·桑德斯(Pieter Sanders)已经提到,"仲裁法的现代化源于使仲裁对用户更具吸引力的要求。国家之间吸引仲裁在本国进行的竞争是很普遍的。"[39] 依照克劳斯·彼得·伯格(Klaus Peter Berger)的观点,新仲裁法的制定作为一种"'营销策略',意欲向国际仲裁界传递一个信号,即它们的法律环境对适用者的友好及在它们的管辖范围内所提供服务的质量"。[40]

新仲裁法的支持者们经常主张,立法将为制定国提供显著的

---

〔37〕 Id.(脚注省略);see also Webster, supra note〔31〕, at 272("特别是在一个复杂的或者律师不予配合的仲裁中,对于①当事人,②仲裁庭的其他成员,以及③相关仲裁规则和准据法的要求来说,我们需要一个有能力管理仲裁程序的首席仲裁员").

〔38〕 Bond, supra note〔24〕, at 10;see also Redfern & Hunter, supra note〔25〕, ¶ 4 – 42.

〔39〕 Pieter Sanders, "Arbitration" in Mauro Cappelletti (ed.), 16 *International Encyclopedia of Comparative Law*: *Civil Procedure*〔J. C. B. Mohr (Paul Siebeck), Tübingen, 1996〕, pp. 12 ~29.

〔40〕 Berger, supra note〔5〕, at 6 & n. 55.

经济收益。[41] 然而，支持者们对于这些收益的预期已经被证明是不靠谱的。[42] 在另一篇文章中，我试图部分量化这些国家在制定新仲裁法后所获得的经济收益。那篇文章发现，一国制定新仲裁法或者修订仲裁法后，在其国内进行的 ICC 仲裁在数量上有统计上的显著增长。[43] 这一增长的数量从绝对量上说是很少的（在全部样本中的每个国家，平均起来每年少于两件新仲裁案件；而在每个主要仲裁国家，每年新增 8 ~ 10 个仲裁案件），但是从百分比来说是相对较大的（比整个样本的平均数增长约 18%[44]）。因本文（由于数据有限）无法考察 ICC 以外其他仲裁机构或者非机构仲裁（临时仲裁）的仲裁案件，其关于增长的预测可能便因此打了折扣。

　　一个国家的哪些利益集团可能从仲裁业务的增长中获益？确定仲裁法的受益者对于发展用以解释仲裁地之间规制竞争的"供方理论"具有重要意义。[45] 正如"推动国家之间竞相修补法律的

175

　　〔41〕　比如，有关爱尔兰采用 UNCITRAL《国际商事仲裁示范法》后的情况，参见以下新闻稿，"O'Donoghue Publishes Bill Designed to Attract International Inward Investment to Ireland"，Oct. 2, 1997; Debates of the Houses of the Oireachtas on Arbitration (International Commercial) Bill, 1997: Second Stage (remarks of Mrs. Taylor Quinn); Id. (remarks of Miss M. Wallace)。
　　〔42〕　依照德扎雷和加思的看法：
　　"在英国，修订仲裁法的支持者们曾预言，伦敦及其法律行业将会损失数百万英镑的收入，因为国外的竞争对手们认为英国仲裁法限制重重且成本高昂。不过，同样是这些人，现在也承认当初被广泛报道的预言完全是子虚乌有。" Dezalay & Garth, supra note 〔6〕, at 299 n. 21.
　　〔43〕　Drahozal, supra note 〔3〕.
　　〔44〕　Id.
　　〔45〕　Cf. Ribstein, supra note 〔1〕, at 1009.

可能是律师，而不是立法机关"[46] 一样，推动仲裁地之间展开仲裁业务竞争的也可能是仲裁员，而不是立法机关。如某评论家所言："尽管由于管理更多的仲裁，仲裁机构能够从增加的收费中获利，同时，本地律师甚至有更多的收益（不过，要受到允许外国律师在本国从事代理业务这一趋势的影响），但主要的受益者（新仲裁法的）还是本地的优秀仲裁员。"[47]

本地仲裁员可以通过几种方式从一部新仲裁法的制定中获益。

首先，在一国制定新仲裁法后，在该国进行的仲裁数量通常都会增加。假设其他情况相同，当事人更喜欢指定具有仲裁地国国籍的仲裁员。因此，在一国进行的仲裁数量增加时，被指定的具有该国国籍的仲裁员人数也很可能增加。

其次，如果仲裁是在一个颁布新仲裁法的国家进行，与颁布新法前相比，当事人更有可能选择一名本地仲裁员。至少在某一时段，在制定新仲裁法后选择本地仲裁员可能更为重要。本地仲裁员最早有机会去熟悉新仲裁法，且在事实上可能帮助起草了新仲裁法。此外，如果还没有关于仲裁庭审的附属法院程序的公开意见，对于法院如何在实践中开始适用新法，本地仲裁员很可能掌握更多的信息。[48]

最后，与一国制定新仲裁法前相比，当事人更有可能在其制

---

〔46〕 Erin A. O'Hara & Larry E. Ribstein, "From Politics to Efficiency in Choice of Law" (2000) 67 *U. Chi. L. Rev.* 1151, 1161 n. 37. But see Kahan & Kamar, supra note 〔2〕, at 694～700.

〔47〕 Nottage, supra note 〔4〕, at 56.

〔48〕 *Cf.* Michael Klausner, "A Comment on Contract and Jurisdictional Competition" in F. H. Buckley (ed.), *The Fall and Rise of Freedom of Contract* (Duke University Press, Durham, 1999), pp. 349, 355～356.

定新仲裁法后，在其他国家进行的仲裁中选择一名来自该国的仲
裁员。制定一部新仲裁法可以向外界传递这样的信号，即制定国
176 的仲裁员比其他国家预期成为仲裁员的人有更高的素质。[49] 在国
际仲裁员市场，这种传递信号的行为看起来是可信的，因为当事
人在选定仲裁员时所了解的信息非常有限。[50] 确实，有人希望仲
裁员能够将有关其自身素质的信息传递给当事人。预期担任仲裁
员的人展示其自身素质的一种途径是通过撰写文章或者在会议上
发言；另一种方式可能是通过（成功）游说来制定一部新仲裁法，
该法可以向外界显示本地仲裁员具有比其他国家的仲裁员更为优
越的管理和促成合意的技能。[51]

接下来我们将考察本地仲裁员可能从新仲裁法中获取的利益。

四、实证结果

（一）样本和变量

本样本由截止到 1999 年底具有生效仲裁法的国家所组成，和
《施密特的国际仲裁指南》（*Smit's Guides to International Arbitration*）
中的名单一样。[52] 但是否未在名单中的国家就没有仲裁法，或者
只是未能成功获得该国的仲裁法，并不确定。尽管如此，本样本
力争涵盖那些仲裁法更容易获取的国家。在因数据缺失而排除了

---

〔49〕 See generally A. Michael Spence, *Market Signaling*: *Informational Transfer in Hiring and Related Screening Processes* (Harvard University Press, Cambridge, 1974), pp. 5 ~ 30; Michael Spence, "Job Market Signaling" (1973) 87 *Q. J. Econ.* 355.

〔50〕 See Craig et al., supra note〔12〕, §16.06, at 311~318（保密性）; Bishop & Reed, supra note〔17〕, at 423~425（对仲裁员面试的限制）.

〔51〕 *Cf.* Elisabeth R. Gerber, *The Populist Paradox* (Princeton University Press, Princeton, New Jersey, 1999), pp. 23~25（利益集团支持或反对向立法机关传递政策立场的提案）.

〔52〕 H. Smit & V. Pechota, 1 *Smit's Guides to International Arbitration*: *National Arbitration Laws* (Juris Publishing, Huntington, New York, 2001) pp. TL-1 to TL-19.

几个国家之后，本样本还含有 111 个国家。

表 1　变量的定义

177

因变量 （Dependent Variables）	
PRESARB	在 ICC 仲裁中，从该国指定的首席仲裁员（独任仲裁员或仲裁庭的主席）的数量
ARBPTY	在 ICC 仲裁中，从该国选择的当事人单方指定的仲裁员（仲裁员）数量
自变量 （Independent Variables）	
PARTIES	参与 ICC 仲裁的该国当事人数量
SMREGION	在 ICC 仲裁中，来自与该国处于同一地区的其他国家（同 ICC 定义的一样）的当事人数量
SITETOT	在该国进行的 ICC 仲裁数量
YRSSTAT	自该国制定新法或修订法律以来有多少年，制定当年计为 1 年。
STAT1985	如果该国制定一部新法或者修订法律的时间在 1985 年及以后，虚拟变量（dummy variable）等于 1，反之等于 0。
UNCITRAL	如果该国采用了 UNCITRAL 示范法，虚拟变量等于 1，反之等于 0。
STATSITE	STAT1985 × SITETOT
GNIPC	以美元为单位，用购买力平价计算的人均国民总收入（以前称国民生产总值）
POP	该国人口总数（以千为单位）

表 1 简要介绍了变量。因变量（dependent variables）ARBPTY
指的是在 2000 年从该国选定的当事人单方指定的仲裁员的数量。
因变量 PRESARB 指在 2000 年间从该国选定的首席仲裁员（独任
仲裁员或者三人仲裁庭的主席）的数量。在 ICC 公布的数据中，
并没有区分当事人选定的仲裁员和由 ICC 仲裁院指定的仲裁员。
因而，PRESARB 包括从该国选定的首席仲裁员的总数，既包括当
事人共同选定，也包括由 ICC 仲裁院直接指定的首席仲裁员。同
样，ARBPTY 也包括了从该国选定的当事人单方指定的仲裁员的总
178 数，既包括当事人选定的，也包括 ICC 仲裁院直接指定的仲裁员
（尽管后者相对少见）。

这些数据包括一整年间被选定的仲裁员总数。ICC 没有将个案
中仲裁员的国籍予以公布，而且 ICC 规则也限制外界获取类似数
据。[53] 因此，本文实证调研的结果及结论仅限于现有数据。

自变量（independent variables）如下：

PARTIES：在该年度 ICC 受理的仲裁案件中，来自该国的当事
人数量，包括申请人与被申请人。对于当事人单方指定的仲裁员，
我预计 PARTIES 变量的系数为正。当事人很可能偏向于选定与其
国籍相同的仲裁员，而 ICC 规则允许这一做法。不过，对于首席
仲裁员，我预计该系数为负，因为 ICC 规则通常禁止首席仲裁员
与任一方当事人具有相同国籍。另一方面，基于数据的集合特性
（aggregate nature），如果来自两个国家的当事人趋向于从对方国家
选择首席仲裁员，这里也可能存在正相关的联系。举例来说，如

[53] ICC Rules, supra note [7], app. II, art. I(4)（仅允许"负责国际贸易法科学
研究的工作者了解裁决书和带有共性的其他文件"）。

果来自英国的当事人趋向于选择德国的首席仲裁员，而来自德国的当事人趋向于选择英国的首席仲裁员，PARTIES 的系数可能为正，即使这一联系在单个仲裁中是负相关。

SMREGION：在该年度 ICC 受理的仲裁案件中，来自与该国同一地区（采用 ICC 对"地区"的定义）的其他国家的当事人数量，包括申请人与被申请人。对于当事人单方指定的仲裁员，我预计系数为正，因为一方当事人很可能偏向于选择来自同一地区的仲裁员。对于首席仲裁员，这一系数则不是很明确。ICC 规则并未禁止指定来自同一地区的首席仲裁员，但 ICC 仲裁院至少在某些时候已经避免作出这样的指定（这可能会使系数为负）。或许当事人可以用同地区的仲裁员来代替同国籍的仲裁员（这会使系数为正）。另一个问题是 ICC 确认的地区划分与当事人认可的并不相符。因此，这里的预测是不确定的。

SITETOT：该年度在该国进行的 ICC 仲裁总数。因为仲裁地对于选定当事人单方指定的仲裁员及首席仲裁员都是一个重要的考虑因素（虽然对于后者来说，可能更为重要），我预计 SITETOT 系数为正。这一变量在确定预期成为仲裁员的人从新仲裁法中能够获得多大程度的收益时是很重要的。既然前文已经发现，在一国制定新法后，在该国进行的 ICC 仲裁数量会增加，因此，SITETOT 系数为正表明预期成为仲裁员的人很可能从新法中获益。

STAT1985，UNCITRAL，YRSSTAT，以及 STATSITE：STAT1985 是一个虚拟变量（dummy variable），如果该国的仲裁法在 1985 年或之后制定，该变量等于 1，反之为 0。选择 1985 年是因为 UNCITRAL 在该年发布了《国际商事仲裁示范法》，该示范法是"现代"仲裁法的原型。不过，这一分类并不精确，因为一些仲裁法虽然在 1985

年前制定，但由于它们含有此类现代条款，仍然可以称为"现代"仲裁法，而且，并非所有在 1985 年后制定的仲裁法都必然是"现代"仲裁法。在本样本的所有仲裁法中，以他们所含有的条款为基础进行分类的任何企图都将是极其困难的，因为本样本中的很多国家的仲裁法并不容易获取，至少没有翻译版本。[54] UNCITRAL 也是一个虚拟变量，如果该国采用了 UNCITRAL 示范法，该变量等于 1，反之为 0。它提供了一个替代性方法来衡量一个国家是否已经制定了一部现代仲裁法，其涵盖范围较窄，但并不过度。UNCITRAL 变量也区分两种类型的国家，一种已经制定了一部"现代"仲裁法，并已经或将要被其他国家全盘照搬，而另一种则没有。STATSITE 是一个表示交互作用关系的变量，它是 STAT1985 和 SITETOT 两个变量的产物。如果一个国家已经制定了一部新仲裁法，STATSITE 等于该年度在该国进行的 ICC 仲裁总数。如果该国没有制定新仲裁法，STATSITE 等于 0。YRSSTAT 指的是该国自颁布新仲裁法或修订仲裁法至今的年数，制定的当年计算为 1。

STATSITE 作为交互作用变量，用以衡量制定一部新法对在该国进行的仲裁数量（SITETOT）以及从该国选定的仲裁员数量之间的关系的影响程度。如果立法增加了当事人在该国进行的仲裁中选择当地仲裁员的可能性，STATSITE 的系数就为正。

另外，立法可能增加当事人在其他地方进行的仲裁中从制定国选择仲裁员的可能性。也就是说，该国仲裁员在制定新法后被当事人选定的数量将会增加，但该人数的增加与在该国进行的仲

---

〔54〕 不过，在样本里，这些在 1985 年或者之后制定新仲裁法或者修订仲裁法的国家中，有接近一半都已经采用了 UNCITRAL 示范法。余下的许多国家可以被归类为已经制定了"现代"仲裁法的国家。

裁数量无关。这一结果将使变量 STAT1985 的系数为正。对于变量 UNCITRAL 的预测结果也是相似的，尽管其理由或许不同。对于仲裁员来说，如果其所在国已经确立了 UNCITRAL 示范法，而他们在该示范法下的经验可以在其他国家适用，那么他们将更有可能在其他国家进行的仲裁中被选为仲裁员。

最后，变量 YRSSTAT 试图了解制定新仲裁法对仲裁员选定的 180 影响是否会因时而变。关于该变量的负系数表明，本地仲裁员从新仲裁法中获得的利益随着年数的增加而减少。[55]

GNIPC：以购买力平价折成美元计算的人均国民总收入。由于发达国家具有较多的经济活动，其所拥有的经验丰富的国际仲裁员的数量可能会更多。因此，我预测关于 GNIPC 的系数为正。

POPULATION：该国总人口数。对于该变量的预测结果并不确定。在其他条件相等时，如果一国人口数量较多，可能会拥有更多的预期成为仲裁员的人。另一方面，小国家可能被视为中立国，从而擅长于为国际商事纠纷的解决提供仲裁员（尤其是首席仲裁员）。

数据来源。ICC 的年度统计报告中含有在本样本中各国进行的仲裁数量、来自于该国的当事人数量以及来自于同地区其他国家的当事人数量，也含有首席仲裁员与当事人单方指定的仲裁员的

---

〔55〕 尽管仲裁条款经常会确定仲裁员的人数，但对仲裁员的身份通常不予规定。因而，如果当事人在争议发生后选定仲裁员，我想应该会考虑当时适用的法律制度。换句话说，制定新仲裁法对仲裁员选定的影响是同步的，这不同于制定新法对当事人选择仲裁地的影响。See Drahozal, supra note〔3〕.

国籍。[56] 国家仲裁法的数据来源于《施密特国际仲裁指南》。[57] UNCITRAL 公布了业已制定现代国际商事仲裁法的国家的名单。[58] 关于国民总收入及人口的数据则来自于世界银行的网站。[59]

（二）结论

关于样本的概略统计见表2。从样本中的国家选定当事人单方指定的仲裁员的平均数量为3.613，其中最少为0，最多为48。从样本中的国家选定首席仲裁员的平均数量为3.604，其中最少为0，最多为77。首席仲裁员与当事人单方指定的仲裁员在平均数上是相似的，因为在2000年，约有一半的 ICC 仲裁只有一名独任仲裁员（从而没有一方当事人单方指定的仲裁员），[60] 这就抵销了在三人仲裁庭中较多数量的当事人单方指定的仲裁员。

当事人单方指定的仲裁员的选定。 以 ARBPTY 为因变量进行偏最小二乘（OLS）回归分析得出的结论见表3。[61] 如预期的一样，PARTIES 的系数为正，从0.184 到0.186 不等，同时在0.01 水平上具有统计上的显著性。对于 SMREGION、GNIPC 和 POP 等变量，在系数上不具有统计上的显著性。

181

---

〔56〕 "1994 ~ 2000 Statistical Reports" (1995 ~ 2001) 6 (1) ~ 12 (1) *ICC Int'l Ct. Arb. Bull.*

〔57〕 Smit & Pechota, supra note 〔52〕, at TL – 1 to TL – 19; see also International Council for Commercial Arbitration, 1 ~ 4 *International Handbook on Commercial Arbitration* (Kluwer Law International, The Hague, 2001).

〔58〕 United Nations Commission on International Trade Law, "Status of Conventions and Model Laws", www. uncitral. org/english/status/status – e. htm, Nov. 3, 2003.

〔59〕 参见世界银行网络 www. worldbank. org.

〔60〕 "2000 Statistical Report," supra note 〔10〕, at 8.

〔61〕 鉴于样本中 ARBPTY 系数等于0 的次数将导致设限的可能性，我们同样采用了 Tobit 回归分析方法对这些模型进行估算。Tobit 的分析结果与 OLS 并无实质区别，因此这里就不再说明。

表2　概略统计

	观察值	平均值	标准偏差	最小值	最大值
因变量					
ARBPTY	111	3.613	9.245	0	48
PRESARB	111	3.604	10.400	0	77
自变量					
PARTIES	111	11.486	25.753	0	172
SMREGION	111	170.721	193.865	3	652
SITETOT	111	3.640	12.651	0	84
STAT1985	111	0.541	0.501	0	1
UNCITRAL	111	0.252	0.436	0	1
STATSITE	111	2.667	10.391	0	84
YRSSTAT	111	20.550	21.537	1	96
GNIPC	111	9765.86	9509.24	460	45 410
POP	111	37 083	103 834	68	1 015 923

　　在这些法定变量中，SITETOT 和 STATSITE 的系数皆为正，且 182
在0.01水平上具有统计上的显著性。SITETOT 的系数从0.216到
0.225，而 STATSITE 的系数从0.251到0.264不等。这一结果显
示，在一国制定新仲裁法后，在该国进行的仲裁案件中，本地仲
裁员被当事人选定的比率有明显提升。在制定新法前，在每一个
新增的仲裁案件中，该国新增的当事人单方指定的仲裁员的平均
人数为0.22到0.23，而在制定新法后，这一平均数为0.48。对于
其他法定变量，比如 STAT1985，UNCITRAL 以及 YRSSTAT 等，在

系数上则不具备统计上的显著性。

首席仲裁员的选定。以 PRESARB 为自变量进行的 OLS 回归分析的结果见表 4,[62] 其主要结论有：

首先，PARTIES 的系数为负（和预计的一样），但并没有统计上的显著性。比较而言，SMREGION 的系数为正，且具有边际意义上的统计显著性（尽管在数量上很少）。这些结论与如下观点是吻合的，即当事人倾向于从同地区的其他国家选择首席仲裁员，而不是从他们自己的国家（被 ICC 规则所禁止）。

183

表3　新仲裁法或修订后仲裁法对选择
当事人单方指定的仲裁员（ARBPTY）的影响

自变量				
常数	0.766	0.241	0.118	0.151
	(1.43)	(0.94)	(0.57)	(0.72)
PARTIES	0.186 ***	0.185 ***	0.184 ***	0.184 ***
	(13.40)	(13.21)	(12.94)	(12.83)
SMREGION	-0.0003	-0.0003	-0.0005	-0.0006
	(-0.17)	(-0.16)	(-0.27)	(-0.31)
SITETOT	0.216 ***	0.220 ***	0.225 ***	0.225 ***
	(7.73)	(7.64)	(7.41)	(7.41)

〔62〕　因为设限的可能性，我在这里也采用了 Tobit 回归分析。参见前注〔61〕。估算结果仅在两个重要方面有别于 OLS：①POP 系数估算结果为异号，且不具有统计显著性；同时②UNCITRAL 系数估算结果较大（从2.5到3.5）。

自变量				
STAT1985	-0.822	-0.415		
	(-1.39)	(-1.03)		
UNCITRAL	0.424	0.424	0.164	
	(0.82)	(0.82)	(0.36)	
STATSITE	0.264^{***}	0.259^{***}	0.251^{***}	0.251^{***}
	(11.13)	(10.59)	(9.69)	(9.70)
YRSSTAT	-0.013			
	(-1.43)			
GNIPC	$-6.73\,e-06$	$-3.25\,e-06$	$-1.25\,e-06$	$9.88\,e-07$
	(-0.17)	(-0.08)	(-0.03)	(0.03)
POP	$-1.42\,e-06$	$-1.28\,e-06$	$-1.29\,e-06$	$-1.15\,e-06$
	(-1.24)	(-1.07)	(-1.11)	(-0.99)
R 平方值	0.9583	0.9579	0.9576	0.9575
观察值	111	111	111	111

注：括号内为使用怀特标准误差的 T 统计量。

　　*　　表示在 0.10 的水平上具有显著性。

　　**　表示在 0.05 的水平上具有显著性。

　　***表示在 0.01 的水平上具有显著性。

184

表4 新仲裁法或修订后仲裁法
对选定首席仲裁员（PRESARB）的影响

自变量				
常数	-1.040	-0.657^{**}	-0.657^{**}	-0.519^{**}
	(-1.69)	(-2.29)	(-2.22)	(-2.18)
PARTIES	-0.005	-0.004	-0.004	
	(-0.13)	(-0.12)	(-0.12)	
SMREGION	0.006^{*}	0.006^{*}	0.006^{*}	0.007^{***}
	(1.76)	(1.75)	(1.78)	(3.22)
SITETOT	0.487^{***}	0.484^{***}	0.484^{***}	0.481^{***}
	(8.18)	(8.13)	(8.12)	(30.90)
STAT1985	0.297	-0.0005		
	(0.48)	(-0.00)		
UNCITRAL	1.325^{*}	1.325^{*}	1.324^{*}	1.448^{*}
	(1.67)	(1.67)	(1.84)	(1.80)
STATSITE	0.373^{***}	0.377^{***}	0.377^{***}	0.381^{***}
	(8.85)	(8.93)	(8.69)	(12.81)
YRSSTAT	0.009			
	(0.88)			
GNIPC	0.00005	0.00004	0.00004	
	(0.68)	(0.66)	(0.66)	
POP	$-3.98\,e-06^{***}$	$-4.08\,e-06^{***}$	$-4.08\,e-06^{***}$	$-4.46\,e-06^{***}$
	(-3.20)	(-3.15)	(-3.16)	(-2.77)
R 平方值	0.9438	0.9437	0.9437	0.9430
观察值	111	111	111	111

注：括号内为使用怀特标准误差的 T 统计量。

　　* 表示在 0.10 的水平上具有显著性。

　　** 表示在 0.05 的水平上具有显著性。

　　*** 表示在 0.01 的水平上具有显著性。

其次，POPULATION 的系数为负，且具有高度显著性。对于该变量的预测是难以确定的。此处的结果显示，与人口众多的大国相比，在其他条件相等时，小国家的国民更有可能被选为首席仲裁员，这多半是因为这些小国家在外界看来更为中立。

最后，这些法定变量的结果与当事人单方指定的仲裁员的结果相似（和预期的一样），尽管在数量上略多一些。虽然 SITETOT 和 STATSITE 变量的系数为正，且具有高度显著性，但 STAT1985 和 YRSSTAT 变量的系数并不具备统计上的显著性。这一结论表明：①一国仲裁案件的数量与从该国选定的首席仲裁员的数量之间有明显关联；同时②在一国制定新仲裁法后，在该国进行的仲裁中，当地人士被选为首席仲裁员的比率大幅增加。在制定新法前，每一新增仲裁案中，来自该国的新增首席仲裁员的人数为 0.48~0.49。而在制定新法后，这一人数为 0.86。这些数字与对当事人单方指定的仲裁员的评估相比毫不逊色：首席仲裁员的评估系数比当事人单方指定的仲裁员的评估系数更大，这符合之前的预期，即相比于当事人单方指定的仲裁员，对于首席仲裁员来说，是否来自于仲裁地显得更为重要。

185

UNCITRAL 虚拟变量的系数在全部模型中皆为正，且在 0.10 水平上具有统计上的显著性。尽管证据并不充分，但其还是为这种可能性提供了些许支持，即来自于某个制定有现代仲裁法的国家的仲裁员更有可能在其他国家进行的仲裁中被选为仲裁员。这样的结果仅限于已经采用了 UNCITRAL 仲裁示范法的国家的首席仲裁员，其原因可能是由于仲裁示范法中的专业性规定更容易被移植到其他法域。不过在作出任何确定性的结论前，我们应该进行更多的研究。

对于这两个模型，一个可能的担心是因果关系：与其说是制定一部现代仲裁法导致一国被选定的仲裁员数量增加，还不如说是有更多仲裁员被选定的国家才更有可能去制定一部现代仲裁法。对于变量 STAT1985 的详细说明可以在一定程度上减少这种担心，因为被归类为拥有"现代"仲裁法的国家是在 2000 年（仲裁员选定的数据被使用的年份）以前制定了这些法律。为进一步阐明这个问题，我采用一个样本（限于在 1994 年到 1999 年间制定新仲裁法或者修订仲裁法的国家），运用平行数据模型进行估算。估算与 OLS 模型的分析结果是部分一致的：对于当事人选定的仲裁员，变量 SITETOT，而不是变量 STATSITE，具有统计上的显著性；对于首席仲裁员，变量 STATSITE，而不是变量 SITETOT，具有统计上的显著性，同时与预计结果相符。但是一个高度的多重共线性（变量 STATSITE 和变量 SITETOT 之间的相关系数为 0.9109）使我们无法对这一估算结果抱有太大信心。

五、结语

本文提供的证据证明，预期成为仲裁员的人是仲裁地之间规制竞争的主要受益者。因而，提供新仲裁法可能（至少部分）是由仲裁员来推动的。一个国家在制定新仲裁法后，该国的国际仲裁员最少可以在两个方面从新法中获益：首先，他们受益于新法所吸引来的新增仲裁，因为在一国进行的仲裁数量及从该国选定的仲裁员人数之间存在显著关联。其次，在制定新法后，他们在该国进行的仲裁中更为频繁的被选为仲裁员。不过，本文只找到少许证据表明，在一国制定新法后，该国仲裁员在其他国家进行的仲裁中更有可能被选为仲裁员。这一结果的仅有证据限于已经采用了 UNCITRAL 仲裁示范法的国家的首席仲裁员，同时只具有边际意义上的统计显著性。

（丁建勇　译）

▼
▼
▼

确定仲裁员的费用
——一项国际调查*

约翰·由纪夫·五反田

一、调查范围

187　　2000 年 3 月，调查问卷被发往 72 个国家的 877 位人士，这些人都是在国际仲裁领域执业的律师或仲裁员，或者既是律师又是仲裁员。[1] 调查问卷包含五个问题：

　　1. 您在哪个国家执业？

　　2. 当担任仲裁员时，您的费用是如何计算的？（调查明确询问反馈者当他/她担任仲裁员时，计算仲裁员费用的根据是：①固定费用，②完成的工作量，③争议金额的一定比例，或者 ④其他一些方法。）

---

　　* 最早发表于（2000）33 *Vanderbilt Journal of Transnational Law* 779，792～799（注释重新排序）．Copyright ⓒ 2000 by the Vanderbilt Journal of Transantional Law. 重印已获授权。

　　〔1〕 调查参与者选自一个著名的国际仲裁组织的成员。

3. 您是否收取案件取消开庭费（cancellation fees）或承诺费（commitment fees）?[2]

4. 您是如何计算由于当事人原因而产生的退款的?（调查明确询问反馈者是否①将所有预收的费用都退还给当事人;②如果和解发生在预定的仲裁开庭日之前至少1个月，退还所有预收的费用;③在将要用于准备仲裁案件的时间能够用于处理其他事项的范围内退还预收的费用。）

5. 没有收取案件取消开庭费或承诺费的原因是什么?（调查明确问到是否①该做法被当地法律所禁止，②该做法被道德规范所禁止的，③存在其他没有收取取消开庭费或承诺费的原因。）

188

鉴于邮寄调查（mail surveys）通常难以广泛探索调查事项的复杂性，本调查问卷留有足够的空白让反馈者提供附加的评论或其他信息。

为了鼓励提供反馈，调查允许完全匿名。[3] 此外，问卷还附有已写好回寄地址的信封，以便于寄回问卷。[4]

二、调查结果

1. 反馈者。共有262人填完并反馈了问卷。这使回收率达到

---

〔2〕 调查使用"不可退还的费用"（non-refundable fees）来指取消开庭费或承诺费。反馈者明白"不可退还的费用"就是取消开庭费或承诺费。

〔3〕 为进一步鼓励反馈，调查结果也将向反馈者提供。如果反馈者希望接受一份调查结果的副本，他们被要求将他们目前的地址写在回寄信封的背面。一旦收到，信封将会与填好的调查问卷分开以保持调查的匿名性。应该说明的是，许多反馈者在问卷中附加了一份签名信，以解释他们对调查所提问题的立场。

〔4〕 许多反馈者以传真或电子邮件形式送回了反馈。

了30%。从统计上看，这种调查能达到这样的回收率已经很好了。[5]

2. 计算仲裁员费用的方法。超过 2/3 的反馈者表示，当担任仲裁员时，他们是根据已完成的工作量来计算费用的。在其余的反馈者中，根据固定费用、争议金额的一定比例，或者其他计算方法计算报酬的人数大致相等。

表 1　反馈者的地区分布

地　区	占所有反馈者的比例
欧洲	
普通法系国家（英国）	25%
民法法系国家	29%
北美	
加拿大	5%
美国	20%
中东	3%
非洲	7%
大洋洲	5%
亚洲	4%
其他	2%
总计	100%

---

〔5〕　Thomas W. Mangione，Mail Surveys：Improving the Quality 62（1995）（"〔对于邮寄调查〕反馈率在 20% 的范围是常见的，反馈率在 5% 的范围也毫不奇怪"）；Jon A. Krosnick，"Survey Research"，50 *Ann. Rev. PsychoL.* 537，540（1999）〔声称在超过 15 年的期间里，对俄亥俄州（Ohio）的州选举结果进行邮寄调查的反馈率大约是 20%〕。

表2　仲裁员费用的依据

方　法	占所有反馈者的比例[6]
根据完成的工作量	66%
根据固定费用	10%
根据争议金额的一定比例	10%
其他	12%

应该注意的是，有很大比例的反馈者（27%）显示他们使用不止一种方法计算他们担任仲裁员的费用。很多反馈者还表示，当他们在某一机构负责管理的仲裁案件中担任仲裁员时，他们的费用以争议金额为基础，但当他们在临时仲裁中担任仲裁员时，他们根据已完成的工作量来计算费用。

3. 取消开庭费或承诺费。调查发现近1/3的反馈者收取取消 189 开庭费或承诺费。这么做的人中大部分在英国执业。

许多反馈者提供了收取取消开庭费或承诺费的原因。一位美国的仲裁员解释到：

> 我的许多案件要求一周或更长的开庭时间。通常还需要有几天的旅行。一旦时间被预定，就排除了在这些时间里以仲裁员身份作其他工作。由于我通常提前2到3个月安排开庭事项，经常会因为当事人的时间限制失去其他案件。我昨天得知一项计划好的开庭……将不得不改期。不幸的是，别人来联系的时候我因为在这一时间

---

[6]　2%的反馈者没有回答这个问题。

190 没空而失去了 2 个案子。这次延期使我损失 10 000 美金以上（这是无法通过仲裁员现行的取消开庭政策得到补偿的）。[7]

一位住在爱尔兰的反馈者对担任仲裁员时有必要收取取消开庭费或承诺费的原因提供了类似的解释："在许多案件中，一个仲裁员被指定后，会有很长一段时间案件没有任何进展，在这期间你可能已经拒绝接受其他的委任。接着当事人和解了，你的时间将被白白浪费而一无所获。"[8]

表3　收取取消开庭费或承诺费的反馈者的地区分布

地　区	占该地区反馈者的比例	占所有反馈者的比例
欧洲		
普通法系国家	61%	15%
民法法系国家	14%	4%
北美		
加拿大	39%	2%
美国	18%	3%
中东	38%	1%
非洲	26%	2%
大洋洲	50%	2%
亚洲	27%	1%
共计	—	30%

---

〔7〕　Letter from Arbitrator in the United States to John Y. Gotanda (2000) (on file with author).

〔8〕　Letter from Arbitrator in Ireland to John Y. Gotanda (2000) (on file with author).

有意思的是，一些反馈者（主要来自美国）表示，尽管他们目前没有收取取消开庭费或承诺费，但他们正在考虑在将来收取。一位来自瑞士的反馈者提到："随着仲裁变得越来越复杂，仲裁员收取（取消开庭费或承诺费）的做法可能不断普及。"[9] 另外一位瑞士的反馈者写到：

> "大部分的瑞士律师……在考虑在争议金额和结果的基础上根据实际花费的时间进行收费。我认为对预定而未使用的时间收费将被认为是不合适的，除非在特别的情况下……。"

> "就我自己的（浪费时间而没有报酬的）不幸经历来说，我认为可以说出很多理由支持对仲裁员预定而没有使用的时间以某种固定费用给予补偿。越来越多的案件在比较初始的阶段就达成和解，这些案件中仲裁员除了与律师第一次会见之外，并没有过多介入，但是仲裁员在安排随后几个月或几年的日程时，已经把这些案件考虑在内，并由于这些仲裁案件的存在而拒绝其他的案件。这就是最近发生在我身上的情况，我已经接受了 *2* 至 *3* 个 *ICC* 仲裁案件，但是这些案件在几个月后和解了，有时候是一直保留在名单上几年不动之后和解的。再强调一遍，应该考虑给予适当的补偿。"[10]

4. 计算任何因当事人原因而产生的退款。近一半的反馈者表

191

---

〔9〕 Letter from Arbitrator in Switzerland to John Y. Gotanda (2000) (on file with author).

〔10〕 Letter from Arbitrator in Switzerland to John Y. Gotanda (2000) (on file with author).

示，（举例来说）当一个案子和解后，他们的做法是退还所有预付的费用。小部分的仲裁员表示，如果和解发生在已计划好的仲裁开庭日期前至少1个月，或者如果那些将要用于准备仲裁案件的时间能够用于处理其他能产生收益的事项的情况下，他们会退还预付的费用。

表4　计算任何由于当事人原因而产生的退款的依据方法

方　法	占所有反馈者的比例[11]
所有预付的费用都退还	43%
在那些将要用于准备仲裁案件的时间能够用于处理其他事项的范围内退还预付费用	16%
如果和解发生在已计划好的仲裁开庭日期前至少1个月，所有预付费用都退还。	8%

5. 不收取取消开庭费或承诺费的原因。如前所述，大部分被调查的仲裁员都没有收取取消开庭费或承诺费。对于不收取的原因各有不同。小部分的反馈者表示这种做法是被当地法律或道德规则所禁止的。但是大部分的反馈者提供了一些其他的解释。其中几个反馈者表示他们感觉对没有履行的工作进行收费在道德上是错误的；也就是说，收费将导致仲裁员获取意外之财。其他反馈者表示在他们的法域内，收取取消开庭费或承诺费并不是通行做法。还有几个认为收取这些费用将不当地使簿记（bookkeeping）复杂化。一位住在美国的反馈者写到："这种行为被全球的当事人

---

〔11〕　1/3 的反馈者没有回答这个问题。

所厌恶，并会在相当大的程度上增加仲裁成本。"[12]

表5　据以说明不收取取消开庭费或承诺费的原因

理　由	占所有反馈者的比例 [13]
被当地法律所禁止	3%
被道德规则所禁止	10%
其他原因	49%

　　对于当地法律或者道德规则是否禁止收取取消开庭费或承诺费似乎让人比较困惑。例如，一个来自尼日利亚的反馈者表示这些费用被当地的法律所禁止，而同样来自于这个国家的其他反馈者则表示收取这些费用是可以接受的。此外，一些来自埃及和沙特阿拉伯来的反馈者写到，他们国家的道德规则禁止仲裁员收取取消开庭费或承诺费，而他们的一些同事认为收取这些费用是合适的。那些来自欧洲民法法系国家的反馈者和来自于美国的反馈者提供的反馈也出现了相似的混淆。

　　6. 调查结论。这次调查中可以得出几个结论。其一，除非仲裁机构按一定的百分比（*ad valorem*）计算仲裁庭费用，确定仲裁员费用最通用的方法是以时间为基础的计算方法。其二，尽管大部分的仲裁员不收取取消开庭费或承诺费用，但收取这些费用的仲裁员数量也有相当大的比重（30%）。这种收取取消开庭费或承

　　〔12〕　Letter from Arbitrator in the United States to John Y. Gotanda (2000) (on file with author).

　　〔13〕　38% 的反馈者没有回答这个问题。

诺费用的做法在英国最为普遍，在加拿大、中东和大西洋似乎也经常被使用。目前取消开庭费和承诺费在欧洲大陆和美国没有被广泛采用。其三，收取取消开庭费或承诺费的做法可能会有所增加。一些反馈者，特别是美国和欧洲大陆的反馈者表达了他们将开始收取这些费用的倾向。此外，大部分法域的法律或道德规则似乎都没有明文禁止收取这些费用。不收取这些费用的做法似乎更多的是基于个人偏好或者是地区惯例。因此，对于很多法域内的仲裁员来说，如果他们想要收取那些费用，其可以尽管放开去做。

（陈福勇　译）

第六部分
作出决定的规则与准据法

▼

▼

▼

评 论 *

当事人一般会在他们的国际合同中加入法律选择条款，规定 197
解决合同争议所适用的实体法。比如，斯蒂芬·邦德发现，法律
选择条款是最常被当事人加入到 ICC 标准仲裁条款的规定。[1] 如
表 1 所示，在过去 10 年间提交 ICC 的仲裁条款中，75% 以上都指
定了适用的法律。一些评论者坚称，仲裁员比国内法院更愿意尊
重当事人对适用法的选择，[2] 而对裁决规则的更大控制权是当事
人同意将他们的国际争议提交仲裁的一个理由。[3]

---

* 对本文所考察的许多问题的更为深入的讨论，参见 Christopher R. Drahozal，"Con-
tracting Out of National Law：An Empirical Look at the New Law Merchant" 80 *Notre Dame L.
Rev.* __ (forthcoming 2005).

〔1〕 Stephen R. Bond，"How to Draft an Arbitration Clause（Rrevisited）"（1990）1
(2) *ICC Int'l Ct. Arb. Bull.* 14，19，reprinted in Part 3.

〔2〕 See Bruce H. Kobayashi & Larry E. Ribstein，"Contract and Jurisdictional Freedom"
in F. H. Buckley（ed.），*The Fall and Rise of Freedom of Contract*（Duke University Press, Dur-
ham, 1999），pp. 325,329.

〔3〕 Bruce L. Benson，"To Arbitrate or to Litigate：That Is the Question"（1999）8
Eur. J. L. & Econ. 91,92（"仲裁也可以提供一种机制，以确保合同当事人所偏好的法律
得到适用"）.

表 1　ICC 仲裁中指定适用法的合同比例 [4]

1994	1995	1996	1997	1998	1999	2000	2001	2002	2003
81.0	81.7	87.0	81.3	82.1	82.0	77.0	78.0	81.7	81.7

　　本部分重印的实证研究探讨了两个争论激烈的、涉及国际仲裁裁决规则的问题。第一个问题是：在多大程度上当事人能够且已经选择"跨国商事法"（transnational commercial law）[也可称为"商人法"（lex mercatoria)"，"新商人法"（new law merchant），"国际贸易法的基本原则"（general principles of international trade law），及其他类似称谓]，而不是国内法去支配他们的合同。第二个问题是：在多大程度上国内法院应该依据一般商业惯例（common business practices）来解释当事人的合同。国际商事仲裁的实证研究对这两个问题提出了重要见解。

一、跨国商事法

198　　对于国际合同的当事人合意将其争议依据跨国商事法而不是国内法进行解决的能力，评论者或赞美，或贬低。[5] 一些人引用"新商人法"的发展来证明商事法（私人秩序，其目的是避免适用

---

　　〔4〕　See "1994 ~ 2003 Statistical Reports"（1995 ~ 2004）6（1）~ 15（1）*ICC Int'l Ct. Arb. Bull.*

　　〔5〕　对于商人法的一般讨论，参见 Thomas E. Carbonneau（ ed. ），*Lex Mercatoria and Arbitration*（ rev. edn, Juris Publishing, Yonkers, N.Y. , 1998）; Klaus Peter Berger, *The Creeping Codification of the Lex Mercatoria*（ Kluwer Law International, The Hague, 1999）; Clive M. Schmitthoff, *International Trade Usages*（ICC Publishing SA, Paris, 1987）; W. Laurence Craig et al. , *International Chamber of Commerce Arbitration*（3d edn. , Oceana Publications, Inc. , Dobbs Ferry, N.Y. , 2000）, §§ 35.01 ~ 35.04; Rt. Hon. Lord Justice Mustill, "The New Lex Mercatoria, The Twenty-five Years"（1998）4. Arb. Int'l 86.

国内政府为适应利益集团的寻租而制定的低效法律）的自发演进。[6] 有些人则将其作为国际仲裁"不遵守法律"（lawlessness）的一个方面，[7] 因为它允许当事人"篡夺准据法及国内某个特定团体认为必要的对其领域内发生的商事交易的控制"。[8] 这两种观点都隐含一个实证假设：相当多的当事人约定适用跨国商事法来解决国际商事争议。

在本部分重印的第一篇文章中，作者报告了一份针对跨国商事法在法律实践中的适用所进行的广泛调查的结果。克劳斯·彼得·伯格（Klaus Peter Berger）以及跨国法中心（CENTRAL）的研究团队对一个包括仲裁员、律师及公司法务人员的大样本进行了调查，该样本共回收 639 份有效问卷（回收率 23.4%）。尽管他们收到的反馈来自全世界（共有 51 个不同国家），他们还是承认，该样本"不是也不打算成为一个有代表性的样本"。确实，"考虑到这一方案通常所遇到的成本和时间限制，要完成这样一个在全世界进行调查的目标几乎是不可能的"。虽然如此，反馈者的数量和多样性还是给我们留下了很深的印象，也使调查结果更有说服力。

CENTRAL 研究的主要发现如下：

- 大概有 1/3 的反馈者在他们的法律实践中"知道跨国商事法的适用"，有 32% 的知道在合同谈判及起草中

---

〔6〕 Bruce L. Benson, "The Spontaneous Evolution of Commercial Law" (1989) 55 *S. Econ. J.* 644; Benson, supra note 〔3〕, at 91.

〔7〕 Philip J. McConnaughay, "The Risks and Virtues of Lawlessness: A 'Second Look' at International Commercial Arbitration" (1999) 93 *Nw. U. L. Rev.* 453.

〔8〕 W. Michael Reisman, *Systems of Control in International Adjudication and Arbitration* (Duke University Press, Durham, 1992), p. 138.

199 适用跨国商事法，还有 42% 的知道在国际商事仲裁中适用跨国商事法。[9]

● 约有 10% 的反馈者知道 2~5 个适用跨国商事法的案例（10.02% 在合同谈判过程中；10.32% 在合同起草过程中；11.27% 在国际仲裁中）。

● 约有 3% 的反馈者知道 6~10 个适用跨国商事法的案例（3.76% 在合同谈判过程中；2.97% 在合同起草过程中；2.97% 在国际仲裁中）。

● 在上述三种分类中，反馈者普遍认为，跨国法是被用来补充或者解释国内法，而不是用来完全取代它的。

伯格等人发现，"出人意料的是……有这么高比例的反馈者表明他们知道在法律实践中适用跨国法"。

CENTRAL 的研究是对国际仲裁中跨国商事法使用数据的最为全面的调查。不过，它并没有考察跨国法被援用的相对水平（相对于绝对水平）。该调查向被调查者询问，在他们的实践中，当事人或者仲裁员指定适用跨国法的案件数。但它并没有向被调查者询问，在他们的实践中，适用跨国法的案件或者仲裁事件的比例。它也没有询问他们所经历的案件或仲裁事项的总数，以至于无法

---

〔9〕 卢克·诺塔吉（Luke Nottage）提出了一种可能性，即反馈者把他们在法律文献中读到的案例算了进来，而不仅仅是他们亲自参与的案例。Luke Nottage, "Practical and Theoretical Implications of the *Lex Mercatoria* for Japan: CENTRAL's Empirical Study on the Use of Transnational Law" (2000) 4 *Vindobona J. of Int'l Comm. L. & Arb.* 132, 138 n. 21. 不过，诺塔吉总结道："至少英文版本的问卷中的措辞是非常清楚的，反馈者被问到的案例是他们自己在工作中有过直接的实际经历的案例，比如通过直接参与的方式获得的案例，或者从同一个律所或公司的同事处听到某个案例。" Id. 伯格等人同意这一观点，在私下交流时，他们告诉诺塔吉："我们预计，对不是发生在他们自己的实践中的案例进行报告的人是非常少的。" Id.

计算其比例。因此，CENTRAL 研究所提供的结论虽然有用，但并不全面。

现有证据表明，当事人在国际仲裁中对跨国商事法的依赖程度依然是相对不重要的：绝大多数的国际合同的当事人不会选择跨国法来支配他们的合同。邦德对 ICC 仲裁条款的研究发现，在1987 年仅有 3% 的条款（1989 年有 4%）规定争议应依据跨国法或者其他非国内法的法律原则（比如依据衡平原则、公平善意原则或者友好仲裁原则等）进行裁决。[10] 在 ICC 近期公布的很多数据中（见表 2），显示对跨国法的依赖甚至更少。[11] 从 2000 年到 200 2003 年，仅有 1%~2% 的 ICC 仲裁条款指定了不同于国内法的裁决规则。在 2003 年，ICC 列出了所适用的其他规则，如"欧盟法（1 个合同）、衡平法的一般原则（2 个合同）、国际法（1 个合同）、国际商事法（1 个合同）及《联合国国际货物销售合同公约》（the United Nations Convention on Contracts for the International Sale of Goods，CISG）（3 个合同）"。[12] 在 2002 年，几乎 2/3 的选择裁决规则的条款规定争议应根据衡平原则解决。在 2001 年，ICC 确认了其他法律渊源，如衡平法、国际公法、友好仲裁、公平善意及 CISG。2000 年的列表细分如下：2 个条款指定适用 CISG；

---

　　〔10〕　Bond, supra note〔1〕, at 19（表示有一些条款规定适用国内法）. 如果指定跨国法的合同不太可能引起纠纷，来自 ICC 仲裁条款的数据并没有完全描述当事人对跨国法的选择。不过，如果跨国法的适用不如国内法确定，我们可以预期有更多的争议提交诉讼，而不是更少。参见 Larry E. Ribstein，"Choosing Law by Contract"（1993）18 *J. Corp. L.* 245，254.

　　〔11〕　不过，这一数据并不足以确定这些年来对跨国法的适用是否有变化。ICC 没有披露含有一个指定跨国法（或者其他一些非国内规则）的合同是在何时签订的。相反，ICC 公布的数据仅仅显示在特定年度，含有这样条款的合同数量，而不包括合同形成的时间。（1995 年到 2003 年的所有 ICC 仲裁中的合同形成日期见表 2。）

　　〔12〕　"2003 Statistical Report"（2004）15（1）*ICC Int'l Ct. Arb. Bull.* 7，13.

7 个条款指定适用国际贸易法的一般原则；1 个条款规定了友好仲裁。[13]

表2 ICC 仲裁条款中的准据法 [14]

	2000	2001	2002	2003
国内法	75%	77%	79.4%	80.4%
其他规则	2%	1%	2.3%	1.2%
未确定准据法	23%	22%	18.3%	18.3%

在已经公开的仲裁裁决中，有关数据也未反映出当事人对适用跨国商事法的迫切需求。尽管仲裁裁决一般并不公开，但 ICC 有一个长期存在的公布裁决的政策，即公布一些经过筛选并对其中的可识别信息（identifying information）进行了编辑的裁决。在过去的 20 年间（从 1983 年到 2002 年），ICC 已经在《商事仲裁年鉴》（*Yearbook Commercial Arbitration*）[15] 中公布了 110 份英文裁决（不仅包括最终裁决，也包括临时裁决和部分裁决）。在其中的 15 份裁决中（13.6%），仲裁员在某种程度上（尽管通常只是很

201

---

　[13]　相当比例的 ICC 仲裁条款（18.3%~23%）没有指定适用的法律，这就可以允许仲裁员在这些案件中适用跨国商事法来解决当事人的争议。不过，这样的条款不能证明当事人约定适用跨国商事法。此外，如本文所述，没有迹象表明，相当比例的 ICC 裁决是基于跨国法原则作出的。

　[14]　See "2000~2003 Statistical Reports" (2001~2004) 12(1)~15(1) *ICC Int'l Ct. Arb. Bull.*

　[15]　International Council for Commercial Arbitration, 8~27 *Yearbook Commercial Arbitration* (Kluwer Law International, The Hague, 1983~2002). 这里未做考察的只有在法国作出的裁决。

小的程度）依据跨国法或者其他非国内法律原则进行裁决。[16] 当然，这个样本仅是同时期 ICC 作出的裁决中的很小的一部分。[17] 但如果公开的裁决是所有 ICC 裁决的一个代表性样本，这些结果可以表明，仲裁员在作出裁决时对跨国商事法有显著依赖。

但已公布的裁决显然不能代表所有的 ICC 裁决，因此，依照已公布的裁决来推断全部 ICC 裁决是不合适的。恰恰相反，已公布的裁决样本在支持依据跨国法作出裁决方面有强烈的偏见。正如 ICC 仲裁院当时的秘书长在介绍哪些裁决被公开时的解释："只有那些仲裁员感觉最不受国内法适用限制的裁决被公布了。"[18] 因此，时任 ICC 仲裁院的首席法律顾问说："与提交（ICC）仲裁的案件数相比，商人法的出现非常罕见……人们不应该在离开时留下这样的印象，即大多数的 ICC 仲裁（或者其中的较大比例）指定适用商人法。"[19]

不过，在一个国际合资企业协议的小样本群中，这些协议的仲裁条款则对跨国商事法提出了一个略显不同的看法。[20] 在该样本的 15 个仲裁条款中，指定"国际法律原则和惯例"或"一般国际商业惯例"的比例之高令人惊讶（15 个条款中有 4 个，占 26.7%）。有趣的是，全部这些条款都是在美国和中国当事人之间签订的合资企业协议中。此外，3/4 的条款规定一般国际法律

---

〔16〕 如果本样本含有法文裁决，基于跨国法作出的裁决比例将会更大，因为法国的评论者是商人法更为坚定的拥趸之一。

〔17〕 参见附件 1。

〔18〕 Craig et al., supra note〔5〕, at 639 n. 39（quoting [1974] *Journal de Droit International* 878）.

〔19〕 Id. at 338 n. 62（quoting [1986] *Journal de Droit International* 1138）.

〔20〕 该样本的说明详见第三部分的评论。

原则或惯例仅适用于国内准据法（约定为中国法）未作规定的事项。[21] 一个代表性的仲裁条款是："本合同的效力、解释与执行均应适用中华人民共和国已经公布并公开适用的法律，但是，如果已公布或公开适用的中国法律未对某一特定事项加以规定时，则应参照一般的国际商业惯例。"在这些条款中，当事人选择跨国法（假设"国际商业惯例"这一用语所指的内容不仅仅包括交易惯例）并不是为了排除国内法，而是其他原因：或者填补国内法的空白，或者避免对未公布法律的怀疑。[22] 跨国法在填补空缺以及保护功能方面的重要性值得我们在未来的研究中继续探索。

　　有关 ICC 仲裁条款的补充信息能够阐明在国际仲裁中适用跨国法的情形。[23] 首先，选择跨国法的仲裁条款是否集中在特定类型的合同，或者特定类型的当事人之间的合同中？举例来说，一些人认为选择跨国法的合同用于保护一方当事人的利益，以避免对方当事人（多半是政府）投机性地寻求国内法的变化。[24] 不过，乔治·R. 德拉姆（Georges R. Delaume）却声称"在绝大多数的政府合同中，关于适用法的条款都指定一些地方法律作为合同

---

　　〔21〕　其他条款的规定并不明确，比如法律选择条款指定适用中国法，但仲裁条款却规定，仲裁庭"应该适用中华人民共和国的法律及普遍认可的国际惯例"。

　　〔22〕　See Michael J. Moser, "Foreign Investment in China: The Legal Framework", in Michael J. Moser (ed.), *Foreign Trade*, *Investment and the Law in the People's Republic of China* (Oxford University Press, Oxford, 1987), pp. 90, 105. 感谢麦克·莫石（Michael J. Moser）在这一点上与我进行的对我很有帮助的讨论。

　　〔23〕　当然，其他仲裁机构和临时仲裁的数据也将有助于确定 ICC 的数据是否能够在总体上代表国际仲裁实践。

　　〔24〕　Ole Lando, "The Law Applicable to the Merits of the Dispute" in PetarŠarčević (ed.), *Essays on International Commercial Arbitration* (Graham & Trotman Ltd., London, 1989), pp. 129, 143~144. *Cf.* Geoffrey P. Miller, "Choice of Law as a Precommitment Device" in F. H. Buckley (ed.), *The Fall and Rise of Freedom of Contract* (Duke University Press, Durham, 1999), pp. 357, 365.

自体法"（the proper law of the contract）。[25] 这一经验性主张应该进行验证。其次，指定跨国法的合同是何时签署的？这些数据所提供的信息可以使我们了解长期以来有关跨国法使用的变化，而这是 ICC 发布的数据中所没有的。[26]

另一个重要的未来研究计划是检验为何选择跨国商事法来支配合同的当事人相对很少。这有多种可能：①当事人认为没有必要排除国内法，不过是因为程序的原因同意选择仲裁；②当事人可以通过约定适用其他国家的实体法，以避免适用不受欢迎的国内法；③当事人担心法院不会执行根据跨国法作出的仲裁裁决；④当事人担心如果排除适用国内法，国内立法机关会对他们进行报复；⑤当事人担心，避免适用国内法将会损害他们的商业声誉；⑥商人法太不确定，以至于无法提供一个国内法的替代规则；⑦当事人只是对跨国商事法所知甚少，但如果经过充分学习，他们将会同意适用跨国商事法。

CENTRAL 已经开始这项工作的研究，要求被调查者在当事人为何不选择跨国法的一系列原因中进行选择。据伯格等人所言，"对于实际经验的欠缺及目前没有关于跨国商事法的信息这一事实 203 的反映远比关于跨国商事法的模糊性及不确定性的解释更为重要"。遗憾的是，调查问卷并没有包括"模糊性"或"不确定性"

〔25〕 Georges R. Delaume, "The Myth of the Lex Mercatoria and State Contracts" in Thomas E. Carbonneau（ed.）, *Lex Mercatoria and Arbitration*（rev. edn. , Juris Publishing, Yonkers, N. Y. , 1998）, pp. 111, 113.

〔26〕 See supra note〔11〕.

的选项，尽管这两点通常是当事人不同意适用跨国法所引用的理由。[27] 相反，调查问卷将跨国法的"适宜性"（suitability）作为一个选项，并要求被调查者写出关于模糊性或不确定性的所有问题。鉴于该问题的重要性，这一疏忽出人意料。虽然如此，正如卢克·诺塔吉（Luke Nottage）所指出的那样，"反馈者给出的其他理由在总体上表达了对更为具体、明确的规则的高度关注"。[28] 因此，伯格等人得出的"'营销策略'对新商人法的成功是必需的"这一结论过于草率。

二、一般商业惯例

《美国统一商法典》（the American Uniform Commercial Code，UCC)[29] 和《联合国国际货物销售合同公约》（the Covention on

---

[27] E. g., John Collier & Vaughan Lowe, *The Settlement of Disputes in International Law* (Oxford University Press, Oxford, 1999), p. 245 ("选择法律的一般原则作为适用法可以有效防止对地方法律的单方变更，但以牺牲确定性为代价。一般原则必然是模糊的；它们不会规定适用于复杂商事交易的详尽规则；同时，它们的适用方式也是不好预测的一件事")；F. A. Mann, "Reflections on a Commercial Law of Nations" [1957] *Brit. Y. B. Int'l L.* 20, 38 ("它们（即跨国法律原则）有时在填补空缺时是有用的，但在本质上，它们太过于初级，太显而易见，甚至太陈腐，以至于无法对利益冲突分开评估或对特定事项进行明确的法律评价。").

[28] Nottage, supra note [9], at 142. 他解释道：

例如，反馈者有 140 次提及合同本身为什么不指定跨国法，包括"没有完整的法律体系"（10），"模糊性"（48），"确定性，可预测性"（58），"执行担忧"（8），以及"没有判例法"（16）。这里同样有 110 个给出的"其他"理由（未作分类）。与此相比，"没有经历"被提及 169 次；"没有信息"被提及 128 次。

前引书，他补充道，反馈表明依赖跨国法的收益大于风险。平均来看，反馈者对指定跨国商事法的收益进行了排列（数值范围为 1~5，5 表示"显著收益"）：合同谈判为 2.55，合同起草为 2.39，国际仲裁为 2.89。比较而言，反馈者将风险排列为（数值范围同样为 1~5，5 表示"高度风险"）：合同谈判为 3.0，合同起草为 3.47，仲裁为 3.1。前引书，第 143 页；另见 Klaus Peter Berger (ed.), *The Practice of Transnational Law* (Kluwer Law International, The Hague, 2001), pp. 202~203 (比较了英国与其他国家反馈者的平均排列).

[29] U. C. C. § § 1~205 & 2~208; U. C. C. § 1~303 (rev. 2001).

Contracts for the International Sale of Goods, CISG)[30] 规定法院可以考虑用一般商业惯例（交易惯例、交易过程以及履行过程等）来解释与补充合同。其潜在的理论是通过规定法院适用行业特有的 204 行为规则使法律更为接近商业实践。但这种方法已经遭到批评，因为它依赖当事人双方在尽力保持良好关系时的交易方式［"关系维系规则"（relationship – preserving norms）］来解决关系破裂时引起的争议，而在此时，当事人很可能想适用一套不同的规则［"结束游戏规则"（end-game norms）］。[31] 丽莎·伯恩斯坦（Lisa Bernstein）教授主张，法院对一般交易惯例的依赖"可能会迫使经办人遭受效率损失……因为在很多情况下，'关系维系规则'与有效的'结束游戏规则'的内容是不同的"。[32]

　　对于上述结论，伯恩斯坦期望从行业协会仲裁［特别是美国谷物与饲料协会（the National Grain and Feed Association, NGFA）］中寻求证据。通过对 NGFA 仲裁裁决的广泛研究及对该协会成员的访谈，她发现仅有很少的证据表明 NGFA 的仲裁员依据商业惯例解决合同争议。而更多的证据显示，NGFA 的仲裁员倾向于依据界限明确的规则（bright – line rules）及对合同条款的文义解释来解决合同当事人之间的争议。基于自己的考察，她总结道："尽管

---

〔30〕 United Nations Convention on Contracts for the International Sale of Goods, Apr. 11, 1980, art. 9, U. N. Doc. A/Conf. 97/18 (1981).

〔31〕 Lisa Bernstein, "Merchant Law in a Merchant Court: Rethinking the Code's Search for Immanent Business Norms" (1996) 144 *U. Pa. L. Rev.* 1765, 1796 ~ 1802 [hereinafter Bernstein, "Merchant Law"]; see also Lisa Bernstein, "The Questionable Empirical Basis of Article 2's Incorporation Strategy: A Preliminary Study" (1999) 66 *U. Chi. L. Rev.* 710; Lisa Bernstein, "Private Commercial Law in the Cotton Industry: Creating Cooperation Through Rules, Norms, and Institutions" (2001) 99 *Mich. L. Rev.* 1724.

〔32〕 Bernstein, "Merchant Law", supra note 〔31〕, at 1802.

NGFA 仲裁员具有行业特有的专业知识及商业才干，但在实践中，与通常适用《统一商法典》的一般法院相比，他们对于这些固有交易规则（亦即交易惯例、交易过程以及履行过程）的重视是远远不够的。"[33]

但在很多方面，行业协会仲裁有别于国内法院的诉讼，这就对伯恩斯坦上述发现的适用性提出了质疑。[34] 首先，谷物与饲料行业的合同比《统一商法典》管辖的很多合同都要完备，因为行业协会的成员已经事先同意适用详尽的行业规则来管理他们的交易。其次，行业协会仲裁的争议金额一般都比法院诉讼的少很多。最后，行业协会仲裁中的裁判者是该行业的专家（一般不是律师）；而在公共法院系统，法官一般只有很少或者没有行业的专业知识。

在第二篇研究中，德拉奥萨（Drahozal）希望将国际商事仲裁作为在私人争议解决中适用行业专有规范的一个替代性证据来源。在很多方面，国际仲裁比行业协会仲裁更像法院诉讼。争议合同可能不太完备，且不受详尽的行业规则所支配；争议的金额更多；同时国际仲裁员比行业协会仲裁员更可能是多面手（generalist）（尽

〔33〕 Id. at 1771.

〔34〕 对伯恩斯坦分析的其他批评，参见 Jody S. Kraus & Steven D. Walt, "In Defense of the Incorporation Strategy" in Jody S. Kraus & Steven D. Walt (eds.), *The Jurisprudential Foundations of Corporate and Commercial Law* (Cambridge University Press, Cambridge, 2000), p. 193; Clayton P. Gillette, "Harmony and Stasis in Trade Usages for International Sales" (1999) 39 *Va. J. Int'l L.* 707, 710 n. 10; Jason Scott Johnston, "Should the Law Ignore Commercial Norms? A Comment on the Bernstein Conjecture and Its Relevance for Contract Law Theory and Reform" (2001) 99 *Mich. L. Rev.* 1791. See also Clayton P. Gillette, "The Law Merchant in the Modern Age: Institutional Design and International Usages Under the CISG" (2004) 5 *Chi. J. Int'l L.* 157. 有关在国际合约中适用交易惯例的其他证据，参见 Leon E. Trakman, *The Law Merchant: The Evolution of Commortial Law* (Fred B. Rothman & Co., Littleton, Colorado, 1983), p. 60(报告了对国际石油公司法务人员的调查结果："在 92% 的石油交易中，法务人员依赖于'原油行业通行的惯例'")。

管他们依然比国内法院的法官们具有更多的行业知识）。德拉奥萨
同时提出了定量和定性的实证证据，以证明国际仲裁员比伯恩斯
坦所研究的行业协会仲裁员依赖行业专有规范（即交易惯例，但
不包含交易过程或履行过程）的程度要大很多。众多机构仲裁规
则和许多（但并非全部）国际仲裁法要求仲裁员考虑交易惯例，
同时在一大批国际仲裁裁决中，仲裁员事实上也适用了交易惯例。
和可能存在的质疑国际仲裁与地方法院诉讼相似性的理论解释一
样，这些数据也确实存在重大限制。不过，来自国际商事仲裁的
证据至少对将交易惯例（非当事人之间的先前交易）写入 UCC 和
CISG 提供了一些支持。

（丁建勇　译）

▼
▼
▼

关于跨国法在国际合同法和仲裁中的适用问题的 CENTRAL 调查： 背景、过程及节选的结果[*]

克劳斯·彼得·伯格

霍尔格·杜伯尔斯坦

萨沙·莱曼

维多利亚·佩特佐德

一、引言

207　　所有关于新商人法（new law merchant)存续问题的讨论都有一个基本缺陷。它们在很大程度上都曾是并且仍然是以对商人和商业律师在起草合同和解决争端过程中的行为的假设为基础，缺乏实证依据。所以，许多讨论中交锋的论点都带有很强的推理性或具有预测的特点。除情绪化与激情色彩外，这是该项关于跨国商

---

　　[*] 最初发表于 Klaus Peter Berger (ed.)，*The Practice of Transnational Law*（Kluwer Law International, The Hague, 2001），pp. 91 ~ 113. Copyright ⓒ 2001 by Kluwer Law International.

法的讨论为什么存在如此多的误解和矛盾观点的主要原因之一。[1]
由于商人法的规则必须能够反映经济现实的变化,[2] 对商人法进行分析就需要对国际商法的现实进行一次实证评估。[3] 然而,直到现在还没有人探索过这些问题,部分原因仅仅是所需调查的范围(太大)。[4]

此外,许多参与跨国商法可行性讨论的人员都采取了一个十分偏颇的方法,在他们眼中,这种方法使所有在世界范围内调查跨国法在法律实践中的适用的尝试都变得多此一举。他们认为,跨国法概念仅限于诸如"诚实信用"(good faith)、"有约必守"(*pacta sunt servanda*)之类笼统而模糊的原则,缺乏具体可操作的内容。[5] 商 208
人法的批评者认为,可以解决复杂法律争端的详尽法律规则的发展,需要系统的、历时长久的比较法研究,但在时间紧迫的国际合同起草过程或仲裁程序中,国际仲裁员、律师、公司法务人员[6]或法

〔1〕 See generally Berger, *The Creeping Codification of the Lex Mercatoria*, 1999, p. 32 et seq.

〔2〕 Berger, "The New Law Merchant and the Global Market Place"in Berger (ed.), *The Practice of Transnational Law*, 2001, p. 1 et seq.

〔3〕 Stein, *Lex Mercatoria*, *Realität und Theorie*, 1995, p. 13.

〔4〕 Nottage, in Hosei Kenkyu (Journal of Law and Politics) 1999, F 1, F 32.

〔5〕 See Berman/Dasser, in Carbonneau (ed.), *Lex Mercatoria and Arbitration*, 2nd edn. 1997, pp. 21, 27. 该书认为很难反驳这些异议,因为大部分作者"并没有说明,一组概念、准则、原则、规则、程序的明确性、客观性、普遍性和通用性达到什么样的程度才能构成'法律'体系"。

〔6〕 Mustill, *Arb. Int'l* 1988, 86, 114 et seq.:"我们的假定顾问不是学术界的法律人士,即不是那些固定在学术机构,而且该机构所处的法律环境主要是国内法的某个欧洲城市的人"; *cf. also* Schlesinger (ed.), *Formation of Contracts*, Vol. I, 1968, p. 10 et seq.:"在缺乏有效的比较研究的情况下,法务人员很难为了提交到国际仲裁庭的某一案件的临时目的而搜集必要的数据。"

官〔7〕是来不及完成这些研究的：

> "仲裁员会……面临一项令人生畏的比较研究的任
> 务。这项任务并不是在适用适当的冲突法规则后，需要
> 去查阅一个（而不是更多）国家的法律体系而已，他必
> 须担当一个全能的比较法学者的角色，负责研究可能有
> 很多不同国家的法律，这些法律的规则可能是以他并不
> 熟悉的语言撰写的。确实，在某些法律领域，已经有人
> 做过这样的比较研究，因而有确切的规则可以遵循，或
> 者已有的裁决书可以减少查考某些国家法律的困难。但
> 还有难计其数的尚未进行研究的法律问题需要仲裁员去
> 解答，尽管他们拥有极为丰富的外国法和国际法经验，
> 也往往没有条件去进行这种学术性很强的工作。"〔8〕

因为这些原因，关于跨国商法的讨论在过去 40 年已经陷入了
209　恶性循环。所谓的实践无用性被用来作为反驳商人法的理论可行

---

〔7〕　See Samuel, *Jurisdictional Problems in International Commercial Arbitration*, 1989,
p. 249: "……他们不能在每一件仲裁中对重要的商界人士进行访谈"; Mustill, supra note
〔6〕, p. 92: "虽然仲裁庭具有国际性，并且通晓多国语言，但是哪个仲裁庭能够完全了
解纷繁复杂的法律体系的全部细微之处呢?"; cf. also the statement of a Canadian judge ci-
ted by Dasser, *Internationale Schiedsgerichte und Lex Mercatoria*, 1989, p. 14 on the comparative
references provided by counsel who appear before him: "C'est intéressant. Mais pour ma part, je
laisse à des chercheurs aisé la captivante étude du droit comparé"; Siehr, in Holl/Klinke (eds),
Internationales Privatrecht, Internationales Wirtschaftsrecht, 1985, pp. 103, 124; Stein, supra note
〔3〕, p. 174, note 385.

〔8〕　Sandrock, *Am. Rev. Int'l Arb.* 1992, 30, 50 et seq.; *cf. also* the statement by Tilman,
reported by Remien, RabelsZ 56 (1992), 300, 304; cf. also De Ly, *De Lex Mercatoria*, 1989,
p. 365; Triebel/Petzold, RIW 1988, 247; van den Berg, TvA 1984, 200; Markert, *Rohstoffkonzes-
sionen*, 1989, p. 127; Toope, *Mixed International Arbitration*, 1990, p. 95; Spickhoff, RabelsZ
(56) 1992, 116, 124; cf. also Schmitz, *Allgemeine Rechtsgrundsätze in der Rechtsprechung des I-
ran-United States Claims Tribunal*, 1992, p. 93: "案件量必然会限制进行大规模比较研究的
可能性。"

性的一个论点，反之亦然。

直到现在，这些对关于跨国商法的法律实践态度的法律理论的争论仍没有在现实生活中被证实，也从没有得到实证数据的支持。这使我们几乎不可能对跨国商法的理念进行正式讨论。CENTRAL 调查的主要目的是，首次为（对这一问题）感兴趣的理论与实务界人士提供可靠的关于跨国商法在国际法律实践中适用问题的实证数据。

二、关于法律实践中跨国法律适用情况的早先调查

截至目前，用以证实商人法在国际法律实践中的适用情况的已知调查仅有三项。

（一）塞尔登（Selden）调查

1995 年，旧金山的私人从业者、同时也是金门大学法学院（Golden Gate University School of Law）兼职教授的巴顿·S. 塞尔登（Barton S. Seldon）就商人法的适用问题，对来自 10 个国家的 23 位从业人员进行了调查。[9] 调查是以非正式的方式进行的，没有任何科学依据。[10] 大多数调查对象反馈称，他们强烈反对在国际合同中选择商人法，相反倾向于使用"确定的"（definitive）和"可查明的"（provable）法律。[11]

（二）国际统一私法协会（UNIDROIT）调查

1996 年，UNIDROIT 以问卷的方式对大约 1000 位《国际商事合同通则》的使用者进行调查，以收集关于《通则》在实践中应

---

[9] Selden, *Ann. Surv. Int'l and Comp. L.* 1995, 111 et seq.

[10] Selden, Id. , at 113.

[11] Selden, Id. , at 114 and 119.

用的不同方式的更为详细的信息。[12] 调查的结果显示，《通则》的实际效用（practical usefulness）和内在品质（intrinsic quality）均为调查对象所认可。

（三）戈登（Gordon）调查

1997 年，佛罗里达大学（University of Florida）法学教授，同时也是 1998 年在英国布里斯托尔国际比较法协会（the International Congress for Comparative Law in Bristol）中，就 UNIDROIT《通则》问题代表美国发言的共同发言人迈克尔·华莱士·戈登（Michael Wallace Gordon），对佛罗里达的法学教授、法律从业者和法官展开了一项调查，考察了他们对《联合国国际货物销售合同公约》（CISG）和 UNIDROIT《通则》的熟悉情况。[13] 调查以问卷的形式作出，并将 UNIDROIT《通则》介绍为"一种商人法或商法"[14]。调查的基本结论是调查对象对 CISG 和 UNIDROIT《通则》的了解甚少。[15] 这个结论很重要，它暗示了可能不是因为囿于教条，而仅仅是因为缺乏获悉渠道，从业者才怠于接受和适用跨国法文件。[16]

（四）这些研究的意义

由于塞尔登调查和戈登调查只在小范围内进行，因而，它们无法在全球范围内就跨国商法的适用问题提供可靠的数据。UNIDROIT

---

〔12〕 See UNIDROIT（ed.），*The use of the UNIDROIT Principles in Practice*，*Results of the first inquiry undertaken by the Secretariat of UNIDROIT*，1997；Bonell，*An International Restatement of Contract Law*，2nd edn，1997，p. 235 et seq.

〔13〕 See Gordon，*Am. J. Comp. L.* 1998，361，362 et seq.

〔14〕 Gordon，Id.，at 375.

〔15〕 Gordon，Id.，at 370.

〔16〕 参见本文第七部分"肯定的反馈"的相关内容。

调查则不一样，它提供了有关 UNIDROIT《通则》适用的极其有用的资料。由于 UNIDROIT《通则》涉及商人法，它们也包含在 CENTRAL 调查中。然而，由于这些通则只是跨国商法的"序言"（Pre-Statements），并没有将这一法律体系法典化，[17] 单凭关于它们被适用的数据可能无法证明跨国商法被国际从业者所接受。此外，所有这些调查都没有囊括从合同起草到仲裁的整个国际商事实践。它们没有尝试以科学的综合性调查问卷为基础得出可靠的实证数据。关于国际合同法和仲裁中的跨国法适用问题的 CENTRAL 调查旨在就国际合同起草和仲裁中的跨国法适用问题提供更多可靠的实证数据。

三、关于跨国商法的 CENTRAL 研究项目

本调查是一项历时 3 年的研究项目[18]的核心部分，该项目由 CENTRAL 小组实施，并由大众（Volkswagen）基金会以其下的"法律与行为"（Law and Behaviour）计划[19]的名义赞助。 211

该项目名为"商人及其律师和仲裁庭在跨国商法的演变和发展过程中的角色"。

该项目基于两个假设：

第一，国际商事和贸易领域的合同当事人对某些特定合同条款［如"不可抗力"（*force majeure*）、"艰难情势"（hardship）条款］的反复适用，以及他们对相互遵守这些条款的信任，促进了一个跨国法律体系的形成，该体系与国内法律和国际公法不同，

---

〔17〕 See Berger, supra note〔2〕, at I 7.

〔18〕 See Petzold, in CENTRAL（ed.），*Annual Report* 1998/99, 1999, p. 42 et seq.；Petzold, in CENTRAL（ed.），*Annual Report* 1999/2000, 2000, p. 54 et seq.

〔19〕 See Volkswagen-Stiftung（ed.），*Annual Report* 1998, 1999, pp. 68, 73.

是一种新"商人法"。[20]

第二，这一"第三"法律体系的特征符合法律渊源传统学说的所有要素。它是由国际商事交易参与人的行为所创建的。通过相同条款的反复适用以及对其有效性和对另一方当事人具有约束性的依赖［"言出必行"（my word is my bond）］，这些商事主体正为跨国商事交易创造着新的法律框架。这一跨国法律框架为合同订立（评估风险、确定谈判立场）和国际仲裁程序［帮助律师形成法律意见、为仲裁员和法院提供裁判的超国家根据（supranational basis）］提供了极其重要的参考。

该研究项目有两个目的：

第一个目的是实证性，并已引起世界范围内的 CENTRAL 调查。该项目要搞清楚国际商人的行为在事实上是否为跨国法所约束。这涉及一个一般问题，即在国际法律实践中，跨国法是否在合同磋商、合同起草和通过国际商事仲裁解决争端时被适用和接受。它也包括一个更明确的问题，跨国商法的具体规则或原则如"有约必守"、"诚实信用"或关于国际商事合同终止、履行和未履行的特定规则是否被运用到国际商事实践中。

为了找到上述问题的可靠答案，CENTRAL 研究团队和德国曼海姆的一个专业从事实证研究的调查研究与方法中心（Zentrum für Umfragen，Methoden，Analysen，ZUMA）共同制作了一份全面的调查问卷。这份调查问卷形成了对国际合同法和仲裁中的跨国法适用问题进行世界范围内的实证研究的基础。研究的具体内容将在后文详述。

212

---

〔20〕 See Berger, supra note〔2〕.

该研究项目的第二个目的是方法论方面的。基于项目第一阶段在世界范围内进行的实证研究所得出的结果，一个关于以跨国商法作为第三法律体系的可行性问题的综合性理念将被设计出来。这其中重拾了法律渊源传统理论中的"从底层"创造跨国法的理念。

在它们的共同作用下，该研究项目的这两个步骤旨在打破关于跨国商法理论可行性的讨论目前仍缺乏客观性和事实基础的恶性循环。[21]

四、CENTRAL 调查的准备

（一）调查对象的选择

必须事先声明，该调查并不具有也不追求代表性。考虑到此种项目常有的经费和时间局限，通过全球范围的调查来实现这样的目标几乎是不可能的。[22] 不过，CENTRAL 仍尽力将问卷发送给那些一般被认为对国际商事交易引发的法律问题有着丰富经验的调查对象：大型企业的法务人员，知名律所的律师，国际仲裁员和国际商法领域的专家教授。2733 份问卷被同时寄出，地址是通过各种渠道收集而来的。

1. 公司法务人员

CENTRAL 问卷被寄给了以下出版物中所载公司的法务人员：

—— 1998 年《财富》杂志上公布的"全球 500 强"企业。

---

〔21〕 参见引言部分注释〔8〕。

〔22〕 在 CENTRAL 项目中，仅邮费一项就达到了约 15 000 德国马克；研究团队在项目的初始阶段低估了这一成本因素。

213 ——1998 年《财富》杂志上公布的"全美 500 强"企业。

——美国驻德国商会（ACC）在其出版物《在德美国企业 50 强》[23]中所列出的企业（共 50 个地址）。

2. 律师

问卷被寄给了以下出版物中所载律所的律师：

——《欧洲律所——欧洲法律界 500 强》一书中所列出的写有名字和地址的律师，这些律师的执业范围是仲裁、诉讼、合同或保险（共 740 人）。[24]

——《欧万利（Euromoney）法律集团关于世界顶尖商事仲裁专家的指南》一书中所列出的写有名字和地址的律师（共 137 人）。[25]

——《欧万利法律集团关于世界顶尖保险与再保险专家的指南》一书中所列出的写有名字和地址的律师（共 152 人）。[26]

3. 仲裁员

被寄送问卷的仲裁员的地址是通过如下途径进行收集的：

——瑞士仲裁协会（Suisse de l'Arbitrage，ASA）出

［23］ Hart（ed.），*American Chamber of Commerce in Germany*，*Commerce Germany*，*Top 50 US Companies in Germany*，August/September 1997.

［24］ Pritchard（ed.），*Law Firms in Europe-The European Legal 500*，6th edn. 1996.

［25］ Euromoney Legal Group，*Guide to the World's Leading Experts in Commercial Arbitration*，1998.

［26］ Euromoney Legal Group，*Guide to the World's Leading Insurance & Reinsurance Lawyers*，1998.

版的"1998～2000 年 ASA 会员名册"中所载的写有名字
和地址的仲裁员（共 345 人）。[27]

—— 参加 1994 年 11 月于日内瓦举行的国际商事仲   214
裁委员会（ICCA）第 12 届年会的写有名字和地址的仲裁
员（共 444 人）。[28]

4. 其他调查对象

"其他调查对象"包括 CENTRAL 所知悉的在国际商法领域
工作的人员（共 321 人）。其中包括德国工业联盟法律委员会（Bundes-
verband der Deutschen Industrie, BDI）的成员。

5. 重复地址

在不同来源的地址中，存在着一定数量的重复。例如，许多
律师同时也是仲裁员，许多仲裁员也在不只一家机构的名录中被
列出。因此，最后的地址净总数少于上文提到的地址之和。

6. 标记姓名的地址与匿名的地址

对于多数公司而言，其法务人员的名字并不为研究团队所知
悉。在这种情况下（872 个地址，占总数的 31.9%），问卷就被寄送
到了其"法务部门"（Head of Legal Department）/"法律部门"（Leiter
Rechtsabteilung）。其余的（1861 份问卷，占总数的 68.1%）则被寄送
给了特定人员。

7. 地址的年代

几乎所有地址都是来自于在 1996 年到 1998 年间出版的刊物。

---

〔27〕 ASA（ed.），*Profiles of ASA Members* 1998～2000，ASA Special Series No. 10，
1998，p. 8 et seq.

〔28〕 Van den Berg（ed.），*Planning Efficient Arbitration Proceedings*，*The Law Applicable in International Arbitration*，International Council for Commercial Arbitration Congress series
no. 7，1996，p. 592 et seq.

CENTRAL 认识的人员的地址会得到及时更新，所以通常不会比从出版物中获得的地址更陈旧。

215　　8. 地区分布

　　该问卷寄送的地址分布在 78 个不同的国家。由于用来收集地址的来源是选择性的，因而，地址的地区分布既没有代表世界人口，也没有代表世界法律专业人士。然而，可以说那些在国际商事领域具有重要影响的国家通常比其他国家的地址更多，即使记住这一点，读者可能还是会觉得瑞士的地址太多了（298 个地址）。之所以有这么多瑞士的地址，主要是因为"1998～2000 年 ASA 会员名册"[29] 这本书是地址的来源之一。此外，由于其中立的地位，瑞士也是一个非常受欢迎的进行国际仲裁的国度，拥有大量的专业从业者。[30]

　　（二）匿名问题

　　设计该调查时做出的一个重要决定就是要采用不记名的方式收集数据。这一目标与为了达到必要的回收率而向那些对第一次调查表没有回应的调查对象寄送第二份甚至第三份调查表的必要性和通常做法是冲突的。解决这一冲突的方法是，在每一份调查问卷上都编一个单独的号码，用于查找已经被寄送过问卷的调查对象。当向仍没有做出回复的调查对象寄出最后的提示之后，就销毁能将此认证号码与地址联系起来的数据库。但是，做出了回复的调查对象摘录将被保留（但不包括认证号码），以便能够邀请这些人参加会议。因而，就不可能再给调查对象寄送问卷了。

---

　　〔29〕　See supra note〔27〕.

　　〔30〕　更多关于地区分布的内容，详见原文附件 III，Chart R/01 et seq.〔in Berger (ed.), supra note〔2〕〕.

（三）问卷设计

从一开始，问卷的设计就在 CENTRAL 研究团队的工作中占据主要地位。这是因为问卷的设计，比如提出问题的顺序及整体设置，会对调查对象对问题的理解、反应和回答产生重要影响。经过慎重考虑后，研究团队最后决定将问卷分成五个部分。每部分都用不同颜色的纸张显示。前三部分［A（绿纸）、B（黄纸）、C（红纸）］分别询问了调查对象在合约谈判（A）、合同起草（B）和争端解决（C）时适用跨国法的实践经验。这三个部分的问题是按照循环模式（recurring pattern）排列的。第四部分（蓝纸）要求调查对象对跨国法作一个总体评价。在第五部分（白纸），CEN-TRAL 询问了调查对象的一些补充信息。[31]

216

（四）问卷语言

问卷以两个版本发出，一个是德语版，一个是英语版，德语版是原版，它在一位 ZUMA 专家的帮助下被翻译成英语。除了少数例外，德语版问卷（共 552 份，占总问卷数的 20.2%）都寄送给了在德国、奥地利、列支敦士登以及那些以德语为官方语言的瑞士部分地区的调查对象。其余的 2181 份问卷（79.8%）都是英语版。

五、调查过程

（一）信函

调查于 1999 年 1 月开始。[32] 一封告知函被寄送给几乎所有的调查对象。由于技术原因，有 45 个地址大约在推迟了 3 个月后才

---

〔31〕 更多内容详见原文附件 1 的再版调查问卷［to Berger（ed.），supra note〔2〕］。随问卷附寄了一份关于如何填写问卷五部分的简要说明。

〔32〕 See Petzold, in CENTRAL（ed.），*Annual Report* 1998/99，1999，pp. 42，43.

能被添加到地址数据库中。此封告知函向调查对象说明了 CEN-
TRAL 调查的目的，并告知他们几天后就会收到调查问卷。首封信
寄出一周后，我们寄出了调查问卷并附上了另一封说明性信函。
该信函也对作为此次调查研究基础的跨国法的概念进行了说明。
这是一个很复杂的问题，因为跨国法这个概念的外延含义很丰富，
即使在学术讨论中也是如此。[33]

217　　为了确保跨国法的内容能全面覆盖国际贸易和商事领域的跨
国法律框架的各个方面，告知函和附信都使用了意思很宽泛的定
义，该定义提到了"从国内法中分离出来的法律原则"。此外，在
问卷的 A、B、C 三个部分的第一个问题里提及了"跨国法律原
则"、"一般法律原则"、"商人法"、UNIDROIT《通则》、兰度原
则（Lando Principles）或其他原则，这就向调查对象提供了一个关
于"跨国法"一词含义的额外提示。那些四周内没有回复的调查
对象收到了一封一页的提示函。那些收到提示函两周内仍未回复
的人，收到了第二封也是最后一封提示函，并附有一份新的调查
问卷。

（二）回馈的信息

有一些地址是无效的（共 86 个，占 3.1%），可能还有其他无
效地址，只不过研究团队未能知晓。CENTRAL 一共收回了 808 份

---

[33] See Berger, supra note [1], p. 37 et seq.；跨国法的概念由杰赛普（Jessup）
首次提出，参见 *Transnational Law*, 1956；一位调查对象认为："通常给跨国法或商人法
下一个清晰而完整的定义确实不容易……，在我做律师和国际律师的实践中……我们收
到过很多年轻律师的求职信，他们通常会说'我对国际法（或对跨国法，或对国际贸
易法）很感兴趣……'我们的一种标准回复就是：'请告诉我们你所说的法（国际法或
跨国法）的精确意思。'即便得到了回答，总体而言，大多数回答也都是让人有些失望
的!"

问卷（占调查对象总数的 29.6%）。这看起来是个很高的回馈率。确实很难找到在全球范围内开展的类似调查的可比数据。不过，UNIDROIT 于 1997 年做的一次问卷调查的回馈率为 20% 多。UNIDROIT 认为那是一次相当成功的调查。[34]

六、数据录入阶段

在这些回答了问卷的调查对象中，有 90 位（占调查对象总数的 3.3%）明确拒绝填写问卷表。

（一）问卷分类

1. 有效的和无效的问卷

我们对其余 718 份问卷（占调查对象总数的 26.3%）进行初步筛选后发现，有些人并没有按照研究团队的要求填写。有的人回答的问题廖廖无几，有的人回答了少数问题并附上了注释，有的人只回寄了一封附有详细资料的信件，等等。更糟糕的是，有一小部份问卷和研究团队的预期目的相距甚远。例如，有的人完全误解了跨国法的含义，而其他一些回答则自相矛盾。因此，我们必须制定一种标准来确定哪些问卷是有效的，哪些是无效的。适用标准如下：

一份问卷被认为是有效的，如果：

—— 该问卷不含有明显矛盾的回答，

—— 该问卷不含有明显表明调查对象误解了跨国法

含义的回答 [误解的典型例子，如调查对象把"欧盟指令"（EU Directives）当作跨国法的一部分]，并且

—— 调查对象回答的问题数达到了最低值。这个最

---

[34] See UNIDROIT Study, supra note [12], p. 1; Bonell, supra note [12], p. 235.

低值的确定方式为：调查对象必须至少回答了 A、B、C 中的任意一部分以及 D、E 部分的多数问题。确定这一最低回复率时，没有考虑第 3、5、10、17、21、23、26 题。那些附信中的注释等未被采用。

2. 问卷录入筛选

只有那些"有效的"问卷才进入了下一道程序。根据这些标准，有 639 份问卷（占全部调查对象总数的 23.4%[35]）进入了数据录入阶段，并且被转换成了电子版以便用统计软件包进一步评估。[36]

了解采用上述程序的研究具有重要意义。除特别说明外，CENTRAL 研究所涉及的所有百分比数字都是以 639 而不是以 808 的回复总数为基数的。

（二）数据录入程序

在数据录入阶段，所有数据都是匿名的。为了使录入错误降到最低，数据由两人一组进行录入。数据录入完成后，运用可信度测试（plausibility tests）将数据录入阶段的错误排除，因此，可以认为数据库里几乎没有录入错误，但要完全避免录入错误是不可能的。鉴于录入的调查问卷数量很多，这并不影响调查的结果。

问卷中所涉及的有些问题不能简单地回答是或不是，或者从所给选项中任选一项。相反，调查对象需要用文字或者数字加以说明。对于后者，调查对象通常只给出了大约的数字。为了便于整理，他们必须被转化成确数，这是通过以下规则完成的：

---

[35] 不考虑那些明确拒绝填写问卷的回复，这占到了回复问卷总数的89%。

[36] SPSS for Windows, Version 8 and 9.

调查对象回答的内容	录入数据库中的内容
"＜X"（X ∈ 0 . . . N）	X－1
"＞X"（X ∈ 0 . . . N）	X＋1
"X－Y"（X, Y ∈ 0 . . . N; Y＝X＋1）	X
"X－Y"（X, Y ∈ 0 . . . N; Y＞X＋1	平均值（四舍五入）
"约X"（X ∈ 0 . . . N）	X
"几个"、"许多"、"不记得"	－1（特殊值）

为了便于整理那些文字回答的内容，研究团队必须对其进行分类。[37] 当对这些回答及其类别进行分析时，必须牢记语言的模糊性及个人的价值判断必然会影响对这些内容的分类。所以，即便是填写问卷者本人，也不能保证每次都将其文字回答归入同一类。不过，研究团队还是决定要将其分类，因为这样至少可以对这些内容有个大体的了解。

七、CENTRAL 调查结果节选

在分析调查结果时，必须明确一点，即 CENTRAL 调查不具有也不可能具有代表性。[38] 必须依此看待该研究产生的所有数据。

（一）地区分布与合同类型

CENTRAL 调查涉及世界多个地区以及各大洲的多个国家。来自 51 个国家的法律界人士对调查问卷做了回应。[39] 但问卷反馈者的地区分布确实不均衡，有些法域的法律界人士比较积极。另外， 220

---

〔37〕 无法从原文附件 II 中找到分类标准〔to Berger（ed.），supra note〔2〕〕。
〔38〕 参见前文关于"调查对象的选择"的内容。
〔39〕 See〔Berger（ed.），supra note〔2〕，〕Annex III, Charts P/01 et seq.

瑞士和德国的法律界人士在调查开始阶段占大多数，由于瑞士仲裁行业相当发达，而 CENTRAL 则坐落于德国，因此德国的法律界人士在第一时间拿到了调查问卷。[40] 还有个原因就是上述国家的法律界人士熟知 CENTRAL 研究项目，而在其他国家，如美国或者英国，许多法律界人士是在问卷告知函中第一次听说 CENTRAL 及其研究活动。再者，CENTRAL 研究团队对问卷被寄送的大多数美国公司的法务部门负责人不熟悉。所以，只能将调查问卷告知函及简要说明寄给"法务部门负责人"，而不是主管该事务的具体人员。[41] 这极大地减少了上述公司回应的可能性。结果，考虑到近 22% 的调查问卷被寄往美国，来自美国的回馈相对较少。[42] 不过，研究团队收到了来自中国、库克群岛、卡塔尔及叙利亚等遥远法域的反馈。

根据调查对象在他们回答中的反馈信息来看，各个交易或仲裁案所涉及的当事人的国籍分布同样不均衡。关于调查对象在合同谈判和起草中的经验的问题涵盖了 79 个国家，涉及仲裁的问题覆盖了来自全球所有区域的 75 个国家。[43]

答案在国与国之间分布不均恰好符合调查的全球性质。这一点在评估回馈信息时必须予以考虑。

该项研究同样涵盖了一个广泛的交易范围。调查对象在他们的回复中普遍谈到的交易范围有：买卖合同、合资企业、建筑、

---

〔40〕 调查问卷中有 11.67% 发给了居住在德国的法律界人士，有 10.9% 发给了居住在瑞士的法律界人士，见 ［Berger（ed.），supra note 2,］Annex III, Chart R/01 et seq.

〔41〕 参见前文关于"标记姓名的地址与匿名的地址"的内容。

〔42〕 See［Berger（ed.），supra note〔2〕,］Annex III, Chart R/01 et seq.

〔43〕 See［Berger（ed.），supra note〔2〕,］Annex III, Chart H/01 *et seq.* , I/01 et seq. , J/01 et seq.

分销、特许经营合同、自然资源开发合同、并购合同。[44] 但调查对象所称的交易数量明显尚不足以在所涉的交易类型与跨国商法的应用之间建立关联关系。

（二）肯定的反馈

第一组调查结果来自对本次调查的假设[45]持肯定态度的调查对象。 221

1. 法律实践中适用跨国法的意识

CENTRAL 调查最重要的成果之一与国际从业人士在其国际实践中应用跨国法的意识有关。

约 1/3 的调查对象表示，他们在合同谈判和法律选择条款中知道适用跨国商法。[46] 在国际商事仲裁中，这一比例更高（266 人，占 42%）。[47] 这样的差别不足为奇，因为仲裁程序相对自由，而且独立于国内冲突法的传统规则，这为不受国内法律规则限制的国际法律原则及规则的发展与应用提供了理想的背景。[48] 正因如此，在合同起草时，表示一直在合同起草领域接触跨国法的调查对象中有绝大多数（85%）表示，其合同含有仲裁条款。[49] 仲裁的国际性也解释了为什么律师比公司法务拥有更多的跨国法实践经验。因为公司法务只是偶尔接触仲裁，而参与此次调查的许多

---

〔44〕 See［Berger（ed.），supra note〔2〕,］Annex III, Chart G/01.

〔45〕 参见前文"关于法律实践中跨国法律适用情况的早先调查"的内容。

〔46〕 "合同谈判"类 206 人（32%），"合同起草"类 202 人（32%），参见［Berger（ed.），supra note〔2〕,］Annex III, Chart A/01 et seq.

〔47〕 See［Berger（ed.），supra note〔2〕,］Annex III, Chart A/01 et seq.

〔48〕 Schmitthoff, *International Trade Usages*, 1987, No. 71: "实体法经常诞生于程序中，为保持其国际性质，国际仲裁机构创造的法律具有跨国性质，是全新的商人法"; see also David, *Le Droit du Commerce International*, 1987, p. 127 et seq.

〔49〕 在问题 7 中，202 位调查对象中有 185 人表示他们知道在合同起草中使用跨国法的案子，参见［Berger（ed.），supra note〔2〕,］Annex III, Chart K/01.

律师已经是仲裁专家了。

出人意料的是，有很大比例的调查对象在实践中有意识地应用跨国法。在评估该项肯定回复的比率时须明确，问卷调查对象中有很多仲裁专家。[50] 他们习惯性地将比较决策[51]作为跨国商法概念的一个基本前提。[52] 有鉴于此，国际仲裁员通常被视为新商人法的创始人之一。[53] 尽管如此，考虑到反对国际贸易法中存在自治性法律系统的人的主要论据之一是其受国际法律实践所排斥，这么高比例的肯定回复很出人意料。下列事实更能说明这一数据的重要性：在所有三个类别中（合同谈判、合同起草及仲裁），相当多的调查对象表示，他们知道的适用跨国商法的案例不只一个，而是 2～5 个。[54] 有相当一部分人甚至说他们知道 6～10 个适用跨国法理念的案例。[55]

2. 所援引跨国法的内容

有必要指出，由于跨国法概念固有的模糊性，在分析这些反馈信息时，必须了解这一背景即调查对象事实上是否知道这些案例所引用的确切规则。调查再次显示，在全部三个类别中（合同谈判、合同起草及仲裁）存在相对一致的模式。"法律的一般原则"是最常被

---

〔50〕 参见有关"地区分布"的内容。

〔51〕 Fouchard, *L'Arbitrage Commercial International*, 1965, p. 445; Goodman - Everard, Arb. Int'l 1991, 155, 161.

〔52〕 See Berger, *International Economic Arbitration*, 1993, p. 22.

〔53〕 See Berger, supra note〔2〕at I 4.

〔54〕 "合同谈判"类 64 位调查对象（10.02%），"合同起草"类 66 位调查对象（10.32%），"仲裁"类 71 位调查对象（11.27%），参见〔Berger（ed.），supra note〔2〕,〕Annex III, Chart C/01.

〔55〕 "合同谈判"类 24 位调查对象（3.76%），"合同起草"类 19 位调查对象（2.97%），"仲裁"类 19 位调查对象（2.97%）. 参见〔Berger（ed.），supra note〔2〕,〕Annex III, Chart C/01.

引用的术语,[56] 其次是"商人法",[57] 以及《UNIDROIT 国际商事合同通则》。[58] 此外,"跨国法原则"也被频繁引用。[59] 不过,这些数字并不能说明什么,因为"跨国法原则"只能被视为包罗万象而没有任何一般意义。这一结果再次确认了一般商事惯例及跨国商法理论。 223

从法理上讲,针对一般法律原则作为具体及特定法律规则的遗传功能和作为该法律体系中评估过程参考点的功能而言,其被视为新商人法中自治系统的主要组成部分。[60] 在法律实践中,参照跨国法原则一直是跨国商事合同"国际化"的主要途径。[61] 出人意料的是,事实上有相当多的案例参考了"商人法"[62]。在法律实践中适用跨国法时,采用什么样的术语往往对人们是接受抑或反对跨国法起着主要作用。因此,建议人们抛弃"商人法"一

---

〔56〕 "合同谈判"类 149 位调查对象(23.32%),"合同起草"类 136 位调查对象(21.28%),"仲裁"类 183 位调查对象(28.64%),参见〔Berger(ed.),supra note〔2〕,〕Annex III,Chart D/01.

〔57〕 "合同谈判"类 86 位调查对象(13.45%),"合同起草"类 78 位调查对象(12.21%),"仲裁"类 117 位调查对象(18.31%),参见〔Berger(ed.),supra note〔2〕,〕Annex III,Chart D/01.

〔58〕 "合同谈判"类 72 位调查对象(11.27%),"合同起草"类 53 位调查对象(8.29%),"仲裁"类 85 位调查对象(13.30%),参见〔Berger(ed.),supra note〔2〕,〕Annex III,Chart D/01.

〔59〕 "合同谈判"类 50 位调查对象(7.82%),"合同起草"类 36 位调查对象(5.63%),"仲裁"类 67 位调查对象(10.49%),参见〔Berger(ed.),supra note〔2〕,〕Annex III,Chart D/01.

〔60〕 See Dasser, supra note 7, p. 116; Osman, *Les Principles Généraux de la Lex Mercatoria*, 1992, p. 322 et seq.; Berger, supra note〔1〕, p. 222 et seq.; cf. also Schlesinger/Bonassies, *Rev. int. dr. comp.* 15 (1963), 517 et seq.

〔61〕 See e. g. Delaume, ICSID Rev. – F. I. L. J. 1988, 79 et seq.

〔62〕 See supra note〔58〕.

词，使用含义较广的术语"跨国商法"。[63] 考虑到有关跨国商法理论可行性的激烈争论，许多从业人士会觉得"商人法"一词不足以承载附加于商法国际化概念的理论及实践问题。[64] 有位来自欧洲的著名仲裁专家在其问卷中回答道：

> "和其他案件一样，在这些（仲裁）案件中，我确实在我的案情摘要、记录、口头辩论……中援引跨国法规则或商人法，但实际上在所有场合，如果我没记错的话，尽管所有的这些案件都已胜诉，仲裁员通常都避免明确地适用跨国法或商人法！我要补充一点……，根据我的经验，我认识的多数优秀的仲裁员都更喜欢援引'法律的一般原则'或'当事人公认的法律原则'，而非上述新概念中的某一个！
>
> ……很多情况下，仲裁员确实采用过上述有些新颖的概念，但未将其命名。有时他们会根据仲裁庭其他成员的建议避免明确适用上述概念。很明显，他们担心会给败诉方提供主张裁决无效的上诉机会。"

因此，从业者通常都避免适用"商人法"一词，或者自 1994 年 5 月《UNIDROIT 国际商事合同通则》出版以来，他们更喜欢引用这些通则。在序言中，这些原则规定它们"可以在当事人同意其合同受法律的一般原则、商人法或类似原则支配后予以适用"。

224

---

〔63〕 Bamodu, *African Journal of International and Comparative Law*, 1998, 31, 42 et seq.

〔64〕 See Molineaux, J. Int'l Arb. No. 1, 2000, p. 147："……很明显，还有第四类仲裁员，他们暗地里支持商人法，但又不希望自己的偏爱被谣传夸大，进而被打上不确定、不可预测制度的支持者的标签。"

不过，当事人或仲裁员直接引用这些原则有一个优势，即允许当事人援引一整套公平、可行又具体的原则和规则，就像他们引用他们的国内法典一样，而不是让很多当事人或仲裁员感到不适的模糊而抽象的跨国法概念。即使这些原则并不一定是将新商人法"法典化"，[65] 但援引该原则可以帮助律师和仲裁员在谈论跨国商法时，避免出现与跨国商法的理论及实践可行性争论必然相连的冲动和误解。这就是它们在 CENTRAL 调查中经常被提及的原因。这一结果与 1997 年进行的 UNIDROIT 调查相符。在参与 1997 年调查的人中，[66] 有 59% 的调查对象表示，他们曾把通则作为合同谈判的指南，有 13.1% 的人表示曾把该通则作为裁决依据。[67] 最近几项关于该通则在国际商事仲裁中适用的研究进一步确认了两次调查频频提及仲裁的原因。研究显示，该通则确实能够帮助国际商事仲裁员找到"更好的"国际商事纠纷解决方案。[68]

3. 引用跨国法的潜在功能

此次 CENTRAL 调查进一步揭示了一个对于理解法律实践中跨国法概念的功能至关重要的因素。这一点与引用新商人法在合同谈判、合同起草及仲裁中的功能有关。首先请注意，知道适用跨国法的案件，并不必然意味着把跨国法作为准据法。

在这三种类别中（合同谈判、合同起草及仲裁），表示跨国法的适用"与国内法有关"（亦即作为国内法的补充和解释）的调查 225

---

〔65〕 See Berger, supra note 〔2〕, at I 7.

〔66〕 参见前文关于"国际统一私法协会调查"的内容。

〔67〕 See UNIDROIT, supra note 〔12〕, p. 2.

〔68〕 See Berger, 46 *Am. J. Comp. L.* 1998, 129 et seq. ; Bonell, supra note 〔12〕, p. 241 et seq.

对象人数，高于认为跨国法事实上取代国内法作为准据法（*lex causae*）的调查对象人数。[69] 应当强调的是，由于存在多选情形，以上数据只能反映一般趋势。尽管如此，这种答案分布情况折射出了跨国法的灵活性。它也反映了在如今的国际法律实践中使用"笛卡尔实用主义"（Cartesian pragmatism）来处理全球法律程序的国际化问题。[70]

与其浪费时间讨论跨国法如何优于国内法，不如将跨国法的概念置于国内法的框架内来寻找一个可以更好地满足国际商人需求的解决方案。在国际仲裁中，对国内法的"国际有益解释"（internationally useful construction）[71] 观念体现了这一做法，这一观念是由一位 ICC 仲裁员在适用荷兰法审理一起国际合同纠纷案时，借助于 UNIDROIT 通则提出的。[72]

另一部分重要反馈涉及将跨国法用于补充、解释国际统一法

---

〔69〕 "合同谈判"类中，有96位调查对象（占全部调查对象的15.02%，占表示知道跨国法适用的206位调查对象的46.60%）使用跨国法来"补充国内法"，58位调查对象（9.08%/28.16%）用其"解释国内法"。"合同起草"类中有110位调查对象（占全部调查对象的17.21%，占表示知道跨国法适用的202位调查对象的54.46%）将跨国法与"国内法一起使用"。"仲裁类"中有145位调查对象（占全部调查对象的22.69%，占表示知道跨国法适用的266位调查对象的54.51%）用跨国法"补充国内法"，有90位调查对象（14.08%/33.83%）使用跨国法来"解释国内法"。参见［Berger（ed.），supra note〔2〕,〕Annex III，Chart E/01 et seq.

〔70〕 See Berger, supra note〔2〕, Introduction.

〔71〕 See Berger, supra note〔1〕, p. 183 et seq.；Berger, *Festschrift Sandrock*, 2000, p. 49 et seq.

〔72〕 ICC Award No. 8486, Clunet 1998, 1047 with Note Derains, Id., 1050（English translation in Yearbook Commercial Arbitration XXIV（1999）, p. 162 et seq.）; see also Berger, supra note〔1〕, p. 140；Bonnell, supra note〔12〕, p. 243.

的文件（international uniform instruments）。[73] 无论是在理论界还是在实务界，这种做法一直备受瞩目。它有一个重要功能，就是避免国际统一法在被移植到某一具体国内法律体系时，由于该国传统法律解释方法的影响而出现的弱化国际统一法的国际性质或者使其"国内化"。[74] 正因为如此，UNIDROIT《通则》和兰度原则才明确表示它们的作用是"解释或者补充国际统一法的文件"的一种方法。

226

最后，不容忽视的是，有很多调查对象把跨国法作为"一种促进来自不同法律体系，有着不同语言的当事人相互理解的方法"。[75] 这也符合 UNIDROIT 在 1997 年调查的结果，参与该项调查的人中有 30. 9% 表示，在仲裁或者合同谈判时曾使用 UNIDROIT《通则》来消除语言障碍。[76] 对于国际商法的从业者来说，这些问题是很明显且众所周知的。不过，除了语言差异外，法律概念的差异也是阻碍当事人沟通的一大障碍。英吉利海峡隧道建设合

---

〔73〕 "合同谈判"类中，有 29 位调查对象（占全部调查对象的 4. 54%，占表示知道跨国法适用的 206 位调查对象的 14. 08%）使用跨国法来"补充国际统一法"，16 位调查对象（2. 50%/7. 77%）用其"解释国际统一法"。"合同起草"类中有 47 位调查对象（占全部调查对象的 7. 36%，占表示知道跨国法适用的 202 位调查对象的 23. 27%）将跨国法"与国际统一法一起使用"。"仲裁类"中有 38 位调查对象（占全部调查对象的 5. 95%，表示知道跨国法适用的 266 位调查对象的 14. 28%）用跨国法"补充国内法"，有 23 位调查对象（3. 60%/8. 65%）使用跨国法来"解释国内法"。参见〔Berger（ed.），supra note〔2〕,〕Annex III，Chart E/01 et seq.

〔74〕 See Ferrari, Rev. int. dr. comp. 1996, 813, 831; Schwarzenberger, Rec. Cours 1966－I, 1, 9; Kropholler, *Internationales Einheitsrecht*, 1975, p. 287 et seq. ; Goode, *Uniform L. Rev.* 1997, 231, 245.

〔75〕 "合同谈判"类中，有 93 位调查对象（占全部调查对象的 14. 55%，即 206 位调查对象的 45. 15% 表示他们知道跨国法的适用）。"仲裁"类中，有 83 位调查对象（占全部调查对象的 12. 99%，即 266 位调查对象的 31. 2% 表示他们知道跨国法的适用。参见〔Berger（ed.），supra note〔2〕,〕Annex III，Chart E/01 et seq.

〔76〕 See UNIDROIT, supra note〔12〕, p. 2.

同（the Channel Tunnel Construction Contract）的谈判就是诠释这一困境的一个绝佳的例子。[77] 跨国法以功能性法律比较（functional legal comparison）为基础，该方法趋向于透过各国法律表面上的不同，提炼出其背后共同的法律价值和理念。[78] 在合同谈判和仲裁中，这一方法可以有效克服语言和法律差异所带来的障碍。最终，跨国法概念在国际贸易法律及实践中排除语言障碍的功能为新商人法的发展增加了新的动力。此外，从中也可以看出，新商人法是脱胎于商业社会的实际需要而非一些法律专家的理论探讨。

227

4. 特定原则或规则的具体运用

CENTRAL 调查问卷还要求调查对象明确说明在合同谈判中他们具体引用了哪些跨国法原则（问题3）。回馈信息确认了研究团队的预期：很难收到足够的反馈来积累有关特定原则或规则适用情况的重要数据。仅有的相关反馈引用了以下原则："善意"、"有约必守"和"艰难情势/不可抗力"原则。[79] 有一位调查对象表示，曾将某些跨国法规则和原则用作"契约式和解方案"（contractual compromise solutions）或"最小公分母"（lowest common denominator），但仍

---

〔77〕 Berger, supra note〔2〕, Introduction.

〔78〕 *Cf.* Hyland, 34 *Va. J. Int'l L.* 405, 406："尽管事情看起来不同，但比较法的主流方法通常就是要展示明显的差异，**而就深层次而言，不同的法律制度有着共同的根基**"（强调为笔者所加）。Kötz, RabelsZ 54 (1990), 203, 209 *et seq.*："任何比较工作最初的问题都是以……纯粹功能性的方式呈现，比如眼下讨论的问题必须狠下心来从一个人自身法律系统的系统概念及制度方面进行清理，必须以一种全新的语言进行重述：这种语言对利益内在冲突的描述必须能使法律界人士或门外汉、德国人或非德国人都能理解"（作者译）；另见 Esser, *Grundsatz und Norm in der richterlichen Fortbildung des Privatrechts*, 4ᵗʰ edn. 1990, p. 346; Ripert, Rec. Cours 1933 ~ II, 569, 579 et seq.

〔79〕 34 位调查对象（5.32%）提到了"善意/公平/衡平原则"，16 位（2.50%）提到了"有约必守原则"，9 位（1.41%）提到了"不可抗力原则"。参见〔Berger（ed.），supra note〔2〕,〕Annex III, Chart F/01.

未说明使用的具体是哪一条规则。

跨国法的原则和概念一直被人批评为意思太过宽泛、模糊，是商人法无用论的典型例证。到目前为止，只有在反驳这些观点时，以上反馈才具有一定意义。上述数据也体现了法律确定性及可预期性在国际法律实践中的价值。此外，这些看法也一直作为反对商人法的惯用论据。它们甚至与接下来要讨论的第二组调查结果紧密相关。

（三）否定的反馈

"否定"的反馈指那些未确认研究团队[80]关于在法律实践中适用跨国商法的假设的反馈。

CENTRAL 调查显示，跨国商法的理论与实践之间存在极大差距。几十年来，强烈反对新商人法理论的人指出，商人法不是一个完整的法律系统，其原则和规则的含义太模糊，并且缺乏必要的确定性和可预见性，[81] 而依据跨国商法作出的裁决在国内法院可能无法执行。[82]

尽管调查也显示法律从业者对执行性问题普遍给予重大（如果不是极度的）关注，[83] CENTRAL 调查显示，所谓的商人法的不

228

---

　〔80〕　关于"跨国商法的 CENTRAL 研究项目"的内容。

　〔81〕　See Mann, BYIL, 1957, 20, 36："它们［比如跨国法律原则］可能偶尔可以帮助填补空白，但实质上，它们过于基础、过于明显、甚至过于普通，而难以公正地权衡冲突的利益，尤其是既定情形所暗含的法律评价。简而言之，它们经常让自由裁量凌驾于正义之上。"

　〔82〕　对于商人法的更广泛的规范性评论，可以参见 Berger, supra note〔1〕, p. 43 et seq.

　〔83〕　在"合同谈判"类中，有 8 位调查对象（1.25%）提到"不完整性"，有 10 位（1.56%）提到了执行顾虑。在"合同起草"类中，这一比例是 10/8；在"仲裁"类中这一比例是 7/7。See［Berger（ed.），supra note〔2〕,］Annex III, Chart L/01.

完整以及执行问题，在法律实践中并不是主要问题。[84] 与之相比，更重要的是，到目前为止，有关缺少实践经验及无法获得有关跨国商法信息的反馈远远超过有关跨国商法模糊性和不确定性的反馈。[85] 评估这些数据时，必须记住，对缺乏经验及信息而言，调查问卷包含事先准备好的答案，而有关商人法的模糊性及不确定性的论据，则需要调查对象在"适当性"及"其他原因"的大标题下自己填写。即便如此，上述结果证实，在国际贸易中，可预见性及法律确定性并非是绝对的及主导的价值。[86] 上述结果似乎也确认，国际法律实践未遵循以下误导性论点：跨国商法的可行性必然要求其规则和原则的完备性。[87] 相反，很多从业者似乎只是缺少适用跨国法的必要经验和信息。一位调查对象说道："法律顾问和当事人根本就不知道跨国法。"在很多调查对象眼中，正是由于不了解跨国法，合同谈判或仲裁过程才需要大量解释，因此浪费了很多时间。其他调查对象则表示："我们需要一个明确且固定的跨国法定义，以便在实践中加以应用，由于对跨国法的定义和适用不太熟悉，实践中就不太可能引用它。"有一个调查对象直

---

〔84〕 完全填写问卷 D 章（"总体评估"）的 413 位调查对象中，有 310 人（413 的 75. 09%/639 的 48. 51%）表示，裁决的可执行性对于其对跨国商法的评估而言很重要，甚至至关重要。See ［Berger（ed.），supra note〔2〕,］Annex III, Chart L/01.

〔85〕 在"合同谈判"类中，有 48 位调查对象（7. 51%）提到了"模糊性"，58 位（9. 08%）提到了缺少"确定性和可预见性"，却有 162 位（25. 35%）提到了缺少"经验"，124 位（19. 41%）提到了缺少可获得的信息。在"合同起草"类中，这一比例是 48/58 和 169/128（26. 45%/20. 03%）；在"仲裁"类中这一比例是 17/25（2. 66%/3. 91%）和 184/100（28. 79%/15. 65%）。See ［Berger（ed.），supra note〔2〕,］Annex III, Chart L/01.

〔86〕 See Berger, J. Int'l Arb. No. 4（1992），5, 11；Berger, supra note〔1〕, p. 61；see also Wiedemann, *Festschrift Larenz*, 1993, p. 199 et seq.

〔87〕 See Berger, supra note〔1〕, p. 101.

截了当地说："我首先想知道实践中是怎么操作的。"此外，还有许多调查对象表示，正是由于鲜为人知，商人法才缺少必要的法律确定性。一位调查对象说：

> "在当事人之间的法律关系完全由一套（具体明确、众所周知且完备的）跨国法规则所调整时，我承认，双方当事人都将从对适用规则的了解中受益匪浅。"

229

还有一个调查对象谈了很多其他问题，并且抱怨道："我们找不到跨国法的相关资料（如参考书籍、以往案件中的法院判决以及仲裁机构的裁决等）。"最后，一位调查对象强调，要想在某些案件中适用跨国法，合同谈判或仲裁中一方当事人知悉跨国法还远远不够。他说：

> "我想，做法律顾问时我不愿意依赖跨国法还有一个原因：跨国法原则的可预见程度不高，如果我建议前来咨询的客户使用跨国法，就可能承担因此而产生的责任。在合同谈判中，没有人愿意使用太多新规则。如果想引用这些原则与另一方当事人进行谈判，就需要对方有一个同样了解跨国法并知道如何运用的人来协助，但这种情况并不常见。"

因此，覆盖全球的 CENTRAL 调查证实了戈登在佛罗里达州进行的小范围调查的结果。该研究也显示，从业者对 CISG 以及 UNIDROIT《通则》知之甚少。[88] 由此可以推定，多数调查对象

---

[88] 参见前文关于"戈登调查"的内容。

仍然偏爱国内法的原因之一是缺少跨国法方面的信息和实践。[89]

值得注意的是，根据从 CENTRAL 调查中得到的数据来看，反对适用跨国商法的法律从业者主要出于实践原因而非理论方面的教条性保留意见。事实上，当今国际商业实践仿佛陷入了一个截然不同的[90]恶性循环中。调查对象中有 276 人（占 43.19%）[91]表示，跨国法的"接受"问题对评估新商人法的利弊来说是一个重要的（甚至是非常重要的）因素。[92] 但如果没有相关信息，法律从业者根本没有机会接受新商人法。

八、结论

对于从关于跨国法在国际合同法和仲裁中适用的 CENTRAL 调查所获取的数据而言，任何评估都要受到诸多限制。例如，与那些至今从未接触过跨国法的人相比，熟悉跨国法的那些调查对象更倾向于对该调查进行反馈。同时，有的人以非正式的方式回答了问卷问题，但拒绝填写调查表或者提供答案，因此被排除在数据处理过程[93]之外，这些人可能没有接触过跨国法或者反对这一概念。最后，CENTRAL 调查无法也无意提供一个全球法律实践对跨国商法态度的代表性图景。

尽管存在如上保留，CENTRAL 调查已经为以下两个重要的初

---

〔89〕 在"合同谈判"类中有 65 位调查对象（10.17%）；在"合同起草"类中有 61 位调查对象（9.55%）；在"仲裁类"中 41 位调查对象（6.42%）。参见〔Berger（ed.），supra note〔2〕，〕Annex III, Chart L/01.

〔90〕 参见引言部分注释〔8〕.

〔91〕 413 位调查对象中有 66.82%完全填写了调查问卷的 D 章（总体评估），未统计根本未填写 D 章的调查对象人数！

〔92〕 参见〔Berger（ed.），supra note〔2〕，〕Annex III, Chart N/04.

〔93〕 参见前文关于有效的和无效的问卷"的内容。必须强调的是，与收到的反馈总数相比，这类调查对象只占一小部分.

步结论提供了数据支持。

首先，跨国商法已然在国际法律实践中得到运用。[94] 但有迹象表明，与来自民法法系的法律界人士相比，普通法系的法律界人士在传统上比较不愿意接受跨国法概念。[95] 其次，讨论跨国商法理论的法律界人士的假定与国际法律实践的假定和观点间存在极大差距。[96] 跨国法的信息传播似乎跟不上法律实践的全球化以及法律程序的国际化。这说明了为什么调查对象中有 275 人（43.04%）说他们不确定将来是否会适用跨国法，而明确表示将来不会适用跨国法的有 125 人（19.56%）。考虑到明确表示会适用跨国法的 165 人（25.82%），在 639 份"有效"[97] 问卷中，有440 人（68.86%）对新商人法持肯定或者中立态度，而总共只有19.56% 的人反对这一观念。

CENTRAL 调查结果对在全球范围内传播国际商法知识的人提出了新的挑战。他们面临向全球推广国际商法的艰巨任务。正如 231有一位调查对象所说的："跨国法的知识属于每一个有志于从事国际业务的法律界人士。"因此，"营销策略"[98] 对于新商人法的成功来说是必不可少的。法学院课程、法律继续教育、法律评论文

---

〔94〕 参见前文关于"法律实践中适用跨国法的意识"的内容。

〔95〕 英国的法律界人士对 D 章（总体评估）问题 K1 到 K6 的回答显示出比其他法域的法律界人士更不情愿的态度，参见 ［Berger（ed.），supra note〔2〕，］Annex III，Chart M/08 et seq.；Berger，supra note〔2〕，Introduction；一位英国法律界人士反馈道："恐怕我和其他普通法的法律界人士一样，更偏好确定性（源自诺曼征服），因此我会偏向于选择国内法。但如果需要的话，只要我觉得解决纠纷的法庭能为我方提供公正的庭审，我不会拒绝更宽泛的原则。"

〔96〕 参见前文有关"否定的反馈"的内容。

〔97〕 对该分类的讨论参见前文关于"信函"的内容。

〔98〕 See Blase, *Vindobona Journal* 1999, 3, 13 et seq.

章〔99〕以及模拟法庭〔100〕都是解决这一难题的可行之道。另外一个途径就是采用切实可行的方案使得跨国法的内容对国际法律从业者而言是显而易见、易于获取并可以适用的。这可以通过UNIDROIT 出版的国际合同法重述和以及兰度欧洲合同法委员会来完成。另一个选择是公布一个法律数据库，为国际法律从业者提供容易获取且最新的跨国商法的工作工具。CENTRAL 在其理事会（Board of Trustees）的支持下，将于 2001 年初公布一个综合性的跨国商法在线数据库。〔101〕

（丁建勇　译）

---

〔99〕 See Gordon, supra note〔13〕, 368："没有一位［来自私人执业领域的］反馈者表示这些主题不适合成为法律继续教育（CLE）和佛罗里达律师协会文章的内容，这一点令人鼓舞。"

〔100〕 Blase, supra note〔98〕, 14.

〔101〕 Berger 最先提出了这一观点，参见 Berger, *Formalisierte oder " schleichende" Kodifizierung des transnationalen Wirtschaftsrechts*, 1996, p. 213, note〔11〕; see also CENTRAL（ed.）, *Center for Transnational Law*, 1998, p. 18 et seq. ; Berger, in CENTRAL（ed.）, *Transnational Law in Commercial Legal Practice*, 1999, pp. 122, 144; *cf. generally* for the progress of the project at CENTRAL Buchmann, in CENTRAL（ed.）, *Annual Report 1998/1999*, 1999, p. 44; Dubberstein, in CENTRAL（ed.）, *Annual Report 1999/2000*, 2000, p. 58 et seq.

▼
　▼
　　▼

商业规范、商事法典与
国际商事仲裁[*]

克里斯多佛·R. 德拉奥萨

　　本文探讨的内容是，在国际商事仲裁中，各机构和个人能在 233
多大程度上依据商业规范来解决合同纠纷。如果采用商业规范能
为学识渊博的裁判者带来有关信息或者其他方面的利益，人们往
往希望在仲裁规则、法律以及裁决中看到采用这些规范的做法。
事实上，在国际仲裁中，采用成文和不成文的交易惯例已是一个
普遍现象。许多机构仲裁规则和越来越多的国际仲裁法律频频要
求仲裁员考虑或者采用交易惯例。国际仲裁员采用不成文的交易
惯例来裁决合同纠纷；他们也会适用基本原则，如诚信原则，而
这些原则往往要求参照交易惯例。大体说来，证据显示在国际仲
裁中，交易惯例的适用要比丽莎·伯恩斯坦（Lisa Bernstein）教授

---

　　* 最初发表在 2000 （33） *Vanderbilt Journal of Transnational Law* 79， 110 ~ 132. 注释
重新排序。Copyright © 2000 by the Vanderbilt Journal of Transnational Law. 重印已获授权。

在行业协会（trade association）仲裁中看到的更多，[1] 虽然这些证据需要审慎对待……。不过，与以交易惯例为裁决依据相比，以当事人先前的交易行为为裁决依据的则更少见，这一点与丽莎·伯恩斯坦教授的发现一致。[2]

一、机构规则中的商业规范

234　　很多国际仲裁机构的仲裁规则都要求仲裁员在裁决合同纠纷时考虑交易惯例。[3] 例如，国际商会 1998 年版的仲裁规则第 17

---

〔1〕 ［See Lisa Bernstein, "Merchant Law in a Merchant Court: Rethinking the Code's Search for Immanent Business Norms", 144 *U. PA. L. Rev.* 1765 (1996) (hereinafter Bernstein, *Merchant Law*).］来自国际商事仲裁的现有证据一般不得用于确定争议中的交易惯例的内容。规则与法律仅仅要求适用交易惯例，但并没有明确这些惯例是什么。已出版的仲裁裁决通常也不含有对争议中的交易惯例的详细描述。因此，本文没有提及伯恩斯坦后来的实证主张，即"交易惯例"（usages of trade）和"商业标准"（commercial standards），正如在法典中使用的那些术语一样，可能不存在始终不变的含义，即使在联系相对紧密的商人团体中也是如此。［Lisa］Bernstein, ［ "The Questionable Empirical Basis of Article 2's Incorporation Strategy: A Preliminary Study", 66 *U. Chi. L. Rev.* 710, 715 (1999) (hereinafter Bernstein, *Questionable Empirical Basis*).］ For responses, see ［Clayton P.］ Gillette, ［ "Harmony and Stasis in Trade Usages for International Sales", 39 *Va. J. Int'l L.* 707, 710 n. 10 (1999)］;［Jody S.］ Kraus & ［Steven D.］ Walt, ［ "In Defense of the Incorporation Strategy", *in The Jurisprudential Foundations of Corporate and Commercial Law* 17 ~ 20 (Jody Kraus and Steven Walt eds., forthcoming 2000).］

〔2〕 See Bernstein, *Questionable Empirical Basis*, supra note 〔1〕, at 715.

〔3〕 国内仲裁规则通常对交易惯例的问题不作规定。例如，参见美国仲裁协会商事仲裁规则（1999）。至少有部分解释是，国内仲裁规则一般不提及仲裁员的裁决规则。至少在一些国家，评论员已经宣称，国内仲裁的仲裁员经常试图作出公平而非合法的裁决，所以在作出裁决时会充分考虑交易惯例。See Paul D. Carrington & Paul H. Haagen, "Contract and Jurisdiction", 1996 *Sup. Ct. Rev.* 331, 345:

　　"公允及善良原则"（ex aequo et bono）是一个不时被用来描述许多美国商事仲裁精神的拉丁文短语，其追求的是一种公平的、对各方的伤害最小的，并能够与潜在的对手维持有益的商业关系的纠纷解决方法。这样一个仲裁员的角色在欧洲被称为友好公断人（amiable compositeur）。

See also Albert Jan van den Berg, "The Netherlands", at 23 ~ 24, in 3 *International Council for Commercial Arbitration, International Handbook on Commercial Arbitration* (Pieter Sanders & Albert Jan van den Berg eds., 1997) ［hereinafter Handbook］（"在国内实践中，仲裁庭差不多都被当事人授权作为友好公断人。因此，荷兰仲裁协会规则在第 45（1）条规定，仲裁员应友好仲裁，除非当事人约定应根据法律规则进行裁决"）。

条第 2 款规定："在任何情况下，仲裁员均应考虑合同条款以及有
关交易惯例。"[4] 美国仲裁协会的国际仲裁规则也规定："在裁决
合同纠纷时，仲裁庭应当依合同条款作出裁决且应当考虑采用适
合该合同的交易惯例。"[5] 作为世界第三大国际仲裁机构的中国国
际经济贸易仲裁委员会（CIETAC）也有类似规定："仲裁庭应当
根据事实，依照法律和合同规定，参考国际惯例，并遵循公平合 235
理原则，独立公正地作出裁决。"[6] 与之相比，没有任何机构的规
则中规定把双方当事人的先前交易作为裁决依据。

　　根据各个国际仲裁机构的仲裁规则对交易惯例的不同规定，
表 1 对这些机构作了分类。[7] 在所列 44 个仲裁机构中，有 32 个
要求仲裁员"重视"、"关注"或者考虑可适用于纠纷的或者与纠
纷相关的交易惯例。其余 12 个仲裁机构的规则对交易惯例没有规
定；他们不要求仲裁员考虑交易惯例，但也没有加以禁止。

---

　　[4]　国际商会仲裁院仲裁规则第 17（2）条。ICC 显然是借鉴了《欧洲国际商事
仲裁公约》第 7（1）条的规定，April 21，1961，484 U. N. T. S. 349（"欧洲公约"），该
规定如下：

> 当事人可通过协议自行决定仲裁员就争议所适用的实体法。如果当事人没有就
> 应适用的法律作出任何指令，仲裁员可按照其认为可适用的冲突规则的规定，适用
> 某种准据法。在上述两种情况下，仲裁员均应考虑到合同条款和交易惯例。

Id. art. 7（1）（着重号为作者所加）。ICC 在 1975 年修改其规则，增加了交易惯例
的规定。See Giorgio Sacerdoti，"The New Arbitration Rules of ICC and UNCITRAL"，11
J. World Trade L. 248，262（1977）.

　　[5]　International Arbitration Rules of The American Arbitration Association，art. 28
（2）（1997）.

　　[6]　China International Economic And Trade Arbitration Commission，Arbitration Rules
art. 53（1998）.

　　[7]　表 1 并没有反映随机的仲裁机构样本。相反，它收集了在知名国际仲裁文献
中重印的，或者在网上容易获取的仲裁机构的规则。大多数"主要"国际仲裁机构，
和其他很多机构一样，都包含在列表中……

表1 有关交易惯例的仲裁机构规则

要求仲裁员考虑交易惯例的仲裁机构	
– 美国仲裁协会（AAA）	– 德国仲裁协会 *
– 澳大利亚国际仲裁中心 *	– 香港国际仲裁中心 *
– 不列颠哥伦比亚国际商事仲裁中心 *	– 匈牙利商会
	– 印度仲裁员协会
– 开罗区域国际商事仲裁中心 *	– 澳大利亚仲裁员与调解员协会 *
– 俄联邦工商会 *	– 泛美（美洲）商事仲裁委员会 *
– 巴拿马工农商会 *	– 国际商会（ICC）
	– 意大利仲裁协会
– 芝加哥国际纠纷解决协会 *	– 吉隆坡区域仲裁中心 *
– 中国国际经济贸易仲裁委员会（CIETAC）	– 拉脱维亚工商会 *
– 美洲商事仲裁与调解中心	– 米兰国内国际仲裁院
– 争端防止与解决国际协会（CPR）	
– 克罗地亚经济协会 *	– 泰国司法部仲裁协会
– 捷克经济与农业协会	– 荷兰仲裁学会
– 爱沙尼亚工商会	– 葡萄牙工商会
– 维也纳联邦经济协会	– 西班牙仲裁院
– 海湾合作委员会（G. C. C.）商事仲裁中心	– 越南国际仲裁中心
	– 世界知识产权组织
未规定交易惯例的仲裁机构	
– 比利时仲裁与调解中心	– 日本商事仲裁协会
– 芬兰中央商会（CEPANI）	– 韩国商事仲裁委员会
– 日内瓦工商会	– 伦敦国际仲裁院（LCIA）
– 丹麦仲裁协会	– 新加坡国际仲裁中心
– 欧洲—阿拉伯商会	– 斯德哥尔摩商会
– 比利时仲裁协会	– 苏黎世商会

注：带 * 的仲裁机构直接引用了联合国国际贸易法委员会（UNCITRAL）中有关交易惯例的条款。

这些要求仲裁员考虑交易惯例的国际仲裁机构，多数是大型 236
的国际仲裁机构。[8] 表 2 列出了各个仲裁机构在 1992 年受理的新
增国际仲裁案件数。[9]

表 2　新增国际仲裁案（1992 年）

ICC	337	维也纳	70
CIETAC	267	斯德哥尔摩	63
AAA	252	不列颠哥伦比亚	40
香港	185	新加坡	12
LCIA	约 72	澳大利亚	6

虽然我们对这些数据很难作出解释且其真实性有待证实，[10]

---

　〔8〕　仲裁机构的规模是用新增仲裁案的数量来衡量的。

　〔9〕　这些数据的主要来源是吉利斯·韦特（Gillis Wetter）的著作，The Interna-
tionalisation of International Arbitration: Looking Ahead to the Next Ten Years, in *The Interna-
tionalisation of International Arbitration: The Lcia Centenary Conference* 85, 95 ~ 100（Martin
Hunter et al. eds., 1995）（报告了在美国仲裁协会、温哥华、香港、ICC、奥斯陆、斯
德哥尔摩以及维也纳提起的仲裁案；苏黎世商会拒绝披露任何有关数字）．其他来源
有：Arbitration Notes: ACICA 1992 Caseload Hits 380, *Mealey's Int'l Arb. Rep.*, Apr. 1993
（报告了澳大利亚国际商事仲裁中心在 1992 年"处理"了 6 件国际仲裁案件）；Michael
J. Moser, China's New International Arbitration Rules", *J. Int'l Arb.*, Sept. 1994, at 5, 6
（报告了中国国际经济贸易仲裁委员会在 1992 年新受理了 267 件案件）．一些机构的最
新数据见下文的注释 11 ~ 15。〔编者注：最新的统计数据，见本书的附件 1。〕

　〔10〕　See〔Yves〕Dezalay &〔Bryant G.〕Garth〔*Dealing in Virtue: International Com-
mercial Arbitration and the Construction of a Transnational Legal Order* 298 n. 19（1996）〕〔少
数公开的统计数据……需要审慎对待。他们将很多小案件与非常大的案件混合在一起。
同时，统计数据更深层的目的是吸引新客户，试图通过过去的成功来说服他们。我们称
之为"弄假成真"（making it by faking it）〕；Wetter, supra note〔9〕, at 94 n. 9：对于指
定仲裁员的申请，ICC 并不将其登记为一个案件，但仲裁院每年收到的类似请求少于 10
件。相比而言，香港国际仲裁中心和斯德哥尔摩商会仲裁院都将指定仲裁员的申请登记
为案件……此外，国内仲裁和国际仲裁间的差异既无法用同一标准观察，事实上也没有
注明。鉴于上述和其他原因，解读统计数据时必须很谨慎。

但是，这些数据与我们从国际仲裁文献中获取的对这些仲裁机构
的理解是相吻合的。该文献认为 ICC 仍是这一领域的先锋。[11] 众
多的亚洲仲裁中心也在迅速崛起，特别是 CIETAC，[12] 尽管它现在
还未被国际社会所广泛认可。[13] 美国仲裁协会受理的国际案件相
对较多，[14] 其次是伦敦国际仲裁院（LCIA）、维也纳联邦经济协
会、斯德哥尔摩商会[15]（排名不分先后）。表2 所列机构中，只有
伦敦国际仲裁院、斯德哥尔摩商会以及新加坡国际仲裁中心没有
在其仲裁规则中要求仲裁员考虑交易惯例。[16] 即使这些机构事实

237

---

〔11〕 ICC 新增仲裁案自 1992 年起迅速增长，1993 年为 352 件，1995 年为 384 件，
1996 年为 433 件。*ICC Int'l Ct. of Arb. Bull.*，May 1997，at 6.

〔12〕 很多亚洲国际仲裁中心从 1992 年开始迅速崛起。据 CIETAC 披露，在 1993
年其新增仲裁案 504 件，而之后在从其他途径获得的报告中，1994 年新增仲裁案超过
800 件。See William K. Slate II, "International Arbitration: Do Institutions Make a Differ-
ence?", 31 *Wake Forest L. Rev.* 41, 50（1996）；〔Jacques〕Werner, "International Commercial
Arbitrators: From Merchant to Academic to Skilled Professional",〔*Disp. Resol. Mag.*，Spring
1998, at 22,〕24（"拥有每年近 1000 件新增仲裁案，CIETAC 目前已经成为世界上最为
忙碌的国际仲裁机构，同时也是一个真实的成功案例"）。新加坡国际仲裁中心的报告
称，在 1995 年，其新增仲裁案从 1992 年的 13 件增加到 58 件。See Lawrence G. S. Boo,
"Singapore", at 3, in 3 *Handbook*, supra note〔3〕。

〔13〕 See〔James H.〕Carter,〔"*International Commercial Dispute Resolution*",
Disp. Resol. J., Apr. ～Sept. 1996, at 95,〕99 n. 2（CIETAC "报告的国际仲裁案总数甚至
〔比美国仲裁协会〕受理的还要多，但其中很多明显是中国内地和香港当事人之间的争
议。CIETAC 仲裁在非中国当事人之间并不常用"）。

〔14〕 在 1998 年，美国仲裁协会报告其受理了 430 件国际案件，而 1997 年是 320
件。美国仲裁协会，*AAA's 1998 Case Filings Reach All-Time High*, http：//www. adr. org/
drt/drt0499 – 1. html（网页已经无法浏览，历史网页存档于作者处）。

〔15〕 斯德哥尔摩商会在 1993 年受理的案件数为 110 件，1994 年为 100 件，1995
年为 97 件，1996 年为 100 件，1997 年为 110 件，1998 年为 122 件。See Arbitration Insti-
tute of the Stockholm Chamber of Commerce, *Statistics*（2000 年 1 月 19 日访问）< http：//
www. chamber. se/arbitration/english/ institute/statisik. html >。在 1998 年受理的案件中，12
件是依据 UNCITRAL 的规则裁决，11 件是临时仲裁。See Id.

〔16〕 表2 不包括日内瓦工商会和苏黎世商会，因为没有关于这两个机构受理案件
的数据。两个机构的仲裁规则都没有规定交易惯例。

上在一些仲裁中也可能会适用交易惯例。例如，伦敦国际仲裁院在 1992 年 4 月之后的 15 个月内裁决的 91 件案件中，有 10 件是（依当事人的申请）依据 UNCITRAL 规则进行仲裁的，与伦敦国际仲裁院的规则不同，该规则对交易惯例作了规定。[17]

    各机构的仲裁规则对交易惯例的确切表述也有显著差异。[18] UNCITRAL 及其效仿者的仲裁规则，虽然都要求仲裁员考虑交易惯例，但都以合同条款为仲裁的主要依据。UNCITRAL 仲裁规则第 33（3）条规定，仲裁员"应当依据合同条款作出裁决"，而仅仅是"重视"相应的交易惯例。[19] 伯恩斯坦教授研究的美国谷物与饲料协会（NGFA）的仲裁员在选择裁决依据时，即使是很次要的合同条款仿佛都优先于不成文的交易惯例，这些仲裁员只有在合同条款和成文的交易惯例都没有规定时，才以不成文的交易惯例为裁决依据。[20] 相反，ICC 规则通过规定仲裁庭对两者都"应当予以考虑"，明确认为交易惯例与合同条款同等重要。[21] 其他有类似规定的仲裁机构有意大利仲裁协会、米兰国内国际仲裁院、荷

238

---

〔17〕 See Wetter, supra note〔9〕, at 95.

〔18〕 其他差异，参见〔W. Michael〕Reisman et al.,〔*International Commercial Arbitration: Cases, Materials and Notes on the Resolution of International Business Disputes* 256 ~ 259 (1997)〕.

〔19〕 UNCITRAL Arbitration Rules, art. 33（3）.

〔20〕 See Bernstein, *Merchant Law*, supra note〔1〕, at 1777.

〔21〕 See〔Mark〕Garavaglia,〔"In Search of the Proper Law in Transnational Commercial Disputes", 12 *N. Y. L. Sch. J. Int'l & Comp. L.* 29,〕31 n. 7, 42〔(1991)〕; Steven J. Stein & Daniel R. Wotman, "International Commercial Arbitration in the 1980s: A Comparison of the Major Arbitral Systems and Rules", 38 *Bus. Law.* 1685, 1714 n. 184 (1983). But see Carlo Croff, "The Applicable Law in an International Commercial Arbitration: Is It Still a Conflict of Laws Problem?", 16 *Int'l Law.* 613, 642 (1982)（"我们可以看到 UNCITRAL 和 ICC 的规则在形式上的一些差异，但在实质上它们可能并无不同"）.

兰仲裁协会。[22] 至于是否将这些规则付诸实施，则容后讨论。[23]
不过，这些机构至少表面上与《美国统一商法典》（UCC）采用的
裁决方法不同，《美国统一商法典》名义上仍规定合同条款优先于
交易惯例。[24]

　　此外，在这些仲裁规则中所使用的"交易惯例"这个词容易
引起歧义。这个词当然包括工商贸易中成文或不成文的商业惯例。
然而，有些人认为，"交易惯例"一词还包括商人法，即包括国际
贸易习惯和适用于国际贸易的一般法律原则。[25] 就本文的目的而
言，这些歧义无关紧要，因为无论依据哪个解释都要求仲裁员考

239

---

　　[22]　See "Italian Association for Arbitration, Rules for International Arbitration *art.* 22
(3)", reprinted in 21 Y. B. Commercial Arb. 230, 240 (1996); "*Milan Chamber of National
and International Arbitration, International Arbitration Rules art.* 13", reprinted in 21
Y. B. Commercial Arb. 247, 255 (1996); "*Netherlands Arbitration Institute, Arbitration Rules
art.* 47", reprinted in 13 Y. B. Commercial Arb. 205, 224 (1988).

　　[23]　参见下文注释〔44〕~〔55〕及相应正文部分。

　　[24]　See [U. C. C. § § 1 ~ 205 (4) & 2 ~ 208 (2)].

　　[25]　See Emmanuel Gaillard, "The UNCITRAL Model Law and Recent Statutes on Inter-
national Arbitration in Europe and North America", 2 *ICSID Rev.* 424, 434 (1987)〔提到了
"'交易惯例'概念的不确定性"，并且，"一些作者辩称这一概念包含了商人法（即法
律规则），而不仅仅是所讨论的特定行业的习惯做法"，但最后发现这一观点是"站不
住脚"的〕; see also Bernard Audit, "A National Codification of International Commercial Ar-
bitration: The French Decree of May 12, 1981", *in Resolving Trans-National Disputes through
International Arbitration* 117, 134 (Thomas E. Carbonneau ed., 1984)〔"商业惯例"已经
被认为与商人法不同，主要表现在它包含了"习惯做法"，而不是通常所讲的一套规
则，并且限于一个特定的行业部门（有时也限于一个特定的地理区域）〕; Charles
N. Brower, "Arbitrating Against Foreign Governments", 6 *J. Transnat'l L. & Pol'y* 189, 191
(1997)〔"关于商人法这一概念，ICC 仲裁与调解规则第13 (5)条特别规定，'仲裁员
在任何情况下都应当考虑合同条款和与之相关的交易惯例'。"〕(修订版); Croff, supra
note〔21〕, at 641 (指的是《欧洲公约》第7条"包括商人法"的规定，该条规定要求
仲裁员"考虑……交易惯例"); [Larry A.] DiMatteo, ["The CISG and the Presumption of
Enforceability: Unintended Contractual Liability in International Business Dealings", 22 *Yale
J. Int'l L.* 111], 146 [(1997)]（"我们可以确信，诚信是一个通用的交易惯例或习惯"）

虑商业规则。不过，这似乎可以解释为什么有些仲裁机构不愿意在仲裁规则中规定交易惯例。

这些仲裁规则仅仅是当事人可以并且确实在合同中引用的标准合同条款。同理，当事人也可以通过协议改变这些规则，包括要求仲裁员考虑交易惯例的任何规则，只要他们真的需要。但现有证据表明，没有当事人这样做。在一篇对 1987 年和 1989 年 ICC 受理的仲裁案中的仲裁协议的研究中，斯蒂芬·邦德报告说，还没有当事人在仲裁协议中更改 ICC 有关交易惯例的规则。[26]

二、仲裁法中的商业规范

1985 年以前，在国内仲裁法中把交易惯例作为商事纠纷裁决依据的规定还很少见。[27] 1981 年《法国民事诉讼法》第 1496 条规定，在国际仲裁中，"仲裁员应当根据当事人选定的法律规则解决争议；当事人没有选定法律规则时，仲裁员应根据他认为适当的规则解决争议。在任何情况下，仲裁员都应当考虑交易惯例"。[28] 1984 年《吉布提（Djiboutian）国际仲裁法》第 12 条也

240

---

〔26〕 See Stephen R. Bond, "How to Draft an Arbitration Clause (Revisited)", *ICC Int'l Ct. of Arb. Bull.*, Dec. 1990, at 14, 19, 21（考察了 ICC 在 1987 年受理的 237 件仲裁案，以及在 1989 年受理的 215 件仲裁案中的仲裁条款，没有一件明显修改了有关交易惯例的规则）（该文第三部分重印）.

〔27〕 See Yves Derains, "Possible Conflict of Laws Rules and the Rules Applicable to the Substance of the Dispute", *in International Council for Commercial Arbitration*, *Uncitral's Project for a Model Law on International Commercial Arbitration* 169, 174 (Pieter Sanders ed., 1984)（引用了文章所讨论的法国和吉布提的法律，作为仅有的两个例子）; see also European Convention, supra note〔4〕. Derains 解释道："未作规定的理由可能是基于这一事实，即国内法律已经在很长时间内忽视了国际仲裁的特点，并且不愿意承认。"Derains, supra, at 174.

〔28〕 The Arbitration Law of France, art. 1496, reprinted *in* 7 *Y. B. Commercial Arb.* 271, 280 (1982).

有类似规定。[29] 但绝大多数国家的有关仲裁的法律都未对此问题予以规定。

　　然而，自 1985 年以后，这种情况迅速改变。从 1986 年《荷兰仲裁法》开始，有 28 个国家陆续修订了仲裁法，增加了要求仲裁员考虑交易惯例的规定。如表格 3 所示，在《国际商事仲裁手册》（International Handbook on Commercial Arbitration）最近刊登的 58 部仲裁法中有 29 部都包括该项规定。[30] 此外，在 1985 年之后修改的 39 部仲裁法中，有 28 部现在要求仲裁员考虑交易惯例。之前对交易惯例未作规定的多数仲裁法（29 部中有 18 部）在 1986 之前都作了修改。[31]

表3　关于交易惯例的仲裁法

要求考虑交易惯例（未效仿 UNCITRAL）	借鉴 UNCITRAL 示范法（1985 年版）	未规定交易惯例
		日本（1890）
		希腊（1971）
		丹麦（1972）
		韩国（1973）
		以色列（1974）
		南非（1978）

---

　　〔29〕 See Derains, supra note〔27〕, at 174（"在所有情况下，仲裁员都应当考虑合同约定，并适用国际贸易惯例"）.

　　〔30〕 See〔Appendix II in Christopher R. Drahozal, "Commercial Norms, Commercial Codes, and International Commercial Arbitration", 33 *Vand. J. Transnat'l L.* 79, 140（2000）〕.

　　〔31〕 其中至少有一个国家，即南非，正在考虑颁布 UNCITRAL 示范法。See South African Law Comm'n, *Report on an International Arbitration Act for South Africa*（July 1998），〈http：//www. law. wits. ac. za/salc/report/arbitration. pdf〉（建议南非颁布 UNCITRAL 示范法）.

要求考虑交易惯例 （未效仿 UNCITRAL）	借鉴 UNCITRAL 示范法（1985 年版）	未规定交易惯例
		利比亚（1980）
		马来西亚（1980）
		挪威（1980）
法国（1981）		阿根廷（1981）
		印尼（1981）
		卢森堡（1981）
		瑞典（1981）
		土耳其（1982）
		奥地利（1983）
		沙特阿拉伯（1983）
		波兰（1984）
		比利时（1985）
荷兰（1986）	加拿大（1986）	葡萄牙（1986）
	塞浦路斯（1987）	瑞士（1987）
		泰国（1987）
	尼日利亚（1988）	西班牙（1988）
	澳大利亚（1989）	
	苏格兰（1990）	美国（1990）
		哥伦比亚（1991）
	秘鲁（1992）	芬兰（1992）
罗马尼亚（1993）	百慕大群岛（1993）	
	保加利亚（1993）	
	墨西哥（1993）	
	俄罗斯联邦（1993）	
	突尼斯（1993）	
中国（1994）*	巴林（1994）	捷克（1994）
意大利（1994）	埃及（1994）	
	匈牙利（1994）	
	新加坡（1994）	

要求考虑交易惯例 （未效仿 UNCITRAL）	借鉴 UNCITRAL 示范法（1985 年版）	未规定交易惯例
	乌克兰（1994）	
	肯尼亚（1995）	斯里兰卡（1995）**
	印度（1996）	英格兰（1996）
	马耳他（1996）	巴西（1996）***
	新西兰（1996）	
	津巴布韦（1996）	
	香港（1997）	
	德国（1998）	
	爱尔兰（1998）	

注：* 要求以"公平合理"的方式解决纠纷。

   ** 采用 UNCITRAL 示范法，但修改了交易惯例的规定。

   *** 要求当事人同意。

241   发生以上变化至少有两个可能的原因。首先，各国争相作为仲裁地的竞争加剧。[32] 越来越多的国家正以专门的国际仲裁法取

242 代从前主要为国内仲裁制定的，但也适用于国际仲裁的仲裁法。[33] 或许是这种国际管辖权竞争（interjurisdictional competition）促使各国竞相采用含有要求仲裁员考虑交易惯例规定的仲裁法。如果真是这样，那么将会有更多的新仲裁法（当然不可能是全部）对交易惯例作出规定。这正好是对本文主题的有力支持。

    其次，1985 年 UNCITRAL 发布了《国际商事仲裁示范法》，这大大降低了那些正在更新仲裁法的国家的成本。表 3 中所列的 29 部要求仲裁员考虑交易惯例的仲裁法中，UNCITRAL 认为有 24 部采用了其示

---

〔32〕 See Dezalay & Garth, supra note〔10〕, at 6.

〔33〕 See〔Drahozal, supra note〔30〕, at 140〕, Appendix II.

范法，只是略有修改。这些采用 UNCITRAL 示范法的国家作为国际仲裁地的历史通常都不长。[34] 这表明采纳（法律）的便捷在促成这些国家采纳示范法的决定中起了重要作用，同时也可避免从将有关交易惯例的规则纳入国内仲裁法中得出过于死板的结论。

与上文讨论的仲裁规则一样，仲裁法中有关交易惯例的措辞也各不相同。[35] UNCITRAL 示范法第 28 条第 4 款就效仿了 UNCITRAL 的仲裁条款：仲裁员"应当根据合同条款进行裁决并且应当考虑适用于该交易的交易惯例"。[36] 几乎所有以 UNCITRAL 示范法为基础制定仲裁法的国家都采用了类似措辞。但埃及例外，其仲裁法要求仲裁员"依据合同和交易惯例作出裁决"。[37] 意大利似乎也认为合同条款和交易惯例同等重要。[38] 法国和荷兰的法律则只规定了交易惯例并要求仲裁员在所有案件中都要考虑交易惯例。[39] 斯里兰卡对 UNCITRAL 示范法作了修改后规定："仅在当 243

---

[34] See [Filip] De Ly, ["The Place of Arbitration in the Conflict of Laws of International Commercial Arbitration: An Exercise in Arbitration Planning", 12 *Nw. J. Int'l L. & Bus.* 48,] 49 [(1991)] ("广义上说，使用示范法的国家在国际商事仲裁领域少有自己的传统。因此，示范法似乎只达到了其最原始的目的，即成为了快捷地推广仲裁法或使之更加现代化的工具……"）.

[35] 参见前文注释〔18〕~〔24〕及相应正文部分。

[36] UNCITRAL 国际商事仲裁示范法，第 28（4）条。

[37] Law No. 27 for 1994 Promulgating the Law Concerning Arbitration in Civil and Commercial Matters (Egypt), art. 39 (3), reprinted in 2 Handbook, supra note〔3〕, at Egypt: Annex I ~ 11.

[38] See Codice Di Procedura Civile [C. P. C.] art. 834, reprinted in 2 Handbook, supra note〔3〕, at Italy: Annex I ~ 8.

[39] See Code Civil [C. CIV.] art. 1496, reprinted *in* 2 *Handbook*, supra note〔3〕, at France: Annex I ~ 9; Code of Civil Procedure art. 1054 (4), reprinted in 3 *Handbook*, supra note〔3〕, at The Netherlands: Annex I ~ 9. De Ly 认为："荷兰仲裁法草案的说明性文件明确指出，只要当事人已经同意或者并没有选择法律，国际案件的仲裁员就可以适用商人法。" [Filip] De Ly, [*International Business Law and Lex Merctoria*] 250 [(1992)]. 此探讨并非指荷兰法中的交易惯例条款，而是指其他规定中的此类条款。

事人明确表示同意的情况下，仲裁庭才应依照公平正义的原则或者交易惯例作出裁决。"[40] 斯里兰卡似乎是从广义的（即包括商人法）而不是从狭义的角度（即仅仅是指商业惯例）来诠释示范法中的交易惯例。[41] 其他国家，如英格兰，它们的新仲裁法虽然也受 UNCITRAL 示范法的影响，但并没有规定交易惯例，这似乎是出于同样的考虑。[42]

国内仲裁法的规定，充其量是为按商业规则来裁决合同纠纷的做法提供了不确定的支持。许多国内仲裁法在不同程度上要求仲裁员考虑交易惯例，但这绝不是普遍现象，并且明显受到了 UN-CITRAL 示范法的影响。没有一部仲裁法有任何针对履行过程或交易过程的类似规定。

三、裁决中的商业规范

国际仲裁员在作出裁决时同样会考虑商业规范。尽管国际仲裁员也都会优先考虑合同条款，但和伯恩斯坦教授谈到的行业协会仲裁员相比，他们在判案时通常不会仅仅流于形式。本节主题的结论主要来源有两个：第一是国际仲裁案的参与者（律师和仲裁员）针对国际仲裁员如何判案所作的令人印象深刻的报告；第二是裁决本身。但实际上只有小部分非随机抽样的裁决得以出版，且多数来自于 ICC 仲裁。此外，这些已出版的裁决编辑的都很粗糙，很难从中看出仲裁员是如何或者在多大程度上依据商业规范

---

〔40〕 See Arbitration Act, No. 11 of 1995 art. 24 （4）, reprinted in 3 *Handbook*, supra note 〔3〕, at Sri Lanka: Annex I ~7.

〔41〕 参见前文注释〔25〕及相应正文部分。

〔42〕 See Stewart R. Schackleton, "The Applicable Law in International Arbitration Under the New English Arbitration Act 1996", 13 *Arb. Int'l* 375, 384 ~385 （1997）.

作出裁决的。[43] 因此，像伯恩斯坦教授曾详尽研究美国谷物与饲料协会裁决那样来全面研究这些裁决是不可能的。但我们也可以从这种证据中得出一些一般结论。

（一）交易惯例与明文条款

ICC 的仲裁员通常都会引用 ICC 有关交易惯例的规则，[44] 即 244
"在任何情况下，仲裁员均应考虑合同条款以及有关交易惯例"。[45] 正如有一位仲裁员在 ICC 第 4237 号裁决书中引用《法国仲裁法》和 ICC 规则后写道："毋庸置疑，仲裁员应当在不违背准据法强制性规定的条件下考虑 [合同条款和交易惯例]"。[46]

虽然如此，当合同条款很明确时，国际仲裁员可能会优先适用合同条款，而不是交易惯例，不管机构规则如何措辞。正如皮

---

〔43〕 一个更大的困难在于公开的裁决理由可能并不是真正的理由。See Bernstein, *Merchant Law*, supra note〔1〕, at 1776 n. 37.

〔44〕 See, e. g. , ICC Interim Award in Case No. 5314 of 1988, 20 *Y. B. Commercial Arb.* 35, 36, 39（1995）; ICC Final Award in Case No. 6527 of 1991, 18 *Y. B. Commercial Arb.* 44, 46（1993）; ICC Final Award in Case No. 5713 of 1989, 15 *Y. B. Commercial Arb.* 70, 71（1990）; ICC Final Award in Case No. 5485 of 18 Aug. 1987, 14 *Y. B. Commercial Arb.* 156, 161（1989）; ICC Award of Feb. 17, 1984, Case No. 4237, 10 *Y. B. Commercial Arb.* 52, 55（1985）; ICC Award of 1982, No. 2930, 9 *Y. B. Commercial Arb.* 105, 105（1984）; ICC Award of Feb. 16, 1983, No. 3493, 9 *Y. B. Commercial Arb.* 111, 117（1984）; ICC Award Made Oct. 3, 1980, Case No. 3540, 7 *Y. B. Commercial Arb.* 124, 128～129（1982）; ICC Award Made Nov. 29, 1980, Case No. 3380, 7 *Y. B. Commercial Arb.* 116, 119（1982）.

〔45〕 Rules of Arbitration of the International Chamber of Commerce, supra note〔4〕, art. 17（2）.

〔46〕 ICC Award of Feb. 17, 1984, Case No. 4237, 10 *Y. B. Commercial Arb.* 52, 55（1985）; see also Harold J. Berman & Felix J. Dasser, *The "New" Law Merchant and the "Old"：Sources, Content, and Legitimacy*, in Lex Mercatoria and Arbitration：A Discussion of the New Law Merchant 53, 65（Thomas E. Carbonneau ed. , rev. ed. 1998）〔hereinafter Lex Mercatoria and Arbitration〕（"国际仲裁员通常会毫不犹豫地适用国际商事习惯作为他们裁决的基础，包括国际贸易中的合同惯例"）.

尔特·桑德斯（Pieter Sanders）解释道，以他在国际仲裁中的经历，"如果合同条款是明确的，仲裁员会优先考虑合同条款"。[47] 因此，桑德斯总结道，ICC 仲裁规则关于交易惯例的规定与更重视合同条款的 UNCITRAL 第 33（3）条的规定，"在仲裁实践中"的差异可能"几乎为零"。[48] 尽管当事人的合同对仲裁结果很少起决定性作用，但仲裁员仍明确表示它应当占主导地位。[49]

245 　　另一方面，在已报告的裁决中，有迹象表明，国际仲裁员在考虑交易惯例时会对明文规定的合同条款不予理会。[50] 在 ICC 第 3820 号裁决中，独任仲裁员基于合同条款的潜在目的和国际贸易

---

〔47〕 Pieter Sanders, Commentary on UNCITRAL Arbitration Rules, 2 *Y. B. Commercial Arb.* 172, 211 ~ 212（1977）.

〔48〕 Id. at 212; see also ICC Partial Award Rendered in 1986 in Case 4840, reprinted in〔SIGVARD〕Jarvin et al.,〔Collection of ICC Arbitral Awards：1986 ~ 1990〕, at 465, 472 ~ 473〔（1994）〕（"仲裁庭规定，在本案中将优先适用当事人在其关系中建立的规则，也就是说，适用于此问题的相关交易惯例是对合同条款的补充"）（斜体部分省略）（Jarvin 评论道："仲裁员〔在本裁决中〕作出的有关准据法的决定是与 ICC 仲裁案件的最新实践相吻合的"）。

〔49〕 See Mobil Oil Iran Inc. v. Iran, 16 Iran-U. S. Cl. Trib. Rep. 3, 48（1987）：
申请人援引诚信原则、交易惯例和公平原则的事实清楚地表明，此项诉求并不能在法律中找到依据……对于能够从这种情况中获得利益的对方当事人而言，诚信和公平原则未必会为其创设同意修改原始合同的义务，至少在整个合同仍对双方当事人都有益的情况下如此。
See also ICC Award Made in Case No. 2103 in 1972, 3 *Y. B. Commercial Arb.* 218, 218 ~ 219（1978）（否认："与当事人在合同中明确表示的意愿相悖……或者与商事问题中，尤其是国际贸易关系中普遍认可的习惯和惯例相悖"；声称：相关合同条款"极其清楚和准确"，因此，"清楚表达的当事人意愿应当在其全部范围内受到尊重"）（首次修改）；ICC Final Award in Case 6829 of 1992, 19 *Y. B. Commercial Arb.* 167, 172（1994）：
货物装卸合同（Cargo Handling Contract）……应根据适用于此种合同的卢森堡相关法律、相关交易惯例和法律基本原则进行解释……仲裁庭的观点（最终也成为了当事人的观点）是，货物装卸合同应根据合同条款，以及作为当事人意愿最好证明的合同语言进行解释（二次及三次修改）。

〔50〕 See ICC Award Made Oct. 23, 1979, in Case No. 3316, 7 *Y. B. Commercial Arb.* 106, 109 ~ 110（1982）（否认基于"银行业实践"中的惯例，"'无条件'一词不应做字面解释"的论点没有依据）。

惯例，透过合同条款的表面意思予以解释。[51] 有一份关于食品销售的合同这样规定道：买方将开立一张以卖方为收款人的不可撤销信用证（irrevocable letter of credit），"如果开证人已经收取货物"，开证行（即买方银行）则同意付款。[52] 最后，买方拒收货物，其开证行也拒付货款。在对银行提起的仲裁案中，仲裁员"承认从字面意思看，开证人可以通过拒收货物的方式，使'开证人已经收取货物'的条件不能实现，从而根据自己的意愿决定收款人是否能够收到货款"。[53] 但仲裁员却解释道，该信用证"符合适用于该领域的国际贸易惯例"，并且以该合同条款的字面意思进行解读"不符合跟单信用证（documentary credit）的特点和开立目的"为由将其否决。[54] 仲裁员最后判定，"'开证人已经收取货物'这句话的意思应当还包含：开证人如果想收取货物早就可以收取的情形"，这就为该合同条款赋予了"能够在商事和贸易领域被理解和接受的含义"。[55]

（二）解释及填补漏洞中的交易惯例

在合同条款规定不明确或意思不完整时，国际仲裁员以各种方式依据交易惯例进行裁决。仲裁员在解释有歧义或意思模糊的

---

〔51〕 ICC Award Made July 13, 1981, in Case No. 3820, 7 *Y. B. Commercial Arb.* 134 (1982).

〔52〕 Id. at 134.

〔53〕 Id. at 136.

〔54〕 Id. at 135, 136.

〔55〕 Id. at 136.

246 合同条款时，常常对成文和不成文的交易惯例都会予以考虑。[56]
即使当事人并没有明确表示同意适用成文交易惯例，仲裁员可以
依据成文交易惯例来解释合同条款，[57] 他们也会毫不迟疑地依据
不成文的交易惯例来解释合同条款，如果他们发现这些惯例有用
的话。[58] 仲裁员同样可以用交易惯例来填补当事人书面合同中的
漏洞。[59] 例如，在 ICC 第 4145 号终审裁决中，当情势变更使约定

---

[56] See Karl-Heinz Böckstiegel, "The Legal Rules Applicable in International Commer-
cial Arbitration Involving States or State – controlled Enterprises", in *International Chamber of
Commerce*, 60 *Years of ICC Arbitration*: *A Look at the Future* 117, 169 (1987) ("〔交易惯
例〕并不是一个独立的'准据法'，但国际仲裁员在解释合同条款时应对其予以考
虑"); *Julian D. M. Lew*, *Applicable Law in International Commercial Arbitration* 466 (1978)：
很少有裁决是完全基于标准模糊的商事习惯和交易惯例作出的。通常，习惯和惯例
往往被用来论证那种无论如何都能够得出的结论（也就是说，用来表明并没有实质上的
冲突），或者用来快速认定当事人之间协议的真实意思。

[57] 〔Klaus Peter〕 Berger, 〔International Economic Arbitration〕 575 & n. 516
〔(1993)〕（引用国际商会第 3130 号和第 3894 号裁决）; Ole Lando, "The Law Applicable
to the Merits of the Dispute", in *Essays on International Commercial Arbitration* 129, 146 n. 92
〔(Petar Šarčević ed., 1989)〕（引用 ICC 第 3894 号和第 3281 号裁决）. 此处和他处，笔
者依据的是只在法国出版的英文版的 ICC 裁决。

[58] 〔Lord Justice〕 Mustill, 〔"The New Lex Mercatoria: The First Twenty-Five Years",
in *Liber Amicorum for the Rt. ttou. Lord Wiblerforce* 149,〕 157 〔(Maarten Bos & Ian Brownlie
eds. ,1987)〕（"毋庸置疑，〔被广泛适用的惯例〕是仲裁庭判断当事人依合同确立的权利
和义务的重要因素,也因为不论成文与否,此种惯例都已被默认于合同当中"); see Ad
Hoc Partial Award on Liability of 12 September 1986,15 *Y. B. Commercial Arb.* 11,17 (1990)
（注意"一般海事惯例"对合同条款的解释）; ICC Preliminary Award in Case No. 5505 of
1987,13 *Y. B. Commercial Arb.* 110,114 (1988)（解释法律适用规则时,要考虑"一个从事
国际贸易的理性当事人,基于诚信原则,将对该句话如何理解"以及当事人在选择准据法
时的通常做法）; ICC Award Made in Case 2637 in 1975,2 *Y. B. Commercial Arb.* 153,154
(1977)（说明了"对有关船运买卖的贸易条款的一般解释"）.

[59] See ICC Final Award in Case No. 5485 of 18 Aug. 1987, 14 *Y. B. Commercial
Arb.* 156, 172 (1989) 〔在合同没有规定时，依据交易惯例来决定"最大可分利益"
(maximum distributable dividend)〕; Ad Hoc Award of May 29, 1979, 7 *Y. B. Commercial
Arb.* 81, 82 (1982)（在当事人无法证明存在此种惯例时,担任调解员的仲裁员则不会依
据交易惯例来填补合同的漏洞）.

的佣金率无法兑现时，仲裁庭"通过采用相关的交易惯例调整了当事人之间的协议"，以确定一个适当的佣金率。[60] 仲裁员同样也采用交易惯例来评判当事人在他们合同项下的履行情况，[61] 比如，判定一方当事人的履行是否合理，或者证明另一方当事人的违约 247 请求是正当的。[62]

在私人当事人与国外政府之间的仲裁中，依据交易惯例显得尤其明显。例如，在沙特阿拉伯和阿拉伯—美国石油公司（*Aram-co*）之间的临时仲裁案中，仲裁员用"一种直白的、通常的、普

---

〔60〕 ICC Final Award of 1986 in Case No. 4145, 12 *Y. B. Commercial Arb.* 97, 110 (1987).

〔61〕 See Böckstiegel, supra note〔56〕, at 169（"在评价合同当事人的履约情形时，国际仲裁员应考虑〔交易习惯〕"）；Lew, supra note〔56〕, at 466（"在其他的案件中，习惯和惯例被用来作为适用于争议的某些特定方面的可适用准则"）.

〔62〕 See ICC Final Award in Case No. 6527 of 1991, 18 *Y. B. Commercial Arb.* 44, 47 ~ 48（1993）（在合同没有"明确规定开立信用证的时间"时，依据"惯例"来确定开证的合理时间）；ICC Final Award in Case No. 5713 of 1989, 15 *Y. B. Commercial Arb.* 70, 72 (1990)〔根据《联合国国际货物销售合同公约》（CISG）来"反映国际买卖中被广泛认可的有关货物与约定不符（non-conformity of goods）问题的惯例"〕（引用 ICC 有关交易惯例的规则）；ICC Final Award in Case No. 6076 of 1989, 15 *Y. B. Commercial Arb.* 83, 94 ~ 95（1990）（依据"交易中充分知晓的"事实来判断违约后的转卖行为是否合理）；ICC Award No. 2583, 1976, quoted in Lew, supra note〔56〕, at 470：

这充分说明可以根据多数国家，尤其是利比亚市场中对此问题广泛认可的惯例，来判断该工头的一个或几个严重违反实质义务的行为能否使西班牙缔约者在其工作过程中离开船坞的行为正当化……。

See also ICC Final Award in Case No. 6268 of 18 May 1990, 16 *Y. B. Commercial Arb.* 119, 124（1991）（依据"工业惯例"来决定自命代理人是否有权加入协定而参与仲裁）；ICC Award in Case No. 4667 of 1984, described in Paul Bowden, "L'Interdiction de se Contredire au Detriment d'Autrui（Estoppel）as a Substantive Transnational Rule in International Commercial Arbitration", in *Transnational Rules in International Commercial Arbitration* 125, 133（Emmanuel Gaillard ed. , 1993）（认为尽管商业董事超出了其权限，但其签订的合同对公司仍有拘束力；仲裁庭适用了"诚信原则"和"相关交易惯例"）.

遍的意思，即能够被石油行业所认可的意思"来解释石油特许权。[63] 在裁决的其他地方，仲裁庭解释道："如果不想只满足于一些抽象的推理，并且不想漠视事实的存在和石油工业的需求，那么就不能忽略双方当事人在签订合同时都知道的商业实践和惯例。"[64] 但是，由于这种涉及国家与私人当事人之间仲裁的特殊性，在此类仲裁中适用交易惯例对于一般仲裁实践来说是不充分的证据。[65]

（三）诚信义务

248　　与美国谷物与饲料协会的仲裁员不同，国际仲裁员在解决合同纠纷时常常会依赖于对诚信的考虑。国际仲裁庭很乐意采用内国

---

　　〔63〕　Saudi Arabia v. Arabian American Oil Co. (Aramco) , 27 *Int'l L. Rep.* 117, 179 (ad hoc arbitration Aug. 23, 1958).

　　〔64〕　Id. at 188; see also ICC Final Award in Case No. 3572 of 1982, 14 *Y. B. Commercial Arb.* 111, 116 ~ 117 (1989) （拒绝适用国内法，而适用了"国际认可的调整合同关系的法律原则"；仲裁庭解释说："这是国际仲裁界通用的一般惯例，特别适用于石油开采特许权领域，并且对瑞士的仲裁尤其适用。事实上，这一为当事人所熟知的惯例，应视为代表了他们的默示意愿"）；Mobil Oil Iran Inc. v. Iran, 16 Iran – U. S. Cl. Trib. Rep. 3, 27 ~ 28 (1987) （认定石油买卖协议不受一方当事人的国内法调整，而应适用国际法和商事法的基本原则；"这一结论与第29条的精神以及交易惯例相吻合，这些惯例在国家和外国公司的协议中，特别是在石油行业，均有所体现，并且在数个新近仲裁裁决中得到了确认"）（引自裁决书）.

　　〔65〕　也许，在这种仲裁中，选择交易惯例和商人法作为准据法应视为国家为使合同相对方安心而采取的一种预先承诺手段，如此一来，合同相对方就不必担心国内法今后的变化了。参见 Lando, supra note 〔57〕, at 143 ~ 144 （说明在一方是政府或者政府企业，另一方是私人企业的合同中，经常使用要求仲裁员适用商人法的条款。政府一方不希望受到外国法律的约束。私人一方也不愿意合同由该政府国的法律调整，因为在合同订立后，其法律有可能会变得对自己不利）.

　　But see Georges R. Delaume, "The Myth of the Lex Mercatoria and State Contracts", in *Lex Mercatoria and Arbitration*, supra note 〔46〕, at 111. *cf.* Geoffrey P. Miller, "Choice of Law as a Precommitment Device", in *The Fall and Rise of Freedom of Contract* (F. H. Buckley ed. , 1999).

法律的诚信要求,并发现合同的一方当事人未按诚信行事。[66] 此外,国际仲裁员经常表示,国际合同的当事人都应当依诚信行事,不管内国法律是否有此规定。[67] 确实,很多评论员已经把诚信义务看作是在国际仲裁中发展起来的国际贸易法的基本原则之一。[68]

---

[66] See Cairo Regional Centre for International Commercial Arbitration Final Award of 21 Dec. 1995,22 *Y. B. Commercial Arb.* 13,17 ~ 18（1997）（埃及法）; Hamburg Chamber of Commerce Partial Award of 21 March 1996,22 *Y. B. Commercial Arb.* 35,42（1997）（德国法）（"诚信原则也适用于分期交付的国际货物买卖合同"）; ICC Final Award in Case No. 8362 of 1995,22 *Y. B. Commercial Arb.* 164,168 ~ 169（1997）（纽约法）; Ad Hoc UNCITRAL A-ward of 17 November 1994,21 *Y. B. Commercial Arb.*（1996）13,34（"诚信是所有阿拉伯国家普遍适用的基本法律原则之一"）; ICC Final Award in Case No. 6283 of 1990,17 *Y. B. Commercial Arb.* 178,181（1992）（"仲裁庭认为,被申请人并没有基于诚信原则履行其合同义务,因而构成违约"）; ICC Partial Award in Case No. 5073 of 1986, 13 *Y. B. Commercial Arb.* 53,65（1988）（"申请人应依诚信原则向被申请人履行于 1983 年 3 月 9 日延长的合同,因而有义务对终止合同作出充分的提示,但实际上申请人并没有这样做"）; ICC Award on the Merits（of December 29, 1972）Made in Case No. 2114, 5 *Y. B. Commercial Arb.* 189,190（1980）（"该争议正是那种能表明诚信具有至高重要性的案件"）.

[67] See Ad Hoc Award of April 1982,8 *Y. B. Commercial Arb.* 94,116（1983）〔论证 "有悖于诚实信用的基本原则和有约必守（*pacta sunt servanda*）的基本原则,这两项原则是所有合同关系的构成基础（特别是在国际事务中）,并且尤其受到国际商事惯例和国际法的推崇"〕; ICC Partial Award Made（June 14,1979）in Case No. 3267,7 *Y. B. Commercial Arb.* 96,100（1982）（"这种突然的扣减事前毫无征兆,作出这一扣减的同时也没有进行声明,这看上去并不符合履行合同时应当遵守的诚信原则"）（仲裁员被授权作为"友好公断人"）; Arbitral Tribunal of Hamburg Friendly Arbitration Award of January 15, 1976, 3 *Y. B. Commercial Arb.* 212,213（1978）〔"上述原则并非基于德国法律规则,而是源于贸易领域的诚信原则。这些原则由于其特性而具有超国家的效力（supra-national validity）"〕; ICC Award Made in Case No. 1784 in 1975,2 *Y. B. Commercial Arb.* 150,150（1977）（"要求在确定当事人的义务及其履行状况时,应当适用诚信原则,在涉及国际合同时尤应如此"）.

[68] See Thomas E. Carbonneau, "Rendering Arbitral Awards with Reasons: The Elabora-tion of a Common Law of International Transactions", 23 *Colum. J. Transnat'l L.* 579, 590 (1985)（"ICC 的仲裁员将诚信义务视为国际商事惯例的一部分"）; Bernardo M. Cremades, "Practitioners' Notebook: The Impact of International Arbitration on the Development of Business Law", 31 *Am. J. Comp. L.* 526, 527 (1983)（"仲裁庭进行裁决时,将诚信作为国际合同领域的首要规则"）; Mustill, supra note〔58〕, at 174 & n. 88（认为商人法除了其他内容之外,还包括一种规则,即应当依诚信履行合同）; Berger, supra note〔57〕, at 544（将"善良诚信"列

（四）商人法

249 　　一些评论员发现"仲裁实践中有一种清晰可辨的趋势支持这
样的观点，即在当事人并没有约定适用的法律时，仲裁员可以适
用所谓的'商人法'（*lex mercatoria*），而不需要援引任何国内冲突
规范证明该做法的正当性"。[69]如上所述，商人法［或者商法
（law merchant）］合并交易惯例以及国际贸易法的基本原则，取决
于对该词语如何定义。[70]许多已出版的裁决已经将商人法当作准
据法，即使当事人没有同意这样做。[71]一些仲裁员在 ICC 规则关于

为商人法的"组成内容之一"）; Klaus Peter Berger, The Creeping Codification of the Lex Mer-
catoria Annex I at 278（1998）（"当事人在国际贸易中，应当基于诚信和公平交易原则行
事"）（原文有着重号）;［W. Laurence］Craig et al.,［International Chamber of Commerce Ar-
bitration］624［（2nd ed. 1990）］（"基于诚信履行合同和重新谈判"）;［Clive M.］Schmith-
off,［International Trade Usages］47［（Institute of Int'l Business Law and Practice Newsletter,
International Chamber of Commerce, 1987）］. But see generally Note, "General Principles of Law
in International Commercial Arbitration", 101 *Harv. L. Rev.* 1816（1988）（更不用说诚信了）.
其他有关此类一般原则的讨论，详见 Transnational Rules in International Commercial Arbitra-
tion 125, 133（Emmanuel Gaillard ed. 1993）; Berger, supra, at Annex I at 278.

　　〔69〕　Okezie Chukwumerije, Choice of law in International Commercial Arbitration 130
（1994）.

　　〔70〕　See Craig et al., supra note〔68〕, at 603, 607～619; 参见前注〔25〕及相应正文
部分。

　　〔71〕　See Paris Chamber of Arbitration Award in Case No. 9246 of 8 Mar. 1996, 22
Y. B. Commercial Arb. 28, 31（1997）［"仲裁庭认为，适用在实践中发展起来的，并由国内法
院所确认的国际商事规则（商人法）会更为妥当"］; ICC Interim Award in Case No. 5314 of
1988, 20 *Y. B. Commercial Arb.* 35, 40（1995）（"仲裁庭裁决：①必要时以商人法作为补充
的美国的一般性法律和马萨诸塞州的特别法，是该争议的准据法"）; Compania Valenciana
de Cementos Portland v. Primary Coal, Inc., ICC Interim Award of 1 September 1988, described
in Chukwumerije, supra note〔69〕, at 131～132（在当事人没有选择法律时，适用商人法）;
ICC Award Made Oct. 3, 1980, Case No. 3540, 7 *Y. B. Commercial Arb.* 124, 129（1982）（"经
过慎重考虑，仲裁庭认为……此处应适用'商人法'"）（仲裁员作为友好公断人作出裁
决）; see also Craig et al., supra note〔68〕, at 296 & n. 44（citing ICC Awards No. 1641, 1859,
and 3267）.

交易惯例的条款中找到了自己有权这样做的依据。[72] 然而，考虑
到大量尚未报告的裁决明显没有适用商人法，适用商人法的已报 250
告仲裁裁决的数量可能是有误导性的。[73]

其他裁决在未经当事人同意时拒绝适用商人法。[74] 这种同意
极为少见。斯蒂芬·邦德关于 1987 年和 1989 年 ICC 受理的仲裁案
中当事人的仲裁协议的研究发现，只有少数选择适用法律的"基
本原则"（general principles）来解决纠纷，没有当事人指定商人法
作为仲裁员决定的基础。[75] 在 1987 年只有 3%、1989 年只有 4%
的条款允许仲裁员依公平原则［善良及公允原则或作为友好公断
人（*ex aequo et bono* or as *amiable compositeur*）］决定。[76] 相反，绝

---

〔72〕 See ICC Interim Award in Case No. 5314 of 1988, 20 *Y. B. Commercial Arb.* 35, 39
(1995)［"然而，另一方面，ICC 仲裁规则第 13（5）条要求仲裁员考虑相关交易惯例。
但是，商人法正是源于交易惯例和国际贸易中普遍适用的原则"（引文略）］; Id. at 40
（仲裁庭判定，准据法应"在必要时，以商人法作为补充"）; ICC Award Made Nov. 29,
1980, Case No. 3380, 7 *Y. B. Commercial Arb.* 116, 119 (1982)（"并不排除［合同项下的
法律和正义］原则在一定程度上与'交易惯例'相同的可能性，而根据 ICC 仲裁规则，
仲裁员无论如何都应考虑这些惯例"）.
〔73〕 See Craig et al., supra note〔68〕, at 300 n. 58（"对比递交到 ICC 的仲裁案的
总数，商人法出现的几率很小……人们不应存有这样的印象，即多数 ICC 仲裁，或者更
大比例的仲裁，都适用了商人法"）（引用在 1986 年时任 ICC 秘书长的话）; see also Dez-
alay & Garth, supra note〔10〕, at 41 ~ 42（论述了在诸如商人法等概念上，"理论和实践
的对立"）.
〔74〕 See ICC Interim Award in Case No. 6149 of 1990, 20 *Y. B. Commercial Arb.* 41,
56 ~ 57 (1995); ICC Interim Award of 1985 in Case No. 4650, 12 *Y. B. Commercial Arb.* 111,
112 (1987).
〔75〕 See Bond, supra note〔26〕, at 19; see also Barton S. Selden, "Lex Mercatoria in
European and U. S. Trade Practice: Time to Take a Closer Look", 2 *Ann. Surv. Int'l & Comp. L.*
111, 113 ~ 114 (1995)（报告了针对国际律师进行的一项"极其不科学……的调查"的
结果）:
几乎每一位接受调查者都说，其在十年中从没遇到过在合同中约定以商人法作为准
据法的客户。大多数人接着补充道，如果真的有客户愚蠢地做出此种提议，他们一定会
坚决反对此条款。
〔76〕 See Bond, supra note〔26〕, at 19.

大多数仲裁条款（1987 年为 75%、1989 年为 66%）都确定一个特定国家的法律来支配合同。[77]

仲裁员在适用商人法时，他们会毫不犹豫地考虑依诚信及类似原则来作出决定。一个典型的例子就是 1979 年的诺索罗（*Norsolor*）裁决。[78] 在诺索罗案中，土耳其的申请人因法国的被申请人违反代理协议而提出索赔。合同并没有约定一个特定的支配法律；因此，仲裁员"认为考虑到该协议的国际性，适当的做法是不考虑对一个特定法律的任何强制性适用，包括法国的和土耳其的，而应适用国际商人法"。[79] 据仲裁员解释，"启用"（inspires）商人法的一个原则是，"在签订和履行合同时都要遵循诚信"。[80] 由于被申请人的行为"与维持良好的商事关系格格不入"，仲裁庭认为其应当对违约承担责任。[81]

（五）当事人之间的先前交易

仲裁裁决中适用先前交易的证据远远少于适用交易惯例的证据。当事人之间的先前交易作为仲裁员决定的基础在国际仲裁文

---

[77] See id.

[78] Pabalk Ticaret Limited Sirketi v. Norsolor S. A. , ICC Award of Oct. 26, 1979, No. 3131, 9 *Y. B. Commercial Arb.* 109（1984）［hereinafter *Norsolor*］. 该裁决最终得到了奥地利最高法院的支持。See Norsolor S. A. v. Pabalk Ticaret Ltd.（Oberster Gerichtshof, Nov. 18, 1982），9 *Y. B. Commercial Arb.* 159（1984）. 另一项例证，参见 ICC Case No. 2291（1976），described in De Ly, supra note［39］, at 263（据 De Ly 论述，"仲裁庭基于商人法的原则或者情势变更原则修改了运费率，根据这些原则，在国际商事交易中，应当适当平衡当事人之间的相互义务"）.

[79] *Norsolor*, supra note［78］, at 110.

[80] Id.

[81] Id. at 111.

献中极少探讨。[82] 这并不意味着它与仲裁员的决定无关,只不过表明该主题的学术价值不高。对商人法的持续不断的讨论使交易惯例成为了热门话题,而当事人之间的交易则与该讨论没有多大关系。尽管如此,仲裁员和学术界在出版物中明显缺乏此类讨论也应引起重视。

有的时候,仲裁庭会根据当事人的先前交易或行为来解决合同纠纷。最常被报道的适用当事人行为的是伊朗—美国索赔仲裁庭 (Iran-United States Claims Tribunal),[83] 该仲裁庭已经按照先前行为来决定合同条款的解释、履行以及合同权利的放弃。[84] 该仲

---

〔82〕 其中的一个例外,参见 Alexsandar Goldštajn, "Usages of Trade and Other Autonomous Rules of International Trade According to the UN (1980) Sales Convention", in *International al Sale of Goods: Dubrovnik Lectures* 55, 99 (*Petar Šarčević& Paul Volken eds.*, 1986)(列出了"商人法的渊源等级",将"合同当事人之间建立的交易习惯"列在了合同之后).

〔83〕 贾克米金·J. 范·霍夫(Jacomijn J. van Hof)认为,尽管伊朗—美国求偿仲裁庭在其裁决中考虑了成文交易惯例,但是"没有任何案件(特别是有关贸易的)曾适用过不成文的习惯和惯例"。See Jacomijn J. Van Hof, Commentary on the UNCITRAL Arbitration Rules: The Application by the Iran – U. S. Claims Tribunal 268~269 (1991). 这似乎有些夸张。See Lockheed Corp. v. Iran,18 *Iran – U. S. CL. Trib. Rep.* 292,316 (1988):
在此种交易中,卖方对货物灭失或毁损所承担风险的期限通常不会超过其运输义务或保费终止的那一刻。仲裁庭没有理由相信,国际宇航联合会(IAF)也没有宣称,洛克希德公司(Lockheed)在此承受了更大的灭失风险。
See also Anaconda-İran, Inc. v. Iran,13 *Iran-U. S. CL. Trib. Rep.* 199,233 (1986)(要求当事人"在今后的诉状中简明扼要……关于合同诉讼时效的相关交易惯例与跨大西洋协定(TAA)第 9 条的规定相似");General Dynamics Corp. v. Iran, 5 *Iran – U. S. Cl. Trib. Rep.* 386,394 (1984)(合同没有要求海军支付报关代理费,"仲裁庭对此并不满意,在此交易情况下,根据交易惯例,海军应该承担此项支出").

〔84〕 See George H. Aldrich, *the Jurisprudence of the Iran-United States Claims Tribunal* 286~292 (1996)(对裁决的描述);see also Uiterwyk Corp. v. Iran, 19 *Iran – U. S. Cl. Trib. Rep.* 106,122 (1988)(裁决认为,在代理关系中,"当事人各自的权利义务由长期而持久的习惯所证明");First Travel Corp. v. Iran, 9 *Iran-U. S. Cl. Trib. Rep.* 360, 367, 368 (1985)("在简单的合同条款不能作为决定性解释的依据时,仲裁庭寻求了多种其他依据",包括交易习惯和"当事人的行为及其后续实践";发现二者都对此案没有帮助). 有一个非仲裁庭(non-tribunal)的例子,参见 Ad Hoc Final Award of 20 Nov. 1987, 14 *Y. B. Commercial Arb.* 47,66 (1989)(裁决不支持被申请人,被申请人在本案合同中的实践"与其在其他合同中的实践相矛盾").

252 裁庭是由伊朗和美国政府协议组建的，[85] 并不是……市场竞
争……的产物。[86] 虽然如此，该仲裁庭的很多仲裁员在加入该仲
裁庭之前和之后，都参加了国际商事仲裁。既然该仲裁庭的所有
裁决都已出版，人们可以预料，出于他们作为预期仲裁员的声誉
考虑，至少会使那些仲裁员考虑遵循在该仲裁庭裁决案件中的私
人做法，以表明他们今后将如何裁决案件。

　　总之，这一证据是以非随机抽取的裁决样本和其他材料为基
础的，在解读时要非常审慎……。尽管如此，现有的证据表明，
伯恩斯坦教授在美国谷物与饲料协会仲裁中发现的那种拘泥于形
式的裁决方法并非国际商事仲裁中的普遍做法。国际仲裁员似乎
在一个显著程度上依据交易惯例来解决合同纠纷，不过，他们仅
在一个相对很低的程度上依据当事人的先前交易……。

（丁建勇　译）

---

　　[85]　See Declaration of the Government of the Democratic and Popular Republic of Algeria
（Jan. 19, 1981）, and Declaration of the Government and Popular Republic of Algeria Concern-
ing the Settlement of Claims by the Government of America and the Government of the Islamic
Republic of Iran（Jan. 19, 1981）［“索赔解决宣言”（Claims Settlement Declaration）］, re-
printed in Aldrich, supra note［84］, at Annex I at 541～549. 《索赔解决宣言》第 5 条规
定：“仲裁庭裁决所有案件时，都应尊重法律，适用其认为适当的法律选择规则、商事
法与国际法原则，并考虑相关交易惯例、合同条款和情势的变更。”Id. at 547. 关于仲
裁庭选择法律事项的一般性讨论，see John R. Crook, “Applicable Law in International Ar-
bitration：The Iran – U. S. Claims Tribunal Experience”, 83 *Am. J. Int'l L.* 278（1989）.

　　[86]　See［Drahozal, supra note［30］, at 99～102］.

第七部分

裁　决

▼
▼
▼

评 论

当一个仲裁庭对一个案件作出决定时，要把决定固化在裁决 255
中。各国法律和各机构仲裁规则一般要求仲裁裁决为书面形式。[1]
在国际仲裁中，附理由的裁决是常态，要求仲裁庭在裁决中解释
为什么它要如此决定。[2] 因此，仲裁裁决对于国际仲裁所发生的
事情提供了一个可能的数据来源。但是正如第一编所讨论的那样，
必须小心地使用数据：选择性地公布使得对已公布裁决的抽样不
具有代表性，同时案件选择偏差（其产生原因在于仲裁员面对的
与法官面对的是不同的案件，同时仲裁员决定的案件也不是受理
的案件中随机抽取的样本）使得难以从案件结果中得出可靠的
结论。

关于仲裁裁决的实证问题可以分为三大类：其一，仲裁裁决

---

〔1〕 例如，《UNCITRAL 国际商事仲裁示范法》第 31（1）条；《UNCITRAL 仲裁
规则》第 32（2）条；Alan Redfern & Martin Hunter, *Law & Practice of International Commercial Arbitration* (3rd edn., Sweet & Maxwell, London, 1999), ¶ 8 - 48.

〔2〕 例如，《UNCITRAL 国际商事仲裁示范法》第 31（2）条；《UNCITRAL 仲裁
规则》第 32（3）条；Redfern & Hunter, supra note〔1〕, ¶ 8 - 56（"国际上的发展动向
是支持提供理由"）.

是什么样的？换句话说，可以获得哪些关于仲裁裁决的基本描述性信息？其二，裁决作出后会发生什么？当事人是否自愿履行了裁决或者法院的执行是否有必要（如果是，它是否有效）？其三，仲裁裁决在哪些方面体现了国际仲裁员的决定？

一、关于仲裁裁决的数据

关于仲裁裁决的基本描述性数据，与关于仲裁程序的其他方面的大部分数据一样，都来自于 ICC。[3] 这些数据涉及不同的主题。一直以来，一个初始的可供未来研究的实证问题是：ICC 裁决与来自于其他机构管理的仲裁案件的裁决和临时仲裁案件的裁决进行比较会出现什么结果？

（一）裁决的数量

ICC 仲裁中作出的最终裁决数量从 1993 年到 2003 年增加了 1 倍多，这与附件 1 中再版的案件受理数据是一致的。ICC 仲裁作出的最终裁决数量从 1993 年的 113 个，增加到 2003 年的 234 个。表 1 就 1998 年到 2003 年的数据提供了一个更具体的明细表。[4]

（二）部分裁决

部分裁决（只解决了案件的部分而不是全部问题）的数量在 1990 年~1994 年之间平均为每年 39 个，在 1995 年~1999 年之间平均为每年 54 个。[5] 如表 1 所示，这个数量到 2000 年的时候跃升至 118 个，2002 年则为 115 个，2003 年回落到了 99 个。在裁决总数中所占比例的增长虽然不是那么具有戏剧性，但仍然是显著

---

〔3〕 除非另有注明，下面的信息均来自 "1999~2003 Statistical Reports"（2000~2004）11（1）~15（1）*ICC Int'l Ct. Arb. Bull.*

〔4〕 2002 年，ICC 在其《2001 年的统计报告》中，开始将部分裁决包括在"提出申请的案件情况"表中。

〔5〕 "2001 Statistical Report"，（2002）13（1）*ICC Int'l Ct. Arb. Bull.* 5，13.

的。在 20 世纪 90 年代期间，部分裁决在裁决总数中的平均比例为 22%。[6] 到 2000 年这个比例增长到 35.3%，接着回落到 2003 年的 26.8%。ICC 在 2000 年对部分裁决涉及的问题描述如下：

> 这些裁决处理的问题数量多而且种类不一。只有 1/3 强涉及管辖权，28% 涉及责任（liability），其他涉及的问题包括适用于案件实体问题的法律（4 个案件）、当事人的资格、请求或者证据（6 个案件）、保全和临时措施（4 个案件）、费用担保（3 个案件）、专家的指定（2 个案件）、即时处置（2 个案件）、合同条款的存在或效力（4 个案件）、保密性（3 个案件）、银行担保的提出（1 个案件）和程序的中止（1 个案件）。[7]

257

表 1　向 ICC 申请仲裁的案件情况

	1998	1999	2000	2001	2002	2003
向 ICC 申请仲裁的案件数	466	529	541	566	593	580
ICC 已启动程序的案件	329	442	424	483	469	478
撤回的案件	258	254	286	243	258	242
把卷宗向仲裁庭转交之前	159	179	156	113	129	106
转交卷宗之后，提交审理范围书之前	11	11	43	64	47	45
把审理范围书交给 ICC 仲裁院之后	88	64	87	66	82	91
合意裁决	31	38	30	35	36	36
部分裁决	60	69	118	94	115	99
最终裁决	181	162	186	212	208	234
裁决总数	272	269	334	341	359	369

---

〔6〕 "2000 Statistical Report", (2001) 12 (1) *ICC Int'l Ct. Arb. Bull.* 5, 12.
〔7〕 Id.

一个有趣的实证研究问题是：什么原因导致了最近这些年部分裁决数量的增加。

（三）和解

在最终裁决作出前和解的仲裁案件占到多大比例？[8] ICC 规则第 26 条规定："在卷宗已经转交给仲裁庭之后当事人达成和解的……在当事人提出要求而且仲裁庭同意的情况下，和解可以以当事人合意裁决的形式固定下来。"[9] 以和解为基础作出的合意裁决，从 1998 年到 2003 年之间平均每年占到 34.3%，但是很多 ICC 的案件在卷宗转交给仲裁庭之前就由于和解而撤回了。甚至在卷宗已经转交给仲裁庭之后，当事人也可能和解，并无需仲裁庭作出合意裁决。[10] 通过把撤回的案件数量和作出合意裁决的案件数量与作出最终裁决的案件数量作比较，有助于认识 ICC 仲裁中的和解程度[11]（尽管它夸大了和解程度，因为不是所有的案件都是

---

　[8]　关于国际仲裁的和解的进一步讨论，参见第四编的评论。

　[9]　《国际商会仲裁规则》第 26 条（1998 年 1 月 1 日生效）。

　[10]　进一步的解释，参见 W. Laurence Craig et al., *International Chamber of Commerce Arbitration*（3rd edn., Oceana Publications, Inc., Dobbs Ferry, N. Y., 2000），§ 19.02, at 358:

　　正如当事人可以同意将纠纷提交 ICC 仲裁一样，他们可以同意终止任何提交的申请；于是没有合意裁决将被签发。这样一个结果会受到和解协议具体条款的影响，从而将未决的案件从仲裁中撤回。当和解能自动执行时（即支付到期的任何款项是和解生效的前提条件）或者当没有款项要在未来支付（即每一方当事人撤回他对另一方当事人的请求），当事人乐意达成和解。换句话说，在当事人感觉获得裁决对他们已经不重要的时候，他们可能无视规则的第 26 条。

　[11]　"1997 Statistical Report"（1998）9（1）*ICC Int'l Ct. Arb. Bull.* 4, 6（"人们也许能合理猜测，相当数量的撤回发生在提出请求和向仲裁院提交审理范围书之间是由于当事人之间达成和解"）。

因为和解而撤回）。[12] 如表 2 所示，略微超过 1/3 的 ICC 仲裁案件通过最终裁决得到了解决。[13] 即使如此，这个比例仍比在美国通过审判（trial）解决的民事案件的比例要大得多。[14]

可供未来研究的一个问题是要更正式地考察国际仲裁案件的 258 和解程度，同时对仲裁的和解比例与法院案件的和解比例进行比较。如果存在差异，接下来的问题显然就是是什么原因导致了这种差异。

表2　ICC 解决的案件

	1998	1999	2000	2001	2002	2003
撤回的案件	258	254	286	243	258	242
合意裁决	31	38	30	35	36	36
最终裁决	181	162	186	212	208	234
结案总数	470	454	502	490	502	512
通过最终裁决结案的比例（%）	38.5	35.7	37.1	43.3	41.4	45.7

　　[12]　"1996 Statistical Report"（1997）8（1）*ICC Int'l Ct. Arb. Bull.* 6, 8（解释道："1996 年只有 4.1% 的案件是由于当事人没有支付相关的预付费用，通过适用《国际仲裁院内部规则》第 15 条而撤回的"）. 关于这一点的最新数据会是有用的。
　　[13]　Id.（报告称，1992~1996 年，每 3 个仲裁请求中就有 1 个经历了全部程序直至作出仲裁裁决"）.
　　[14]　Chris Guthrie, "Procedural Justice Research and the Paucity of Trials"［2002］*J. Disp. Resol.* 127, 127~128（报告称，在 2000 年只有 1.2% 的联邦法院案件在陪审团听审后作出了裁决，同时只有 0.6% 的案件是在法官听审后作出了裁决; 53.3% 的案件通过"缺乏司法管辖权而驳回、自愿撤回、和解或其他原因的撤回"而得到解决). 相较之下，至少在其他一些国家，和解率似乎比美国要低。See, e. g., Bruno Deffains & Myriam Doriat, "The Dynamics of Pretrial Negotiation in France: Is There a Deadline Effect in the French Legal System?"（1999）19 *Int'l Rev. L. & Econ.* 447, 455~456（发现法国法院的和解率在 21.7% 到 24.7% 之间).

（四）单方裁决（*Ex Parte Awards*）

大部分仲裁规则授权仲裁庭即使在当事人缺席的情况下也可以继续作出裁决，W. 迈克尔·赖斯曼（W. Michael Reisman）等人称这种现象"并不鲜见"。[15] 然而关于这种单方面裁决出现的准确频率的实证证据还无法获得。此外，尽管有一些规则"要求出庭的当事人提交仲裁员在作出一项裁决时可能需要的证据"，[16]其他规则并没有明确要求。[17] 关于一方当事人不在场时国际仲裁员所采取的做法的实证证据是有价值的。人们猜测，一方当事人没有出席，却因为对方当事人未能提供足够的证据而获得案件胜诉的情况非常罕见，当然这是一个实证问题。

（五）裁决语言

尽管法语和英语都是 ICC 的工作语言，[18] 但是在 ICC 仲裁裁决中占主导地位的语言还是英语。从 2000 年到 2001 年有近 3/4 的 ICC 裁决是用英文写成的，相比之下，大概 16% 使用的是法语。[19]（参见表 3。）略超过 4% 的裁决使用的是西班牙语，这几乎与同时期使用德语的比例一样多。裁决也有用意大利语（从 2000 年到 2002 年每年都有）、葡萄牙语（同前）、波兰语（只有 2002 年）和俄语（只有 2002 年）作出的。2003 年增加了匈牙利语。[20] 当

259

---

〔15〕 W. Michael Reisman et al. , *International Commercial Arbitration* (Foundation Press, Inc. , Westbury, N. Y. 1997), p. 267.

〔16〕 美国仲裁协会《商事仲裁规则》，规则 R – 29（2003 年 7 月 1 日生效）。

〔17〕 See Reisman et al. , supra note〔10〕, at 267 ~ 269.

〔18〕 Craig et al. , supra note〔15〕, § 7. 03, at 96.

〔19〕 2003 年的 ICC 报告数据不是很精确，但与前几年是一致的："大概每四个作出的裁决中有三个使用的是英语。法语是第二最常用的语言，接下来的是西班牙语、德语、葡萄牙语，以及分别使用了一次的匈牙利语和俄语。"参见"2003 Statistical Report"（2004）15（1）*ICC Int'l Ct. Arb. Bull.* 7, 15.

〔20〕 Id.

然，不同仲裁机构的主导语言可能因仲裁当事人的地理分布而发生变化。

表 3　ICC 裁决使用的语言

	2000	2001	2002
英语	75%	72%	72%
法语	16%	17%	16%
西班牙语	4%	4%	6%
德语	4.5%	5%	3%

（六）反对意见（*Dissenting Opinions*）

国际仲裁员作出反对意见是否合适是一个有争议的问题。[21] 在具有民法法系传统的国家，"无论是司法决定还是仲裁裁决都没有反对意见存在的空间（显然是因为仲裁员和法官的合议是保密的，而反对意见会暴露仲裁庭/法庭的内部运作）"，[22] 与此相对的是，"在普通法系国家，还没有听说过有禁止反对意见的情况；实际上，普通法的仲裁员把告诉当事人任何异议的理由作为其道德义务的情况是很常见的"。[23] 考虑到这种不同，关于仲裁员公开反对意见频率的证据明显是有意义的。表 4 归纳了 2000 年到 2003 年，有关 ICC 仲裁案件中反对意见数量的数据，还对作出反对意见的仲裁员进行了区分。对于作出反对意见的仲裁员国籍的信息 260

---

〔21〕 Redfern & Hunter, supra note 〔1〕, ¶ ¶ 8 - 70 to 8 - 75; Craig et. al., supra note 〔10〕, § 19.06, at 371.

〔22〕 Craig et. al., supra note 〔10〕, § 19.06, at 371.

〔23〕 Redfern & Hunter, supra note 〔1〕, ¶ 8 -71.

特别重要。由于民法法系和普通法法系在这方面实践做法的不同，有可能反对意见的作出者通常是来自普通法系的仲裁员。

表 4　ICC 裁决中的反对意见

	2000	2001	2002	2003
由申请人委任的仲裁员作出	7	7	7	16
由被申请人委任的仲裁员作出	13	14	8	11
由双方委任的仲裁员作出	0	1	0	0
由首席和申请人委任的仲裁员作出[24]	0	0	0	1
作出者无法辨别	0	2	0	2
总计	20	24	15	30

　　反对意见的样本能够提供数据来简单检验当事人指定的仲裁员是否倾向于支持指定他们的当事人。研究者可以将委任作出反对意见的仲裁员的一方当事人与裁决所支持的一方当事人进行比较。如果当事人指定的仲裁员没有倾向于指定他们的当事人，我们可以预期，仲裁员对有利于或不利于委任他的一方当事人的裁决都可能提出异议。与这一预期具有统计上的显著性差异提供了仲裁员倾向于指定他的当事人的证据。[25] 的确，汉斯·斯密（Hans Smit）认为这可能就是现实的情况，他声称："反对意见正常情况下都是由在反对意见所阐述的问题上失败的一方当事人指

---

〔24〕　两个仲裁员对不同的争议点持反对意见。

〔25〕　这些结果并不必然表示偏差。相反，它们可能就是由于选择偏差——也就是说，当事人指定他们认为可能会在实体问题上支持他们立场的仲裁员。进一步的讨论，参见第五部分的评论。

定的仲裁员所作出；由胜诉一方当事人委任的仲裁员通常会加入
到大多数人的意见之中。"[26]当然，绝大多数的 ICC 仲裁裁决都是
一致同意的（至少在表面上是这样）。因此我们必须很谨慎，不要
从这种检验中作出过于宽泛的结论。另一方面，并非所有不同意
裁决的仲裁员都会签发反对意见，因此仅仅表面是一致同意的裁
决这一事实并不必然表示所有的仲裁员都同意裁决的结果。

（七）ICC 仲裁院的审核

ICC 程序的一个显著特点是在裁决被签发给当事人之前，ICC
国际仲裁院要对裁决草稿进行核阅。ICC 规则第 27 条规定："仲裁
院可能会对裁决的形式作出修正，并且在不影响仲裁庭自主决定
的情况下，提醒仲裁庭注意实体问题。"[27] ICC 仲裁院并不是要成
为上诉法庭；相反，它"是要确保裁决有充分的法律依据（legal
sufficiency）以取得仲裁员所要实现的结果"。[28]如表 5 所示，这项
权力的行使频率出奇得高。克雷格（Craig）等人对表 5 所示的两
个类别的区别解释如下：

> 如果程序性的错误比较轻微，仲裁院可能会在把通
> 知的具体修改纳入最后裁决的前提下批准裁决。在这种
> 情况下，最终裁决（已修改、署上日期并签上名）只需
> 简单地由仲裁员返回给秘书处，由秘书处直接通知当事
> 人。如果程序性错误是比较严重的，仲裁庭将会被要求
> 实质性地重新起草裁决，同时重新起草后的裁决必须再

261

〔26〕 Hans Smit，" Dissenting Opinions in Arbitration "（2004）15（1）*ICC Int'l
Ct. Arb. Bull.* 37，37.
〔27〕《国际商会仲裁规则》第 27 条（1998 年 1 月 1 日生效）.
〔28〕 Craig et. al.，supra note〔10〕，§ 20.03，at 378.

次递交仲裁院批准。[29]

被 ICC 仲裁院要求作出修改的裁决所占比例在最近两年有实质性的增长，不过增长的原因不是很清楚。"因为相信超过 90% 的 ICC 裁决得到当事人的自愿履行，同时无论什么时候受到质疑，ICC 裁决都具有得到各国法院执行的良好纪录"，[30] ICC 的裁决有时被赋予别人没有的信用，但 ICC 仲裁院的审核是否值得给它这种信用，将是一个有趣的研究议题，尽管也是一项较难实施的研究。

表5　ICC 国际仲裁院对裁决的审核

	2000	2001	2002	2003
ICC 仲裁院对形式作出修正，和/或提醒注意实体问题的裁决	148 (44.3%)	160 (47.0%)	217 (60.4%)	243 (65.9%)
退回给仲裁员的裁决	26 (7.8%)	19 (5.6%)	34 (9.5%)	32 (8.7%)

（八）请求更正

裁决作出之后，仲裁庭对裁决进行修改的权力通常很有限。例如，ICC 规则只允许一方当事人就"书写、计算或打印上的错

---

〔29〕　Id.

〔30〕　Id. § 20.01, at 377. 另一个有趣的问题是 ICC 仲裁院的审核在多大程度上导致裁决迟延签发。伊夫·德瑞恩斯（Yves Derains）估计，"如果裁决草稿被批准而不需要修改的情况下，裁决通知将被推迟 15～20 天。"Yves Derains, "The ICC Arbitration Rules" in Center for Transnational Law（ed.）, *Understanding Transnational Commercial Arbitration*（quadis publishing, Münster, Germany, 2000）, pp.57, 65.

误，或者其他类似性质的错误"申请更正，也可以请求"对一项裁决作出解释"。[31] 这些请求在 ICC 仲裁中很少发生，尽管这种请求被提出后导致裁决进行补正的情况并不少见。[32]（参见表6 和表7。）当然，表面的高成功率并不意味着，WK23ZQ，WKZQ0W 更多的当事人应该申请对裁决的解释或更正。相反，它反映了最可能成功的当事人是那些有动力申请裁决的更正或解释的人。而且，按照 ICC 的反映，"绝大部分关于第 29（2）条的申请是与文书、计算或打印上的错误的更正有关。请求对裁决进行解释或说明的相对较少，这种情况导致一项补正的更少"。[33]

262

表6　ICC 裁决的解释或更正

	2000	2001	2002
仲裁庭主动作出	2	2	2
经申请人申请	15	15	11
经被申请人申请	10	16	16
经双方当事人申请	1	5	9
总计	28	38	38

---

〔31〕《国际商会仲裁规则》（1998 年 1 月 1 日生效）第 29（1）、（2）条；另见《UNCITRAL 仲裁规则（1976）》第 35～37 条。

〔32〕 2003 年，ICC 报告提到仲裁庭作出了 25 个裁决的补正，3 个是仲裁庭自己主动作出的，22 个是应当事人要求作出的。另外的 22 个要求被拒绝。《2003 年统计报告》没有提供具体明细表表明当事人是一方还是双方提出的更正或解释的要求。"2003 Statistical Report", supra note〔19〕, at 15.

〔33〕 "2001 Statistical Report", supra note〔5〕, at 13.

表 7　仲裁庭对关于 ICC 裁决的更正或解释申请的决定

	2000	2001	2002
仲裁庭签发一项裁决的补正，进行更正或解释[34]	20	27	21
仲裁庭决定拒绝进行更正或解释	8	11	17

二、裁决后经历

尽管裁决是仲裁庭对当事人纠纷的解决，但是只有在当事人遵守的前提下裁决才有价值。各国仲裁法建立了当事人可以通过法院执行裁决的机制。不过在许多案件中，求助于法院进行强制执行可能并不必要，因为败诉方自愿履行了裁决。皮艾尔·拉立夫（Pierre Lalive）说过，有 90% 的 ICC 裁决被自愿遵守，[35] 尽管这一估计的实证基础受到质疑。[36]

263　　在本部分的第一篇论文中（在本书首次发表），理查德·W. 奈马克（Richard W. Naimark）和斯蒂芬妮·E. 基尔（Stephanie E. Keer）第一次系统地考察了国际仲裁案件当事人的裁决后经历。

---

〔34〕　与前几年不同，《2002 年统计报告》明显没有把仲裁庭主动作出补正的案件计算在仲裁庭对裁决作出补正案件的总数之中。表 7 中 2002 年的条目已经作过调整，把那些案件包括进来，使其与前几年的数据相一致。

〔35〕　Pierre Lalive，"Enforcing Awards" in *60 Years of ICC Arbitration：A Look at the Future*（ICC Publishing，S. A.，Paris，1984），pp. 318，319（"绝大部分的裁决都'自然而然地'被承认和执行——就 ICC 仲裁而言，这样的情况超过了 90%"）；see also Michael Kerr，"Concord and Conflict in International Arbitration"（1997）13 *Arb. Int'l* 121，129 n. 24（"据估计国际仲裁中大约有 98% 的裁决被尊重并被成功执行"）.

〔36〕　See Oliver Volckart & Antje Mangels，"Are the Roots of the Modern 'Lex Mercatoria' Really Medieval?"（1999）65 *S. Econ. J.* 427 n. 22（"这个数据是以 ICC 仲裁庭或专家的口头陈述为依据的。仲裁程序的保密性导致无法进行准确的统计调查"）.

奈马克和基尔的调查对象是通过美国仲裁协会/国际争议解决中心进行了国际仲裁的当事人。在他们抽样的案件中，[37] 被申请人胜诉的有 18 个，申请人胜诉并且败诉方至少是部分履行了裁决的有100 个，申请人胜诉但是败诉方没有履行裁决的有 35 个。[38] 在这100 个败诉方履行了裁决的案件中，61 个是自愿履行，26 个裁决在协商后得到履行，12 个涉及法院命令执行，1 个裁决在申请人递送了催促函后得到了履行。在这 100 个案件中有 68 个案件，裁决得到了法院的确认（其中有 1 个在确认前作出了修正）。只有 1个裁决在法院审查后被推翻。与以前所得到的信息相比，这些结果为仲裁员作出裁决后所发生的事情提供了全面得多的画面，揭示了仲裁裁决履行的商业现实，并且突显了法院在执行过程中的作用。

　　如果法院的执行是必要的，《纽约公约》（和其他的国际条约）要求签约国执行外国（非国内）仲裁裁决，除非确认有不予执行的具体理由。[39] 艾伯特·简·范·登·伯格（Albert Jan van den Berg）考察了法院根据《纽约公约》处理仲裁裁决执行的法院决定（刊登在 1976 年到 1998 年的《商事仲裁年鉴》中），并且发现"在大概 10% 被报道的涉及《纽约公约》的案件里，法院拒绝了

---

　　〔37〕　他们承认样本可能受到反馈偏差的影响，尽管影响的程度并不确定。人们并不清楚，如果当事人对国际仲裁有良好的体验（例如自愿履行裁决）或者不好的体验（例如不履行裁决），是否更有可能作出反馈。

　　〔38〕　胜诉方认为不履行裁决的原因如下：①败诉方破产（14 个案件）；②败诉方失踪（6 个案件）；③败诉方不作出反应（9 个案件）；以及④缺少有效的法院执行（6 个案件）。另有 51 个案件仍在法院悬而未决。

　　〔39〕　《承认和执行外国仲裁裁决公约（1958）》第 3、5 条。截至 2004 年 4 月 16日，有 134 个国家成为《纽约公约》的成员国。UNCITRAL, Status of Conventions and Model Laws（2004 年 4 月 16 日的最新更新），〈www. uncitral. org∕en – index. htm. 〉

对外国仲裁裁决的执行"。[40]当然，正如奈马克和基尔的研究中所指出的那样，远低于10%的仲裁裁决被拒绝执行，许多裁决根本不是在法院最终终结的。在法院终结的裁决中，法院报告执行裁决的决定似乎可能比报告拒绝执行的决定少得多（因为执行通常是常规的），当然这一断言可以通过实证来验证。

研究者也以特定国家为基础对裁决的执行进行了研究。接下来重印的两篇论文考察的是国际仲裁裁决在中国的执行。[41] 王生长报告了中国国际商会仲裁研究所（ARI）对仲裁裁决在中国的执行进行的两次调查的结果。第一次调查中，有12~15家中级人民法院进行了反馈，结果发现从1990年到1994年，在30个寻求在中国执行的CIETAC[42]裁决中，有6个被不予执行，"被不予执行率"为20%。第二次调查报告了从43个中级人民法院和海事法院获得的反馈（发送调查问卷的共有310家法院）。结果发现：①从1990年到1996年寻求执行的164份申请中，中国法院执行了127份贸仲裁决，不予执行了37份贸仲裁决；②被不予执行的贸仲裁决中，最普遍的原因（37个裁决中有16个）是缺少可供执行

---

[40] Albert Jan van den Berg, "Refusals of Enforcement under the New York Convention of 1958: The Unfortunate Few" (1999) 10 *ICC Int'l Ct. Arb. Bull* 75, 75 (Special Supp.). 对于更早的估计，see Albert Jan van den Berg, "The New York Convention: Its Intended Effects, Its Interpretation, Salient Problem Areas", in Marc Blessing (ed.), *The New York Convention of* 1958 (Swiss Arbitration Association, Basel, 1996), p. 25 (报告认为根据700多份法院决定的样本，超过95%的涉及《纽约公约》的案件的仲裁裁决得到了法院的执行).

[41] 关于仲裁裁决在瑞典执行的信息，参见 Mikael Ruotsi, "Invalidity of Arbitral Awards and the Setting Aside of Arbitral Awards in Sweden" (2004) 1 *Stockholm Arb. Newsletter* 1 (reporting on thirteen cases brought before Svea Court of Appeal from 1999 to 2003). 关于仲裁裁决在香港执行的数据，参见 www. hkiac. org/en_ statistics. html.

[42] CIETAC 指的是中国国际经济贸易仲裁委员会（下称"贸仲"）。

的财产；③从1990年到1997年，在14项寻求被承认和执行的外国仲裁裁决申请中，中国法院执行了10项裁决，拒绝执行了3项裁决（1项是因为没有财产），有一个案件还处于未决状态。在排除了那些"执行法院不应该受到责备的原因"（比如缺少财产）之后，调查报告总结："其实，法院承认和执行了超过87.8%的裁决（与此相对的是12.2%的未执行的贸仲裁决和7.14%的外国裁决……）。"但是，它也承认，"仲裁研究所收集的统计数据是不完整的"，因为"反馈的法院只是仲裁研究所发送问卷进行调查的法院中的很小一部分"。

裴文睿（Randall Peerenboom）对于这个问题采取的是不同的调查方法。由于他向中国和外国的律师以及在中国从事业务的外国公司发送调查问卷后收到的反馈非常有限，裴文睿依赖的"主要……是他与外国和中国的律师、学者的私人关系"。结果得到的样本是72个非随机抽样的执行案件，但却提供了"非常详细"的信息。裴文睿归纳他的主要调查发现如下：

> 这次调查的主要发现是执行情况并不像外国投资者和记者惯常所说的那样毫无希望，也不像官方和半官方努力让我们相信的那样毫无问题。在当事人至少回收一部分款项的意义上，几乎半数的外国裁决和贸仲裁决得到了执行。外国裁决的执行率是52%，略高于贸仲裁决47%的成功执行率。而且，在34%的案件中，投资者能够预期回收75%～50%的裁决金额。半数的裁决至少回

265

收了 40% 的裁决金额。[43]

裴文睿总结说，对于他的研究结果和仲裁研究所的研究结果"不一致的最可能的解释"是，仲裁研究所的反馈中存在选择偏差。研究还使用回归分析评估最能预知一项裁决无法得到执行的因素。无清偿能力（毫不奇怪）"有力地预示着一个无法得到成功执行的结果"。金额小的裁决比金额大的裁决更可能被执行。在如北京、上海、广州这样的主要外资投资中心比在其他城市更可能获得成功执行。有趣的是，在裴文睿的研究中，地方保护主义这一变量并没有表现出统计显著性，不过他对这一结果提出了很多可能的解释。

《纽约公约》规范的是仲裁裁决的执行（和拒绝执行）。它并没有限制认定撤销一项裁决的理由（与之相对的是拒绝对裁决的执行）。[44] 因此，关于裁决执行问题的研究的一个延伸是对撤销或

---

〔43〕 Randall Peerenboom，"Seek Truth From Facts: An Empirical Study of Enforcement of Arbitral Awards in the PRC"（2001）49 *Am. J. Comp. L.* 249，254. 研究结果的摘要来自于论文的简介，没有包括在本书重印的摘录里面。

〔44〕 Gary B. Born，*International Commercial Arbitration*（2nd edn.，Transnational Publishers，Inc.，Ardsley，N. Y.，2001），pp. 707 ~ 708：

根据大多数权威人士的意见，《纽约公约》第 3 条规定的承认仲裁裁决的义务并不适用于《纽约公约》允许的在法庭提起的撤销（或取消）仲裁裁决的诉讼。……在这样的法庭……《纽约公约》通常被解读为允许撤销一项裁决，无论依据任何原因，包括《纽约公约》第 5 条没有列明的原因。

《纽约公约》允许在"裁决作出地所在国或裁决所依据的法律所在国"提出撤销一项国际仲裁裁决的诉讼。《纽约公约》（1958）第 5（1）（e）条；see Born，supra，at 746 ~ 747. 在绝大多数案件中，裁决作出地所在国与裁决所依据的法律所在国是相同的。评论者把"规定一个国家将作为仲裁地，但是程序必须依据另一个国家的仲裁法律进行的协议说成是‘例外的’；‘几乎没听说过’；‘纯粹理论创造’；‘实践中从未使用过’；‘理论可能大于现实’的可能；‘千载难逢的情况’。"Karaha Bodas Co.，L. L. C. v. Perusahaan Pertambangan Minyak Dan Gas Bumi Negara，364 F. 3d 274，291（5th Cir. 2004）（引用了各种的资料）（脚注被省略）. 实证研究能够验证这些特征。

取消国际仲裁裁决的诉讼的存在程度以及成功的可能性进行实证考察。[45] 由于各国仲裁法撤销仲裁裁决的标准不同,[46] 我们可以预期在是否撤销（而不是拒绝执行）裁决的问题上，法院的决定将有着更大程度的不同。[47]

266

三、裁决和仲裁决定的作出

最后，考察仲裁裁决也许能发现裁决决定作出过程中的一些洞见，就像研究法院案件可以了解法官如何作出决定的信息一样。[48] 当然正如第一编所讨论的，案件选择偏差使这种努力复杂化。尽管如此，就这个课题已经有了一些研究，还有更多的研究可以开展。

重印于本部分的最后一篇论文分析了国际仲裁裁决，以验证普遍持有的一个观点：仲裁员作出的是折中裁决。也就是说，仲裁员以"劈分婴儿"（splitting the baby）的方式使双方当事人都满意并且提高他们在未来的案件中被选定为仲裁员的机会。[49] 在 54

---

〔45〕 一项估计称"撤销仲裁裁决的申请在所有案件中的成功比例为2%"。See Volker Nienaber, "Recognition and Enforcement of Foreign Arbitral Awards" in Center for Transnational Law (ed.), *Understanding Transnational Commercial Arbitration* (quadis publishing, Münster, Germany, 2000), pp. 99, 118 n. 47. 但是对于这项估计没有任何基础或者来源。See also Albert Jan van den Berg, "The New York Convention: Summary of Court Decisions" in Marc Blessing (ed.), *The New York Convention of 1958* (Swiss Arbitration Association, Basel, 1996), pp. 46, 89 (报告称裁决在作出该裁决的原国家被撤销的情况，在被报告的556个法院决定中只有2个).

〔46〕 Reisman et al., supra note〔15〕, at 1081～1082（描述"对国际仲裁裁决进行司法审查的三种竞争模式"）.

〔47〕 另外一个重要的实证问题是，在多大程度上当事人根据各国撤销仲裁裁决的法律标准，通过扩大或者缩小法院审查的范围来制定合同。对于这些问题的一些初步的实证证据参见第三部分的评论。

〔48〕 E. g., Jeffrey A. Segal & Harold J. Spaeth, *The Supreme Court and the Attitudinal Model Revisited* (Cambridge University Press, Cambridge, 2002); Lee Epstein & Jack Knight, *The Choices Justices Make* (CQ Press, Washington, D. C., 1998).

〔49〕 当然，所罗门国王没有"劈分婴儿"，而仅仅是威胁这样做以便因此引诱冒充的母亲暴露自己。参见1 *Kings* 3：16～3：28.

个美国仲裁协会的国际仲裁裁决样本中,基尔和奈马克发现,平均来说,当事人收回的金额是他所要求金额的 50.53% 。这似乎与仲裁员将双方当事人立场折中的观点相吻合。但是,当把收回的百分比以图表的形式绘制出来,它的分布是双峰形态,也就是说,它呈现出两个波峰。近 1/3 的申请人收回的金额在要求金额的 0% ~ 10% 之间,而另外 1/3 收回的金额在要求金额的 90% ~ 100% 之间,剩下的 1/3 的裁决在这两个极端之间平均分布。[50]基尔和奈马克的结论是:"研究结果有力的说明仲裁员并没有出现'劈分婴儿'的行为"——至少没有普遍存在。[51]

267　　将来以仲裁裁决为基础进行研究的一个可能课题是国际仲裁中是否存在"常客"(repeat-player)偏见的证据。因为仲裁员只有在被选定提供仲裁服务时才可能获得酬劳,仲裁员有动力去偏向

---

〔50〕 关于在国际仲裁中仲裁费和律师费的类似数据,对从业者和当事人都具有吸引力(原因很明显)。See Laurence Shore,"What Lawyers Need to Know About International Arbitration"(2003) 20 *J. Int'l Arb.* 67,71[争论道,"关于被裁决支持的法律费用的比例;提交的方式(一页纸或者所有费用的发票;'征税'听证);内部成本的处理;或有风险收费和附条件胜诉费的处理都需要完整的调查细节"]。

〔51〕 一个可能性就是案件选择偏差导致这些结果——当事人更可能对那些仲裁员会作出折中裁决的案件进行和解,或者在这些案件中当事人选择进行诉讼(而不是仲裁)。但是基尔和奈马克的研究中的裁决分布情况使得和解不可能足以掩盖广泛存在的"劈分婴儿"行为。的确,正好分布于两端的案件,对折中裁决的担心最为显著。此外,大部分的国际合同包括了仲裁条款(正如第三部分的评论所讨论的),因而相对较少有请求进入了诉讼程序。另外一种可能是当事人基于对仲裁员可能作出的决定的考虑,调整了他们在仲裁中的立场,而仲裁员可能的决定则是根据当事人观点的折衷。丹尼尔·R. 马伯格(Daniel R. Marburger)在美国职业棒球中的最终要约仲裁(final offer arbitration)(指的是仲裁员必须在当事人的最终提议中选择,而不能作出仲裁员更喜欢的裁决的仲裁)中找到了支持这一观点的证据(在这种仲裁中,折中裁决是不可能的)。See Daniel R. Marburger,"Arbitrator Compromise in Final Offer Arbitration: Evidence from Major League Baseball"(2004) 42 *Econ. Inq.* 60,60 & 66 (认为"尽管……仲裁员[在最终要约仲裁中]不能在当事人的要约之间通过平分差异进行折中,但他们可能提出折衷双方观点的倾向性的裁决",同时在棒球仲裁中发现的证据证明,"首选的裁决是在球员和管理层观点之间的一个折中")。但是这样的一个"折中"裁决,即便它出现在更传统的仲裁中,也与基尔和奈马克研究的"劈分婴儿"行为还有很远的距离。

那些更可能在将来挑选他们的当事人——仲裁中的常客。评论员已经表达了他们对经常出现在公司对个人的美国消费者仲裁和雇佣仲裁中的常客偏见的担心，[52] 常客偏见在国际仲裁中出现的可能性似乎要小一些，因为双方当事人可能都很老练，而且在仲裁程序中都是常客。但是，在当事人（或者他们的律师）参与仲裁的频率上仍可以发现一些区别。到目前为止，有关常客偏见的惟一实证研究（来自于美国的雇佣仲裁）已经发现作为常客的雇佣者更可能在仲裁中获得成功，但是这一结果被归因于雇佣者的案件选择偏差而不是仲裁员的偏见。[53] 以国际仲裁数据为基础的进一步研究能够证明是有益的。

更概括地说，未来的研究可以考察国际仲裁中的裁决模式是　268
否与经济学家所称的 "仲裁员的可交换性假设" （arbitrator ex-

---

[52] Alan Scott Rau, "Integrity in Private Judging" (1997) 38 *S. Tex. L. Rev.* 485, 521 ~ 529; David S. Schwartz, "Enforcing Small Print to Protect Big Business: Employee and Consumer Rights in an Age of Compelled Arbitration" [1997] *Wis. L. Rev.* 33, 60 ~ 61. 即使在这样的背景下，也可能是消费者或个人的律师作为常客，从而减少偏见的风险。See Samuel Estreicher, "Predispute Agreements to Arbitrate Statutory Employment Claims" (1997) 72 *N. Y. U. L. Rev.* 1344, 1355. 或者常客可能更倾向于不对他们的要求带有偏见的仲裁员。See Gordon Tullock, *Trials on Trial* (Columbia University Press, New York, 1980), pp. 127 ~ 128.

[53] See Lisa B. Bingham, "Employment Arbitration: The Repeat Player Effect" (1997) 1 *Employee Rts. & Employment Pol'y J.* 189; Lisa B. Bingham, "Unequal Bargaining Power: An Alternative Account for the Repeat Player Effect in Employment Arbitration" in (1999) *Industrial Relations Research Association 50th Annual Proceedings* 33; Lisa B. Bingham, "On Repeat Players, Adhesive Contracts, and the Use of Statistics in Judicial Review of Employment Arbitration Awards" (1998) 29 *McGeorge L. Rev.* 223; Lisa B. Bingham & Shimon Sarraf, "Employment Arbitration Before and After the Due Process Protocol for Mediation and Arbitration of Statutory Disputes Arising Out of Employment: Preliminary Evidence that Self-Regulation Makes a Difference" in Samuel Estreicher & David Sherwyn (eds.), *Alternative Dispute Resolution in the Employment Arena, Proceedings of New York University 53rd Annual Conference on Labor* (Kluwer Law International, The Hague, 2004), p. 303; Lisa B. Bingham, "Self-Determination in Dispute System Design and Employment Arbitration" (2002) 56 *U. Miami L. Rev.* 873.

changeability hypothesis）相一致。奥利·阿申费尔特（Orley Ashenfelter）对可交换性假设的解释如下：

> 这种模式的基本思路很简单：仲裁决定的当事人总是被允许在对由谁处理他们案件的仲裁员的选择中表达他们的偏好，每一位当事人都会很自然地将曾经作出过不利于他们立场之决定的仲裁员排除在外。相对于他们的同事，那些采取极端主张的仲裁员因此被排除在其中一方或另一方当事人的未来选择之外。明白了这一点，一位成功的（也就是基业长青的）仲裁员的策略是对处于相同情况下的其他仲裁员将作出的决定进行预测，再以此作出自己的决定。这是惟一的防止仲裁员的决定显得异常的系统策略。[54]

这种假设产生了对仲裁结果的预测，这种预测已在关于美国劳动仲裁的实证研究中获得了支持，[55] 并且也可以在国际仲裁中进行检验。

除了对结果模式进行考察，研究者还可以通过使用其他实证技术对仲裁决定的作出行为进行研究。对这类研究的未来可能方向将在第八部分被详细讨论。

（陈福勇　译）

---

〔54〕 Orley Ashenfelter, "Arbitrator Behavior" (1987) 77 *Am. Econ. Rev.* 342, 343; see Henry C. Farber & Harry C. Katz, "Interest Arbitration, Outcomes, and the Incentive to Bargain" (1979) 33 *Indus. & Lab. ReL. Rev.* 55.

〔55〕 See Orley Ashenfelter, "Arbitration" in Peter Newman (ed.), 1 *The New Palgrave Dictionary of Economics and the Law* (Macmillan Reference, London, 1998), pp. 88, 90; see, e. g., Orley Ashenfelter & David E. Bloom, "Models of Arbitrator Behavior: Theory and Evidence" (1984) 74 *Am. Econ. Rev.* 111.

▼
▼
▼

国际商事仲裁中的裁决后经历[*]

理查德·W.奈马克　斯蒂芬妮·E.基尔

最近几年，国际商事仲裁无论是在案件数量上还是在获得商 　269
人和律师的关注度方面都在世界范围内出现了明显增长。[1] 推动
这种增长的是各种仲裁特性，包括当事人意思自治、快捷、经济、
可在较大范围内挑选仲裁员、可选择适用的法律、连贯性、避免
国内法院和终局性。国际上似乎普遍不看好在发生纠纷时利用商
业伙伴所在国的法院系统来解决纠纷的前景。因而很显然，存在
着一个有力的因素，让当事人放弃正式的法律体系而选择进入一
个由自己设计的仲裁之中。

　　然而，一旦卷入纠纷的当事人进行仲裁并得到一份裁决后，
关于裁决履行的实证数据却很少为人所知。一份裁决被签发之后，

---

　　[*]　C. Drahozal & R. Naimark（eds.）；*Towards a Science of International Arbitration：Collected Empirical Research* ⓒ 2004 Kluwer Law International.

　　[1]　Klaus Peter Berger, *International Economic Arbitration*（Kluwer Law & Taxation Publishers, Deventer, 1993），p. 8 & n. 62（"大概有90%的国际经济合同包含仲裁条款"）[citing Albert Jan van den Berg et. al., *Arbitragerecht*（1988），p. 134]；参见本书附件1。

履行记录和可能发生的变化是什么样的？根据《纽约公约》[2]和《巴拿马公约》[3]，以恰当的形式签发的裁决可以由当地法院执行。不过，一旦裁决已经作出，当事人事实上要到法院去申请执行或者对裁决提出异议吗？如果是，结果会是怎样？存在自愿履行裁决的情况吗？裁决作出后还继续存在法律争议吗？当事人已经选择通过使用仲裁来绕开法院体系，他们是不是发现自己最终还是到了法院？如果当事人确实在裁决作出后到了法院，这个行为的性质是什么？在那种情况下，法院的介入范围有多大？

显然，从速度、成本和效果角度来看，对这些问题的回答将影响当事人解决纠纷的目标。就我们所知，本研究是第一次试图对许多仲裁参与者在裁决作出后的丰富经历进行具体考察。

有必要在一开始就指出，本文的数据存在应用上的局限：样本并不是随机抽取的，因为它只包括那些同意对我们的调查问卷进行回答的仲裁当事人的数据。可能存在的争议是：同意回答的动机（或者是出于积极的原因，或者是出于消极的原因）可能会使整体结果发生偏差，进而让对各种类型的相对比例的评估变得可疑。因此我们很少对裁决得到履行或没得到履行的整体比例下结论，取而代之的是着重考察案件可能经历的不同"轨迹"，并根据可得的数据规模提供一些分析。同样需要注意的是样本取自于国际争议解决中心（ICDR）／美国仲裁协会（AAA）从1999年1月到2002年12月间受理的205个国际商事仲裁案件，数据的收集

270

---

[2] Convention on the Recognition and Enforcement of Foreign Arbitral Awards, June 10, 1958, 21 U. S. T. 2517, T. I. A. S. No. 6997, 330 U. N. T. S. 38.

[3] Inter-American Convention on International Commercial Arbitration, Jan. 30, 1975, 14 *I. L. M.* 336 (1975).

工作历时 4 个月（2003 年 2 月 ~ 5 月）。目前，没有关于临时仲裁案件或者只使用法院系统的案件（这最重要）的比较数据。如果有，那将是对结果的最终比较，因为正如前文所述，仲裁经常被用来绕开法院。

尽管存在这些局限，我们认为数据提供了一系列富有启发的视角/见解，可以使人管中窥豹（只要你愿意），同时也提出许多值得探讨的新问题。

一、裁决后的经历

问卷是根据我们制作的一张流程图设计的，这张图标出了一个案件在裁决作出之后可能经历的各种"轨迹"。这些轨迹是与专门做国际商事仲裁的律师们进行讨论之后确定的，代表了对仲裁当事人"真实"的裁决后经历进行考察的一种努力。因此，这些轨迹不仅包括自愿履行和法院的强制执行，还包括裁决作出后的重新协商、败诉方破产、进一步采取法律行动的威胁和放弃权利主张。数据是通过电话调查收集的，调查反馈者确认了裁决后经历的具体细节。

关于调查所涉及的各种轨迹的流程图见本文的附件 A。

二、调查结果——裁决是否得到履行？

这次调查是针对申请人的。我们收集到 118 位申请人表示裁决得到了履行（至少部分得到了履行）的数据。在这 118 个案件中，有 18 个案件申请人败诉。在 100 个申请人称他们是胜诉方的案件中，有 74 个裁决被全部履行，4 个部分履行，22 个经过（裁决作出后）重新协商确定了最终和解条款。在很长时间里，我们已经注意到一些探讨论及导致裁决条款发生变更的裁决后协商。但是在这次调查前，我们并不确定是否存在或者有许多那样的案件出现。结果发现，尽管对裁决条款进行重新协商没有成为主流，但也不少。

总共有 35 个案件反映裁决没有得到履行。51 个案件在调查时还没有确定，因为正处于某种法院程序中。那 51 个案件多是新近作出的裁决，因此显示最终结果的时机尚未完全"成熟"。尽管我们没有关于这 51 个案件最终结果的进一步数据，但可以合理地假设他们将显现出与其他 154 个案件一样的裁决后的结果模式。

三、履行的原因

也许比完全履行、部分履行和没有履行的发生更有意思的是走向每一种轨迹的具体原因。在 100 个得到完全或部分履行的裁决中，26 个受访者把履行的原因归结于裁决后的协商，61 个把履行原因归结于裁决后当事人的自愿行为，12 个把执行原因归结于法院的执行命令，1 个案件把履行的原因归结于裁决后发出的一份要求履行的信函。

人们确实听说过关于仲裁的告诫性传言，即裁决的作出仅仅是确保裁决得到履行的延伸纠纷程序的一个开始。因此，裁决出现高比例的自愿履行自然成为一个焦点。而这似乎为仲裁所具有的终局性特点对商业人士很重要的主张提供论据支持，对商人来说，时间就是金钱，纠纷必须放在一个更大的商业背景中进行评估。[4]

51 个还处于未决状态的案件一旦出来结果，最终大概也将被归入三个主要类别：裁决得到确认、裁决被推翻以及裁决被执行。

---

〔4〕 Richard W. Naimark & Stephanie E. Keer, "International Private Commercial Arbitration: Expectations and Perceptions of Attorneys and Business People" (2002) 30 *Int'l Bus. Lawyer* 203, reprinted in Part 2.

考虑到这一点，数量不多的由于法院的执行命令而被执行的案件是比较难以进行评价的。如果我们把先前展示的数据作为指标，似乎裁决一旦得到确认，大部分的案件将被自愿履行。数据还显示，这些裁决中有 67 个得到了法院确认，其中一个在得到确认的同时，裁决的条款有一些变动。因而可以推测那 68 个案件的分布情况，即包括 12 个由于法院的执行命令（一种超出简单确认的积极执行行为）而被执行的案件、26 个重新协商的案件的一部分，以及 61 个自愿履行的案件的一部分。根据调查所获得的反馈，我们假定一些自愿履行的案件发生在法院确认之后。与此相反，我们也假定部分重新协商和自愿履行的案件是在裁决后没有任何法院行为的情况下发生的。

有趣的是，有一个案件反映裁决被法院推翻了。把 68 个被法院确认的案件和 1 个被法院推翻的案件相比，可以看出法院对仲裁裁决的广泛支持。

272

四、部分履行

反映为部分履行的 4 个案件中，有 3 个裁决涉及金钱的支付，1 个裁决涉及根据合同条款继续履行。

五、未得到履行

反映为裁决未得到履行的 35 个案件中，所给的原因如下：

14 个案件将败诉方破产列为未得到履行的原因。

6 个案件将败诉方失踪作为未得到履行的原因。

9 个案件将败诉方未作出反应列为未得到履行的原因（可能被告处于相对不容易到达的国外住所）。

6 个案件列出的原因不是对可供扣押的财产缺乏实际管辖权，就是相对难以获得外国司法管辖权而无法实际履行。

这些数据似乎显示了商业决策在部分起作用。当然，对于那些请求金额不大的案件，当一方当事人出现没有回应或无偿付能力的情况时，难以利用国外的执行途径会增加放弃裁决主张的可能性，毕竟裁决得到执行明显不具有现实可行性。估计有些案件在结束前就明显存在难以执行的可能性。决定走完仲裁程序也许主要是出于税务损失评估或者保险理赔的考虑。

六、对裁决条款进行重新协商

在 26 个因裁决后的协商使裁决得到履行的案件中，有 22 个表示对裁决条款作了一些重新协商。4 个没有对裁决条款进行重新协商，估计是裁决后的协商完成以后全部支付了裁决金额。那 22 个案件中有 19 个注明对支付的金钱数额进行了重新协商，1 个提出了新的支付方案，2 个提出了一份新的协议/关系以作为最终的结果。

273　　　重新协商的裁决中有 14 个涉及被申请方以进一步采取法律措施或者采取逃避行为相威胁，作为对付胜诉方的谈判筹码。尽管本样本显示，出现这种情况的比例相当低，但人们确实听到了有经验的从业者对仲裁败诉方采取这种谈判姿态的讨论。这 14 个案件证实了这些讨论。

有 7 个裁决被重新协商是因为他们"不能符合当事人的需求"。毕竟仲裁员是根据合同条款作出决定的。当当事人的状况或者需求在纠纷发生以前发生变化的情况下，这种类型的重新协商是可以理解的。

一项裁决被重新协商是因为当事人希望继续有业务往来，在对仲裁优势的相当普遍的讨论中，有一个有趣的发现：仲裁的非正式属性让当事人得以缓解敌意并在仲裁后继续保持商业关系。这个案件就是一个适例。

七、请求金额大小

对请求金额大小可以得到确认的 200 个案件归纳如表 1。

表 1　请求金额的大小

请求金额	频　率	百分比 *
$ 1 ~ $ 50 000	24	12%
$ 50 001 ~ $ 250 000	51	25%
$ 250 001 ~ $ 500 000	30	15%
$ 500 001 ~ $ 1 000 000	36	18%
$ 1 000 000 ~ $ 10 000 000	46	23%
$ 10 000 000 以上	13	6%
总计	200	100%

* 由于四舍五入的关系，百分比相加不到 100。

有 5 个案件没有请求金额，似乎仅仅是对合同条款的某种形式的具体履行。在 205 个样本中，有 48 个包含一定形式的非金钱性救济。

八、裁决得到履行前所需要经历的时间

绝大部分表示裁决结果得到履行的案件在 6 个月或者更少的时间里完成了支付或履行（100 个案件里面有 88 个）。实际上，相当部分的裁决在裁决作出后的 30 日内就进行了支付或完成了裁决的履行。具体分布情况如下：在 100 个案件中，有 68 个经历了 30

天，有 3 个经历了 45 天，有 6 个经历了 60 天，有 9 个经历了 90
天，有 2 个经历了 180 天，有 7 个经历了 1 年，还有 5 个经历了超
过 1 年的时间。（我们没有获得所有案件的相关信息。）

九、小结

在这份样本可以被认为是世界范围内国际商业仲裁的代表的
范围内，有几点很明显：其中首先观察到的一个现象是，一般来
说仲裁几乎就是商业纠纷解决过程的终点，但并非总是这样。

很多案件在裁决作出后 30 天内得到支付/履行。尽管有些案件
一方或双方当事人向法院提出了确认或撤销裁决的申请，但也有
许多案件在确认程序之前或之后得到自愿履行。从本样本来看，
最终需要法院进行强制执行的情况似乎相对发生得比较少。

裁决后经历的多样性也是很有意思的。部分当事人把裁决作
为依据或者谈判的筹码，通过谈判确定支付条件或者达成新的和
解从而最终解决问题。人们不难想象在延续法律冲突的威胁和减
少支付数额但立即兑现之间的权衡。然而，当原来的商业伙伴处
于国外的司法管辖区时，出现其变成无偿付能力或者作为一个商
业实体消失的现实会让后勤方面的困难变得更大。无疑这些情况
要求商业人士及其律师有一些理性的成本/收益考虑，而事实也确
实如此。

从被法院以判决加以确认的裁决数量来看，本样本似乎表明，
在相当数量的案件中仲裁与法院存在合作关系。但是一小部分案
件似乎也显示了这种合作关系的局限，这些案件中的胜诉方发现
他们自己出于增加后勤成本及实际的考虑，最终完全放弃了他们
的请求。

我们回想起早先对仲裁的各种属性的价值排名所做的研究。[5]
我们特别注意到一个研究结果，即商业人士和他们的律师存在重
大分歧的惟一排名项就是程序的终局性（相对于律师，商业人士
把终局性排在更重要的位置）。如果我们把仲裁认为是商业程序的
延伸，那么这个发现说明仲裁是商业过程的一部分，而法律程序
是商业决策时的一个有力依据。

仲裁表现出了显著的效率、效果和一些承担的损失。然而，
裁决结果比简单的数字化结果（是或否）宽泛得多。即使在裁决
后的过程中，协商仍然继续而且商业考虑起主导作用。

（陈福勇　译）

---

〔5〕 Id.

附件 A

275

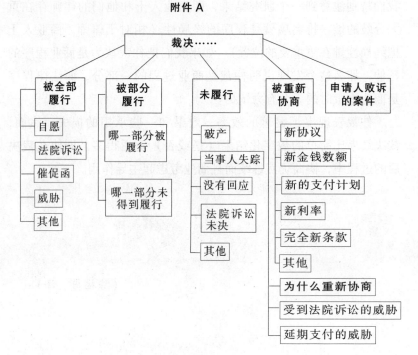

▼
▼
▼

外国仲裁裁决在中国的执行[*]：
对中国执行状况的统计评估

王生长

　　在过去几年里，中国国际商会仲裁研究所[1]对仲裁裁决在中　277
国的执行情况进行过两次调查。第一次调查于 1994 年的 10 月进
行，目的在于调查中国国际经济贸易仲裁委员会（CIETAC，以下
简称"贸仲"）的裁决的实际执行状况（以下简称"第一次调
查"）。第二次调查于 1997 年的 9 月进行，目的在于对贸仲的裁决
和外国仲裁裁决的执行发展状况进行跟踪调查（以下简称"第二
次调查"）。

　　关于这两次调查,这里必须先做几点说明:首先,调查是由非政
府性质的学术机构即仲裁研究所主持的。统计信息绝无官方权威

---

　　[*] 原文发表于 Albert Jan van den Berg（ed.），*Improving the Efficiency of Arbitration A-greements and Awards：40 Years of Application of the New York Convention*（Kluwer Law Interna-tional, The Hague, 1999），pp. 461, 478～484. Copyright ⓒ 1999 by Kluwer Law Interna-tional.

　　〔1〕 1993 年 7 月由中国国际商会（也称为中国国际贸易促进委员会）设立。

性,只是为那些对这个领域感兴趣的人提供一些可能的现实评估。对此读者应有清楚的认识。其次,与第一点原因有关,仲裁研究所收集的这些统计数据并不完整。如下文所示,对调查问卷进行了反馈的法院在仲裁研究所征求意见的所有法院中只占很小一部分。第三,因为两次调查涉及的某些年度相同,因此有所重叠。不过调查结果并不一致,这只是因为机构反馈的信息有差异。最后,尽管贸仲的裁决在中国的执行并不适用《纽约公约》,[2]把其相关的统计信息纳入本文仍然富有价值,因为它将增大对外国裁决被执行或被不予执行的可能情形进行更细致考察的可能性(外国裁决与贸仲的裁决有着几乎相同的执行或不予执行的理由)。

一、第一次调查

第一次调查是抽样调查,选取了中国 21 个大中城市的中级人民法院[3]作为调查对象,试图摸清 1990 年到 1994 年 9 月贸仲的仲裁裁决的执行情况。大约有 12 ~ 15 个法院对调查问卷进行了反馈。以下附表显示的是调查结果。

年　度	1990	1991	1992	1993	1994. 1 ~9	总　　数
申请执行数	2	6	5	6	11	30
被执行的裁决数	2	5	3	5	2	24
被不予执行数	0	1	2	1	2	6

---

〔2〕　由于中国的"互惠"保留声明。

〔3〕　根据《中华人民共和国民事诉讼法》第 259 条和《中华人民共和国仲裁法》第 71 条,对中国国际经济贸易仲裁委员会的裁决（也就是在中国作出的涉外或国际裁决）有执行管辖权的法院应该是被执行人所在地或执行财产所在地的中级人民法院。

以上表格显示，在申请执行的 30 个贸仲裁决中有 6 个被不予执行。因此不予执行率为总申请数的 20%，占到贸仲 1990～1994 年总案件量的 0.29%（总共 2079 个案件）。[4]

这些案件被不予执行的原因不尽相同，在这六个被不予执行的案件中，有三个案件被报道过。这三个案件是：

1. 中国国际工程咨询公司诉北京丽都饭店公司案，[5] 涉及贸仲的管辖权问题；

2. 开封市东风服装厂和泰珠国际贸易（香港）有限公司诉河南服装进出口（集团）公司案，[6] 涉及"社会公共利益"概念的解释问题；

279

3. 香港华兴发展公司诉厦门东风橡胶制品厂案，[7] 涉及裁决的部分执行问题。

---

〔4〕 贸仲受理的案件量如下：1990 年以前共受理 699 个案件；1990 年受理 238 个案件；1992 年，267 个案件；1993 年，486 个案件；1994 年，829 个案件；1995 年，902 个案件；1996 年，778 个案件。详细信息参见 Wang Sheng Chang, [*Resolving Disputes in the PRC: A Practical Guide to Arbitration and Conciliation in China* (FT Law & Tax, 1996)], pp. 68～70.

〔5〕 关于案件的报道，参见 The China Institute of the Applied Law of the Supreme People's Court, ed., *Selected Cases of the People's Court* (hereinafter *Selected Cases of the People's Court*) vol. 4 (1993) p. 137. 另见 [Michael J.] MOSER, ["China and the Enforcement of Arbitral Awards", *Arbitration Journal of the Chartered Institute of Arbitrators* (February 1995)], pp. 51～52; [Cheng Dejun, Michael J. Moser and Wang Sheng Chang, *International Arbitration in the People's Republic of China: Commentary, Cases and Materials* (Butterworths Asia, 1995)], pp. 79～80; Wand Sheng Chang, *op. cit.*, fn. [4], pp. 178～179; Guiguo Wang, ["One Country, Two Arbitration Systems: Recognition and Enforcement of Arbitral Awards in Hong Kong and China", 14 *Journal of International Arbitration* (1997, no. 1)], pp. 37～38.

〔6〕 关于案件的摘要，参见 Moser, Id., p. 50 (February 1995); Cheng, Moser, and Wang, Id., pp. 78～79; Wang Sheng Chang, Id., pp. 179～180.

〔7〕 关于该案件的报道，见 *Selected Cases of the People's Court*, vol. 4 (1994) p. 136. 另见 Guiguo Wang, *op. cit.*, fn. [5], pp. 14～15.

其他案件没有被报道过。其中，有一个案件被厦门市中级人民法院裁定驳回申请，法院依据的理由是其对该案没有管辖权。另一个案件中，郑州市中级人民法院裁定仲裁庭违反了仲裁规则。在新胜利工业公司（香港）诉江西兴威建筑工业原材料有限公司（以下简称"江西案件"）[8] 案件中，南昌市中级人民法院认为执行该裁决将违反中国的社会公共利益，因此不予执行。

二、第二次调查

1997 年 8 月 ~9 月仲裁研究所进行了第二次调查，对全国 310 个中级法院和海事法院[9] 寄送了由其设计的调查问卷。向每个法院寄送了两份调查问卷，一份是关于贸仲裁决的执行，另一份是国外裁决的执行。共有 43 个法院给予回复。这并不奇怪，因为绝大部分的法院根本没有遇到过需要执行贸仲裁决或国外裁决的情况。

然而这些回复法院的所在地却代表了中国的大部分省、自治区和直辖市，具体包括北京、天津、上海、辽宁、江苏、浙江、江西、福建、广东、海南、广西、四川、河北、河南、山西、甘肃、新疆、内蒙古和西藏。

表 1a 显示在 1991 年之前，所有的申请都被执行了。1991 年《民事诉讼法（试行）》进行了修改，而恰好是在这一年执行情况走向恶化。这绝非仅仅是个巧合。在修订的《民事诉讼法》适用

280

---

〔8〕 未经报道。

〔9〕 根据最高人民法院于 1989 年 5 月 13 日发布的《关于海事法院收案范围的规定》（已于 2001 年 9 月 11 日被最高人民法院《关于海事法院受理案件范围的若干规定》废止）第 4 条第 3 款，海事法院有权依据 1958 年《纽约公约》的规定，承认和执行外国仲裁裁决。自 1985 年以来，最高人民法院已经在大连、天津、青岛、上海、武汉、厦门、广州、海口和宁波分别建立了 9 个海事法院。

之前，法院在任何情况下都应认定裁决是有效和可执行的，法院的权力仅限于发出执行令。[10] ……修订后的《民事诉讼法》赋予法院在第260条的基础上不予执行贸仲裁决的权力。

表1　贸仲的裁决在中国被执行和被不予执行情况统计

表1a　被执行和被不予执行的裁决数量

年　度	申请执行数	被执行的裁决数	被不予执行数
1990年之前	18	18	0
1990	12	12	0
1991	8	5	3
1992	8	6	2
1993	8	7	1
1994	12	10	2
1995	34	26	8
1996	64	43	21

　　表1a同时揭示了到1996年年底，在中国中级人民法院申请执行贸仲裁决的案件有164个。其中127个被法院执行，37个被不予执行，后者占到同期贸仲总案件量的1.04%（总共有3571个案件）。[11]

---

〔10〕 See Moser, *op. cit.*, fn.〔5〕, p. 48.
〔11〕 See fn.〔4〕.

表 1b　被不予执行的原因

原　因	涉及案件数
1. 仲裁协议无效	0
2. 当事人没有得到适当通知	2
3. 当事人未能陈述意见	1
4. 仲裁庭超越权限	1
5. 仲裁庭的组成与仲裁规则不符	0
6. 仲裁程序与仲裁规则不符	0
7. 当事人没有机会对专家报告陈述意见	0
8. 执行将违背社会公共利益	2
9. 被执行一方当事人不存在	2
10. 申请不符合规定	0
11. 时效已过	0
12. 无可供执行的财产	16
13. 法院对执行无管辖权	1
14. 其他困难	9
15. 原因不详	3

在表 1b 中我们可以发现不予执行的原因主要集中于两项：没有可供执行的财产（第 12 项，16 个裁决）和其他困难（第 14 项，9 个裁决）。由于程序与仲裁规则不符而不予执行的裁决数量为 4 个，只占不予执行总数量的 11%。排除第 12 项和第 13 项，剩下的 20 个贸仲的裁决（相当于申请执行的所有裁决数量的 12.2%）被以各种原因为由不予执行。从这次调查中发现的可以引以为戒的

经验是：建议当事人与资信记录良好的合作方签订合同，或者及时向有管辖权法院提出财产保全措施的申请以保证仲裁裁决的执行。

第14项和第15项与原因不详或在执行过程中碰到困难有关。 281
尽管要提供准确的背景需要做进一步的调查，但我们大致认为所谓的"困难"可能不是受地方保护主义的影响，就是法院审查了案件的实体问题，这是违背法律规定的。

表2a　中国对国外仲裁裁决的承认和执行统计

年　　度	申请执行数	被执行的裁决数	被不予执行数
1990 年之前	0	0	0
1990	3	3	0
1991	0	0	0
1992	1	1	0
1993	1	0	1
1994	2	1	1
1995	0	0	0
1996	1	1	0
1997（1 月 ~8 月）	6	4	1

表 2a 显示了从 1990 年到 1997 年 8 月底，中国法院收到了 14
个国外仲裁裁决的承认和执行申请。在这 14 个裁决中有 10 个裁决
得到了承认并由中国法院进行了执行，3 个裁决被不予承认和执
行。在 1997 年申请执行的 6 个案件中，有 1 个由北京市第二中级 282
人民法院受理的案件仍未审结。

表 2b　被不予执行的原因

原　因	涉及案件数量
1. 仲裁协议无效	0
2. 当事人没有得到适当通知	0
3. 当事人未能陈述意见	0
4. 仲裁庭超越权限	0
5. 仲裁庭的组成与仲裁规则不符	0
6. 仲裁程序与仲裁规则不符	0
7. 当事人没有机会对专家报告陈述意见	0
8. 执行将违背社会公共利益	0
9. 被执行一方当事人不存在	1
10. 申请不符合规定	0
11. 时效已过	0
12. 无可供执行的财产	1
13. 法院对执行无管辖权	0
14. 其他困难	1
15. 原因不详	0

令人遗憾的是，在这 3 个不予执行的裁决中，有 1 个裁决的不予执行理由是超越正常标准的。该案中，中国内地人民法院[12]依据对等原则不予执行香港仲裁裁决，以回应香港高等法院拒绝接

---

[12]　山西省太原市中级人民法院。

受对贸仲仲裁裁决的执行申请。[13] 在第 9 项中,南昌市中级人民法院发现申请人错误地指定了被执行人,仲裁裁决的败诉方与申请人要求执行的被执行人并不一致。在第 12 项中,上海市第一中级人民法院发现败诉方无可供执行的财产。没有裁决因为仲裁程序违规而被不予承认和执行。尽管在第 9 项和第 12 项中列示的情形在某种意义上属于客观障碍,执行法院不应因此受到谴责,被不予执行的国外仲裁裁决所占的真实比例是 7.14% (14 个申请执行的裁决中仅有 1 个),略低于贸仲裁决的被不予执行比例。

      …………

从上面的表 1 和表 2 可以推论:在实践中绝大多数的仲裁裁决都能被相关当事方自愿遵守。除非其中有一方当事人要求拥有相当大强制权力的法院提供援助,相关法院并不涉入裁决的执行,统计数据表明,法院实际上已经承认和执行了超过 87.7% 的裁决(与 12.2% 的未执行的贸仲裁决和 7.14% 的国外裁决相对,见上文)。

与其他国家一样,中国法院是应该承认和执行仲裁裁决的,除非发现或能证明有不予承认和执行的理由。最近 10 年里,法律和实践的发展变化导致了人们对于仲裁态度的分歧,尤其是对待仲裁裁决执行的态度。鉴于中国不同地区法律意识发展的不平衡,

---

[13] 1998 年 1 月 19 日,香港特别行政区高等法院作出裁决,依据如下理由拒绝受理对一个贸仲裁决的执行申请:①在中国内地作出的贸仲裁决不再是属于 1958 年《纽约公约》范围的裁决,因此公约对该裁决在香港特别行政区的承认和执行并不适用;②通过适用《香港仲裁条例》的 2GG 部分,一个仲裁地在香港之外的贸仲裁决并不满足以执行判决的方式执行裁决的要求。香港回归之后,中国内地和香港特别行政区之间相互执行仲裁裁决的事实不能状态让商人们大失所望。双方的相关主管部门已经决定尽快解决这一悬而未决的棘手问题。

对中国法院在适用和解释同意或不予执行仲裁裁决理由时并不总是一致应该不会感到奇怪。

　　不予执行贸仲裁决的原因非常接近于不予执行受公约约束的裁决的原因。执行机制是否能正确发挥功能极大地依赖于法院是否愿意对这些原因作出狭义的解释。以上统计数据和实践表明，中国法院一般都能以恰当方式对国家法律和《纽约公约》作出解释，并以此执行了大部分的裁决。另一方面，在少数几个案件中，法院以过于严厉的方式行使了权力，这与法律和国际社会的合理期待是相违背的 ……。

（陈福勇　译）

▼

▼

▼

实事求是：对中国仲裁裁决
执行的实证研究*

裴文睿

一、方法论

关于仲裁裁决执行情况的可靠信息向来缺乏，其原因很简单： 285
进行相关的实证研究一般很困难，在中国更是如此。[1]从理想来
看，人们至少想知道以下关于仲裁裁决的信息。在特定年份，有

---

* 由于篇幅所限，本文已被大幅裁减。原文发表于（2001）49 *American Journal of
Comparative Law* 249（注释重新排序）. Copyright © 2001 by the American Society of Com-
parative Law，Inc. 经许可后再版。

〔1〕 除了通常的方法上和实践中的障碍，研究者现在还面临法律上的限制。1998
年，国家统计局和中国共产党中央委员会一起发布了一项内部规章，限制外国个人或机
构与中国的个人或机构之间合作进行社会调查研究。这类研究要求得到国家统计局或者
其地方机构的批准。根据中华人民共和国的法律，中国共产党没有立法权，也没有权力
与立法机构联合发布规章。也许认识到这一技术性错误，国家统计局在1999年发布了
一个公开的正式规定。1999年8月15日生效的《涉外社会调查活动管理暂行办法》特
别要求外国研究者与具备从事涉外社会调查活动资格的调查机构合作，并且跨省的项目
要获得中央层级的批准。详见第8条和第10条。
中国对外国人从事研究进行限制并不是新鲜事。只是在过去这种限制很快被遗忘并
被普遍忽视。此外，国家统计局的官员称，这个特别规定主要针对的是市场调查和商业
机构（正如第2条表现出来的意图）收集的其他同类商业信息，而不是关于法院的法律
研究。可以推测，该规定的意图并不是要防止中国律师通过讨论他们办理过的案件以推
销他们的服务。尽管在这个正式规定生效的时候，我已经完成了在中国的数据收集工
作，但它确实让我放弃了聘请一家中国的律所收集法院总体数据的原定计划。

多少外国裁决和涉外裁决？在这些裁决中，有多少败诉方自愿履行了裁决？剩下没有得到自觉履行的案件将会怎样？当事人和解了吗？如果是，和解的金额是多少（为什么胜诉方愿意接受比原裁决金额少的和解金额）？胜诉方申请强制执行了吗？如果是，在哪里申请的（在中国还是在外国）？当事人会简单选择放弃而不申请强制执行吗？在那些当事人在中国申请强制执行的案件中，会发生什么情况？裁决是否能得到执行？当事人是否和解（同样，和解金额是多少，为什么要和解）？申请方实际获得的执行金额是多少（是裁决金额的 100% 还是少一点的比例）？如果裁决没有得到执行，原因是什么？导致执行成功或失败的相关因素是什么？

遗憾的是，想获得以上的相关信息存在着难以克服的方法上和实践中的障碍。对于打算开始动手的研究者来说，没有可行的方法搜集涉及中方当事人的外国仲裁裁决总数量的准确信息。外国投资者可能会同意在世界的任何一个地方进行仲裁。国际上有很多非常受欢迎的仲裁中心（斯德哥尔摩、巴黎、伦敦、纽约、新加坡、香港，等等）。当事人还可能会进行临时仲裁。

与外国裁决不同，关于贸仲每年作出的裁决总数的信息是可以获取的。但是知道裁决总数并不够。我们还需要知道这些裁决一旦作出会发生什么情况。很可能在许多（如果不是绝大多数）案件中，败诉方会自愿履行裁决。即使败诉方不履行裁决，在一些案件中胜诉方可能到外国申请执行[2] 与败诉方和解或只能放弃。

---

〔2〕 的确，假如中方当事人败诉而没有履行裁决，只要该败诉方在外国有财产，胜诉的外方当事人将首先努力在外国获得执行。不过，在大多数情况下，中方当事人在外国没有财产。

缺少关于裁决总数或没有在中国寻求执行的裁决到底发生了什么情况的信息，使得我们很难对执行问题的存在范围进行量化分析。[3] 例如，即使我们知道没有外国或贸仲的裁决在中国曾被强制执行过，外国投资者可能仍然愿意尝试进行仲裁，毕竟如果在100 个案件中有 99 个败诉方自愿履行裁决，就没有强制执行的必要性。在这种情况下，总体的成功率将是 99%，尽管在胜诉方实际上不得不申请强制执行时的成功率为 0%。[4]

尽管存在这些局限，掌握如下信息仍是重要的进步并且相当有价值：申请方通常成功获得裁决执行的概率，当事人能够收回的裁决金额的比例以及成功或失败背后的原因。

从理论上说，获取在中国申请强制执行的仲裁裁决数量的综 287
合信息是可能的。拥有生效的外国或涉外仲裁裁决的一方当事人必须向被执行人所在地或财产所在地的中国中级人民法院（IPC，以下简称"中院"）申请执行。但是这样的中院有近 400 家。[5]
而且申请者并不要求通知中国的任何特定机构，如新成立的中国

---

〔3〕 这些障碍也同样适用于任何国家。尽管普遍认为仲裁裁决的执行在美国和大部分的欧洲国家并不成为问题，我一直未能发现任何实证研究证实（或者是证伪）这一主张。See, e. g., *Sixty Years of ICC Arbitration*（声称超过 90% 的 ICC 裁决得到自愿履行）；Richard B. Lillich & Charles N. Brower, *International Arbitration in the 21st Century: Towards a Judicialization and Uniformity*（1992）（称美国法院的记录是依据对《纽约公约》例外规定的严格解释来执行外国裁决的记录之一）。为了解一下美国的不予执行率，我通过钥匙码（Key Number）检索法，查看了 36 个根据《纽约公约》向美国联邦法院申请执行的案件。有 31 个案件法庭命令执行，有 5 个案件拒绝执行。我也查看了 100 个涉及私人当事人之间合同纠纷（不含劳动案件、针对公共部门的案件以及保险案件）的非公约性质的美国国内仲裁裁决执行案件。其中有 87 个案件法庭命令执行，有 13 个案件拒绝执行。

〔4〕 如果强制执行的成功率真的是 0%，大概更多的当事人将拒绝自愿履行裁决。

〔5〕 See Ronald Brown, *Understanding Chinese Courts and the Legal Process* 36 (1997).

仲裁协会*、贸仲〔6〕或最高人民法院（SPC，以下简称"最高院"）。〔7〕中院也无需把所有的外国裁决执行申请情况向最高院报告。〔8〕尽管如此，从中院直接获取信息将是一个可行的方法。

贸仲的研究部门——仲裁研究所曾在1994年和1997年的调查中试过此方法。〔9〕在两次调查中，结果都比较让人失望。在第一次调查中，21个进行调查的中院中只有12家进行反馈。在第二次调查中回收率更加糟糕。在进行调查的310家中院和海事法院中只有43家认真填写了调查。贸仲是一个独立的社会组织，没有凌驾在法院之上的权力。事实上在贸仲和法院之间存在一定程度的敌意和职业嫉妒心理。〔10〕这也许是可以预料得到的，因为贸仲的官员长期以来通过说明他们如何比法院好得多来争取市场，法院则被认为被腐败、地方保护主义以及不能胜任的法官等问题所困扰。

在任何情况下我们都不能仅仅依赖于法官或其他官方的来源来获取信息。中国不是一个开放社会，司法体系的成员比其他大多数行业更不愿意披露信息。法官不习惯于合作，而且在大多数情况下没有任何激励与研究者合作，尤其是与外国研究者。相反，

---

* 此协会实际上并未成立。——译者注

〔6〕 人们经常惊讶地发现贸仲对执行案件并没有全面的统计。然而，执行是通过法院实现的，贸仲甚至没有权力影响自己裁决的执行。

〔7〕 国内裁决出现更大的问题，因为这些裁决是由3000多个中国的基层法院执行的。See Brown, supra n.〔5〕, at 36.

〔8〕 很明显，最高人民法院正在考虑将仲裁裁决执行的信息作为对下级法院年度报告要求的一部分。下级法院是否会准确地报告还有待观察。法院现在对于外国裁决和涉外裁决的不予执行前必须获得最高人民法院的批准。See infra n.〔42〕.

〔9〕 对于这些调查的讨论，参见下文关于"与仲裁研究所的研究进行比较"的内容。

〔10〕 See Luming Chen, "Some Reflections on International Commercial Arbitration in China", 13 *J. Int'l Arb.* 121 (1996).

中国内容宽泛的国家保密法和关于外国人进行社会调查的法规给了他们小心谨慎的所有理由。任何对法院体系运作的实证研究都不可避免地会引起政治敏感问题。不必说，获取关于侵犯人权的准确信息总是出了名的复杂。这不仅在中国，在任何其他国家也是如此。但是即使诸如仲裁裁决的执行这种表面上不太有争议的课题，也触及了法院的内部运作以及法院与其他政治实体（包括政府和中国共产党）的关系。

再者，像本文这种调查项目的结果有着重要的商业意义。显然，中国仲裁机构在调查结果中有着巨大的经济利益。而中国政府也同样有着经济利益。它在过去 20 年里花费了巨大的资源创造一个能吸引外国投资者的投资环境。如此重大的经济利益存在使得从官方途径获得准确的信息几乎不可能。法官、仲裁员以及仲裁机构的职员也受保密要求和职业责任规范的约束，从而使得事情进一步复杂化。在中国，仲裁通常都是秘密进行的。[11] 尽管在理论上到人民法院申请执行的程序是向大众公开的，属于有案可查的范围，但是实践中公众是没有途径获得案件记录的，审判在一些城市也是在最近几年才向公众开放的。而且，即使程序能向公众开放，关于和解的企图、和解条款以及其他幕后操作的信息通常也是无法从公开途径获得的。

因此，获得"真实故事"的惟一方法是将直接从当事人及其

288

---

〔11〕 贸仲仲裁规则（1998），第 36 条。尽管贸仲出版了几卷案例，但对于贸仲仲裁员是否可以自由讨论案件细节或者公开这些结果仍有争议。See, e. g., Cheng Dejun, et al., *International Arbitration in the People's Republic of China*（1995）.

律师处获得的信息作为从官方途径获取信息的补充。[12] 于是我向
100 多家具有中国业务的外国律师事务所和 350 多家分布在中国各
地的中国律师事务所发放了中文和英文的调查问卷，反馈非常
少。[13] 我直接收到了不到 10 家的中国律所和少数几家外国律所的
反馈。我和/或我的研究助手接着就通过电话进行跟进。结果同样
不乐观。律师通常不在办公室，而是正在开会或休假。有些情况
下，原先负责对问卷进行反馈的律师离开了律所。其他一些情况
是律师经办的案件已经过去一些时日，他们记不清具体细节了。
即便是他或她愿意花费时间再去查阅档案，档案可能也已经被移
交做进一步的存档了。外国律师尤其敏感的是保密义务。一些中
国律师担心的是最近关于外国人进行调查研究的法规。大多数人
完全清楚提供那些信息没有任何好处。但是最重要的是，律师之
繁忙是众所周知的：让已经超负荷工作的律师再花费时间填写调
查问卷或进行访谈需要说尽好话并且坚持不懈。

　　除了直接邮寄问卷和打电话给律师，我还从在中国开展业务
289　的公司直接寻求信息。中美商会北京代表处向它的成员公司通过
电子邮件传达了提供信息的要求。我在北京的一次研讨会上，就
执行问题向商业人士做了一次演讲，结果获得了几个案件的信息。
此外，我还能够从各种出版物获取信息，包括最高人民法院公布

---

　　〔12〕　黑泽明（Kurosawa）的《罗生门》（Rashomon）的爱好者都知道，真实的故
事经常是荒诞的。同样的一系列"事实"对于不同参与者来说，可能会因为视角的不
同而完全不一样。遗憾的是，在大部分案件中，只可能与当事人之一和/或当事人的律
师进行访谈。

　　〔13〕　大约一年以后，美国律师协会试图对中国仲裁裁决和法院判决的执行情况进
行调查。调查方式是对 40 个在外商投资领域比较出名的中国律所发送他们的调查问卷，
只有少数几家进行了反馈。

的案例、关于仲裁的文章、报纸和通讯社报道，等等。

不过，最后我还是不得不主要依靠我多年建立起来的与外国和中国律师以及学者的私人关系。这些朋友经常会把我的调查转交给其他曾经处理过执行案件的律师或介绍我跟他们认识。在关系盛行的中国，这些私人关系是必不可少的。[14] 没有人引见，许多中国律师根本不会与我见面。[15]

从方法论的角度看，这种方法既有优点也存在缺陷。很明显，它不是随机抽取的样本。作为一个在北京执业并专长于外商投资业务的外国律师，我主要认识的是北京的中国律师，其次是上海的律师，这些律师也都专长于外商投资业务。结果，我很少获得国内案件的信息，因而这些信息没有包括在研究结果里。

第二个潜在不足是律师通常处理他们所在区域的案件。这个潜在缺陷可以因为仲裁裁决执行的性质得到弥补。拥有司法管辖权的是被申请人所在地或财产所在地的中级人民法院。因而，许多北京和上海的律师会为长期客户在其他城市处理执行案件，仅仅是因为被申请人所在地是其他城市。此外，我还从江苏的一个城市获得了有关执行案件的总数据。这些总数据与我自己对贸仲

---

〔14〕 中国的研究助理给陌生的调查对象打电话收效甚微。大部分中国律师完全没有兴趣与刚毕业的学生谈话。进行访谈至少要求采访者不仅了解与仲裁相关的规则，还要知道中国的法律制度、国际商业实践和中国业务。刚毕业的学生缺乏必要的经验去询问正确的问题并对特定案件中产生的有意思的问题进行跟进。

〔15〕 在大部分案件中，我会先将一份调查问卷发给当事人或者律师，接着以电话或者私人会面进行跟进。在一些案件中，我仅仅依靠口头访谈。如果受访者同意，我会将访谈内容录下来；如果受访者不同意，我只是做一些笔记。一般来说，事实和法律问题是简单明了的，特别是那些按常规进行执行的案件。

裁决的案件研究结论相一致。[16]从已公布的渠道获取的案件信息也
具有地域多样性。最终，在72个案件中，有67%涉及北京、上海
和广东以外的法院。

同样，有可能聘请了律师的案件最终被执行的可能性小于那
些申请人没有聘请律师就进入执行程序的案件。首先，那些有着
良好私人关系，认为私人关系足以保证案件执行的申请人，并不
感觉聘请律师是必要的。[17]其次，当事人可能在裁决金额高的情况
下才求助于律师。但是随着裁决金额的增大，执行的可能性在下
降。也有可能（尽管可能性不大），许多小额的裁决案件由公司法
务人员成功解决了。最后，当申请人认识到案件在法律上或者从
政治上会比较困难时，也许求助于律师的可能性会较大。例如，
被申请人可能根据法律理由对裁决提出异议或者被申请人与地方
政府有良好的关系。申请人可能会聘请一个律师以应对法律上的
争议或利用律师的社会关系抵消被申请人与地方政府的私人关系。

尽管存在这些缺陷，主要依靠这些与我有着私人关系的律师
有一个非常大的好处是我不仅有可能知道真实的故事，还能了解
到许多细节。特别把律师作为一个重要的信息来源，是因为他们
理解法律争论（他们的客户并不总能做到这一点），并且通常知道
发生在法庭及幕后的所有事情的来龙去脉。此外，与法官或其他
官方途径相比，律师不太有动机只提供裁决得到执行的案件信息。

---

〔16〕 据报告，在1994年到1999年之间，法院处理了7项贸仲裁决的执行申请，
其中3项得以执行，4项仍悬而未决。法院同时处理了9个外国裁决执行的案件，其中
3个得以执行，6个悬而未决。另一个华东地区的法院报告，1998年他们受理了10项申
请，其中5项得以执行。不过该法院并未区分贸仲和国内案件。

〔17〕 但是，这不可能成为选择偏差的主要来源，因为这72个申请人中有90%是
外国人，在大部分情况下，他们不会像中方的被申请人那样，有着非常好的私人关系。

另一方面，他们也没有动机只报告那些没有执行的案件，媒体就总会有这种倾向。

事实上，我直接从律师那里获取的案件信息中，执行率为55%，而我从书面材料中得到的案件信息，执行率为25%。这种差别也许可以归结为我获得信息的案件数量较少。[18]但也可能是由于被报道的案件具有偏见。记者愿意报道的是具有社会轰动效应的案件，而相对于得到执行的案件，商人们更可能对没有得到执行的案件大声疾呼。依法对一项裁决进行常规执行，完全没有拒绝执行一项裁决而带来的骚动那么具有新闻价值。尽管有许多文章主要根据（有时候仅仅根据）"锐夫动力公司"（Revpower）案件，对中国不尽如人意的执行状况表示悲观，我还没有见过一篇刊登在外国报纸上的文章，描述了贸仲裁决得到执行的具体案件，尽管仲裁研究所的调查显示这样的案件有100多件。[19]同样，学者也更可能对不执行仲裁裁决的决定进行分析。结果就是，更多的没有得到执行的案件被报道出来。

最后，我询问所有受访者是否要求对他们的意见进行保密。在有些情况下，公司希望他们的故事能够被转述，有些人觉得他们受到不公平对待，希望表达他们的冤屈。有些对案件结果感到满意，想要将他们的成功公之于众，以报答法院并鼓励更多的法院效仿学习。但是一般情况下，公司和律师要求不公开他们的姓

---

〔18〕 只有16个来自书面资料的案件提供了足够的信息，从而得以将它们包括在统计分析里。

〔19〕 参见表7。

291 名或者对他们的案件不要报道过多细节以防止被识别。[20]

二、结果：杯子是半空还是半满？

（一）总体执行率

如表 1 所示，在当事人至少收回一定金额的意义上而言，所有外国和贸仲裁决的 49% 得到了执行。外国裁决的执行率是 52%，略微高于贸仲裁决 47% 的执行率（见表 2 和表 3）。然而这些数字需要进一步的解释。

表 1　72 个案件的执行率

所有的裁决/年度	申请执行数[21]	得到执行数	没有得到执行数
1991	5	3	2
1992	1	0	1
1993	3	1	2
1994	3	2	1
1995	15	6	9
1996	12	4	8
1997	15	6	9
1998	13	10	3
1999	5	3	2
总计	72	35（49%）	37（51%）

〔20〕 案件以数字进行引用，以确保当事人的保密性，除非它们已经成为公开记录的组成部分了。调查材料、访谈记录、录音磁带（如果可以录音）、以叙述方式归纳案件报告的文件以及数据录入记录都存档于作者。仅仅用数字表示的案件来自于与当事人和他们律师的直接联系。数字前加 B 的（指外国的案件）或者加 C 的（指贸仲的案件）案件是从书面材料获得的，尽管在可能的情况下，随后会对当事人或者他们的律师进行访谈以获得更多详细信息。

〔21〕 正如下文所解释的，未决的案件不包括在内。

表2 外国裁决的执行率

外国裁决/年度	申请执行数[22]	得到执行数	没有得到执行数
1991	3	3	0
1992	0	0	0
1993	1	1	0
1994	2	2	0
1995	5	3	2
1996	5	1	4
1997	4	1	3
1998	4	3	1
1999	2	0	2
总计	25	13（52%）	12（48%）

　　确定仲裁裁决在中国的执行率的困难之一是很多案件还处于 292 悬而未决状态。为了能确定总体执行率，一些未决的案件被当作没有得到执行的案件，因为当事人通常出于被申请人无可供执行财产的原因而放弃了继续寻求执行。[23] 也有一组案件的执行申请悬而未决已经超过 2 年了，对于这些案件看来已没有了执行的现实可能性。[24] 尽管当事人并没有正式放弃执行，但是他们已不再敦促执行之事，实际上已经接受了裁决将不会得到执行的事实。因此，这些案件计算为没有得到执行的案件。最后，还有 11 个未决案件，当事人感觉也许仍有些希望，尽管有些情况下执行的可能

---

[22] 正如下文所解释的，未决的案件不包括在内。
[23] 正如下文所解释的，未决的案件不包括在内。
[24] 案件 3，11，16，17，33，35，39，40，41，42，51，52，54，B4，C14。

性有点低。[25] 后面所提到的这些未决案件被排除在表 1 ~ 表 3 的结果之外。如果有人不切实际地假设所有这些未决的案件最终都得以执行，那么总的执行比例将是 56%（而不是 49%）。[26] 如果有人同样是不现实地假设所有这些未决的案件都没有得到执行，那么总的执行率将下降到 42%。

表 3　贸仲裁决执行率

贸仲裁决/年度	申请执行数 [27]	得到执行数	没有得到执行数
1991	3	1	2
1992	1	0	1
1993	2	0	2
1994	1	0	1
1995	10	3	7
1996	7	3	4
1997	11	5	6
1998	9	7	2
1999	3	3	0
总计	47	22（47%）	25（53%）

　　显然，收回裁决金额的 1% 还是 100% 是有很大差别的。尽管

---

　　〔25〕　案件 48、57 ~ 60。在另外 4 个案件中，虽然案件已经悬而未决超过 2 年了，当事人感觉仍然留有希望。这通常是因为案件正处于最高人民法院的审核之中，或者是在最高人民法院审核后最近刚对案件作出有利于执行的决定。这样的案件被归类为未决的案件而不是没有得到执行的案件。

　　〔26〕　案件 5、12、13、15、24、29、37、45、56、63、65。

　　〔27〕　假设所有的都被执行，外国裁决的执行率将从 50% 上升到 52%，贸仲裁决的执行率将从 47% 上升到 53%。至少在三个案件中（5、29、65），被申请人明显没有财产。

只执行了裁决金额的 1% 仍被看作是得到执行的案件并在这一意义上看作是成功执行的，但是投资者们对于如此低的收回率是不会满意的。在 35 个申请人能够执行裁决的案件中，收回金额占裁决金额 100% 的案件为 34%，收回金额占裁决金额 75% ~ 99% 的案件为 34%，收回金额占裁决金额 50% ~ 74% 的案件为 14%，收回金额不到裁决金额一半的占这些案件总数的 17%。

293

申请人事前是不会知道裁决能否得到执行的。因此，那些想计算大致收回率的投资者将需要知道的是当所有案件都被考虑在内，而不仅是在已执行案件基础上的收回比例。对全部的 72 个案件，申请人有 17% 的可能性收回裁决金额的 100%，有 17% 的可能性收回裁决金额的 75% ~ 99%，有 7% 的可能性收回裁决金额的 50% ~ 74%，有 10% 的可能性收回不到一半的裁决金额。因此在大约 1/3 的案件中，申请人能够获得裁决金额的 75% ~ 100%，而在大约有 40% 的案件中能够获得裁决金额的一半。

没有得到执行的原因。 一家法院因法律方面的原因不予执行一项裁决与由于现实原因（如被申请人无可供执行的财产）而不能够执行裁决是有很大差别的。在这 37 个没有得到执行的案件中，有 18 个案件是法院以法律原因不予执行的，另外 16 个案件是由于无可供执行财产而无法执行裁决。剩下的 3 个案件没有得到执行的原因不是很清楚。

一般来说，拒绝执行公约和涉外裁决的原因限于违反程序。[28]

---

〔28〕 ……尽管存在细微的差别，根据《民事诉讼法》第 258 条对涉外裁决不予执行的理由与根据《纽约公约》第 5 条对外国裁决的拒绝理由相近。形成对照的是，最高人民法院也可能基于实体原因不予执行国内的裁决，比如确定事实的主要证据是否充分，或者法律适用是否正确。参见《民事诉讼法》（由全国人民代表大会于 1991 年 4 月 9 日通过并于同日生效）（以下简称《民事诉讼法》），第 213 条。

294 拒绝原因包括以下几个方面的程序性问题：仲裁员的委任（1），仲裁庭对争议事项没有管辖权（2），被申请人不是仲裁协议的一方当事人（1），缺少有效的仲裁协议（3），没有通知（3），仲裁庭超越权限（5），违反公共利益（1）和证据不足（2）。[29]

（二）与仲裁研究所的研究进行比较

这次调查结果与前两次仲裁研究所的调查结果存在明显不同。[30]第一次仲裁研究所的调查是基于 12 个大中城市中级人民法院的反馈，涉及的仅是 1990～1994 年间的贸仲裁决。第二次调查发生于 1997 年的 8 月和 9 月，覆盖了贸仲和外国裁决。

表4　仲裁研究所调查结果概要

调查/裁决类型	申请执行数	得到执行的裁决数	被不予执行数	不予执行比例
1994 年贸仲裁决调查	30	17	6	20% [31]
1997 年贸仲裁决调查	164	127	37	23%
1997 年外国裁决调查	14	10	4	29%

---

〔29〕　根据《民事诉讼法》第213条，主要证据不足可作为不予执行国内裁决的原因，但根据《民事诉讼法》第258条，其不能作为不予执行涉外裁决的原因，根据《纽约公约》其也不能作为对外国裁决拒绝执行的原因。

〔30〕　See Wang〔Shengchang, "Enforcement of Foreign Arbitral Awards in the People's Republic of China", in ICCA Congress Series No. 9, *Improving the Efficiency of Arbitration and Awards: 40 Years of Application of the New York Convention* 461, 479～483（Albert Jan van den Berg, ed. , 1999）〕.

〔31〕　由于有 7 个案件显然处于悬而未决之中，这个百分比有些误解成份。

在第一次调查中，17 个案件得到执行，6 个案件被不予执行。[32] 估计有 7 个案件在调查时仍悬而未决。[33] 第一次和第二次的调查在某种程度上有重叠之处。但是，与第一次调查中仅 30 个申请执行的案件相比较，第二次调查中有 164 个贸仲裁决执行申请。在 164 个案件中，有 127 个案件（77%）得到执行。第二次调查也揭示了从历时角度看申请执行的数量急剧增加。[34] 到目前为止，第二次调查显示的没有得到执行的最主要的原因是被申请人没有可供执行的财产。[35] 与第一次调查不同，第二次调查还包括外国仲裁。不过，只有 14 个案件得到报道，其中有 10 个案件得到执行，3 个被不予执行，1 个仍悬而未决。[36]

总之，尽管仲裁研究所调查发现 71% 的外国裁决得到执行，而我发现的该比例仅为 52%；尽管仲裁研究所的调查发现 77% 的

295

---

〔32〕 在两个案件中不予执行的理由是没有管辖权，一个案件是仲裁庭违反了仲裁规则，另外一个案件是证据不足以支持裁决。有两个案件的原因是对裁决的执行将违背中国的社会公共利益，其中一个公共利益案件是开封市东风服装厂和泰珠国际贸易（香港）有限公司诉河南服装进出口（集团）公司。这个案件在 Cheng, supra n. 〔11〕, at 77 中有讨论。另外一个案件没有具体的信息，因此没有将其包括在我的调查结果里。

〔33〕 尽管在已公布的表中，总数一栏声称被执行裁决的总数是 24，但按每年做出来的表里所提供的数字相加却只有 17。See Wang, supra n. 〔30〕, at 479.

〔34〕 在 1990 年到 1993 年之间，申请数量从每年的 12 件或者更少上升到 1995 年的 34 件和 1996 年的 64 件。See Id. at 480.

〔35〕 在这 37 个没有得到执行的案件中，不予执行的理由是：当事人没有得到适当通知（2）；当事人未能陈述意见（1）；仲裁庭超越权限（1）；执行将违背社会公共利益（2）；被执行一方当事人不存在（2）；没有可供执行的财产（16）；法院对执行无管辖权（1）；其他困难（9）；原因不详（3）。"其他困难"可能指的是地方保护主义或者是法院违背法律审查了裁决的实体问题，而不想承认错误。See Id. at 481.

〔36〕 没有得到执行的原因是被执行一方当事人不存在（1），没有可供执行的财产（1）及其他一些困难（1）。See Id. at 482.

贸仲裁决得到执行，而我发现的比例仅为47%。而且，在我的调查中不管案件当事人收回了多少金额，其都被计算为被执行案件。而仲裁研究所的调查暗示在成功得到执行的案件里，申请人收到了全部的裁决金额。什么能解释这一结果的巨大差别呢？

一个可能的解释是方法上的差别。仲裁研究所的调查包括1991年《中华人民共和国民事诉讼法》修订之前申请执行的案件。在那次修订前，法律要求中国的法院执行所有的裁决。因为1982年的《民事诉讼法（试行）》没有规定任何人民法院可以不予执行裁决的原因。[37] 那些法律修订前的案件至少占到164个贸仲案件中的30个，扣除这些案件将导致134个贸仲的案件里有37个没有得到执行（28%），以及10个外国案件中有3个没有得到执行（30%）。但即使这样，在执行率上仍然存在相当大的差别。

对这种不一致性最可能的解释是选择偏差，而这来源于我们各自不同的研究方法。[38] 仲裁研究所依赖的信息是来源于310个中级人民法院和海事法院中的43家法院。但是那些没有依法执行案件的法院估计根本不会进行报告，或者对那些没有得到执行的案件不进行报告。即使法院可能有完全合法的理由不执行裁决，它可能也不愿意报告那些案件。像其他政府机构一样，中国法院也

296

---

〔37〕 See Peerenboom, 〔"The Evolving Framework for Enforcement of Arbitral Awards in the People's Republic of China", *Asian Pac. L. & Pol'y J.* 13 (2000)〕.

〔38〕 贸仲当然对于调查结果有直接的经济利益，因为很低的执行率可能导致投资人寻求其他方法解决他们的纠纷，而不是通过贸仲进行仲裁。尽管没有理由怀疑贸仲的研究机构（仲裁研究所）歪曲研究结果，但允许独立的外国学者参加调查非常有利于防止出现利益冲突现象。

有报喜不报忧的悠久传统。[39]

定义问题也可能部分解释了数字上的差别。我们并不清楚仲裁研究所是如何处理悬而未决的案件的。令人惊讶的是，1997 年仲裁研究所的调查里只包括一个未决的案件。也许那些案件被计算在了得到执行的案件中，1994 年的调查看起来就是这样处理的。[40] 在仲裁研究所的调查里"得到执行"的定义并不是十分清晰，特别是仲裁研究所的调查没有说明申请人是否实际收到了钱（如果是，收到了多少）。也许一些法院认为一旦穷尽了所有可能的执行途径，这个案件就是一个成功执行的案件，即使申请人从未实际获得任何裁决金额。

（三）执行成功或失败的原因是什么？

仲裁裁决在中国得到执行或没有得到执行的原因有很多……当然，在很多情况下申请人成功只是因为案件本来就该这样。当事人拒绝自愿履行裁决，即使他有能力去履行。胜诉方申请强制执行，法院执行了裁决，故事便结束了。

相反，有些案件的裁决明显存在缺陷或者由于《纽约公约》或《中华人民共和国民事诉讼法》第 260 条*所规定的狭义的程序原因而不能被执行。例如，在一个案件中，当事人同意按照 ICC

---

[39] 例如，作为对 1999 年执行运动的反应……，一家省高院报告了一项显著的转变。1998 年，法院收到 276 个仲裁裁决和显然是法院判决的执行申请，金额达 890 万人民币，但只能执行 190 万人民币（占 21%）。然而，1999 年的前 6 个月就有 235 个执行的申请，总计 1200 万人民币。不可思议的是，法院能够收回 1000 万人民币（83%）。这个数字是对一般常识的挑战。执行需要时间，人们预期很多案件会处于悬而未决的状态至少 1 年。而且，考虑到许多国有企业的财政困难，83% 的收回率简直高得让人难以置信。这篇报告由作者存档。

[40] See supra n. [31].

* 2007 年新修订的该法第 258 条。——译者注

规则在外国进行仲裁。[41] 但是，外国仲裁委员会按照其自己的规则指定了仲裁员，而该规则与 ICC 的仲裁员指定规则有着实质的不同。这个案子按照中国的规定报到了最高人民法院。[42] 最高人民法院于是批准了不予承认该裁决的决定。任何一个法院在这种情况下都会不予执行的。[43]

297

　　然而，不是所有的案件都如此简单或困难。此外，即使在法律上简单或者困难的案件，结果也可能会受到诸如地方保护主义、申请人的国籍、被申请人的偿付能力、裁决金额的大小、地点和申请人的和解意愿等因素的影响。这些因素的影响以及它们之间的关系将通过使用罗吉斯回归（logistic regression）来评估。[44]

---

　　[41]　案件 4。

　　[42]　参见《最高人民法院关于人民法院处理与涉外仲裁及外国仲裁事项有关问题的通知》（1995 年 8 月 28 日）（由最高人民法院发布）（以下简称"1995 年通知"）。

　　[43]　在中国的不予执行率（25%）很明显高于在美国的拒绝率，后者根据对 136 个公约和非公约案件的抽样得出的数字是 13% 。See supra n.〔3〕. 中国的不予执行率较高的两个可能的解释是，贸仲的仲裁庭犯了较多的程序性错误而且/或者中国法院可能因为地方保护主义的压力或者是法官的胜任程度较低而错误地不予执行了较多的裁决。

　　在不是因为缺少财产而无法得到执行的 18 个案件中，根据所提供的事实，似乎有 4 个案件法院合法地不予执行，而另外 6 个案件是错误地不予执行。同时，对于剩下的 8 个案件执行是否适当，理性的人也无法达成一致。例如，比较容易被不予执行的案件包括那些当事人没有得到适当的通知，或者是申请人请求执行的财产结果不属于被申请人。比较容易作出错误决定的案件包括对仲裁协议的适用范围问题本应该适用英国法而法院适用了中国法，或者是法院基于实体原因不予执行，而不是按照《纽约公约》或《中华人民共和国民事诉讼法》第 260 条（现行第 258 条）中规定的狭义的理由。一个很难决定的即便理性的人也难以达成一致的案件是中国国际工程咨询公司诉北京丽都饭店。贸仲对具有涉外因素的纠纷拥有管辖权，但法院裁定贸仲对该纠纷没有管辖权，只是因为当事人之一是一家外商投资企业。See infra n.〔79〕. 考虑到那些定性判断不可避免地具有主观性，我采取了保守的方式，在可能的情况下采用对法院有利的假定。

　　[44]　罗吉斯回归分析是一项统计技术，用来分析二元因变量，例如裁决得到执行或无法得到执行。它能算出一些系数以反映在自变量发生变化时一个事件出现的对数发生比（log odds）。这些系数很容易地被转化成一个事件发生的概率（限定在 0 到 1 的范围内）。对裁决实际收回比例这一自变量进行 OLS 回归分析的尝试不能产生有意义的结果，因为在大部分的案件都成群分布情况下，在 0 到 100% 的极端之间缺少足够的数据点。

1. 回归模型、案件概况和结果。地方保护主义是最经常被提到的执行障碍。[45] 地方保护主义是一个有多重原因的多面向现象（multi-faceted phenomenon）。简单地说，它是指政府官员和法院相对于本地之外的当事人，给予本地的当事人超过外地当事人的优惠待遇。对地方保护主义因素的调查是通过一个一般性提问和一个更具体的提问来完成的，前者要求受访者对"执行过程中碰到的困难"进行评论，后者问到"地方保护主义是一个执行障碍吗？"根据反馈，地方保护主义被标记为存在或者不存在。有超过半数以上的案件，当事人将执行中的困难至少部分归结于地方保护主义（参见表5和表6）。 298

地方保护主义和民族主义对在中国申请执行的外国申请者有不利影响。相反，人们将会期待中国的申请者享受本国法院的主场优势。申请人被划分为中国申请人和外国申请人，外商投资企业如合资企业也被认为是外国申请人，即便他们严格来说是中国法人。用来回归的数据中，中方当事人作为申请人的只占72个案件中的7个（10%）以及54个案件中仅有的2个（4%）（参见表5和表6）。

就像石头挤不出血来一样，被申请人破产时，执行是不可能的。受访者确认无法执行的原因是被申请人无可供执行财产的案件将被归类为破产案件，而在所有其他案件中被申请人都被认为是有偿付能力的。

---

〔45〕 See，e. g.，Clarke，"Power and Politics in the Chinese Court System：The Enforcement of Civil Judgments," 10 *Colum. J. Asian L.* 1，41（1996）（将地方保护主义描述为"无疑是最经常提及的障碍"）。

表5　用做执行比例计算的72个案件的特征概况

结果	得到执行[46]	没有得到执行	数据缺失
	35（49%）	37（51%）	0
裁决类型	贸仲裁决	外国裁决	0
	47（65%）	25（35%）	
偿付能力	能够偿付	无偿付能力	0
	56（78%）	16（22%）	
地点[47]	大城市	其他地方	3（4%）
	23（33%）	46（67%）	
地方保护主义	是	否	30（41%）
	24（57%）	18（43%）	
申请人	外国当事人	中方当事人	0
	65（90%）	7（10%）	
和解	是	否	2（3%）
	20（28%）	50（70%）	
来源	访谈	书面材料[48]	0
	56（68%）	16（22%）	

　　理论上，裁决金额的大小可能以各种方式影响执行情况。如果金额很小，当遇到障碍时，考虑到执行相关的成本，当事人将不会有非常大的动力积极地催促执行。法律费用是昂贵的，尽管中

---

[46]　执行指的是申请人能够收回至少一部分裁决金额的案件。
[47]　大城市指的是上海、北京和广州。
[48]　这些包括了我能够与当事人之一或者是他们的律师访谈的那些案件。

表6 用来做回归分析的54个案件的特征概况

结果	得到执行	没有得到执行
	32（59%）	22（41%）
裁决类型	贸仲仲裁	外国仲裁
	34（63%）	20（37%）
偿付能力	能够偿付	无偿付能力
	42（78%）	12（22%）
地点	大城市	其他地方
	17（32%）	37（68%）
地方保护主义	是	否
（N=39）	22（56%）	17（44%）
申请人	外国当事人	中方当事人
	52（96%）	2（4%）
和解	是	否
	20（37%）	34（63%）
来源	访谈	书面资料
	48（89%）	6（11%）

国的律师通常按照争议金额收费，他们也会要求给付预算外的开支。如果被申请人住在另一个城市，他们可能需要反复出差，这会迅速增加费用。在一个公认的极端案件中，外国当事人要求履行裁决，经过4年追索终于获得成功。[49] 但最终是以支付所欠金额的80%而和解结束的。在付完律师费后，仅以获得原200万美元裁决金额的50%胜出。但是即使在比较典型的案件中，固定费

---

[49] 案件6。

用支出也将达到好几万。在这次调查中，有 11 个案件的裁决金额是等于或低于 10 万美元的，还包括 3 个金额低于 5 万美元的案件，以及 1 个 1.5 万美元金额的案件。[50] 不难证明，一些大公司可能不想在这么小额的裁决上大费周折。

299 　　另一方面，一个金额巨大的裁决也各有利弊：一方面，申请人会有更大的动力坚持裁决的执行。另一方面，地方保护主义更可能成为影响大额裁决执行的因素，无力偿还及被申请人对裁决执行提出异议的动力也更容易出现。

　　人们会期待外国投资比较集中的地区（如北京）的法院将比那些遥远偏僻地方的法院更可能执行裁决。这些法院也许会更专业，法官也会更胜任。而且，地方政府也许会更在意它的声誉，因而使用地方保护主义的倾向较弱。地点的影响通过区别在北京、上海、广州寻求执行的案件和所有其他的案件进行检验。

　　和解这一变量关注的是申请人申请了裁决的执行，然后裁决在双方达成和解协议后得到执行的案件。可以理解，刚刚经过激烈对抗赢得仲裁裁决的投资者们在裁决履行日到来时，可能起初并不热心于进行妥协，但是有许多原因让他们不得不进行和解。从历史来说，在中国保住面子和维护社会和谐被赋予了很大的重要性。[51] 如果双方当事人处于一种继续发展的关系之中，如合资企业或者贸易合作伙伴，接受妥协的压力甚至会更大。但是即使没有长期合作关系的风险，做出一点让步以劝诱中方当事人进行偿付可能也是必要的。讨价还价是生活和生意的日常组成部分。

---

〔50〕 25％的案件裁决的金额少于 14 万美元，50％的案件裁决金额少于 30 万美元。

〔51〕 See generally Cohen, "Chinese Mediation on the Eve of Modernization", 54 *Cal. L. Rev.* 1201 (1966).

同样，申请人可能必须做出一点让步，否则被申请人可能仅仅因为有气而拒绝偿付。有时候，双方和解是因为被申请人没有足够 **300** 的财产进行全额支付，或者他们不想追索第三方债务人。在一些案件中，履行金额相对较少，坚持强制执行将导致额外的成本和延误。通常，负责执行的法官会尽力调解以促成和解。[52] 法官向当事人施加压力进行和解是因为如果被申请人拒绝执行，他们经常缺乏能力去执行裁决。他们也很忙，只是想让案件了结，以便完成他们的工作量要求。其他时候，地方保护主义和腐败可能会发生作用。

　　由于多重共线性（multi-collinearity）问题，将所有的 6 个变量都加入到模型中并不能产生有意义的结果。[53] 如果只检验无力偿付、地点、裁决金额大小及和解几项变量，出现的结果是：无力偿付以 4% 的水平表现出统计显著性、地点是 8%、裁决金额是 13%（参见表 7）。[54] 这些结果都需要进一步的详细阐述。

---

　　〔52〕　20 个经调解达成和解的案件中，有 85% 是这样的情况。

　　〔53〕　尤其是，地方保护主义与无清偿能力具有负相关：地方政府官员不需要干预以保护无清偿能力的被申请人。地方保护主义与裁决的金额也具有相关性，随着裁决金额的增加，地方保护主义也变得更频繁。此外，关于地方保护主义信息的缺乏把可供回归分析的案件数减少到 39。正如下文"地方保护主义"部分所解释的，也存在度量问题。对地方保护主义的双变量分析（bivariate analysis）揭示了其和执行之间没有显著关联。同样，也只有 7 个中方申请人的案件。

　　〔54〕　用于计算执行率的 72 个案件数据和用于回归分析的 54 个案件数据的案件状况并不相同，具体表现在执行率（49% 对 59%）、和解率（28% 对 37%）以及来源（68% 的访谈对 89% 的访谈）。来自书面资料的案件数量急剧下降是因为书面资料经常没有说明裁决的金额。因为来自书面资料的案件的执行率（25%）比我通过访谈获得信息的案件的执行率（55%）更低，所以包含较少书面资料的案件就增加了执行率（就是说总样本中书面案件比较少，所以整体执行率就上去了）。随着执行案件比例的提高，和解案件的比例也得到上升，因为所有成功执行案件的 60% 都涉及和解。无偿还能力和地点的比例以及裁决大小的分布（所有这些都成为了重要因素）都保持相同。就回归分析结果而言，这两组数据特点的差异的显著性（如果有）也还未可知。

表 7　逻辑系数（Logit coefficients）

[括号里是沃尔德（Wald）统计]

偿付能力	2.49
	(4.375)
	p = .04
裁决金额大小	−.45
	(2.238)
	p = .13
地点	1.84
	(3.073)
	p = .08
和解	10.63
	(.094)
	p = .76
常数	2.72
	(.520)
	p = .47
N	54
卡克斯和斯奈尔伪 R 方值	.53
（Cox & Snell pseudo R^2）	

301　　2. 被申请人无偿付能力。大家都能想到，缺乏偿付能力有效
预示着裁决无法成功得到执行的结果。的确，缺乏偿付能力是裁
决无法得到执行的惟一最重要原因。72 个案件中没有得到执行的
有 37 个，其中有 43% 的原因在于缺乏偿付能力。[55] 同时至少有 4
个案件，缺少财产导致了部分执行或者和解。[56] 但是没有一个案
件，被申请人正式破产，只有在一个案件中，被申请人因为执行

---

[55]　案件 3、16、17、25、33、35、39 ~ 42、47、51、52、67、B4、C14。
[56]　案件 22、28、38、50。

行为被迫实际进入了破产程序。[57] 理论上，一方当事人可以依据
裁决执行另一方当事人无担保负担的财产，即使这将会导致公司
进入破产清算。当然在一些案件中公司可能并没有正式破产，但
可能也已经没有任何无抵押负担的财产值得扣押或变卖。仲裁研
究所的调查存在的问题之一是他们没有试图区分那些当事人确实
无可供执行财产的案件与那些仅仅是申请人或者法院无法找到财
产，被申请人已经非法转移了财产或者被申请人有财产但是地方
政府因害怕将公司推向破产而不执行的案件。从当事人及他们的
律师那里直接获取信息有可能更好的理解被申请人确实无可供执
行财产情况的出现概率。

　　在 16 个因无财产而无法执行的案件中，有 11 个申请人的当地
律师相信被申请人已没有任何无担保负担的财产，属于正常的无
偿付能力。[58]另外 3 个案件中，律师认为被申请人没有可供执行财
产是因为他们将所有他们的财产虚假地转移到了其他公司。[59] 一
位律师甚至承认他曾指示他的客户转移财产以避免偿付。在剩下
的 2 个案件中，律师们不能确认被申请人是否还有可供执行的
财产。[60]

　　有几个案件中，律师在拜访了被申请人的工厂或办公室后才

---

〔57〕　案件 50。

〔58〕　案件 3、16、33、35、39～42、47、51、52。

〔59〕　案件 17，25，B4。对于似乎很少有用欺诈手段转移财产的案件，一个可能的
原因是如果被申请人有地方政府保护而不被执行，那他们就不需要那样做。另一个可能
的解释是被申请人在转移财产上表现得非常聪明。尽管在一些案件中，当事人在对地方
保护主义上无能为力，但他们确实有各种法律武器去挑战虚假财产转移，并且偶尔在避
免虚假转移上获得成功。See Peerenboom, supra n.〔37〕. 在案件 30 中，申请人能够收回
虚假转移的财产，但是必须依靠政党的干预。

〔60〕　案件 67，C14。

发现工厂已经关闭，或者被申请人只是一家小贸易公司，只有租赁来的办公场所和一部电话。有一个案件申请人的律师恰好是被申请人公司总经理以前的同班同学。[61] 当这位律师与他会面商量履行裁决时，他的朋友打开抽屉拿出一堆败诉判决书和法院对公司财产的查封令，解释，他甚至都没有能力再发工资了，并告诉这位律师与其他债权人一起排队等候。

在另一个案件中，总经理表示公司欠了 30 多个债权人的钱，他想申请破产但是地方政府不允许他这么做。[62] 还有另外一位总经理称，申请破产和完成清算程序太麻烦。[63]

在其他例子中，被申请人从严格意义上说并没有失去偿债能力，但是他们惟一的财产是应收账款。由于三角债的原因公司不能够偿付所欠债务。[64] 总经理通常非常愿意把坏账转给申请人以抵销对其所欠债务。但是总的来说申请人并不愿意向第三方债务人主张权利。

因此，在一个案件中外国当事人胜诉的裁决金额加上利息共近 400 万美元，但最终在 3 年后以不到一半的金额和解结束。[65] 中方当事人由于受亚洲金融危机影响业务下降而进入了艰难时期。但是它有着重大的应收账款，包括 10 个胜诉的法院判决，总金额超过它欠外国当事人的金额。但是，外国当事人宁愿以所欠金额

---

〔61〕 案件 4。

〔62〕 案件 16。

〔63〕 案件 17。

〔64〕 至少有 5 个案件中的当事人明确提到被申请人声称无能力偿付的原因是三角债。三角债指的是一家国有公司欠另外一家公司的钱，而这家公司反过来又欠另一家第三方公司的钱，等等。

〔65〕 案件 20。

的一半进行和解，也不愿意冒险去尝试执行 10 个独立的对国有企业的裁决。那些国有企业的惟一资产可能已经变成了拖欠时间更长的对另一家国有企业的债权。

当无可供执行财产的原因是三角债或者被申请人非法将其财产转移到另一家公司时，失意的投资者有权利抱怨中国的法律制度。但是当被申请人是因正常原因而无偿付能力时，任何法律制度都是无能为力的。考虑到许多国有企业处于悲惨境地以及中国正在进行市场化，人们可以预料无偿付能力的公司数量将继续增长。太多的时候，外国投资者自己也要对不如意的结果承担过失责任，因为他们没有能够充分的评估被申请人的财务状况，无论是在缔结合同时还是在后来决定是否诉诸仲裁和随后的申请执行时。[66] 在几个案件中，外国当事人惊讶地发现他们是与一家大型母公司的子公司签订的合同，母公司有财产，而子公司却没有。有些人甚至指望母公司会救助子公司，即便子公司是一家有限责任公司，而要求母公司替子公司偿还债务是没有法律根据的。

3. 地点和裁决金额大小。地点和裁决金额的大小都影响着执行的可能性。正如所预料的那样，申请人在诸如北京、上海和广州等主要的外商投资中心申请执行裁决要比在其他城市更为成功。把天津、深圳和厦门加到其他三个城市中，略微增加了地点的重要性（$p = 0.08 \sim 0.06$），但是并没有明显改变其他几个变量的结果。裁决金额的大小与执行比率存在负相关，小额裁决比大额裁决更有可能得到执行。

---

　〔66〕 尽管教训之一是投资者需要做更严格的信用分析，但在一些案件中，交易的规模并不能使增加的尽职调查成本合理化，尤其是考虑到从公开的记录中获得关于一个公司的信息并不容易。

如表 8 所示，对低于 2 万美元的裁决，一个申请人在北京、上海或者广州将有 85% 的可能性得到执行，但在其他较小的城市只有 63% 的可能性。当裁决的金额在 20 万美元到 200 万美元之间时，申请人在三个主要投资中心执行一项裁决的可能性就降低到60%，在其他城市则仅仅为 38%。

表 8　不同裁决金额在大城市和小城市的执行概率
（概率是通过逻辑回归系数计算的）

裁决金额	总　计	大城市	其他城市
$ 20 000	72%	85%	63%
$ 200 000	59	74	49
$ 2 000 000	47	60	38
$ 20 000 000	39	46	32

4. 地方保护主义。尽管地方保护主义被广泛认为是执行的主要障碍，在回归分析中它意外地不具有统计显著性。这种反直觉（counter-intuitive）的结果看来是由于多重共线性，其反过来可能来源于对地方保护主义很难进行详细说明和量化。地方保护主义可以采取很多形式，有些形式比其他的更严重。地方政府官员可能向法院施压要求在一个案件中作出有利于当地一方当事人的决定，拒绝非本地的申请人对执行的申请，或者通常通过反复要求补充文件或让案件悬而不决而拖延执行程序。因此，地方保护主义是一个程度问题：它可能妨碍执行，或者成为执行的绝对障碍。因而，尽管在将近 60% 的案件中（参见表 5 和表 6），当事人把执行困难至少部分归结于地方保护主义，成功执行比例在没有地方

保护主义的情况下（61%）比存在地方保护主义的情况下（54%）只是高了一点点。

具有讽刺意味的是，地方保护主义被广泛认为是执行的一个障碍可能成为它解释力弱的原因。地方保护主义为那些负责执行的人（包括法官和中央政府官员）发挥着替罪羊的功能，因为他们把地方保护主义作为将责任转移给其他方（通常是地方政府官员）的一种方式。律师可能也有动机援引地方保护主义作为他们没能使裁决得以执行的理由，或者是以展示他们克服不利条件的技能或社会关系。这也许可以解释反直觉的结果，即地方保护主义在三个主要投资中心要比其他城市出现的比例高，其差异接近统计显著性的常规水平。[67]地方保护主义在主要外商投资中心出现几率高对所有裁决金额都是一致的。但是不管裁决金额的大小，在主要投资中心的执行比率比在其他城市仍然要高一些。这与地方保护主义作为一种妨碍因素而不是执行障碍以及/或者律师自我表扬是相一致的。

地方保护主义可能并不阻止执行，因此不会在因变量是得到执行或者没有得到执行的回归分析中产生显著结果。然而，它可能（而且经常确实）导致申请人在诸如长期拖延或发现可供执行财产方面的困难。例如，在一个案件中总经理是高层政府官员的好朋友，而这位政府官员又是法院其中一位资深法官的好朋友。[68]

305

---

〔67〕 对涉及有地点和地方保护主义信息的 50 个案件中，申请人抱怨地方保护主义的，在北京、广州和上海的案件中占到 78%，而在其他城市的案件中这一比例为 53%（$c^2 = 2.97$，$P = 0.09$）。当把深圳、天津和厦门与北京、上海和广州的案件加在一起，该比例略降到 71%，其他城市则为 55%（$c^2 = 1.37$，$P = 0.24$）。

〔68〕 案件 1。

刚开始，负责该案件的法官非常支持申请人。他很快承认了外国仲裁裁决，并接着召开了几次协商会探究和解的可能性。在中方当事人已经答应签署和解协议但却拒绝签署后，法院发出了最后通牒：中方当事人要在15天内签署协议，否则法院将发出执行令冻结公司银行账户和查封财产。最后期限过去了，申请人的律师与法官联系。突然这位法官的态度发生了变化。他建议给中国当事人延长期限。经过几次如此的延期，却无法让中方当事人签署和解协议之后，该法官向申请人的律师承认，有一位高级法官向他指示拖延该案。中国当事人的总经理已经告诉他在政府的朋友，他们公司有意偿付，但是想尽可能地推迟偿付。最后被申请人推迟了两年多才偿付。

在一些案件中，地方官员可能向地方公司泄露关于执行申请的信息，以使他们能够转移财产。在其他情况下，银行官员或者行政机构可能通过拒绝冻结银行账户或拒绝提供有关本地公司的财产信息，为本地当事人一方提供帮助。[69]例如，在一个案件中申请人的律师和法院的执行人员到了被申请人的银行，却被银行工作人员告知银行的行长不在而他的批准是必要的。申请方的人员被告知第二天再来。然而，当他们第二天再出现时，他们发现同一个城市的更高一级法院已经冻结了银行存款作为一种防御措施，而这明显是受到了当地政府的指示。外国申请人无法找到中方当事人的任何其他财产。

尽管有许多因素导致地方保护主义这一问题，但主要还是经

---

〔69〕　案件6。

济改革和目前法院的组织结构。[70]　经济改革导致权力和财政责任　306
下放到地方政府。除去中央政府的补贴，地方政府必须依靠来源
于地方公司的税收来满足他们的预算需要。国有企业的改革也导
致失业增加，社会福利和再教育成本加重了本来就紧张的地方政
府预算。地方政府担心执行一项不利判决或裁决会导致丧失关键
设备或工厂关闭。失业的增加不仅引起了财政预算问题，也可能
导致社会动荡。

　　在一个典型例子中，一位香港当事人试图对一家位于北京附
近某城市的国有企业执行一项金额为 40 万美元的贸仲裁决。[71]　申
请人的当地律师与执行法官有着良好的关系，该法官积极地支持
裁决的执行。但是被申请人惟一有价值的财产就是这家香港公司
卖给它的设备，政府官员拒绝让法院查封该设备，因为它将导致
公司的关闭。最后香港公司只能收回 2 万美元。

　　在一些案件中，政府的经济利益甚至更直接。地方政府可能
实际上就部分或全部拥有被申请执行的公司。毫不奇怪，地方政
府习惯性地抵制不利于它们拥有直接利益的公司的裁决的执行。
作为政企分开运动的一部分，政府和政府代表机构已经被命令将
它们在公司的利益出售。尽管已经有了进展，但转变可能需要较
长的时间。最近地方政府似乎正在出售它们在乡镇企业中的利益，

---

　　〔70〕　See Liaowang Assails "Local Protectionism", FBIS－CHI－1999－0406，Mar. 22，
1999（评论地方保护主义有很多原因，包括经济改革、政府机构和法院被资助的方式、
立法的低质量、缺少有效的监管机制和意识形态因素）.

　　〔71〕　案件 46。

特别是（尽管不仅仅是）那些亏损企业。[72]

但是，政府在当地被申请人中的利益仅仅是部分的原因。另一半来自于法院在目前宪法架构中的弱势地位。……法官由人民代表大会任命，法院由同级政府提供财政资助。因此，基层和中级人民法院在工资、奖金和住房分配上依靠的都是市政府。[73] 如此的财政依赖给予了地方政府对法院的巨大影响力。例如，有些案件中政府官员就以切断法院给员工建造房屋需要的资金进行威胁，甚至还对一名法官进行胁迫，以将该法官的女儿调到一个偏远的城市进行威胁。[74]

5. 中国或外国申请人。有趣的是，中国申请人的成功比例（43%）略低于外国申请人。这一反直觉的结果可能是由于抽样比例较小的人为原因造成的，因为在抽样中仅有7个中国申请人的案件。但也可能有其他的解释。当中国当事人为申请人时，尽管地方保护主义不会成为影响因素，执行当中的其他障碍仍旧是存在的。例如，在一个未被执行案件和一个部分执行案件中，外国当事人在中国没有或者没有足够的可供执行的财产。[75] 在4个其他案

---

〔72〕 See Jean C. Oi, *Rural China Takes Off* 11 (1999); James Kai – Sing Kung, "The Evolution of Property Rights in Village Enterprises: The Case of Wuxi County", in *Property Rights and Economic Reform in China* 95, 109 (Jean Oi & Andrew Walder eds. , 1999)（指出战略重要性和公司的规模也会影响到政府出售的决定）.

〔73〕 法院也被允许保留一部分他们的办案收入。See Clarke, supra n. 〔45〕, at 42. 这也导致了一些法院对一些本应该由其他法院处理的案件主张司法管辖权。See Cai Dingjian, "Development of the Chinese Legal System since 1979 and its Current Crisis and Transformation", 11 *Cultural Dynamics* 135, 149 (1999).

〔74〕 See Clarke, supra n. 〔45〕, at 42.

〔75〕 案件28、38。如果外方当事人在中国以外有任何的财产，中方当事人也可以寻求在外国执行。在外国执行涉及中国法律主体的裁决不在本调查的范围内。但可参见 Cheng, supra n. 〔11〕.

件中，法院发现了一些程序性错误，比如缺少通知、被申请人不是仲裁协议的当事人、仲裁庭对争议没有管辖权、或者是裁决事项超出协议的范围。[76]

而且，尽管存在地方保护主义，在一些案件中也存在优待外国当事人的倾向。政府高度重视吸引外商投资，并通过了几项法律为外商投资者提供国内公司不能享受的优惠和保护。例如，1995 年最高人民法院建立了一项报告机制，任何中级人民法院打算不予承认一项外国或涉外裁决的，必须先将该案件报告给高级人民法院批准。[77] 如果高级人民法院同意中级人民法院的意见认为该裁决不应该被执行，它必须将该案件上报给最高人民法院。尽管通过 1995 年通知形式建立的该报告机制适用于所有的申请人，但它主要还是为了有利于占申请人大部分的外国投资者。于是，在一些案件中，那些不利于外国当事人的裁决要接受法院更为详细的审查，以便不伤害到外国投资者。[78] 例如，在众所周知的丽都案件中，法院不予执行的理由是，贸仲对涉及外商投资企业的案件没有管辖权，除非存在额外的有利于合资企业的涉外因素。[79]

308

6. 和解的意愿。有超过一半的案件申请人成功地进行了和解。[80] 尽管和解的意愿似乎是裁决得到执行的关键因素，但在回归

---

〔76〕 案件 C1，C5，C10 和 C11.

〔77〕 See 1995 Notice, supra n.〔42〕.

〔78〕 法院可能因与贸仲不和而对贸仲裁决特别严厉。申请人是中方当事人，而法院仍然发现程序性错误的所有 4 个案件都是贸仲的案件，这可能并非偶然。

〔79〕 See China International Engineering Consultancy Company v. Lido Hotel Beijing. See also Cheng, supra n.〔11〕, at 79~80.

〔80〕 在 35 个执行案件中，有 33 个当事人指出裁决是否是通过和解而得到执行的。在 33 个当事人指出了案件的执行是否涉及和解的案件中，有 20 个（61%）是通过和解得到执行的。

分析中，和解并不具有统计显著性。当然，当被申请人无偿付能力以及当执行以合法的原因被拒绝时，当事人的和解意愿无关紧要。更确切地说，和解的意愿在那些被申请人倾向于履行裁决但又想保住面子或者仅仅是缺少足够的可供执行财产进行全额偿付的案件中显得很重要。当被申请人能够从地方官员处寻求保护以推延偿付，但是地方官员迫于渐增的压力又需要保证裁决执行的情况下，和解的意愿也许能够帮助打破僵局。地方官员可能担心损害他们城市良好的投资环境形象。他们也可能受到来自上级的直接压力而执行一项裁决，以作为通常"执行年"活动的一部分。在一些案件中，申请人可能依靠自己的私人关系抵制了地方保护主义的影响。

毫无疑问，申请人将需要做多大程度的让步以达成和解是不一样的，通常放弃所欠的利息就足够了。在70%的和解案件中，申请人能够获得至少75%的裁决金额。其他的妥协包括接受人民币而不是外币；或者同意以将来向被申请人购买东西来抵销所欠金额。

7. 运气的重要性。单靠统计分析无法告诉我们在中国执行仲裁裁决的所有重要因素。一些会影响执行的因素不能被量化或者不能以一种能纳入模型的适当方式进行描述。比如，在一些案件中，执行完全靠运气。

尽管政府的"执行年"活动似乎对大部分的案件都不起什么作用，但是至少有一位外国投资者惊喜地在3年多以后收到通知，法院最终决定更积极地催促作为被申请人的当地国有企业履行义务。为了完成内部任务，法院促使被申请人接受了和解协议，并开始进行分期偿付。同样，被申请人可能恰好正在申请上市，不想让纠纷影响它的招股说明书。因而，在一个案件中，中国当事人最终在它上市前不久与外国当事人和解了案件。[81]

更具有偶然性的是，有人只是碰巧认识其他能够在裁决中提供协助的人。一个最好的例子是来自于实物交易纠纷的一个案件。[82] 贸仲于 1995 年 5 月作出了一项有利于外国当事人的裁决，裁决金额超过 80 万美元。外国当事人于 1995 年 11 月申请执行，由于地方保护主义，外国当事人没有成功。然而，在外国当事人的律师与外省的一家法院的一位法官共进晚餐时，这位法官提到中国当事人作为申请人涉及的第二个案件，中国当事人可能将要得到超过 60 万美元的胜诉判决。外国当事人的律师利用这次偶然见面的机会，通过对中国当事人主张在第二个案件中的判决金额，执行了仲裁裁决。

但是大部分受损的当事人不想依靠运气使他们的裁决得以执行，他们期待的是能够执行他们裁决的法律制度。遗憾的是，尽管在过去 10 年里，中国在重建法律制度方面付出了巨大努力，但是制度中的不足打击了投资者获得仲裁裁决执行的努力，引发了对法治的反复呼吁。

（陈福勇　译）

---

[81]　案件 7。
[82]　案件 6。

▼

▼

▼

仲裁员并不"劈分婴儿"

——来自于国际商事仲裁的实证证据[*]

斯蒂芬妮·E. 基尔　理查德·W. 奈马克

一、引言

311　　仲裁员作出裁决的方式有时候会被误解。有一派观点或者说有一种担忧认为，仲裁员会在纠纷当事人之间平分裁决——"劈分婴儿"（split the baby），从而导致出现实际上是折中的结果。表达这一观点的文献非常可能来自于劳资纠纷领域，[1] 不过这种观点已经被传播开来并且可能在各种仲裁场合下出现。有几位作者声称见到"劈分婴儿"式的裁决结果，[2] 尽管不多的实证记录说

　　[*] 最早发表于（2001）18 *Journal of International Arbitration* 573 ~ 578. Copyright ⓒ 2001 by Kluwer Law International.

　　[1]　"The Conciliation and Arbitration of Industrial Disputes – II: The Machinery of Conciliation and Arbitration: An Analysis", 5 *Ind. – U. S. Lab. Rev.* 582（No. 2, 1926）; Carl M. Stevens, "Is Compulsory Arbitration Compatible with Bargaining?", *Indus. Rel.* 38（1966）; Charles Feigenbaum, "Final Offer Arbitration: Better Theory than Practice", 14 *Indus. Rel.* 312（No. 8, 1975）.

　　[2]　Id. See also F. A. Starke & W. W. Notz, "Pre – and Post – Intervention Effects of Conventional vs. Final Offer Arbitration", 24 *Acad. Mgmt. J.* 832（1981）.

明的是相反的结果。[3]

直到今天,"劈分婴儿"的说法仍在某些圈内持续存在。这也许可以通过一些书面仲裁裁决的性质得到部分解释,这些裁决发生在特定的管辖权领域,经常给出简要的裁决结果而没有提供进一步的解释。也有文献对某些仲裁员按照当事人能理解的语言作出书面裁决的能力提出质疑,[4]尽管其他专门对仲裁员本身进行的研究显示,仲裁员对自己作出的裁决进行充分解释的能力很有信心。[5] 还有一种观点认为,仲裁员在裁决纠纷时可能使用的是一个锚定标准(anchoring norm)而不是"劈分婴儿"的标准。[6] 这种说法称,仲裁员开始思考时是聚焦于一个参照点,从这个起点出发,通过作微小的调整就能作出最终裁决。[7] 让人担忧的是,如果仲裁员使用锚定标准,结果将会因作为支撑点的初始价值或参照点而有失偏颇。[8]

312

二、方法

用于本项研究的数据取自美国仲裁协会在 1995~2000 年作出裁决的国际商事仲裁案件。本研究涉及的案件是那些当事人在填写意在探索他们对仲裁过程的感受的问卷中所描述的案件。在 85

---

〔3〕 *Contra* Max H. Bazerman & Henry S. Farber, "Analyzing the Decision – Making Processes of Third Parties", 27 *Sloan Mgmt. Rev.* 39 (No. 1, 1985); Henry S. Farber, "Splitting the Difference in Interest Arbitration", 35 *Indus. & Lab. Rel. Rev.* 70 (1981); Max H. Bazerman, "Norms of Distributive Justice in Interest Arbitration", 38 *Indus. & Lab. Rel. Rev.* 558 (1985).

〔4〕 S. Zedeck & D. Kafry, "Capturing Rater Policies for Processing Evaluation Data", 18 *Org. Behav. Hum. Perf.* 269 (1977).

〔5〕 B. Fischoff, Debiasing, in Judgment Under Uncertainty: Heuristics and Biases (Daniel Kahneman et. al. eds. , 1981).

〔6〕 Tversky & Kahneman, *Judgment Under Uncertainty: Heuristics and Biases*, Sci. 85 (1974).

〔7〕 See supra note 〔5〕.

〔8〕 See supra note 〔5〕.

份填写完毕的问卷中，有54个案件可以对请求金额和裁决金额进行分析。剩下的31个案例没有被包括在内，因为这些案件的信息不完整。为了分析仲裁员是否平分裁决，通过下面的公式来计算被判给申请人的请求金额的比例：［裁决金额］除以请求金额。统计分析通过使用 STATVIEW 5.0.1 来完成。

三、结果与讨论

我们发现请求金额得到支持的平均比例为50.53%，中位值比例是46.66%（图表1A）。在理论上，平均值和中位值有着相近的数值意味着数据可能是呈正态分布。然而，仔细观察这些案件的频率分布后却发现一种双峰分布形态（图表1B）。在这一分布中，54个申请人中有17人（31%）的请求金额得到支持的比例为0%，同时有19人（35%）的请求金额得到100%支持。在这次抽样中，仲裁员极少作出一个可能被解释为"劈分婴儿"的裁决金额。事实上，大部分的裁决导致的都是全"赢"或全"输"（有66%）。在剩下34%的案件中，结果分布广泛，裁决金额在请求金额的10%～90%之间，这意味着仲裁员通常作出明确的裁决而不是"劈分婴儿"。

313　　　　另外一项独立的研究也有证据证明相似的结果，即以裁决结案的商事案件当事人之间的仲裁不会发生平分裁决。[9] 那项研究分析了4479个案件，其中近42%的案件最初请求金额的0～20%得到支持，30%的案件最初请求金额的81%～100%得到支持。[10]如果事实显示出现平分裁决的可能性非常低，那么为什么关于仲

---

　　〔9〕 American Arbitration Association, Analysis of Commercial Caseloads from 2000 (unpublished observations).

　　〔10〕 Stephanie E. Keer & Richard W. Naimark, International Private Commercial Arbitration I. Expectations and Perceptions of Attorneys and Business People at the Beginning of the Case (April, 2001)（未刊稿）.

裁员"劈分婴儿"的荒诞说法持续不断呢？我们认为这是几个因素共同作用的结果。

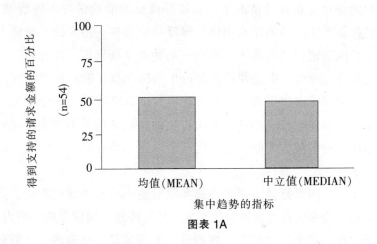

图表 1A

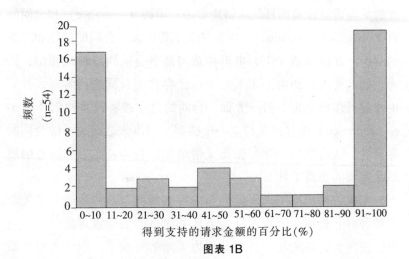

图表 1B

首先，也是最重要的是，国际商事仲裁中当事人指定仲裁员的方式所产生的影响。历史上，大多数的案件都涉及当事人单方指定的仲裁员的选择，这些仲裁员充当着为指定他的一方当事人辩护的角色。在其他情况下，如果仲裁员的准确偏好不够清楚，那经常会产生一种关注或担忧，即每一个当事人指定的仲裁员可能会偏向指定他的当事人。从这一初始的立场出发，很容易得出结论认为，一个由中立仲裁员和两个当事人指定的仲裁员组成的仲裁庭能够作出决定的惟一方法就是通过折衷或者"劈分婴儿"。至于极少有仲裁庭采用这种裁决方法的实证证据并不重要；对可能采用这种裁决方式的广泛担忧已足以让"劈分婴儿"的观念四处传播。

314

下一个因素是美国国内仲裁实践对整个仲裁领域的影响。美国劳动和商事仲裁的数量和显著成就具有跨越美国国界的影响力。关于"劈分婴儿"的情形，在劳动关系领域是最普遍的。劳资双方的从业者会涉及两种纠纷解决程序：申诉（grievance）和合同的订立（contract formation）。申诉是关于集体议价合同的适用和意图的纠纷。在这个意义上，申诉仲裁与商事合同纠纷仲裁相似，因为它们都要求对纠纷当事人之间已经存在的合同进行解释，并且由仲裁员作出决定。另一方面，合同的订立或者权益仲裁（inter-est arbitration）关注的是订立一个能调整当事人之间关系的合同的必要性。这通常是一项紧张而又情绪化的行为，实力和决心的展示是首要的协商工具。

在权益仲裁被用来决定合同内容的情况下，仲裁通常是关于诸如警察、教师和消防人员这类公务雇员的法律规定的强制性结果。在巨大利益的相互妥协和压力策略的环境下，当事人对仲裁员的看法无疑带有他们对结果担心和害怕的色彩。那么，大部分

315

的集体协商程序是一系列富有创造性又技巧娴熟的权衡，留给集体协商权益仲裁员自由发挥的空间很小，只能把相互对立的立场整合到一个公平和平衡的结果里。事实上，在一些公务雇佣法令中，仲裁员必须在当事人的最后主张或要约之间作出选择，无权修改当事人的主张，这与存在其他领域的"棒球"仲裁相似。既然劳资团体是仲裁的早期采用者，我们认为他们的实践细节为后来关于仲裁的讨论打上了烙印。

正如前文所述，美国传统的国内商事仲裁裁决一直很简短，只阐述裁决的具体结果，很少或几乎没有提供仲裁员的推理或逻辑解释。仲裁员作出的裁决如此简短是因为仲裁程序设计本身要求比较快捷和划算，它不大像上诉法院的程序，更像一个单独的纠纷终止程序。仲裁员知道裁决并没有像一些法院的判决那样具有先例价值，他们制作裁决时力求简洁以便在法院的裁决执行程序中，限制法院对仲裁推理过程的潜在干预。

裁决简短而不附理由的习惯做法让仲裁员决定过程的荒诞说法有了生存的空间。如果当事人不明白他们为什么会输掉一个案件，他们就很容易通过对仲裁员的批评来解释败诉。如果一个律师输掉了一场激烈对抗的官司，收到不利的裁决结果，那么很容易与客户一起抨击仲裁员。不管失望的当事人因为误解还是因为愤世嫉俗而得出"劈分婴儿"的结论，但在一个简短裁决中很少有相关信息能证伪他们的结论。也许可以争辩说，认为仲裁员在纠纷当事人之间作平分裁决的观点仅仅来自于那些不熟悉仲裁的人。但是最近的调查结果表明，还是仲裁新手的律师及其客户很少预想到平分裁决。[11]

最后，那些看上去似乎是在当事人之间作出平分裁决的案件可能增加了关于裁决作出方式的荒诞说法。从这份抽样来看，有17%的裁决金额在请求金额和 0 之间的中间点的 20% 以内。这些是平分裁决吗？这个问题也许能通过直接的数字阅读（是的，他们在当事人要求的裁决金额之间进行了平分裁决）或者通过钻研案件内容和仲裁员的推理过程进行回答。尽管有可能有非常少量的裁决出现不加考虑地在当事人的主张之间进行平分，但我们注意到的事实是，许多提交给仲裁员的纠纷都是非常难解决的问题。这些问题之所以难解决是因为双方当事人对合同项下发生的问题都存在过错，导致请求或反请求无法完全成立，促使仲裁员作出了表面上折中的裁决。在此情况下，重要因素是仲裁员是否在裁决中不加考虑地进行平分，还是根据原因、责任和过失分配裁决金额。对于那少数几个裁决处于中间范围的案件，也许推理能提供一个可能的解释。

把所有这些因素综合在一起构成了对关于仲裁员裁决作出行为的长期的、低水准的并且没有事实依据的荒诞说法的解释。这一领域的文献指出平分裁决的潜在影响超出了参与者满意度问题的范围。有些作者认为，相信仲裁中存在进行平分裁决的倾向性会促使当事人在仲裁中采取极端立场，导致了在和解协商中出现"激冷效应"（chilling effect）。[12] 基本的理由在于如果任何一方都期待从仲裁员那里获得比和解协商更多的东西，他就有动力避免

---

〔11〕　Id.

〔12〕　Peter Feuille, "Final Offer Arbitration and the Chilling Effect", 14 *Indus. Rel.* 302 (1975).

在善意谈判中妥协，而是坚持极端主张以希望最终的裁决倾向于他想要的结果。而且，如果纠纷当事人相信仲裁员可能会盲目地平分裁决，那么他们可能不认真对待和解程序，谈判的动力也会下降。[13]

通过这次研究，我们可以说，认为仲裁员不加考虑地平分裁决金额的观点几乎没有事实依据；同时也表明，仲裁员采用的裁决作出程序还需要改进。无论如何，这次研究的结果有力地说明仲裁员并没有出现"劈分婴儿"的行为。

（陈福勇　译）

---

〔13〕　M. H. Bazerman & M. A. Neale, "Improving Negotiation Effectiveness Under Final Offer Arbitration: The Role of Selection and Training", 67 *J. Applied Psychol.* 543 (1982).

第八部分

未来方向

▼
▼
▼

仲裁决定过程的行为分析[*]

克里斯多佛·R.德拉奥萨

结尾这部分考察国际商事仲裁实证研究可能的未来趋势。正 319
如前面几部分所示，国际仲裁的实证研究是一个刚刚开始发展的
领域。尽管在国际仲裁程序的某些方面已经有所研究，但是更多
的还有待拓展。

一个刚刚开始研究的重要课题是仲裁的决定过程：为什么仲
裁员会以他们的方式对案件作出决定。这产生很多重要的问题。
在 2002 年 5 月于伦敦举行的 ICCA 大会上，沙丽·西德曼·戴蒙
德（Shari Seidman Diamond）教授举了一些例子：

当首席仲裁员是由当事人选定或由当事人指定的仲
裁员选定的时候，与首席是由 *ICC* 或者其他仲裁机构指

---

　*　这部分是一篇此前发表于 *Law & Contemporary Problems* 的文章《私人判决的行为
分析》["A Behavioral Analysis of Private Judging" （2004） 67 *Law & Contemporary Problems*
105] 的修订版。这篇文章是为罗斯科·庞德研究所（Roscoe Pound Institute）主办的一
场主题为"强制仲裁即将到来的危机：新视角和可能性"的研讨会而准备的。Copyright
ⓒ 2004 by Christopher R. Drahozal.

定的时候相比，其行为是否会有不同？一位当事人选任的仲裁员的对抗行为会不会激起另一位当事人选任的仲裁员的对抗行为？这会产生什么样的影响呢？当仲裁员都来自同一国家（或者来自一个特定的国家）时，他们是不是更可能在程序问题上达成一致？在结果方面呢？如果代理人之一是英国的大律师（*barrister*），他刚好与其中一位仲裁员是来自于同一律师事务所，这层关系会不会影响仲裁庭的裁决？如果会，又是以什么样的方式发生影响？[1]

320　　然而，鉴于仲裁程序的保密性和对基于不同基础事实的案件进行比较的困难，研究上述问题有着明显的困难。

　　戴蒙德教授提出一个可能的研究议程，那就是让研究者"系统地观察和分析国际仲裁员的实际行为和决定过程"。[2] 她引用一个研究项目为例，该项目中亚利桑那州最高法院允许一个研究团队（包括戴蒙德教授）对 50 个民事审判陪审团的评议（deliberations）进行录像。[3] 同样的技术可以应用于国际仲裁员的评议上，

---

　　〔1〕　Shari Seidman Diamond, "Psychological Aspects of Dispute Resolution: Issues for International Arbitration" in Albert Jan van den Berg (ed.), *International Commercial Arbitration: Important Contemporary Questions* (Kluwer Law International, The Hague, 2003) (ICCA Congress Series No. 11), pp. 327, 341. 另一个重要的问题是考察在机构仲裁规则中不同决定标准的影响。一些规则要求根据大多数意见作出决定，其他的一些允许在没有形成大多数意见时，首席仲裁员根据他/她自己的意见作出决定。Alan Redfern & Martin Hunter, *Law & Practice of International Commercial Arbitration* (Sweet & Maxwell, London, 1999), ¶ ¶ 8 - 25 & 8 - 26. 可以预料，依据不同方法组建的仲裁庭会有不同的评议互动。其他的例子，参见 Jack J. Coe Jr., "From Anecdote to Data: Reflections on the Global Center's Barcelona Meeting" (2003) 20 *J. Int'l Arb.* 11, 17 ~ 20.

　　〔2〕　Diamond, supra note 〔1〕, at 342.

　　〔3〕　See, e. g., Shari Seidman Diamond et al., "Juror Discussions During Civil Trials: Studying an Arizona Innovation" (2003) 45 *Ariz. L. Rev.* 1.

以洞察决定的过程（尽管很明显只是针对三名仲裁员的仲裁庭而不针对独任仲裁庭）。

对仲裁决定过程侵犯性小的一个研究方法是实验研究，考察仲裁员如何在控制的环境中决定虚构的案件。实验研究具有明显的优势，其能以对实际仲裁裁决研究所不能做到的方式，让研究者控制案件中的事实差异。不过，实验研究自然而然地提出了关于其结果能否向现实世界进行转化的重要问题。不仅戴蒙德教授提出的问题，还有其他许多关于仲裁决定过程的问题都可以运用实验研究技术来研究。

比如，实验研究对于评估仲裁决定过程在多大程度上受到心理学家和经济学家所确认的系统误差（systematic errors）类型的影响。[4] 换句话说，即直观推断(heuristics)（单凭经验判断）和认

---

〔4〕　See generally Thomas Gilovich et al. (eds.) , *Heuristics and Biases: The Psychology of Intuitive Judgement* (Cambridge University Press, Cambridge, U. K. , 2002) ; Daniel Kahneman et al. (eds.) , *Judgment Under Uncertainty: Heuristics and Biases* (Cambridge University Press, Cambridge, U. K. , 1982) ; Amos Tversky & Daniel Kahneman, "Judgment Under Uncertainty: Heuristics and Biases" (1974) 185 *Science* 1124. 从法律角度对文献的综述参见，例如 Cass R. Sunstein (ed.) , *Behavioral Law & Economics* (Cambridge University Press, Cambridge, U. K. , 2000) ; Christine Jolls et al. , "A Behavioral Approach to Law & Economics" (1998) 50 *Stan. L. Rev.* 1471 ; Russell B. Korobkin & Thomas S. Ulen, "Law and Behavioral Science: Removing the Rationality Assumption from Law and Economics" (2000) 88 *Cal. L. Rev.* 1051 ; Donald C. Langevoort, "Behavioral Theories of Judgment and Decision Making in Legal Scholarship: A Literature Review" (1998) 51 *Vand. L. Rev.* 1499 ; Cass R. Sunstein, "Behavioral Law and Economics: A Progress Report" (1999) 1 *Am. L. & Econ. Rev.* 115. 更谨慎的观点，参见 Gregory Mitchell, "Taking Behavioralism Too Seriously? The Unwarranted Pessimism of the New Behavioral Analysis of Law" (2002) 43 *Wm. & Mary L. Rev.* 1907 〔 hereinafter Mitchell, "Taking Behavioralism Too Seriously?" 〕 ; Gregory Mitchell, "Why Law & Economics' Perfect Rationality Should Not Be Traded for Behavioral Law and Economics' Equal Incompetence" (2002) 91 *Geo. L. J.* 67 〔 hereinafter Mitchell, "Equal Incompetence" 〕.

知偏差（cognitive biases）对仲裁员决定过程的影响程度。[5] 这些
"认知错觉"（cognitive illusions）如何影响陪审团决定过程已经引
起了很多的关注。实验的结果归纳如下：

> 关于陪审团的几十年的研究表明，认知错觉对判决
> 质量具有消极影响。比如，研究者发现陪审团认为诉讼
> 当事人应该预见到没有人能够预见到的事件、允许不相
> 关或被不予采纳的信息影响责任的判定、听从武断的数
> 字化评估、依靠不一致的方法计算赔偿金。[6]

关于认知错觉如何影响法官的决定过程的问题，引起的关注
比较少（尽管在增加）。到目前为止的实证研究（尽管是混合的研
究）发现法官比陪审团少受到一些认知错觉的影响，但同样受其
他的一些因素影响。[7] 几乎没有人注意到认知错觉可能影响仲裁
决定过程，这使之成为未来研究的一个成果斐然的领域。

本文的其余部分提供对仲裁员（特别是国际商事纠纷中的仲
裁员）做决定时的法律制度的行为分析。[8] 这样的分析能提供多
样的重要见解：可以构建一个比较仲裁决定和公共法院系统（法
官或陪审团）决定的基础；可以有助于仲裁员通过确认和尽可能

---

〔5〕 认知偏差是心理上导致人们对事实的不准确感知的"偏见（bias）和嫌恶
（aversion）"。Sunstein, supra note〔4〕, at 135. 直观推断是"思维捷径"，虽然通常很
有用，但有时候也能导致错误的决定。See Jeffrey J. Rachlinski, "The Uncertain Psychologi-
cal Case for Paternalism"（2003）97 *Nw. U. L. Rev.* 1165, 1165；Sunstein, supra note〔4〕,
at 139（"直观推断不是偏见，而且通常情况下是很好的，因为节约了决定成本；但是它
们也能导致一些错误"）。我用"认知错觉"这个词包含认知偏差和直观推断。

〔6〕 Chris Guthrie et al., "Inside the Judicial Mind"（2001）86 *Cornell L. Rev.* 777,
780~781.

〔7〕 参见下文注释〔39〕~〔55〕。

〔8〕 See Jeffrey J. Rachlinski, "The 'New' Law and Psychology: A Reply to Critics,
Skeptics, and Cautious Supporters"（2000）87 *Cornell L. Rev.* 739, 739（特别提到该领域
有"判决和决定行为心理学"、"行为经济学"和"行为决定理论"等不同的名称）.

地改正认知错觉的影响提高裁决的质量；同时可以帮助代理律师以最有利于客户的方式代理案件。

　　第一部分是对与法律决定过程相关的认知错觉进行综述，附有主要从对美国陪审团的实验研究中得出的例证。第二部分对法官决定过程（与仲裁决定过程非常类似）中认知错觉的实证研究进行概括总结。最后，第三部分回顾了关于认知错觉对仲裁决定过程影响的有限实证研究，强调导致实验研究复杂化的仲裁决定过程的重要特征。最后的结论是，如关于国际仲裁的其他实证研究课题一样，更多的研究亟待展开。

一、直观推断与认知偏差：一项综述和对陪审员的运用

　　实验研究提出了人类行为可能系统地偏离理性行动者模式的几种方式。这部分描述几种这样的"认知错觉"——后见之明偏差（hindsight bias）、锚定（anchoring）、代表性直观推断（the representativeness heuristic）、嫌恶极端（extremeness aversion）——并且检验它们在法律决定过程，特别是在美国民事司法制度下陪审团决定过程中的适用情况。当然，把实验的结果应用到真实世界的场景时有理由抱谨慎态度。不过，考虑到陪审团的遴选程序以及缺乏对陪审员产生约束的市场激励，如果任何法律决定者都容易受认知错觉的影响，陪审团似乎是最可能受影响的（即便把旨在减少认知错觉影响的制度设置考虑在内）。

　　（一）关于直观推断和认知偏差的一个概述

　　1. 后见之明偏差。正如谚语所言："后见之明总是最正确的。"（Hindsight is 20/20.）一旦人们知道一个事件已经发生，要让他们在评估该事件首次发生的可能性时，忽视这个事件已发生的事实是极

其困难的。[9] 如巴鲁克·菲施霍夫(Baruch Fischhoff)所解释的：

> 在后见里，人们一贯夸大那些能够在事前预见到的
> 因素。他们不仅倾向于把已经发生的看成是一直不可避
> 免的，还把它看成是在发生前就已经显得"很有必然
> 性"。人们相信其他人应该比实际所显示的那样更好地预
> 测事件。他们甚至记错自己的预测，以致在后见中扩大
> 他们在事前所知道的东西……[10]

当然，不是说所有的后见之明在决定中的使用都是不适当
的。[11] 如果人们从经验中学习，你就会希望他们以过去的事件为
基础，增加对未来事件发生可能性的预测。而且，"事情已发生的
事实提供了关于危险行为的一些信息"。[12] 当后见之明对裁决的影
响超过合理的范围时，后见之明的偏差就产生了。

323

实验研究发现，后见之明偏差存在于各种做决定的场合。[13]

---

[9] E. g. , Guthrie et al. , supra note [6], at 799 ~ 801; Jolls et al. , supra note [4], at 1523 ~ 1527; Jeffrey J. Rachlinski, "A Positive Psychological Theory of Judging in Hindsight" (1998) 65 *U. Chi. L. Rev.* 571, 576.

[10] Baruch Fischhoff, "For Those Condemned to Study the Past: Heuristics and Biases in Hindsight" in *Judgment Under Uncertainty*, supra note [4], at 335, 341.

[11] See Mark Kelman et al. , "Decomposing Hindsight Bias" (1998) 16 *J. Risk & Uncertainty* 251, 252 (区分了第一层次、第二层次和第三层次的后见之明偏差).

[12] Sunstein, supra note [4], at 138.

[13] See , e. g. , Susan J. LaBine & Gary LaBine, "Determinations of Negligence and the Hindsight Bias" (1996) 20 *Law & Hum. Behav.* 501, 511 (报告认为后见之明偏差影响了模拟陪审员 "对暴力预见性的评定" 以及他们 "对临床医学家履行职责状况的意见"); see also Rachlinski, supra note [9], at 576 ~ 581 (列表研究). 关于批评意见，参见 Jay J. J. Christensen – Szalanski & Cynthia Fobian Willham, "The Hindsight Bias: A Meta – Analysis" (1991) 48 *Organizational Behav. & Hum. Decision Processes* 147, 162 ["这项元分析 (meta – analysis) 结果揭示了后见之明的……整体影响规模不是很大"]; Mitchell, "Taking Behavioralism Too Seriously?", supra note [4], at 1963 ("后见之明偏差并不必然是拉克林斯基教授和其他法律决定理论家将其描绘成的不可抗拒的力量").

比如，金·A. 卡明（Kim A. Kamin）和杰弗里·J. 拉克林斯基（Jeffrey J. Rachlinski）以非常著名的 *In re Kinsman Transit Co.* 侵权案件[14]为基础，在一组实验对象中研究一个问题。[15] 在卡明和拉克林斯基的研究中，"先见情形下"的对象被请求对洪水的危险是否大到一个城市应该在可开闭的吊桥已停止使用的冬季聘请桥梁操作员的问题作出决定。"后见"情形下的对象被告知雇佣桥梁管理员本来是可以防止碎片堆积在桥下，并防止发生水灾。两种情形下的对象都被要求对城市是否应该雇佣桥梁管理员问题作出决定。[16] 结果只有24%受先见影响的对象认为城市应该雇佣桥梁管理员，而高达57%受后见影响的对象认为城市应该对没有雇佣桥梁管理员负责。[17] 卡明和拉克林斯基的结论是："对结果的知晓深刻地影响着参与者对复杂情形的解释。"[18]而且，试图通过使用模拟陪审团的指示来改善后见之明偏差是不成功的。[19]

---

〔14〕 338 F. 2d 708（2nd Cir. 1964）.

〔15〕 Kim A. Kamin & Jeffrey J. Rachlinski，"Ex Post Ex Ante: Determining Liability in Hindsight"（1995）19 *Law & Hum. Behav.* 89.

〔16〕 Id. at 93～94. 在那些处于后见情形的对象之中，一些人也得到了意在减少后见之明偏差的陪审团指示。Id.

〔17〕 Id. at 98.

〔18〕 Id. at 99.

〔19〕 See Id. at 98. 的确，按照杰弗里·拉克林斯基的观点，"心理学研究表明后见之明偏差是极其顽固的现象"，试图通过各种"去偏"（debiasing）技术改善偏差的努力都已经证明至多只是部分的成功。See Rachlinski, supra note〔9〕, at 586～588. But see Merrie Jo Stallard & Debra L. Worthington，"Reducing the Hindsight Bias Utilizing Attorney Closing Arguments"（1998）22 *Law & Hum. Behav.* 671，682（"［T］he use of a debiasing strategy［在辩方律师的论点中使用］一项去偏策略显著地减少了相信被告是过失的对象数量"）; see also Philip G. Peters, Jr. , "Hindsight Bias and Tort Liability: Avoiding Premature Conclusions"（1999）31 *Ariz. St. L. J.* 1277, 1299～1313（认为"使用个别［去偏策略］能够减少［后见之明］偏差，并足以对采用对被告明显有利的改革行为提出严重质疑"）.

后见之明偏差对法律决定过程的重要意义不言而喻：在任何情形下，陪审团和其他法律决定的作出者都被要求回溯性地对行为进行评估，估计一个不确定事件发生的可能性。不确定事件的例子包括判断一方当事人是否存在过失、行为是否合理以及合同所附的条件是否可以预见。[20]

2. 锚定。在预测一个数字时，人们倾向于从一些初始的价值开始——锚，然后通过对锚进行调整以得出最后的估算。如果锚提供了关于内在价值的有用信息（比如股价），同时如果人们做合理的调整，这种"锚定和调整"的直接推断方法可以成为有用的做决定方法。但是当人们从不相关的锚出发或者未能对初始值作适当调整的话，锚定会出现问题。[21] 比如，在一个研究中，阿莫斯·特韦尔斯基（Amos Tversky）和丹尼尔·卡恩曼（Daniel Kahneman）要求研究对象估计不同的百分比，比如联合国中非洲国家所占的比例。这个估计的初始值是一个"幸运轮盘"上旋转的 1 到 100 的数——一个明显不相关的数。研究对象被要求说出正确的数字是高还是低，以及高多少或低多少。把 10 当作初始值的对象的中值估计（median estimate）是联合国里有 25% 的国家来自非洲；而以 65 作为初始值的对象得出的中值估计是 45%。[22]

---

〔20〕 Rachlinski, supra note〔9〕, at 593（"对先见之中什么构成了一个合理行为过程的善意评估能够很容易地在后见之明中被判断为不合理。尽管后见之明偏差也可能影响主观认识或者预见性的判断。这些理论缺少实证的支持……不过，偏差很可能确实影响着这两种判断"）.

〔21〕 See , e. g., Guthrie et al., supra note〔6〕, at 787 ~ 790；Korobkin & Ulen, supra note〔4〕, at 1100 ~ 1102；Sunstein, supra note〔4〕, at 141；see also Cass R. Sunstein, "Hazardous Heuristics"（2003）70 *U. Chi. L. Rev.* 751, 762（"最切合实际的结论是，只要当人们对适当值感到不确定，锚定就有着重大的作用，有时候作用还大得令人吃惊"）.

〔22〕 Tversky & Kahneman, supra note〔4〕, at 1128.

　　一些研究已经发现原告请求的赔偿金的数额被模拟陪审团作为一个裁决的锚。[23] 格雷琴·B. 查普曼（Gretchen B. Chapman）和布赖恩·H. 伯恩斯坦（Brian H. Bornstein）研究原告请求对模拟陪审团裁决的影响时发现：①请求的数额……作为影响赔偿裁决的锚，同时②这一作用是线性的，即便被用于研究的是从 100 美元到 100 万美元之间的极端数额。[24] 他们论文的题目概括了他们的研究结果："你要求越多，就得到越多。"[25] 在诉讼过程中所涉及的无关的数值对陪审团（包括法官和仲裁员）判给的赔偿金的影响程度范围内，裁决的金额可能高于或低于适当值。

325

---

　　[23]　Reid Hastie et al. , "Juror Judgments in Civil Cases: Effects of Plaintiff's Requests and Plaintiff's Identity on Punitive Damage Awards" (1999) 23 *Law & Hum. Behav.* 445, 463 ["我们观察到原告裁决请求的一个重大影响……原告要求的越多，他们得到的也越多。对于同一事实情况，中值裁决（median awards）中低锚定值（1500 万 ~ 5000 万美金）和高锚定值（5000 万 ~ 1.5 亿美金）之间的差异是 3500 万美金。法官指示律师的辩护观点不能作为证据，但这一指令并没有降低这一戏剧性效果"]；John Malouff & Nicola S. Schutte, "Shaping Juror Attitudes: Effects of Requesting Different Damage Amounts in Personal Injury Trials" (1989) 129 *J. Soc. Psychol.* 491, 495（"目前实验的最主要发现是原告的律师要求的金钱越多，陪审员裁决得也越多"）；Allan Raitz et al. , "Determining Damages: The Influence of Expert Testimony on Jurors' Decision Making" (1990) 14 *Law & Hum. Behav.* 385, 393（"也有证据表明在没有行家的情况下，陪审员可能会以审判中提出的一个数字为锚"）；W. Kip Viscusi, "The Challenge of Punitive Damages Mathematics" (2001) 30 *J. Legal Stud.* 313,329（发现"反馈者实际上放弃了威慑价值表强加的限制，并且主要根据申请人要求金额的锚定影响他们对 [适当的惩罚赔偿金] 作出的判断"）. 另外一个例子是，研究已经发现法定的最高赔偿额也是作为补偿性和惩罚性赔偿金裁决的锚定。See Verlin B. Hinsz & Kristin E. Indahl, "Assimilation to Anchors for Damage Awards in a Mock Civil Trial" (1995) 25 *J. Applied Soc. Psychol.* 991, 1016（发现裁决的赔偿金趋向于赔偿金的限额）；Jennifer K. Robbennolt & Christina A. Studebaker, "Anchoring in the Courtroom: The Effects of Caps on Punitive Damages" (1999) 23 *Law & Hum. Behav.* 353, 361, 366（发现最高赔偿限额导致的是更高的赔偿金）.

　　[24]　Gretchen B. Chapman & Brian H. Bornstein, "The More You Ask For, the More You Get: Anchoring in Personal Injury Verdicts" (1996) 10 *Applied Cognitive Psychol.* 519,526 ~ 527.

　　[25]　Id.

3. 代表性直观推断。人们倾向于根据一件事或一个人看上去似乎为某一类别的代表特征，来估计该事或人属于某一类的可能性。这种代表性直观推断可能是有用的，但是当人们太过于依赖这种特征而几乎不关注一项特征在潜在群体中的发生几率（基本几率）时就可能会导致错误。[26] 比如，特韦尔斯基和卡恩曼向研究对象描述一个妇女曾经在大学主修哲学专业，"对歧视和社会公平问题极度忧虑，同时还参加反核游行"。[27] 当被问到这个妇女是否更可能是一个银行的出纳员或者是一个参与女权运动的银行出纳员时，几乎 90% 的调查对象选择后者。但是，从逻辑上看，银行出纳员包含女权主义银行出纳员，因此妇女必然更可能是一个银行出纳员而不是女权主义银行出纳员。研究对象没有考虑基本几率，取而代之的是过度注意那些似乎是更小类别代表的特征。在法律决定过程的场景下，评论者依赖代表性直观推断来使证据规则正当化，比如品格证据不具可采性。[28] 所担心的是陪审员会无视相关的基本几率，而相反过于看重不良品格的证据。[29]

4. 嫌恶极端。个体可能追求避免极端的结果。实验研究发现，在增加一个极端选项后，第三个选项的存在改变了研究对象在原

---

〔26〕 See , e. g. , Guthrie et al. , supra note 〔6〕, at 805 ~ 808；Korobkin & Ulen，supra note 〔4〕, at 1085 ~ 1087.

〔27〕 See Amos Tversky & Daniel Kahneman, "Judgments of and by Representativeness" in *Judgment Under Uncertainty*, supra note 〔4〕, at 84,92 ~ 93. 对"琳达(Linda)问题"（这样称呼是因为这是特韦尔斯基和卡恩曼给那个妇女取的名称）的批评的讨论，参见 Keith E. Stanovich & Richard F. West, "Individual Differences in Reasoning: Implications for the Rationality Debate?" in *Heuristics and Biases*, supra note 〔4〕, at 421,433 ~ 434. 对于怀疑性的观点，参见 Gerd Gigerenzer, "How to Make Cognitive Illusions Disappear: Beyond 'Heuristics and Biases'" (1991) 2 *Eur. Rev. Soc. Psychol.* 83,90 ~ 101.

〔28〕 Fed. R. Evid. 404 (a) .

〔29〕 Korobkin & Ulen, supra note 〔4〕, at 1087 ~ 1088.

来两个选项之间的选择，即便第三个选项并没有提供与其他两个选项相关的信息。[30] 比如，在伊塔马尔·西蒙森（Itamar Simonson）和特韦尔斯基（Tversky）的一项研究中，研究对象被要求在两部相机之间作出选择，一部价值 169.99 美元，另一部价值 239.99 美元，对这两部相机的选择数是相等的。接着，加进第三个选项：一部价值为 469.99 美元的相机。随着价值 239.99 美元的相机现在成为中间选项，对该选项的选择比例有所增加，即使是在还多增加了一个选择项的情况下。[31]

在卡斯·森斯坦（Cass Sunstein）看来，这种"嫌恶极端导致折中效应（*compromise effects*）。在给出的选项之间，大部分人寻求的是一种折中"。[32] 在法律体系中嫌恶极端的寓意是明了的：根据决定作出者对极端结果的嫌恶程度，"在其他方面都相同的情况下，法官和陪审团可能力图选择一个折中的解决方案"。[33]

（二）适用到真实世界的陪审员

正如本文讨论所阐释的，对法律决定过程的行为研究导致了对陪审团决定过程的准确性的严重质疑。确实，这些研究促使一

---

〔30〕 E. g., Mark Kelman et al., "Context – Dependence in Legal Decision Making" (1996) 25 *J. Legal. Stud.* 287, 290 ~ 295（报告承认，当谋杀罪是作为中间选项时，研究对象更可能选择谋杀罪的判决，而不是一般的杀人罪）；Schlomo Benartzi & Richard H. Thaler, "How Much Is Investor Autonomy Worth?"（2002）57 *J. Fin.* 1593, 1610（结果表明，与嫌恶极端相一致的是，当设计作为一个极端选项时，[一项给定的投资项目] 是最不具有吸引力的。当设计为中间选项时是最具有吸引力的）。

〔31〕 Itamar Simonson & Amos Tversky, "Choice in Context: Tradeoff Contrast & Extremeness Aversion"（1992）29 *J. Marketing Res.* 281, 290.

〔32〕 Sunstein, supra note〔4〕, at 135. 对极端的嫌恶是场景依赖的一种形式，原因是对象的偏好因作出选择的背景而异。Kelman et al., supra note〔30〕, at 288.

〔33〕 Sunstein, supra note〔4〕, at 136.

些评论员建议，是否可能减少陪审团在美国民事司法体系中的作用。[34]但是有一个重要的告诫：没有办法可以确定地知道，运用模拟陪审员进行实验研究的结果在多大程度能适用于真实世界中的陪审员决定过程。

当然，有些对实验研究的批评并不是专门适用于陪审团的。例如，怀疑实验结果在预测真实世界结果的有效性的一个原因就是选择偏差。如理查德·波斯纳（Richard Posner）的解释：

> 选择偏差意味着，实验和真实世界的环境完全不同。实验对象或多或少是随机抽取的；但是人们并不随机地被挑选到工作岗位和其他活动中。无法计算概率的人们不是在知道自己的认知局限的情况下避开冒险，就是在不知道自己的认知局限的情况下很快被打败，从而被迫停止冒险。那些异乎寻常地"平稳"的人们将避开（或者被迫离开）竞争激烈的活动（*roughhouse activities*）——包括高度竞争的商业、出庭律师业务和激烈的学术竞争。双曲线贴现者（*Hyperbolic discounters*）将避开金融服务行业。这些选择偏差将不会完全起作用，但是它们可能导致实验性和真实世界不合理的结果之间的差距。[35]

相比之下，大致随机选择的陪审团与实验研究中研究对象的选择有着实质上的相似性——事实上，有些研究已经将那些正等

---

〔34〕 See Cass R. Sunstein et al. , "Predictably Incoherent Judgments" (2002) 54 *Stan. L. Rev.* 1153, 1182 ~ 1184; W. Kip Viscusi, "How Do Judges Think About Risk?" (1999) 1 *Am. L. & Econ. Rev.* 26, 60.

〔35〕 Richard A. Posner, "Rational Choice, Behavioral Economics, and the Law" (1998) 50 *Stan. L. Rev.* 1551, 1570 ~ 1571.

待着作为未来陪审员的个人作为研究对象。[36] 这就意味着实验研究的结果适用于陪审团做决定的行为比适用于其他真实世界的活动更适宜。

另一方面，绝大部分的陪审员毫无疑问比实验研究中的参与者更认真地对待他们的责任。就如菲利普·彼得斯（Philip Peters）解释道：

> 与研究对象不同，陪审员需要对他们的决定负责。每一个陪审员的投票不仅要受到其他陪审员的监督，还要受到法官以及经常还有陪审员的家人和朋友的监督。陪审员也认为要对他们的社区负责。这种责任使陪审员的审判有别于调查研究，同时具有改善陪审员决定的潜力。[37]

此外，与真实世界的陪审员相比，大部分的实验对象对需要他们作出决定的案件，接受到的是少得多的案件信息，这就提出了实验的"生态效度"（ecological validity）问题。[38] 当然，在实 328 验场景和真实世界陪审团审判之间的其他区别同样可能增加或减

---

〔36〕 Neil Vidmar & Jeffrey J. Rice, "Assessments of Noneconomic Damage Awards in Medical Negligence: A Comparison of Jurors with Legal Professionals" (1993) 78 *Iowa L. Rev.* 883, 891.

〔37〕 Peters, supra note 19, at 1300~1301. 关于在实验研究中责任（或缺乏责任）的重要意义，参见 Mitchell, "Equal Incompetence", supra note〔4〕, at 110~114; Philip E. Tetlock, "Accountability and Complexity of Thought" (1983) 45 *J. Personality & Soc. PsychoL.* 74, 74~75 ("因此，关于责任作用的证据是混合的：有时候责任导致复杂或者是费力的信息处理，而有时候它导致的是能轻易被其他人合理化的权宜性质的决定")。

〔38〕 See Richard Lempert, "Juries, Hindsight, and Punitive Damage Awards: Failures of a Social Science Case for Change" (1999) 48 *DePaul L. Rev.* 867, 877; Mitchell, "Taking Behavioralism Too Seriously?" supra note〔4〕, at 1985.

少认知错觉对陪审团作出决定的影响。因此，从这一领域的实验研究得出的任何结论都不可避免地带有某种程度的不确定性。

二、司法决定过程中的直观推断与认知偏差

认知错觉对陪审团决定的影响已经得到多次研究，至少是在实验场景下。而关于认知偏差对其他法律决定作出者的影响的研究却少得多。只是在最近，研究者才开始对司法决定中的认知错觉进行实验研究，而且只有很小部分的研究已经被发表。[39] 到目前为止，这些结果一直存在某种程度的矛盾。但是，作为一个一般的问题，这些研究发现与陪审员的决定过程相比，司法决定过程在一些方面受认知错觉的影响比较少，但在另一些方面受影响的程度是同等的。[40]

在一项研究中，克里丝·格思里（Chris Guthrie）、杰弗里·J. 拉克林斯基（Jeffrey J. Rachlinski）和安德鲁·J. 韦斯特里奇（Andrew J. Wistrich）于 1999 年向参加联邦司法中心（Federal Judicial Center）研讨会的联邦治安法官（magistrate judges）发放了一份调

---

〔39〕 此外，实验研究已将法官和陪审员假设的损害赔偿裁决进行比较，但是没有明确考虑认知错觉。可参见，Stephen Landsman & Richard F. Rakos, "A Preliminary Inquiry into the Effect of Potentially Biasing Information on Judges and Juries in Civil Litigation" (1994) 12 *Behav. Sci. & L.* 113, 125（"民事案件中法官和陪审员面对随后被裁定为不具有可采性的材料时反应是相似的—— 他们对主要的审判问题的感受被改变了"）；Jennifer K. Robbennolt, "Punitive Damages Decision Making: The Decisions of Citizens and Trial Court Judges" (2002) 26 *Law & Hum. Behav.* 315, 333（"法官和具有陪审员资格的市民在认定惩罚性赔偿得到的可能性或者是惩罚性赔偿金大小的裁决中没有发现差异"）；Roselle L. Wissler et al., "Decisionmaking about General Damages: A Comparison of Jurors, Judges, and Lawyers" (1999) 98 *Mich. L. Rev.* 751, 756（"就对伤害严重性的判断而言，模型证明所有决定作出者群体具有显著的相似程度，同时表明模型具有较高程度的预见性。但是，将对伤害的感知转化成货币的裁决时，不同群体间显示出了更多的差异性，而且这个模型的预测能力也下降了"）。

〔40〕 See Rachlinski, supra note〔5〕, at 1200（"尽管很少有研究是针对法官进行的，但是已做的研究表明在判决中法官也会与陪审员一样受到认知错误的影响"）。

查问卷。[41] 共有 168 位法官对调查问卷进行了反馈，其中有 1 位
反馈者要求其反馈的内容不要在进一步的研究中使用，剩下的样
本为 167 份。问卷包含了一系列设计的假设事实模型，以检验各种
直观推断和认知偏差对司法决定的影响。根据问卷中的反馈，作
者的结论是法官比陪审员要少受一些认知错觉的影响，但受其他
的认知错觉的影响是相同的。法官"让人印象深刻"，因为正确地
回答"一个有难度的［证据］问题并且所用的时间较短"，从而避
免了代表性直观推断（尽管仍有 60% 没有回答正确）。[42] 但是结
果表明这些法官和其他决定作出者一样，容易受到锚定和后见之
明偏差的影响。[43] 因此，当被告以没有满足联邦跨州管辖中最低的
75 000 元美金的争议金额要求提出驳回申请时（事实上明显是达
到的），法官判决的金额要比没有提出这种动议时有实质性地减
少。依据格思里等人的观点，"75 000 美金的管辖权最低额是他们
赔偿金判决的锚"。[44] 进一步来说，法官对上诉案件可能结果的预
测明显受到他们被告知的案件实际结果的影响，按照格思里等人

〔41〕 Guthrie et al., supra note〔6〕. 利用58 位审计员和65 位州和联邦审判法官组成的一份样本所作的一项关于后见之明偏差的研究，see John C. Anderson et al., "Evaluation of Auditor Decisions: Hindsight Bias Effects and the Expectation Gap"（1993）14 *J. Econ. PsychoL.* 711，730（"我们的发现提供了新的证据，即对审计员表现的个体评价依赖于结果信息。在出现了有利的结果信息时，评价主体提供了更高的审计员评价，而在不利的结果信息出现时则提供较低的评价"）.

〔42〕 Guthrie et al., supra note〔6〕, at 809~811.

〔43〕 Id. at 787~794，799~805. 与维斯库斯独立所作的及其与黑斯蒂合作的研究不同，参见下文注释〔46〕~〔50〕，格思里等人没有对模拟陪审员实施类似的问卷调查。实际上，至少有些他们所问的问题涉及陪审团没有做过的决定。例如，Id. at 791（描述了一个锚定的问题，要求治安法官对缺少争议事项管辖权而驳回的动议进行裁定）. 相反，格思里等人将他们发现的偏差的大小与基于不同的事实模式的其他研究中发现的偏差大小进行比较，Id. at 816~818，使得很难对可比性作出任何确定的结论。See Mitchell，"Taking Behavioralism Too Seriously?"，supra note〔4〕, at 1998 n.〔184〕.

〔44〕 Guthrie et al., supra note〔6〕, at 791~792.

的观点，这一点是后见之明偏差的一个例证。[45]

W. 基普·维斯库斯（W. Kip Viscusi）和里德·黑斯蒂（Reid Hastie）所做的一项研究发现法官要比模拟陪审员少受后见之明偏差的影响。[46] 研究者将调查问卷分发给一些参加一个法经济学项目的州法院法官（既包括初审法官，也包括上诉审法官）。他们收到了95份反馈，回收率几乎达到100%。他们接着把同样的调查问卷分发给了模拟陪审员以方便比较。在对后见之明偏差的两个检验中，维斯库斯和黑斯蒂发现法官"在对待公司安全问题的决定时比陪审员少受到后见之明偏差的影响。事实上，在作出法律判决时，后见之明对法官几乎没有影响，而对模拟陪审员却有着实质性影响"。[47]

330　　　几个评论员对维斯库斯和黑斯蒂研究中的法官样本提出了批评。格思里等人声称样本（一个法经济学项目的参加者）和内容"可能引起在某种程度上计划好的推理过程，而这将影响到问卷调查的效果"。[48] 理查德·伦伯特（Richard Lempert）同样对法官的样本进行了批评，声称该项目"可能吸引的是比较支持商业（pro-business）的法

---

[45]　Id. at 802～803.

[46]　Reid Hastie & W. Kip Viscusi, "What Juries Can't Do Well: The Jury's Performance as a Risk Manager" (1998) 40 *Ariz. L. Rev.* 901; Viscusi, supra note [34]. 研究结果分别由维斯库斯以及黑斯蒂和维斯库斯共同署名发表。

[47]　Viscusi, supra note 34, at 59; Hastie & Viscusi, supra note [46], at 917. 他们也考察了法官做出的风险评估，结论是尽管"一般来说，法官在风险判断中确实显示了许多的偏差模式，这些模式也是那些有关不确定情况下理性选择的文献的关注点"，总的来说，"但是这些偏见并没有对法官就他们对法律规则的解释方面的思维造成负面影响"。Viscusi, supra note [34], at 60; see also W. Kip Viscusi, "Jurors, Judges, and the Mistreatment of Risk by the Courts" (2001) 30 *J. Legal Stud.* 107, 135（与陪审员相比，"法官有更多准确的风险信念，较少倾向于高估低概率事件"）.

[48]　Guthrie et al., supra note [6], at 818 n. 201; see also Robbennolt, supra note [39], at 335.

官而非一般法官"。[49] 此外，伦伯特对样本同时包括了初审法官和上
诉法官也提出批评，因为"初审法官作为一个群体，可能有不同的价
值观，或者因为他们的不同经历，他们可能对后见之明有不同的反
馈"。[50] 尽管也许低估了一般情况下法官受后见之明偏差的影响程度，
至少研究表明有些法官能够避免这类偏差。

最后，艾森伯格（Eisenberg）等人的一项研究直接集中于法
官和陪审员之间的认知差异，结果发现在惩罚性赔偿金的裁决中
表现出了比行为理论所预测的更多的一致性。[51] 被考虑的认知问
题是"没有模量的测量"（scaling without a modulus）的问题：困
难在于将对行为的道德判定转化成定量的赔偿金判决。[52] 研究者
发现在惩罚性赔偿金裁决中存在一些从理论推测出来的不一致性，
但比实验研究预测的不一致性要少得多。[53] 他们的结论是：

---

〔49〕 Lempert, supra note〔38〕, at 884. 作为回应，参见 Reid Hastie & W. Kip Viscusi,
"Juries, Hindsight, and Punitive Damages Awards: Reply to Richard Lempert"（2002）51 *DePaul
L. Rev.* 987.

〔50〕 Lempert, supra note〔38〕, at 884.

〔51〕 Theodore Eisenberg et al., "Reconciling Experimental Incoherence with Real-World
Coherence in Punitive Damages"（2002）54 *Stan. L. Rev.* 1239.

〔52〕 See Sunstein, supra note〔4〕, at 142～144; Sunstein et al., supra note〔34〕,
at 1155; Cass R. Sunstein et al., "Assessing Punitive Damages（with Notes on Cognition and
Valuation in Law)"（1998）107 *Yale L. J.* 2071. 按照森斯坦等人的观点，一个结果就是
尽管在同一类案件中，决定可能是"合理和一致"的，但是当与不同种类的案件进行
比较时，它们就变得不一致了。See Sunstein et al., supra note 34, at 1170. 因此，处理
过多种类型案件的决定者（例如，法官以及可能的仲裁员）比只处理一个案件的决定
者（例如陪审员）能作出更好的决定。Id.

〔53〕 艾森伯格等人检验了他们从理论中提取的以下预言：① "在实际由陪审团审
理的案件中，惩罚性和赔偿性裁决之间的关系在不同案件类型之间将不会有富有意义的
变化"；同时② "'案件类型'的影响在法官审判的案件中应该比在陪审团审判的案件
中更大"。See Eisenberg et al., supra note〔51〕, at 1248. 他们在数据中发现了对这些预
测的"一定程度的支持"。Id.

"那些促使一致性的力量似乎正在发挥作用"，以至一些评论员提出的结构性改变（例如将惩罚性赔偿金的决定权从陪审团转移给法官[54]）可能是不必要的。[55]

三、仲裁决定过程中的直观推断和认知偏差

尽管对司法决定过程中认知错觉的存在程度的实证研究越来越普遍，但对仲裁决定过程的同类研究却相当稀少。我注意到没有实验研究使用仲裁员作为研究对象来检验认知偏差和直观推断。[56] 而且仲裁具有保密性，大部分的仲裁裁决没有公布。[57] 因此，对国际商事仲裁结果的研究是罕见的。[58] 本部分概括了现有文献，然后描述了一些会导致实验研究复杂化的仲裁员决定过程

331

---

〔54〕 参见前文注释〔34〕。

〔55〕 Eisenberg et al., supra note〔51〕, at 1259.

〔56〕 尽管律师和其他专业人员受到认知偏差的影响，但一些研究表明他们比非专业人士所受到的影响要小。See Chris Guthrie, "Panacea or Pandora's Box? The Costs of Options in Negotiation" (2003) 88 *Iowa L. Rev.* 601, 641 ("当然，这并不是说，律师是纯粹的'理性行动者'，他们在做决定时就不会受到'心理偏差'的影响；事实上，律师和其他刚入道和老练的决定者一样，也易受那些偏见的影响。但是，实验证据表明，律师比其他人更可能抵制这些偏见而理性地作出决定").

〔57〕 See Christopher R. Drahozal, "Commercial Norms, Commercial Codes, and International Commercial Arbitration" (2000) 33 *Vand. J. Transnat'l L.* 79, 122, reprinted in Part 6.

〔58〕 对美国国内仲裁的这类研究（尽管没有讨论直观推断或认知偏差）的一些例子，参见 the studies of employment arbitration outcomes by Lisa Bingham cited *infra* note〔85〕, as well as the following: Theodore Eisenberg & Elizabeth Hill, "Employment Arbitration and Litigation of Employment Claims: An Empirical Comparison" *Disp. Resol. J.*, Nov. 2003/Jan. 2004, p. 44; Elizabeth Hill, "Due Process at Low Cost: An Empirical Study of Employment Arbitration Under the Auspices of the American Arbitration Association" (2003) 18 *Ohio St. J. on Disp. Resol.* 777; Michael Delikat & Morris M. Kleiner, "An Empirical Study of Dispute Resolution Mechanisms: Where Do Plaintiffs Better Vindicate Their Rights?" *Disp. Resol. J.*, Nov. 2003/Jan. 2004, p. 56; Lewis Maltby, "Private Justice: Employment Arbitration and Civil Rights" in Paul H. Haagen (ed.), *Arbitration Now* (American Bar Association, Section of Dispute Resolution, Washington, D. C., 1999), pp. 1, 16~18; William M. Howard, "Arbitrating Claims of Employment Discrimination: What Really Does Happen? What Really Should Happen?" *Disp. Resol. J.*, Oct.~Dec. 1995, p. 40.

的重要特征。

（一）对仲裁决定过程中认知错觉的实证研究

一个已经做过实证研究的领域是检验仲裁员是否倾向于作出折中裁决——"劈分婴儿"。如果这一现象存在，它有时候被归结为以申请方申请的金额为锚作出裁决的结果。[59] 折中裁决也与仲裁员嫌恶极端相一致。另外被提及的解释是：市场力量给了仲裁员进行折中的动力，以使双方都满意并愿意再次选择该仲裁员。[60]

332

然而，已经公布的对商事仲裁（一项是国内仲裁，另一项是国际仲裁）的两项研究没有发现任何仲裁员作出折中裁决的证据。在卓娅·曼斯齐科夫（Soia Mentschikoff）的经典研究中，她考察了美国仲裁协会 1947 年到 1950 年之间管理的商事仲裁。[61] 在50% 的裁决中，申请人的请求金额不是得到全部支持就是完全没有得到支持。"显然，"曼斯齐科夫总结说，"这些裁决不可能是折中的结果。"[62] 此外，曼斯齐科夫更仔细地考察了另外 36 个案件，发现"许多部分裁决（partial awards）是以一种司法的方式作出，因为这些裁决源于取消了特定损害条款的事实而仲裁员认为在特

---

〔59〕 Stephanie E. Keer & Richard W. Naimark, "Arbitrators Do Not 'Split the Baby' – Empirical Evidence from International Business Arbitration" (2001) 18 *J. Int'l Arb.* 573, 573 ~ 574, reprinted in Part 7.

〔60〕 *Cf.* Alan Scott Rau, "Integrity in Private Judging" (1997) 38 *S. Tex. L. Rev.* 485, 523["仲裁员利己主义的动机在集体议价协议纠纷案件中由来已久，并被认为作为一个例子为明显普遍存在的折中裁决提供了一个解释。仲裁员只有在能够对劳资双方保持未来善意的情况下才有可能反复获得业务。对双方保持未来善意的愿望给了他'劈分婴儿'的一个动机(以尊崇的词汇表达)"].

〔61〕 Soia Mentschikoff, "Commercial Arbitration" (1961) 61 *Colum. L. Rev.* 846,856 ~ 857.

〔62〕 Id. at 861.

定案件事实或法律情况下该项取消没有正当理由"。[63]

斯蒂芬妮·E. 基尔（Stephanie E. Keer ）和理查德·W. 奈马克（Richard W. Naimark）对国际商事仲裁的一项最近的研究（重印在第七部分）也驳斥了仲裁员作出折中裁决的观点。[64] 在对美国仲裁协会管理的 54 个国际仲裁案件的抽样中，裁决金额占请求金额的比例平均值为 50. 53%，中位值裁决金额为 46. 66%。但是裁决是呈双峰分布的，占到31% 的申请者没有获得任何裁决金额，而 35% 的申请者获得了申请金额 100% 的裁决金额。剩下 34% 的申请者获得的裁决金额占申请金额的比例分布很广。[65] 基尔和奈玛克的结论是："这项研究结果有力地说明了仲裁员并没有出现'劈分婴儿'的行为。"[66] 因而，这些考察折中裁决可能性的研究没有揭示在仲裁决定中关于嫌恶极端的任何证据。[67]

（二）仲裁的结构特征和认知错觉的影响

333   这部分讨论两个仲裁的结构性特征，它使对仲裁决定行为的实验研究复杂化。首先，尽管一些仲裁裁决是由独任仲裁员作出，但许多其他的裁决还是由三个仲裁员组成的仲裁庭共同作出。因此，有必要考虑团体互动是怎样影响仲裁决定过程的。其次，仲

---

〔63〕 Id.

〔64〕 Keer & Naimark, supra note 〔59〕.

〔65〕 Id. at 574. 基尔和奈马克也描述了一项未发表的美国仲裁协会对 4479 个商业仲裁裁决的研究，得出的结果与他们的发现是一致的。Id. at 574（发现"近42% 的案件最初请求金额的 0% ~20% 得到支持，30% 的案件最初请求金额的 81% ~100% 得到支持"）。

〔66〕 Id. at 578. 没有研究试图对仲裁中折中裁决的可能性与民事诉讼中法官或陪审团作出折中裁决的可能性进行比较。

〔67〕 对这一结果的替代性解释可能是嫌恶极端仅适用于不连续的可选选项中作出的选择，而不适用于仲裁员（或法官）在决定裁决中赔偿金额时对连续统一体要作的选择。

裁员在是否会被当事人挑选出来作为案件的仲裁员上存在相互竞争。这些市场竞争使仲裁员在决定案件时，与其他法律决定者有不一样的动机，这将加强或弱化认知错觉的影响。

1. 集体决定行为与个人决定行为。集体决定过程的互动是用来评价认知错觉影响仲裁决定行为的一个潜在的重要因素。研究者需要考虑到一些仲裁裁决是由独任仲裁员作出，而其他的裁决是由三个仲裁员组成的仲裁庭作出。[68] 大部分对陪审团行为进行的实验研究忽视了集体评议的可能影响，只集中在了单个陪审员的决定行为。[69] 其他的研究选择"合成的陪审团"（synthetic juries），将单个的反馈者结合在一起组成陪审团，并将中位值的反馈作为合成陪审团的裁决。[70]尽管这种方法是要减轻无关反馈的影响，但它并没有考虑到集体评议的互动，以及它们可能对实际判决产生的任何影响。

如果集体决定与个人决定有所不同，那么在对认知错觉对仲裁决定过程的影响进行评估时，以及在将仲裁决定过程与法官和陪审员的决定过程进行比较时，在决定过程的相互影响方面的差异能够被证明为是一项重要的考虑内容。一种可能是集体评议使

---

〔68〕 "2000 Statistical Report" (2001) 12 (1) *ICC Int'l Ct. Arb. Bull.* 8 (2000 年开始，在 ICC 仲裁中，48.8% 的涉及独任仲裁员，51.2% 的涉及三个仲裁员组成的仲裁庭)；另见第五部分的评论。

〔69〕 See David R. Shaffer & Shannon R. Wheatman, "Does Personality Influence Reactions to Judicial Instructions? Some Preliminary Findings and Possible Implications" (2000) 6 *Psychol. Pub. Pol'y & Law* 655, 657 ("也许模拟审判的最大局限是它们中的大部分都试图由没有经过评议的模拟陪审团决定，而不是由经过评议的模拟陪审团给出的决定中得出推论")。

〔70〕 E. g., Neil Vidmar, *Medical Malpractice and the American Jury: Confronting the Myths About Jury Incompetence, Deep Pockets and Outrageous Damage Awards* (University of Michigan Press, Ann Arbor, 1995), pp. 226~228; Viscusi, supra note〔47〕, at 124.

认知错觉的影响减弱，因为集体讨论提高了集体决定的准确性。另一方面，与单个人员的中性观点相比，集体的两极化可能导致

334 更极端化的决定。[71] 如果是这样，集体的决定可能比对认知错觉的实验研究的预测更加极端。

  关于这一点的实证证据是混合的。[72] 然而，至少在一些研究中，已经发现评议能够加剧而不是减轻在决定作出时的认知偏差。[73] 例如，在对惩罚性赔偿金的裁决进行的一项实验研究中，大卫·施卡德（David Schkade）和其他人发现陪审团的评议将导致

---

  [71] See generally Cass R. Sunstein, "Deliberative Trouble? Why Groups Go to Extremes" (2000) 110 *Yale L. J.* 71, 85 ~ 97（讨论集体的两极化）.

  [72] Norbert L. Kerr et al., "Bias in Judgment: Comparing Individuals and Groups" (1996) 103 *Psychol. Rev.* 687, 713; Norbert L. Kerr et al., "Bias in Jurors vs. Bias in Juries: New Evidence from the SDS Perspective" (1999) 80 *Organizational Behav. & Hum. Decision Processes* 70, 82（"对于陪审团，我们的发现证实了实证记录中已经很明显的一点——可能对'法官和陪审员之间谁更具有偏见'没有一般的回答，对这个问题的回答肯定是'视情况而定'"）; see, e. g., Dagmar Stahlberg & Frank Eller, "We Knew It All Along: Hindsight Bias in Groups" (1995) 63 *Organizational Behav. & Hum. Decision Processes* 46, 56（"我们的发现表明，在作出假设性预测时，集体与个体一样有后见之明的倾向，但否定了在集体中存在更大的后见之明偏见的意见"）. 发现陪审团评议所具有的好处的研究，可参见 Kamala London & Narina Nunez, "The Effect of Jury Deliberations on Jurors' Propensity to Disregard Inadmissible Evidence" (2000) 85 *J. Applied Psychol.* 932, 937（"研究发现，当面对不具可采性的证据时，个体存在着偏见。但是这里的结果，以及来自于其他研究中的结果，表明陪审团评议可能会以某种方式减轻偏见因素的影响"）; James H. Davis et al., "Effects of Group Size and Procedural Influence on Consensual Judgments of Quantity: The Example of Damage Awards and Mock Civil Juries" (1997) 73 *J. Personality & Soc. Psychol.* 703, 714（报告认为，"令人惊奇的"结果是"集体裁决没有单独工作的平行的个体裁决受欢迎。尽管这一差异只有轻微的显著性"）.（"在法定的事实发现任务中，尤其是在复杂的案件中，在其他条件都相同的情况下，似乎是大的不同种类的群体表现得比个体好"）.

  [73] E. g., Shari Seidman Diamond & Jonathan D. Casper, "Blindfolding the Jury to Verdict Consequences: Damages, Experts, and the Civil Jury" (1992) 26 *Law & Soc'y Rev.* 513, 553 ~ 557; Martin F. Kaplan & Charles E. Miller, "Group Decision Making and Normative Versus Informational Influence: Effects of Type of Issue and Assigned Decision Rule" (1987) 53 *J. Personality & Soc. Psychol.* 306, 311.

更极端的判决：当单个的陪审员将行为评估为需要严重惩罚时，评议将增强陪审团对此的整体评估；当单个的陪审员将行为评估为只需要轻微惩罚时，评议将降低陪审团对此的整体评估。[74] 这一点也适用于惩罚性赔偿金，当单个陪审员赞同较大金额的惩罚性赔偿金裁决时，评议最终增加了陪审团裁决的金额。实际上，施卡德等人报告有27%的模拟陪审团支持裁决的惩罚性赔偿金金额与在评议前最高的个体裁决金额一样或者更高。[75] 在对联邦上诉法院的决定行为进行的研究中也发现了同样的影响。[76] 因此，至少一些证据表明集体评议不但不会减少，甚至还可能实际增强认知错觉对决定行为的影响。其他证据表明评议可能缓和那些影响。[77] 最终结论还不确定。

2. 市场和动机。仲裁员只有被选定提供服务时才能得到报酬，而要想被挑选出来，必须与其他的仲裁员进行竞争。这种市场竞争使得仲裁员在对案件作出决定时，与其他的法律决定者（例如法官和陪审员）有着不同的动机，这也许导致决定作出时的更多

[74] David Schkade et al., "Deliberating About Dollars: The Severity Shift" (2000) 100 *Colum. L. Rev.* 1139, 1140.

[75] Id. at 1155 ~ 1156（发现有10%高于最高的个体裁决；17%与最高的个体裁决相等）. 他们也发现经评议的陪审团裁决有比较大的可变性，并总结"这一发现表明，尽管它并没有证明，陪审团比法官在裁决中可能有更大的可变性（面对更广泛的案件的司法经验将产生与'模量'相当的参照，以此约束对金额的裁决。这种可能的存在支持了上述观点）"。Id. at 1148 n. 43.

[76] See Frank B. Cross & Emerson H. Tiller, "Judicial Partisanship and Obedience to Legal Doctrine: Whistleblowing on the Federal Courts of Appeals" (1998) 107 *Yale L. J.* 2155; Richard L. Revesz, "Environmental Regulation, Ideology, and the D. C. Circuit" (1997) 83 *Va. L. Rev.* 1717.

[77] See supra note [72].

审慎，从而提高决定的质量。[78]

更宽泛的问题是这种市场力量是否足以减轻直观推断和认知偏差的影响。理查德·波斯纳（Richard Posner）写道："有关认知错觉的文献提供了一些基础，让人认为市场环境趋向于驱散或者至少减轻错觉。"[79]那些能减轻认知错觉的选择偏差更可能发生在市场环境中，[80]更大的争议金额可能导致比实验研究发现偏差的结果要少，尽管关于这一点的证据还不是很确定。[81]然而，其他的

---

〔78〕 See, e. g. , Gordon Tullock, *Trials on Trial* (Columbia University Press, New York, 1980) , pp. 127 ~ 133 ; Robert D. Cooter, "The Objectives of Private and Public Judges" (1983) 41 *Pub. Choice* 107, 107 ; Robert D. Cooter & Daniel L. Rubinfeld, "Trial Courts: An Economic Perspective" (1990) 24 *Law & Soc'y Rev.* 533, 545 ; Christopher R. Drahozal, "Judicial Incentives and the Appeals Process" (1998) 51 *SMU L. Rev.* 469, 502 ; Stephen Walt, "Decision by Division: The Contractarian Structure of Commercial Arbitration" (1999) 51 *Rutgers L. Rev.* 369, 411.

〔79〕 Richard A. Posner, "An Economic Approach to the Law of Evidence" (1999) 51 *Stan. L. Rev.* 1477, 1494 ; see also Sunstein, supra note 〔4〕, at 150 （"在一些情况下，市场力量确实足够强大使得行为经济学与预测目的不相关。于是问题就变成了是否可能辨认出这些情形。这是个很大的问题，我们还缺少权威的答案"）。最近的一对研究，参见 John A. List, "Does Market Experience Eliminate Market Anomalies?" (2003) 118 *Q. J. Econ.* 41, 70 （"我发现有力的证据证明，随着贸易经验被强化，个体行为集中于新古典主义预测"）; John A. List, "Neoclassical Theory Versus Prospect Theory: Evidence from the Marketplace" (NBER Working Paper no. 9736)〈www. nber. org/papers/w9736〉May 2003, p. 3（"总体上，观测到的数据模式显示，工作中的学习过程是心理影响在前景理论的中心逐渐削弱的过程：有经验的代理人比经验较少的代理人更愿意放弃他们的捐赠"）.

〔80〕 参见前文注释〔35〕 ~ 〔36〕。

〔81〕 See, e. g. , Vernon L. Smith & James M. Walker, "Monetary Rewards and Decision Cost in Experimental Economics" (1993) 31 *Econ. Inquiry* 245, 259 ［"对报告有关主观金钱裁决的相对影响的数据（包括无报酬的）的论文的一项调查显示，随着金钱回报的增加，围绕预期的最理想水平观测的误差变化是下降的"］; Dan N. Stone & David A. Ziebart, "A Model of Financial Incentive Effects in Decision Making" (1995) 61 *Organizational Behav. & Hum. Decision Processes* 250, 259 （"结果支持了经济动机不是消除决定偏差的万能药这一论点。相反，动机似乎是增加了给予任务的关注程度，同时也是增加了潜在的转移情绪"）. See generally Mitchell, "Equal Incompetence", supra note 〔4〕, at 71 ~ 80 （"有时候，具有实质结果的决定与没有实质结果的决定是相同的，而有时候它们又是不一样的"）; Colin F. Camerer & Robin M. Hogarth, "The Effects of Financial Incentives in Experiments: A Review and Capital-Labor-Production Framework" (1999) 19 *J. Risk & Uncertainty* 7, 8 （"这些研究表明动机的影响是混合而复杂的"）.

评论员比较怀疑市场有足够的纠正作用。[82]

　　此外，仲裁员之间的竞争有导致常客偏见（repeat-player bias）的可能，因为仲裁员有动机支持那些更可能为其提供未来业务的当事人。[83] 但是到目前为止，实证证据对于这种偏见是否存在还不能肯定。[84] 而且，正如第七部分的评论中讨论的那样，与在美国消费者或劳动仲裁中相比，常客偏见在国际商事仲裁中比较少地成为一种担忧。[85]

---

〔82〕 E. g. , Langevoort, supra note〔4〕, at 1523.

〔83〕 E. g. , Rau, supra note〔60〕, at 521～529; David S. Schwartz, "Enforcing Small Print to Protect Big Business: Employee and Consumer Rights in an Age of Compelled Arbitration"〔1997〕*Wis. L. Rev.* 33,60～61. See generally Marc Galanter, "Why the 'Haves' Come Out Ahead: Speculations on the Limits of Legal Change" (1974) 9 *Law & Soc'y Rev.* 95. 但是,正如戈登·塔洛克(Gordon Tullock)解释的,仲裁员迎合"常客"的动机并不必然意味着他们会作出有利于"常客"的裁定。Tullock,supra note〔78〕,at 127～128("偏向作为'常客'的零售商可能是仲裁员利益最大化的行为过程。但是事实并不是这样,因为零售商可能会对他的总体声誉感兴趣,希望仲裁员或者公平,或者由于这一原因,实际上偏向客户")。

〔84〕 Walt, supra note〔78〕, at 418.

〔85〕 关于"常客偏见"的最主要的研究都是基于来自于美国雇用仲裁的数据, 参见 Lisa B. Bingham, "Employment Arbitration: The Repeat Player Effect" (1997) 1 *Employee Rts. & Employment Pol'y J.* 189; Lisa B. Bingham, "Unequal Bargaining Power: An Alternative Account for the Repeat Player Effect in Employment Arbitration" in (1999) *Industrial Relations Research Association* 50th *Annual Proceedings* 33; Lisa B. Bingham, "On Repeat Players, Adhesive Contracts, and the Use of Statistics in Judicial Review of Employment Arbitration Awards" (1998) 29 *McGeorge L. Rev.* 223; Lisa B. Bingham & Shimon Sarraf, "Employment Arbitration Before and After the Due Process Protocol for Mediation and Arbitration of Statutory Disputes Arising Out of Employment: Preliminary Evidence that Self-Regulation Makes a Difference" in Samuel Estreicher & David Sherwyn (eds.), *Alternative Dispute Resolution in the Employment Arena*, *Proceedings of New York University* 53rd *Annual Conference on Labor* (Kluwer Law International, The Hague, 2004), p. 303; Lisa B. Bingham, "Self - Determination in Dispute System Design and Employment Arbitration" (2002) 56 *U. Miami L. Rev.* 873.

因此，可以获得的关于市场和仲裁决定过程之间关系的实证证据还不完全。尽管有理由相信市场力量也许能够减少认知错觉对仲裁决定过程的影响，但是现存研究的结果还远远没有定论。因而总的来说，不可能提出确定的答案。但是至少在实施和评价实验研究时需要将这一因素考虑进去。

四、结论

337　　对仲裁决定过程的行为分析对国际商事仲裁的实证研究来说是未来的一个充满希望的研究方向。关于认知错觉是如何影响仲裁决定过程的问题还需要有相当多的研究。尼尔·维德马（Neil Vidmar）[86] 和莉萨·宾汉姆（Lisa Bingham）[87] 在考察其他问题时都已经使用仲裁员作为实验对象。下一步是运用类似技术研究认知错觉对仲裁员决定过程的影响。实验研究对保持决定作出者所面对的事实不变有着明显的优势，而它要研究的问题需要有所发展以（最好能给决定作出者提供重要的细节和背景内容）检验各种认知错觉（例如后见之明偏差、锚定、代表性直观推断以及嫌恶极端）的影响。仲裁员参加的会议显然是研究这些问题的场所。这些问题也能够通过邮件研究，尽管回收率总是比较低。这些问题应该也能通过模拟陪审员（也许还有法官）得到研究，以便进行比较。这些实验研究给仲裁决定过程的行为分析提供了一个

---

〔86〕　See Vidmar & Rice, supra note〔36〕, at 890～891.

〔87〕　See Lisa B. Bingham & Debra J. Mesch, "Decision Making in Employment and Labor Arbitration"（2000）39 *Indus. Rel.* 671（报告了将劳动和雇用仲裁员进行比较的实验的研究结果）.

好的起点，[88] 并为对仲裁员和其他法律决定者之间的决定作出行为的比较做出了贡献。其他的研究方法也许也能使用，当然，仲裁决定过程只是许多可能的研究对象之一。关于国际商事仲裁的实证研究应该是一项能在未来几年成果斐然的重要事业。

（陈福勇　译）

---

〔88〕　通过检验认知错觉影响来研究仲裁结果同样让人感兴趣，但研究设计的难度要大得多。案件选择和确保可比较的事实这两个问题使对仲裁结果的研究——尤其是将仲裁裁决和陪审团判决相比较的任何努力——面临很大的问题。例如，Stephen J. Ware，"The Effects of Gilmer: Empirical and Other Approaches to the Study of Employment Arbitration" (2001) 16 *Ohio St. J. on Disp.* Resol. 735，757（"所研究的进入仲裁的案件与研究的进入司法诉讼的案件可能完全不同，这使得实证研究非常脆弱。只要法律允许合同决定一个案件是否进入仲裁，这种脆弱性就将一直存在"）.

▼
▼
▼

附件

附件 1　关于国际仲裁机构
受案量的数据

表 1　1993～2003 年受理的案件

	1993	1994	1995	1996	1997	1998	1999	2000	2001	2002	2003
AAA	207	187	180	226	320	387	453	510	649	672	646
BCICAC*	52	54	40	57	41	49	60	88	88	75	76
CIETAC	486	829	902	778	723	645	609	543	731*	684*	709*
HKIAC	139	150	184	197	218	240	257	298	307*	320	287
ICC	352	384	427	433	452	466	529	541	566*	593*	580*
JCAA	3	4	7	8	13	14	12	10	17	9	14
KCAB	28	33	18	36	51	59	40	40	65	47	38
Kuala Lumpur	3	8	12	6	8	15	19	12	4	N/A	N/A
LCIA*	29	39	49	37	52	70	56	81	71	88	104
SIAC	15	22	37	25	43	67	67	55	56	46	41
SCC	78	74	70	75	82	92	104	73	74	55	82
总计	1392	1784	1926	1878	2003	2104	2206	2251	2628	2589	2577

* 包括国内和国际仲裁案件。

来源：Hong Kong International Arbitration Centre, "Statistics: International Arbitration Cases Received", www. hkiac. org/en_ statistics. html, visited July 1, 2004. Copyright © 2004 by the Hong Kong International Arbitration Centre. Reprinted with permission.

缩写词：

AAA – 美国仲裁协会/国际争议解决中心

BCICAC – 不列颠哥伦比亚国际商事仲裁中心

CIETAC – 中国国际经济贸易仲裁委员会

HKIAC – 香港国际仲裁中心

ICC – 国际商会

JCAA – 日本商事仲裁协会

KCAB – 大韩商事仲裁院

Kuala Lumpur – 吉隆坡区域仲裁中心

LCIA – 伦敦国际仲裁院

SIAC – 新加坡国际仲裁中心

SCC – 斯德哥尔摩商会仲裁院

▼

▼

▼

附件 2　关于 ICC 仲裁的数据

数据来源："1995 ~ 2003 Statistical Reports" (1996 ~ 2004) 7(1) ~ 15(1) ICC *International Court of Arbitration Bulletin*. Copyright © 1996 ~ 2004 by the ICC International Court of Arbitration. Reprinted with permission. The ICC International Court of Arbitration Bulletin is available from ICC Publishing SA, Service Bulletin, 38 cours Albert 1er, 75008 Paris, France; bulletin@ iccwbo. org; www. iccbooks. com.

表 1 向 ICC 仲裁院申请仲裁的数量

年度	申请数	年度	申请数	年度	申请数
1921	5	1949	18	1977	206
1922	9	1950	29	1978	236
1923	36	1951	28	1979	280
1924	36	1952	38	1980	251
1925	18	1953	39	1981	268
1926	58	1954	29	1982	269
1927	79	1955	34	1983	294
1928	60	1956	33	1984	304
1929	69	1957	32	1985	333
1930	93	1958	43	1986	334
1931	59	1959	41	1987	285
1932	40	1960	56	1988	304
1933	33	1961	43	1989	309
1934	24	1962	61	1990	365
1935	14	1963	62	1991	333
1936	19	1964	69	1992	337
1937	19	1965	56	1993	352
1938	26	1966	81	1994	384
1939	16	1967	92	1995	427
1940	7	1968	100	1996	433
1941	5	1969	131	1997	452
1942	3	1970	152	1998	466
1943	1	1971	160	1999	529
1944	0	1972	176	2000	541
1945	1	1973	166	2001	566
1946	4	1974	169	2002	593
1947	4	1975	184	2003	580
1948	20	1976	190		

表 2　按国家/地区划分的当事人来源——申请人

国家/地区	1995	1996	1997	1998	1999	2000	2001	2002	2003
阿富汗	0	0	0	1	0	0	0	0	0
阿尔巴尼亚	0	0	0	0	0	0	0	0	1
阿尔及利亚	2	1	3	2	0	3	0	0	2
安道尔	0	0	1	0	0	0	0	0	0
安哥拉	0	0	0	0	0	1	0	0	0
安提瓜和巴布达	0	0	0	0	0	0	0	0	1
阿根廷	10	3	7	4	4	7	6	10	17
亚美尼亚	0	0	0	0	0	1	0	0	1
阿鲁巴	1	0	0	0	0	0	0	0	0
澳大利亚	1	7	6	3	6	7	9	6	5
奥地利	9	7	10	6	14	15	7	18	10
阿塞拜疆	0	0	0	0	0	0	0	0	0
巴哈马	0	0	2	1	2	5	2	4	2
巴林	0	0	0	0	0	1	1	0	1
孟加拉国	0	0	0	0	1	1	2	2	1
巴巴多斯	1	0	1	0	0	1	0	3	0
白俄罗斯	0	0	1	0	0	0	0	0	0
比利时	13	3	13	8	15	6	18	13	11
伯利兹	0	0	0	0	0	0	0	0	0
贝宁	0	0	0	0	0	0	0	2	0
百慕大群岛	0	2	1	4	7	3	3	4	3
玻利维亚	0	0	0	2	0	1	0	1	1

国家/地区	1995	1996	1997	1998	1999	2000	2001	2002	2003
波斯尼亚 – 黑塞哥维那	0	0	1	1	0	1	3	2	0
博茨瓦纳	1	0	0	0	0	0	0	0	0
巴西	4	0	3	2	8	3	6	7	8
英属维尔京群岛	5	8	2	9	3	6	5	5	10
文莱	0	0	0	0	0	0	0	0	0
保加利亚	3	5	3	0	1	0	1	0	0
布基纳法索	0	1	0	0	0	0	0	0	0
柬埔寨	0	0	0	0	0	0	1	0	0
喀麦隆	0	0	0	0	1	1	1	0	0
加拿大	9	4	8	11	5	11	5	15	7
佛得角	0	0	0	0	0	0	0	1	0
开曼群岛	1	0	1	4	4	4	7	8	11
中非共和国	0	0	0	0	0	0	0	0	0
乍得	0	0	0	0	0	0	0	0	0
海峡群岛	0	0	0	0	0	0	0	1	1
智利	0	1	0	1	6	0	2	0	0
中国	0	1	6	10	11[*]	11[*]	14[*]	5[*]	7[*]
哥伦比亚	0	0	0	3	4	3	3	3	2
科摩罗	0	0	0	0	0	0	0	0	0
刚果	0	0	0	1	3	1	1	0	0
库克群岛	0	0	1	0	0	0	0	0	0
哥斯达黎加	0	0	0	0	0	0	1	0	0
克罗地亚	1	0	1	0	0	0	5	3	4

国家/地区	1995	1996	1997	1998	1999	2000	2001	2002	2003
古巴	0	2	0	1	0	0	1	2	0
塞浦路斯	2	1	2	3	4	4	4	3	3
捷克共和国	2	4	2	2	0	1	7	4	9
丹麦	3	3	10	3	2	5	5	3	7
吉布提	0	0	0	0	0	0	0	1	1
多米尼加共和国	0	0	0	0	0	0	0	0	0
厄瓜多尔	0	0	1	0	0	3	0	0	0
埃及	8	5	1	4	2	2	3	8	1
萨尔瓦多	1	0	0	0	0	0	1	3	3
赤道几内亚	0	0	0	0	0	0	0	0	0
厄立特里亚	0	0	0	0	0	0	0	0	3
爱沙尼亚	0	0	0	0	0	1	0	0	1
埃塞俄比亚	0	0	1	1	0	0	0	1	0
斐济	0	0	0	0	0	0	1	0	0
芬兰	6	2	5	9	7	1	1	12	6
法国	63	45	94	48	55	76	72	65	70
加蓬	0	0	2	1	0	0	1	1	0
格鲁吉亚	0	0	0	0	0	0	1	1	0
德国	40	42	38	52	46	51	56	54	47
加纳	0	0	0	1	0	0	0	1	2
直布罗陀	1	0	0	1	0	0	5	0	0
希腊	5	8	7	3	11	6	20	11	11
格林纳达	0	0	0	0	0	0	0	0	1

国家/地区	1995	1996	1997	1998	1999	2000	2001	2002	2003
危地马拉	0	0	0	0	0	0	0	1	1
几内亚	0	0	0	1	0	0	0	0	1
海地	0	0	0	0	0	0	0	0	0
洪都拉斯	0	0	0	0	0	0	0	0	0
中国香港	6	5	10	0	N/A	N/A	N/A	N/A	N/A
匈牙利	4	5	2	3	2	1	4	4	0
冰岛	1	0	0	0	0	0	0	0	0
印度	11	7	18	12	42	10	26	9	27
印度尼西亚	2	3	3	3	3	2	13	5	3
伊朗	1	2	1	0	0	1	0	2	3
伊拉克	0	0	0	0	0	0	0	0	0
爱尔兰	4	8	4	4	4	8	5	5	6
马恩岛	0	0	0	0	0	0	0	4	2
以色列	1	0	3	0	4	2	4	4	2
意大利	34	36	32	27	34	39	22	40	35
科特迪瓦	0	0	3	0	1	1	1	2	2
牙买加	0	0	0	1	0	0	0	0	0
日本	3	11	13	18	6	4	15	13	10
约旦	0	2	0	1	0	0	0	0	0
哈萨克斯坦	0	0	2	1	0	1	0	1	0
肯尼亚	0	0	0	0	1	1	1	1	1
韩国	0	0	0	0	0	0	0	0	0
朝鲜共和国	4	6	12	11	6	6	17	20	8

国家/地区	1995	1996	1997	1998	1999	2000	2001	2002	2003
科威特	3	1	1	4	0	1	2	4	0
吉尔吉斯斯坦	0	0	0	0	0	0	0	0	0
老挝	1	0	0	0	0	0	0	0	0
拉脱维亚	0	0	1	0	0	1	0	0	1
黎巴嫩	1	2	1	1	3	8	5	6	2
莱索托	0	0	0	0	0	0	0	0	0
利比里亚	1	1	4	0	1	0	1	1	1
利比亚	0	0	0	0	0	1	1	0	0
列支敦士登	1	3	1	2	2	2	1	7	4
立陶宛	0	0	0	0	0	1	1	0	0
卢森堡	1	3	4	3	6	2	9	5	10
马其顿王国	0	0	0	0	0	0	0	0	0
马达加斯加	0	0	0	0	0	1	0	0	1
马拉维	0	0	0	0	0	0	0	0	0
马来西亚	2	0	1	2	3	1	5	4	2
马尔代夫	0	0	0	0	0	0	0	0	0
马里	0	0	0	0	0	0	0	0	1
马耳他	0	2	0	2	0	2	0	0	0
马绍尔群岛	0	0	0	0	0	0	0	0	0
毛里塔尼亚	0	0	0	0	0	0	0	0	1
毛里求斯	0	0	1	0	0	4	6	0	2
墨西哥	4	28	2	9	12	17	15	17	14
摩尔多瓦	0	0	0	0	0	0	0	0	0

国家/地区	1995	1996	1997	1998	1999	2000	2001	2002	2003
摩纳哥	0	0	0	0	1	0	1	1	0
摩洛哥	0	6	1	1	1	1	1	1	2
莫桑比克	0	0	0	0	0	0	0	0	0
纳米比亚	0	0	0	0	0	0	0	1	0
尼泊尔	0	0	0	1	1	0	0	0	0
荷兰	17	13	19	20	23	18	16	18	19
荷属安的列斯群岛	2	0	0	1	1	1	1	2	0
新西兰	0	0	1	0	1	0	0	0	0
尼加拉瓜	0	0	0	0	0	0	0	0	0
尼日利亚	0	1	1	3	2	10	2	3	3
北马里亚纳群岛	0	0	0	0	0	0	0	0	0
挪威	4	0	5	5	4	2	2	1	5
阿曼	0	0	0	0	0	0	0	1	0
巴基斯坦	0	0	3	8	1	6	1	3	3
巴勒斯坦	0	0	0	0	0	0	0	1	0
巴拿马	5	10	26	3	8	3	7	8	6
巴拉圭	0	0	0	0	0	0	0	0	0
巴布亚新几内亚	1	0	0	0	0	0	0	0	0
秘鲁	0	0	1	0	1	1	1	0	4
菲律宾	0	3	3	1	0	6	4	5	4
波兰	2	1	3	5	6	2	5	6	3
葡萄牙	9	0	3	1	13	3	7	2	2
波多黎各	0	0	15	0	2	0	0	0	0

国家/地区	1995	1996	1997	1998	1999	2000	2001	2002	2003
卡塔尔	2	1	0	0	0	1	1	1	3
罗马尼亚	5	10	9	14	8	8	7	15	7
俄罗斯联邦	2	7	3	5	4	1	12	4	8
卢旺达	0	0	0	0	0	1	0	0	0
圣基茨和尼维斯	1	0	0	1	0	0	0	0	2
圣文森特和格林纳达	0	0	0	0	0	0	0	0	0
圣多美和普林西比	0	0	0	0	0	0	0	0	0
沙特阿拉伯	3	1	2	8	2	2	6	7	1
塞内加尔	0	0	0	0	0	1	0	0	0
塞尔维亚和南斯拉夫西南部地方	0	0	0	0	0	0	0	2	1
新加坡	5	7	7	8	6	5	3	5	6
斯洛伐克	0	1	0	0	1	0	0	0	1
斯洛文尼亚	1	5	1	1	1	0	1	1	2
南非	5	2	1	1	1	3	2	4	2
西班牙	9	11	9	13	11	19	17	26	15
斯里兰卡	0	0	2	2	1	1	2	1	1
苏丹	0	0	0	0	0	0	0	0	0
斯威士兰	0	1	0	0	0	0	0	0	0
瑞典	7	5	11	5	5	7	5	3	3
瑞士	22	25	22	15	27	25	21	19	20
叙利亚	3	4	1	2	0	1	0	1	2
中国台湾地区	2	3	2	0	0	1	4	3	3

国家/地区	1995	1996	1997	1998	1999	2000	2001	2002	2003
塔吉克斯坦	0	0	0	0	0	0	0	0	0
坦桑尼亚	0	0	0	0	0	1	0	0	2
泰国	12	0	2	4	10	1	6	3	6
多哥	1	0	0	0	1	1	0	0	0
特立尼达和多巴哥	0	0	0	1	1	1	0	0	1
突尼斯	1	3	1	5	2	0	2	2	3
土耳其	6	10	6	4	8	5	17	21	16
土库曼斯坦	0	2	0	0	0	0	2	2	0
土耳其和凯科斯群岛	0	1	0	0	0	1	0	1	0
乌干达	0	0	1	0	3	0	0	1	0
乌克兰	2	2	0	2	1	1	3	2	2
阿拉伯联合酋长国	4	0	5	2	2	4	2	2	5
英国	23	28	34	16	30	36	38	45	33
美国	43	72	47	61	91	99	99	95	105
乌拉圭	0	1	0	1	0	0	3	0	2
美属维尔京群岛	0	0	0	0	0	0	0	0	0
乌兹别克斯坦	0	0	0	0	0	0	1	0	0
瓦努阿图	0	1	2	0	1	0	0	0	0
委内瑞拉	0	1	0	0	3	3	1	4	8
越南	1	0	0	1	0	1	1	0	1
西萨摩亚	0	1	0	0	0	0	0	0	0
也门	1	0	0	0	0	1	0	0	0
南斯拉夫	3	3	6	1	1	6	2	0	0

国家/地区	1995	1996	1997	1998	1999	2000	2001	2002	2003
扎伊尔	0	0	0	0	0	0	0	1	0
赞比亚	0	0	0	0	0	0	0	0	0
津巴布韦	0	0	1	0	1	1	0	0	0

* 包括中国香港。

表3　按国家/地区划分的当事人来源——被申请人

国家/地区	1995	1996	1997	1998	1999	2000	2001	2002	2003
阿富汗	0	0	0	0	0	0	0	0	0
阿尔巴尼亚	0	0	0	0	0	0	0	2	2
阿尔及利亚	0	2	3	1	3	4	4	1	2
安道尔	0	0	0	0	0	0	0	0	0
安哥拉	0	0	1	0	0	0	0	0	1
安提瓜和巴布达	0	0	0	0	0	1	1	0	1
阿根廷	9	4	8	3	6	5	10	20	16
亚美尼亚	0	0	0	0	1	0	0	0	1
阿鲁巴	1	0	0	0	0	0	0	0	0
澳大利亚	3	5	11	5	0	3	3	1	15
奥地利	10	15	8	10	15	23	11	15	13
阿塞拜疆	0	0	0	0	0	0	0	2	0
巴哈马群岛	0	0	1	2	0	1	1	4	2
巴林	0	0	0	0	0	2	0	1	0
孟加拉国	1	0	0	1	1	1	0	3	0
巴巴多斯	0	0	0	0	1	1	2	1	0

国家/地区	1995	1996	1997	1998	1999	2000	2001	2002	2003
白俄罗斯	2	1	0	0	0	0	0	0	0
比利时	11	5	13	7	9	13	9	24	12
伯利兹城	0	0	0	0	1	0	0	0	0
贝宁	0	0	0	0	0	0	1	1	1
百慕大群岛	0	0	2	4	5	4	2	2	3
玻利维亚	0	0	0	1	0	1	0	1	5
波斯尼亚 – 黑塞哥维那	0	0	0	0	0	2	0	1	0
博茨瓦纳	0	1	0	0	0	0	0	0	0
巴西	0	3	9	3	18	7	22	11	14
英属维尔京群岛	0	0	1	3	3	4	5	3	7
文莱	0	0	0	1	0	0	0	0	0
保加利亚	2	4	4	4	2	3	1	1	1
布基纳法索	0	0	0	0	0	0	0	1	0
柬埔寨	0	0	0	0	0	0	1	0	1
喀麦隆	2	2	1	3	0	1	0	1	0
加拿大	3	22	11	5	13	20	8	9	14
佛得角	0	1	0	0	0	0	0	1	0
开曼群岛	0	0	1	2	4	1	1	4	4
中非共和国	0	0	0	0	0	0	0	1	1
乍得	0	0	0	1	0	0	0	1	0
海峡群岛	0	0	0	0	0	0	0	1	4
智利	0	0	0	1	1	5	0	0	1
中国	1	10	11	12	11*	15*	8*	13*	15*

国家/地区	1995	1996	1997	1998	1999	2000	2001	2002	2003
哥伦比亚	0	0	1	3	2	0	4	1	3
科摩罗	0	0	0	0	0	0	0	0	1
刚果	0	0	0	6	0	4	2	1	1
库克群岛	0	0	0	0	0	0	0	1	0
哥斯达黎加	0	0	0	0	0	0	0	1	0
克罗地亚	1	0	0	2	0	1	0	3	3
古巴	3	2	0	0	1	2	0	1	1
塞浦路斯	1	0	2	1	10	2	4	1	1
捷克共和国	6	8	12	2	5	4	3	7	5
丹麦	11	1	2	6	5	8	7	6	12
吉布提	0	0	0	1	0	0	0	0	0
多米尼加共和国	0	2	0	0	1	0	2	3	0
厄瓜多尔	0	0	2	0	0	1	1	0	0
埃及	7	7	7	4	2	4	6	5	10
萨尔瓦多	0	0	0	3	0	1	1	1	1
赤道几内亚	0	0	0	0	1	0	0	0	0
厄立特里亚	0	0	0	0	0	0	0	0	3
爱沙尼亚	0	0	0	0	0	0	1	2	0
埃塞俄比亚	0	1	2	5	3	2	1	0	0
斐济	1	0	0	0	0	0	0	0	0
芬兰	1	4	5	1	6	3	1	3	4
法国	64	57	60	46	62	68	70	75	57
加蓬	0	1	0	0	2	0	2	1	1

国家/地区	1995	1996	1997	1998	1999	2000	2001	2002	2003
格鲁吉亚	0	0	0	1	0	0	1	0	0
德国	44	51	44	65	73	45	62	72	65
加纳	0	1	0	1	1	1	0	6	3
直布罗陀	1	0	1	1	0	1	1	1	0
希腊	3	9	6	2	8	12	22	8	5
格林纳达	0	0	0	0	0	1	0	0	1
危地马拉	0	1	3	2	0	0	2	1	1
几内亚	0	0	1	0	1	2	2	0	1
海地	0	0	0	0	0	0	1	0	0
洪都拉斯	0	0	0	0	0	0	0	1	1
中国香港	5	9	5	0	N/A	N/A	N/A	N/A	N/A
匈牙利	3	5	7	2	2	1	0	3	3
冰岛	0	0	1	0	0	0	0	0	0
印度	15	8	27	48	27	20	17	7	21
印度尼西亚	3	1	5	3	4	6	2	3	3
伊朗	1	1	3	0	1	5	2	1	2
伊拉克	0	0	0	0	0	0	0	0	1
爱尔兰	3	2	3	3	2	2	0	8	3
马恩岛	0	0	0	0	0	0	0	0	0
以色列	2	3	2	3	1	9	3	6	2
意大利	32	46	24	23	49	42	22	43	57
科特迪瓦	0	0	2	0	0	0	1	1	4
牙买加	0	0	0	0	0	1	0	1	1

国家/地区	1995	1996	1997	1998	1999	2000	2001	2002	2003
日本	8	4	14	2	12	3	16	10	9
约旦	0	0	4	0	1	2	2	2	0
哈萨克斯坦	0	3	0	1	0	1	0	1	0
肯尼亚	0	2	0	0	1	0	0	0	1
韩国	1	1	0	0	0	0	0	0	0
朝鲜	7	11	8	10	6	16	10	14	15
科威特	1	0	1	2	0	0	2	3	0
吉尔吉斯斯坦	0	0	0	0	0	1	0	0	0
老挝	1	0	0	1	1	0	0	0	0
拉脱维亚	0	0	2	0	0	8	0	2	4
黎巴嫩	0	1	3	3	1	9	6	1	4
莱索托	0	0	0	1	0	0	0	0	0
利比里亚	0	0	1	0	0	0	0	0	0
利比亚	1	1	0	0	2	0	0	1	1
列支敦士登	4	1	1	0	1	0	3	4	2
立陶宛	0	0	1	5	0	4	1	0	0
卢森堡	2	1	4	5	1	4	3	6	14
马其顿王国	2	0	0	0	4	3	0	0	1
马达加斯加	0	0	0	0	3	1	1	0	1
马拉维	1	2	0	0	0	1	0	0	0
马来西亚	5	2	14	4	3	4	4	2	2
马尔代夫	1	0	0	0	0	0	0	0	0
马里	0	0	1	0	1	0	1	0	0

国家/地区	1995	1996	1997	1998	1999	2000	2001	2002	2003
马耳他	1	0	1	0	1	0	0	0	0
马绍尔群岛	0	0	0	0	1	1	0	0	0
毛里塔尼亚	0	0	0	0	0	0	0	0	0
毛里求斯	0	0	1	0	0	1	4	2	5
墨西哥	21	42	6	7	15	10	11	17	13
摩尔多瓦	0	0	0	0	0	0	1	0	1
摩纳哥	0	0	0	0	0	0	0	1	0
摩洛哥	5	1	4	6	1	5	4	3	2
莫桑比克	1	1	0	0	1	0	0	0	1
纳米比亚	0	0	0	0	0	0	0	1	0
尼泊尔	0	0	0	1	1	0	0	1	0
荷兰	22	10	21	11	23	22	22	26	36
荷属安的列斯群岛	0	0	2	1	0	0	1	1	1
新西兰	0	1	1	0	1	1	2	0	0
尼加拉瓜	0	0	0	0	0	0	0	1	1
尼日利亚	0	1	1	0	0	13	2	5	4
北马里亚纳群岛	0	0	0	1	0	0	0	0	0
挪威	2	2	8	1	3	5	4	4	5
阿曼	0	0	2	0	1	0	0	0	1
巴基斯坦	0	0	3	13	1	4	0	3	0
巴勒斯坦	0	0	0	0	0	0	0	0	0
巴拿马	2	0	5	7	2	5	1	4	3
巴拉圭	0	0	0	1	0	0	0	0	0

国家/地区	1995	1996	1997	1998	1999	2000	2001	2002	2003
巴布亚新几内亚	0	0	0	0	0	1	0	0	0
秘鲁	2	0	1	1	1	1	0	0	2
菲律宾	0	12	5	15	1	6	2	10	2
波兰	3	1	6	7	9	3	10	6	6
葡萄牙	4	3	2	2	4	6	8	5	6
波多黎各	0	0	0	0	0	0	1	1	0
卡塔尔	1	1	0	0	0	2	1	0	1
罗马尼亚	5	5	5	6	7	8	4	3	9
俄罗斯联邦	7	4	21	9	22	4	14	14	5
卢旺达	0	0	0	0	0	0	2	0	1
圣基茨和尼维斯	0	0	0	0	0	0	0	0	1
圣文森特和格林纳达	0	0	0	0	0	0	0	0	1
圣多美和普林西比	4	0	0	0	0	0	0	0	0
沙特阿拉伯	12	1	3	1	2	1	5	2	1
塞内加尔	0	0	0	1	0	2	0	1	0
塞尔维亚和南斯拉夫西南部地方	0	0	0	0	0	0	0	2	2
新加坡	8	3	6	11	8	3	7	9	3
斯洛伐克	0	1	2	3	4	2	0	2	4
斯洛文尼亚	1	3	2	3	0	0	1	1	0
南非	1	5	3	0	0	6	5	4	0
西班牙	17	17	23	20	24	17	28	28	26
斯里兰卡	0	0	3	2	1	1	5	0	2

国家/地区	1995	1996	1997	1998	1999	2000	2001	2002	2003
苏丹	1	1	0	0	1	4	0	1	0
斯威士兰	0	1	0	0	0	0	0	0	0
瑞典	4	9	10	5	7	5	5	7	3
瑞士	17	17	16	14	17	21	28	20	32
叙利亚	2	0	1	1	3	0	0	0	4
中国台湾地区	2	2	4	5	3	3	4	5	10
塔吉克斯坦	0	0	0	0	0	0	0	0	1
坦桑尼亚	2	1	0	2	0	1	8	1	1
泰国	9	0	6	13	12	9	0	9	10
多哥	0	0	0	0	0	0	0	1	0
特立尼达和多巴哥	0	0	0	2	2	0	0	0	1
突尼斯	0	0	3	5	0	1	0	1	0
土耳其	13	10	9	4	15	6	20	38	35
土库曼斯坦	0	6	6	0	1	5	0	0	1
土耳其和凯科斯群岛	0	0	0	0	0	0	0	1	0
乌干达	0	0	2	0	3	0	0	0	0
乌克兰	0	1	2	1	1	2	2	0	1
阿拉伯联合酋长国	4	1	3	6	1	3	1	2	4
英国	23	50	43	26	34	52	51	48	38
美国	45	57	67	68	73	73	96	106	94
乌拉圭	0	1	0	1	0	0	0	5	1
美属维尔京群岛	0	0	0	0	0	0	1	0	0
乌兹别克斯坦	0	1	0	0	0	0	1	0	0

国家/地区	1995	1996	1997	1998	1999	2000	2001	2002	2003
瓦努阿图	0	3	0	0	1	0	0	0	0
委内瑞拉	1	19	3	0	3	6	2	6	9
越南	0	0	2	1	0	2	0	0	2
西萨摩亚	0	0	0	0	0	0	0	0	0
也门	1	0	0	0	0	0	0	5	0
南斯拉夫	2	3	1	1	4	1	0	0	0
扎伊尔	0	0	0	0	0	1	4	0	0
赞比亚	0	0	0	0	0	0	0	0	2
津巴布韦	0	0	0	0	0	0	0	0	0

＊ 包括中国香港。

表4 仲裁地点——当事人协商同意

国家/地区	1995	1996	1997	1998	1999	2000	2001	2002	2003
阿尔巴尼亚	0	0	0	0	0	0	0	0	0
阿尔及利亚	0	1	0	0	0	1	1	0	0
阿根廷	4	0	2	1	2	3	3	6	7
澳大利亚	0	1	1	0	0	1	1	1	0
奥地利	14	11	12	7	10	11	8	10	7
巴林	0	0	1	0	0	0	0	0	0
孟加拉国	1	0	0	1	0	0	1	0	1
巴巴多斯	0	0	0	0	1	0	0	0	0
比利时	6	5	3	4	5	6	9	1	9
百慕大群岛	0	0	0	0	0	0	0	0	0
玻利维亚	0	0	0	0	0	1	0	1	0
巴西	0	1	0	0	1	1	1	0	4
加拿大	1	3	5	3	3	4	4	2	5
智利	0	0	0	0	1	0	0	0	0
中国	0	2	0	6	3[*]	5[*]	3[*]	6[*]	4[*]
哥伦比亚	0	0	0	0	2	0	1	1	0
塞浦路斯	0	0	0	0	0	0	0	0	0
捷克共和国	1	0	0	1	0	0	0	2	2
丹麦	1	2	0	1	3	2	1	2	5
厄瓜多尔	0	0	1	0	0	0	0	0	0
埃及	2	2	0	1	0	1	1	0	3
萨尔瓦多	0	0	0	1	0	0	0	0	0

国家/地区	1995	1996	1997	1998	1999	2000	2001	2002	2003
埃塞俄比亚	0	0	0	0	1	0	0	1	0
芬兰	0	1	0	0	1	0	0	3	2
法国	80	81	90	51	89	56	103	72	97
德国	14	15	7	19	16	21	20	15	17
加纳	0	0	0	0	0	0	0	4	0
希腊	1	3	0	1	1	4	5	7	0
中国香港	3	3	6	0	N/A	N/A	N/A	N/A	N/A
匈牙利	2	1	0	1	1	0	0	1	0
印度	3	1	6	3	7	5	2	2	6
印度尼西亚	0	2	2	0	1	0	0	0	0
伊朗	0	0	0	0	0	1	0	0	1
爱尔兰	0	0	0	0	0	0	0	1	0
以色列	0	0	0	0	0	1	0	1	1
意大利	7	7	3	5	2	11	4	5	12
日本	3	2	1	1	2	2	4	2	4
约旦	0	0	0	0	0	0	0	1	0
肯尼亚	0	0	0	0	0	0	0	0	0
朝鲜	1	1	2	0	2	2	1	1	1
科威特	0	0	0	0	0	0	2	0	0
老挝	1	0	0	0	1	0	0	0	0
黎巴嫩	0	0	0	1	0	3	1	0	0
列支敦士登	0	0	0	0	3	0	0	0	0
立陶宛	0	0	0	2	0	0	0	0	0

国家/地区	1995	1996	1997	1998	1999	2000	2001	2002	2003
卢森堡	1	1	1	1	1	0	1	0	0
马来西亚	1	0	0	0	2	0	1	0	0
马绍尔群岛	0	0	0	0	1	0	0	0	0
毛里求斯	0	0	0	0	0	0	0	0	1
墨西哥	5	3	1	3	4	3	8	5	6
摩尔多瓦	0	0	0	0	0	0	1	0	0
摩纳哥	0	0	0	0	0	0	0	0	0
摩洛哥	0	0	0	0	0	0	0	0	1
莫桑比克	0	0	0	0	1	0	0	0	1
尼泊尔	0	0	0	0	2	0	0	1	0
荷兰	4	0	4	3	6	4	10	12	9
新西兰	1	1	0	0	0	0	1	0	0
挪威	0	0	1	0	0	0	0	0	3
阿曼	0	0	0	1	1	0	0	0	0
巴基斯坦	0	0	1	1	0	0	0	1	0
巴拿马	0	0	0	0	0	1	0	0	0
秘鲁	0	0	0	0	1	1	0	0	0
菲律宾	0	0	0	1	0	3	0	1	1
波兰	0	0	0	1	3	0	2	0	0
葡萄牙	1	1	1	0	2	2	4	1	0
波多黎各	0	0	0	0	0	0	0	0	0
卡塔尔	0	1	0	0	0	0	0	0	0
罗马尼亚	0	1	1	0	0	0	0	0	0

国家/地区	1995	1996	1997	1998	1999	2000	2001	2002	2003
俄罗斯联邦	0	0	0	0	1	1	0	0	0
沙特阿拉伯	0	0	1	0	0	0	0	0	0
新加坡	5	2	10	10	11	11	13	14	14
斯洛伐克	0	0	0	0	0	0	0	0	1
南非	0	1	0	0	0	0	1	1	0
西班牙	1	2	3	2	4	3	3	6	8
斯里兰卡	0	0	1	2	1	2	1	0	1
瑞典	8	8	9	8	8	6	3	6	6
瑞士	88	63	67	58	74	72	73	99	69
叙利亚共和国	1	2	0	0	0	1	0	0	1
中国台湾地区	0	2	0	1	2	0	0	1	0
泰国	2	1	0	1	4	6	0	0	1
特立尼达和多巴哥	0	0	0	0	0	1	0	0	0
突尼斯	0	0	0	0	0	0	0	0	0
土耳其	1	3	1	0	0	0	0	10	2
阿拉伯联合酋长国	0	0	1	0	0	0	0	0	1
英国	22	28	37	46	46	48	52	48	43
美国	17	33	35	18	35	37	35	40	46
乌拉圭	0	0	0	0	0	0	1	0	1
瓦努阿图	0	0	1	0	0	0	0	0	0
委内瑞拉	0	0	0	0	1	1	0	0	1
越南	1	0	0	0	0	0	0	0	2
南斯拉夫	0	0	0	0	2	0	0	0	0

* 包括中国香港。

表5 仲裁地点——ICC 仲裁院决定

国家/地区	1995	1996	1997	1998	1999	2000	2001	2002	2003
阿尔巴尼亚	0	0	0	0	0	0	0	1	1
阿尔及利亚	0	0	0	0	0	0	0	0	0
阿根廷	0	0	0	0	0	1	0	0	0
澳大利亚	0	0	0	1	1	0	0	0	0
奥地利	1	5	1	0	3	0	2	0	3
巴林	0	0	0	0	0	0	1	0	0
孟加拉国	0	0	0	0	0	0	0	0	0
巴巴多斯	0	0	0	0	0	0	0	0	0
比利时	1	1	0	2	4	3	0	4	2
百慕大群岛	0	0	0	0	0	0	0	0	1
玻利维亚	0	0	0	0	0	0	0	0	0
巴西	0	0	0	0	0	0	1	0	0
加拿大	0	2	1	1	2	1	1	2	3
智利	0	0	0	0	0	0	0	0	0
中国	0	0	0	0	0*	3*	2*	0	1*
哥伦比亚	0	0	0	0	0	0	0	0	0
塞浦路斯	1	0	0	1	0	0	0	0	0
捷克共和国	0	0	0	0	0	0	2	1	0
丹麦	1	0	1	0	0	0	0	1	0
厄瓜多尔	0	0	0	0	0	0	0	0	0
埃及	0	0	0	0	0	0	0	1	0

国家/地区	1995	1996	1997	1998	1999	2000	2001	2002	2003
萨尔瓦多	0	0	0	0	0	0	0	0	0
埃塞俄比亚	0	0	0	0	0	0	0	0	0
芬兰	0	0	0	0	0	0	0	0	0
法国	31	33	20	26	23	23	25	16	17
德国	2	2	1	1	5	2	4	1	5
加纳	0	0	0	0	0	0	0	0	0
希腊	0	0	0	0	1	1	0	1	0
中国香港	1	0	0	0	N/A	N/A	N/A	N/A	N/A
匈牙利	0	0	0	0	0	2	1	1	0
印度	0	0	0	2	2	0	0	0	1
印度尼西亚	0	0	0	0	0	0	0	0	0
伊朗	0	0	0	0	0	0	0	0	0
爱尔兰	0	0	1	0	0	2	0	0	0
以色列	0	0	0	0	0	0	0	0	0
意大利	0	4	3	0	1	0	0	2	2
日本	0	0	1	0	0	0	0	0	0
约旦	0	0	0	0	0	0	0	0	0
肯尼亚	0	0	0	1	0	0	0	0	0
朝鲜	0	0	0	0	0	0	0	0	0
科威特	0	0	0	1	0	0	0	0	0
老挝	0	0	0	0	0	0	0	0	0
黎巴嫩	0	0	0	0	0	0	0	0	0
列支敦士登	0	0	0	0	0	0	0	0	1

国家/地区	1995	1996	1997	1998	1999	2000	2001	2002	2003
立陶宛	0	0	0	0	0	0	0	0	1
卢森堡	1	2	4	0	0	0	0	0	0
马来西亚	2	0	0	0	0	0	0	0	0
马绍尔群岛	0	0	0	0	0	0	0	0	0
毛里求斯	0	0	0	0	0	0	0	0	0
墨西哥	0	0	1	0	1	2	1	0	0
摩尔多瓦	0	0	0	0	0	0	0	0	0
摩纳哥	0	0	0	0	0	1	0	0	0
摩洛哥	0	0	0	0	0	0	0	0	0
莫桑比克	0	0	0	0	0	0	0	0	0
尼泊尔	0	0	0	0	0	0	0	0	0
荷兰	3	1	1	4	3	2	2	1	2
新西兰	0	0	0	0	0	0	0	0	1
挪威	0	0	0	0	0	0	0	0	0
阿曼	0	0	0	0	0	0	0	0	0
巴基斯坦	0	0	1	1	0	0	0	0	0
巴拿马	0	0	0	1	0	0	0	0	0
秘鲁	0	0	0	0	0	0	0	0	0
菲律宾	0	0	0	0	0	0	0	0	0
波兰	0	0	0	0	0	0	0	2	0
葡萄牙	0	0	0	0	0	0	0	0	0
波多黎各	0	0	0	0	0	0	0	0	0
卡塔尔	0	0	0	0	0	0	0	0	0

国家/地区	1995	1996	1997	1998	1999	2000	2001	2002	2003
罗马尼亚	0	0	0	0	0	0	0	0	0
俄罗斯联邦	0	0	0	0	0	0	0	0	0
沙特阿拉伯	0	0	0	0	0	0	0	0	0
新加坡	2	5	2	3	1	4	4	0	2
斯洛伐克	0	0	0	0	0	0	0	0	0
南非	0	0	0	0	0	0	0	1	0
西班牙	0	0	0	0	0	0	0	0	0
斯里兰卡	0	0	0	0	0	0	1	0	0
瑞典	0	1	1	0	1	0	2	0	0
瑞士	3	4	10	8	10	12	12	12	5
叙利亚共和国	0	0	0	0	0	0	0	0	0
中国台湾地区	0	0	0	0	0	0	0	0	0
泰国	0	0	0	1	1	1	0	1	0
特立尼达和多巴哥	0	0	0	0	0	0	0	0	0
突尼斯	2	0	0	1	0	0	0	0	0
土耳其	1	1	0	0	1	0	0	0	0
阿拉伯联合酋长国	0	0	0	0	0	0	0	0	0
英国	2	0	4	4	2	7	9	5	6
美国	2	1	2	2	9	6	4	10	7
乌拉圭	0	0	0	0	0	2	0	0	0
瓦努阿图	0	0	0	0	0	0	1	0	0
委内瑞拉	0	0	0	0	0	0	0	0	0
越南	0	0	0	0	0	0	0	0	0
南斯拉夫	0	0	0	0	0	0	0	0	0

* 包括中国香港。

表 6   仲裁员的地域来源——当事人单方指定的仲裁员

国家/地区	1995	1996	1997	1998	1999	2000	2001	2002	2003
阿尔巴尼亚	0	0	0	0	0	0	0	0	2
阿尔及利亚	2	2	4	2	1	3	1	0	0
安哥拉	0	0	1	0	0	0	0	0	1
阿根廷	8	0	4	0	1	7	8	12	17
澳大利亚	2	3	4	3	5	7	5	2	4
奥地利	8	11	11	12	7	15	8	24	13
巴林	1	0	1	0	0	0	0	0	0
孟加拉国	0	1	1	2	1	2	0	1	2
白俄罗斯	0	0	1	0	0	0	0	0	0
比利时	11	5	6	9	13	9	14	9	12
贝宁	0	0	1	1	0	0	0	0	0
百慕大群岛	0	0	0	0	0	0	0	0	1
玻利维亚	0	0	0	0	0	0	0	0	1
巴西	0	3	0	0	4	6	6	1	8
保加利亚	1	1	1	2	0	0	1	1	0
布基纳法索	0	0	0	0	0	0	0	0	0
喀麦隆	1	0	0	0	1	0	0	0	0
加拿大	6	4	16	3	7	9	7	15	9
佛得角	0	0	0	0	0	0	0	1	0
智利	0	0	0	1	3	4	2	0	1
中国	0	2	2	1	0	1	0	0	3
哥伦比亚	0	0	0	0	6	2	1	3	2

国家/地区	1995	1996	1997	1998	1999	2000	2001	2002	2003
刚果民主共和国	0	0	0	0	0	0	0	1	0
克罗地亚	1	0	0	1	0	0	0	3	2
古巴	3	3	0	0	1	1	1	0	0
塞浦路斯	0	0	0	0	1	0	0	0	0
捷克共和国	3	0	1	2	1	0	1	5	1
丹麦	7	2	2	2	2	2	4	3	10
多米尼加	0	0	0	0	0	0	0	2	0
厄瓜多尔	0	0	1	0	0	0	1	0	0
埃及	9	11	5	7	1	3	6	1	12
萨尔瓦多	0	0	0	0	0	0	0	0	1
爱沙尼亚	0	0	0	0	0	0	0	0	0
埃塞俄比亚	0	0	2	0	0	0	0	0	0
芬兰	1	2	0	0	0	0	0	2	0
法国	52	57	47	35	48	43	62	47	51
德国	33	33	21	39	45	30	42	33	35
加纳	0	1	0	0	0	0	0	3	2
希腊	0	7	5	1	2	5	16	12	7
危地马拉	0	0	0	0	0	0	0	2	1
中国香港	0	0	0	0	N/A	N/A	N/A	N/A	N/A
匈牙利	4	1	2	1	0	2	0	1	1
印度	2	4	8	12	10	6	16	5	9
印度尼西亚	0	1	1	0	0	0	0	1	0
伊朗	1	0	2	2	0	2	1	0	1

国家/地区	1995	1996	1997	1998	1999	2000	2001	2002	2003
爱尔兰	1	1	2	1	4	2	3	2	0
以色列	0	1	1	0	0	0	0	2	0
意大利	24	30	26	21	29	21	15	19	35
牙买加	0	0	0	0	0	0	1	0	0
日本	0	2	2	1	3	3	2	2	4
约旦	0	0	0	1	1	2	0	1	0
肯尼亚	0	0	0	0	0	0	0	0	0
朝鲜	1	1	0	0	4	0	3	4	3
科威特	1	1	0	0	0	0	1	0	0
拉脱维亚	0	0	1	0	0	0	1	0	0
黎巴嫩	5	5	1	1	4	8	11	2	10
利比亚	3	0	0	0	1	0	0	0	0
列支敦士登	0	0	0	1	0	0	0	0	0
立陶宛	0	0	0	0	0	1	0	0	0
卢森堡	0	4	0	0	0	2	0	0	2
马达加斯加	0	0	0	0	0	1	0	0	0
马来西亚	0	1	0	0	0	3	0	0	1
马耳他	0	0	0	0	0	0	0	0	0
毛里求斯	0	0	0	0	0	0	0	0	2
墨西哥	8	6	2	2	9	14	17	16	16
摩洛哥	2	5	2	1	1	0	1	0	1
莫桑比克	0	0	0	0	2	0	0	0	0
尼泊尔	0	0	0	0	1	0	1	1	0

国家/地区	1995	1996	1997	1998	1999	2000	2001	2002	2003
荷兰	6	1	7	7	11	3	8	6	4
新西兰	0	1	1	0	0	0	1	0	2
尼日利亚	0	1	0	0	0	0	0	1	2
挪威	1	1	0	1	3	0	1	0	2
巴基斯坦	1	0	0	2	0	1	0	2	0
巴拿马	0	0	0	2	0	1	0	0	2
秘鲁	1	0	0	0	1	2	1	0	0
菲律宾	0	3	1	1	0	2	0	2	2
波兰	5	1	0	3	4	4	4	1	0
葡萄牙	9	2	2	1	6	3	3	3	0
波多黎各	0	0	0	0	0	0	0	0	1
罗马尼亚	2	0	4	3	1	3	2	0	4
俄罗斯联邦	2	1	5	3	5	4	3	2	4
沙特阿拉伯	0	0	1	1	1	0	0	0	1
塞内加尔	0	0	1	0	0	0	0	0	0
新加坡	1	0	3	8	3	3	3	3	2
斯洛伐克	0	0	0	0	1	0	0	0	0
斯洛文尼亚	1	2	1	1	0	0	1	0	1
南非	2	1	1	0	0	0	1	0	2
西班牙	8	15	5	4	9	3	13	10	10
斯里兰卡	0	0	0	2	0	1	1	1	1
苏丹	1	0	0	1	0	0	0	1	0
瑞典	3	8	5	6	9	8	6	8	6

国家/地区	1995	1996	1997	1998	1999	2000	2001	2002	2003
瑞士	62	59	46	43	62	47	52	66	59
叙利亚	4	3	0	3	0	3	0	1	1
中国台湾地区	0	2	0	1	1	0	0	0	1
泰国	5	1	0	2	4	6	0	0	3
特立尼达和多巴哥	0	0	0	0	0	1	0	0	0
突尼斯	0	2	1	3	2	0	1	0	0
土耳其	2	8	5	4	4	1	7	24	13
乌克兰	0	0	0	0	0	0	1	1	0
阿拉伯联合酋长国	1	0	0	0	0	0	0	0	1
英国	40	33	46	49	59	45	63	61	49
美国	49	53	56	34	43	48	67	99	82
乌拉圭	0	0	1	0	0	1	0	0	0
委内瑞拉	0	0	0	0	2	0	0	2	3
越南	3	0	0	0	0	0	0	0	0
南斯拉夫	3	4	4	5	1	3	3	0	0
扎伊尔	0	0	0	0	0	0	0	0	0

表7　仲裁员的地域来源——独任仲裁员和首席仲裁员

国家/地区	1995	1996	1997	1998	1999	2000	2001	2002	2003
阿尔巴尼亚	0	0	0	0	0	0	0	0	0
阿尔及利亚	1	1	0	0	0	0	0	1	0
安哥拉	0	0	0	0	0	0	0	0	0
阿根廷	3	2	0	1	1	0	2	7	9
澳大利亚	1	4	3	2	3	5	5	2	4
奥地利	13	18	20	13	18	15	11	11	18
巴林	0	0	0	0	0	0	0	0	3
孟加拉国	0	0	0	0	2	1	0	1	0
白俄罗斯	0	0	0	0	0	0	0	0	0
比利时	14	19	17	22	27	19	27	23	22
贝宁	1	0	0	0	0	0	0	0	0
百慕大群岛	0	0	0	0	0	0	0	0	0
玻利维亚	0	0	0	0	0	0	0	0	0
巴西	0	0	0	0	1	2	0	2	8
保加利亚	0	0	0	0	0	0	0	0	0
布基纳法索	0	0	0	0	0	0	0	0	0
喀麦隆	0	0	0	0	0	0	0	0	0
加拿大	12	17	23	11	26	23	16	12	15
佛得角	0	0	0	0	0	0	0	0	0
智利	0	0	0	0	0	2	1	3	6
中国	0	0	0	1	0	1*	0	0	0
哥伦比亚	1	4	1	3	4	2	6	5	3

国家/地区	1995	1996	1997	1998	1999	2000	2001	2002	2003
刚果	0	0	0	0	0	0	0	0	0
克罗地亚	0	0	0	0	0	0	0	0	0
古巴	0	0	0	0	0	1	0	0	0
塞浦路斯	0	2	0	1	0	0	0	0	0
捷克共和国	2	0	0	1	1	0	4	5	3
丹麦	3	4	2	4	4	2	3	10	2
多米尼加共和国	0	0	0	0	0	0	0	0	0
厄瓜多尔	0	0	0	0	0	0	0	0	0
埃及	1	2	0	1	1	1	0	0	0
萨尔瓦多	0	0	0	0	0	0	0	0	0
爱沙尼亚	1	0	0	0	0	0	0	0	0
埃塞俄比亚	0	0	0	0	0	0	0	0	0
芬兰	3	1	3	0	0	2	0	1	2
法国	52	50	45	35	42	40	51	48	39
德国	31	16	24	21	35	27	50	44	44
加纳	0	1	0	0	0	0	0	0	0
希腊	3	1	1	0	2	3	4	0	6
危地马拉	0	0	0	0	0	0	0	0	0
中国香港	0	1	0	0	N/A	N/A	N/A	N/A	N/A
匈牙利	3	2	1	1	1	2	1	0	1
印度	2	0	4	3	1	2	2	0	1
印度尼西亚	0	1	0	0	0	0	1	0	0
伊朗	0	0	0	0	0	0	1	0	2

国家/地区	1995	1996	1997	1998	1999	2000	2001	2002	2003
爱尔兰	3	0	4	6	4	5	5	2	1
以色列	0	0	1	0	0	0	1	0	0
意大利	19	23	14	12	14	18	25	16	15
牙买加	0	0	0	0	0	0	0	0	0
日本	1	0	2	0	1	2	1	0	1
约旦	1	0	0	0	0	0	1	2	0
肯尼亚	0	0	0	1	0	0	0	0	0
韩国	0	0	0	0	1	1	0	0	0
科威特	0	0	1	0	0	0	1	0	0
拉脱维亚	0	0	0	0	0	0	0	0	0
黎巴嫩	4	1	1	2	1	0	0	2	4
利比亚	0	0	0	0	0	0	0	0	0
列支敦士登	0	0	0	0	0	0	0	0	0
立陶宛	0	0	0	0	0	0	0	0	1
卢森堡	1	0	1	1	0	0	0	2	0
马达加斯加	0	0	0	0	0	0	0	0	0
马来西亚	4	0	1	3	5	1	2	1	2
马耳他	0	0	0	0	0	0	0	0	1
毛里求斯	0	0	0	0	0	0	0	0	0
墨西哥	4	6	6	1	4	9	6	8	6
摩洛哥	3	0	0	0	0	1	0	2	1
莫桑比克	0	0	0	0	0	0	0	0	0
尼泊尔	0	0	0	0	0	0	0	0	0

国家/地区	1995	1996	1997	1998	1999	2000	2001	2002	2003
荷兰	12	6	8	6	15	8	13	7	10
新西兰	1	0	1	0	4	2	4	6	6
尼日利亚	0	0	0	0	0	0	0	0	0
挪威	0	0	2	0	0	0	1	0	2
巴基斯坦	0	0	0	3	0	0	0	0	0
巴拿马	0	0	1	0	0	1	0	0	1
秘鲁	0	0	1	1	1	3	0	0	0
菲律宾	0	0	0	0	2	1	1	0	0
波兰	0	2	0	0	0	2	0	3	1
葡萄牙	2	1	2	0	3	2	4	1	0
波多黎各	0	0	0	0	0	0	0	0	0
罗马尼亚	1	0	1	0	0	0	0	0	0
俄罗斯联邦	1	0	0	0	0	1	0	0	0
沙特阿拉伯	0	0	0	0	0	0	0	0	0
塞内加尔	1	0	0	0	0	0	0	0	0
新加坡	9	4	5	9	8	15	14	9	13
斯洛伐克	0	1	0	0	0	0	0	0	1
斯洛文尼亚	0	1	0	0	0	0	0	0	0
南非	2	0	0	0	0	0	0	2	0
西班牙	5	6	3	3	5	7	3	2	5
斯里兰卡	0	0	0	1	1	1	0	1	1
苏丹	0	0	0	1	0	0	0	0	0
瑞典	6	9	10	10	10	11	9	7	8

国家/地区	1995	1996	1997	1998	1999	2000	2001	2002	2003
瑞士	73	55	75	58	76	77	76	86	72
叙利亚共和国	0	0	0	0	0	1	0	0	0
中国台湾地区	0	2	1	0	0	0	0	0	0
泰国	0	1	0	0	1	5	1	3	1
特立尼达和多巴哥	0	0	0	0	0	0	0	0	0
突尼斯	4	4	1	0	0	5	2	2	5
土耳其	0	2	1	0	0	1	1	1	2
乌克兰	0	0	0	0	0	0	0	1	0
阿拉伯联合酋长国	0	0	0	0	0	0	0	0	0
英国	30	32	50	58	48	49	54	48	56
美国	19	24	24	20	24	23	33	41	41
乌拉圭	0	0	0	1	0	0	1	0	0
委内瑞拉	0	0	0	1	1	1	3	1	2
越南	0	0	0	0	0	0	0	0	0
南斯拉夫	0	0	1	0	0	0	0	0	0
扎伊尔	0	0	0	0	0	0	0	0	0

* 包括中国香港。

表 8 合同签订日期

合同	纠纷发生的年度								
年度	1995	1996	1997	1998	1999	2000	2001	2002	2003
1947	0	0	0	0	0	1	0	0	0
1948	0	0	0	0	0	0	0	0	0
1949	0	0	0	0	0	0	0	0	0
1950	0	0	0	0	0	0	0	0	0
1951	0	0	0	0	0	0	0	0	0
1952	0	0	0	0	0	0	0	0	0
1953	0	0	0	0	0	0	1	0	0
1954	0	0	0	0	0	0	0	0	0
1955	0	0	0	0	0	0	0	0	0
1956	0	0	0	0	0	0	0	0	0
1957	0	0	0	0	0	1	0	0	0
1958	0	1	0	0	0	0	0	0	0
1959	0	0	0	0	0	0	0	0	0
1960	0	0	0	0	0	0	0	0	0
1961	0	0	0	0	0	1	0	0	0
1962	0	0	0	0	0	0	0	0	0
1963	0	0	0	0	0	0	0	0	0
1964	0	0	0	0	0	0	0	0	0
1965	0	0	0	0	0	0	0	0	0
1966	0	0	0	0	0	2	0	0	0
1967	1	0	0	0	0	0	0	0	0

合同	纠纷发生的年度								
年度	1995	1996	1997	1998	1999	2000	2001	2002	2003
1968	1	0	0	0	0	0	0	0	0
1969	0	1	1	0	0	0	0	0	0
1970	1	0	0	0	0	0	1	0	0
1971	0	3	0	0	0	0	1	1	0
1972	0	1	1	0	0	1	0	0	0
1973	1	0	0	2	1	1	1	1	0
1974	4	4	1	0	0	1	1	0	1
1975	1	1	0	2	2	1	0	0	0
1976	0	2	3	0	3	0	1	1	1
1977	2	1	3	0	1	0	0	0	0
1978	1	3	2	2	2	0	1	0	2
1979	2	1	1	1	0	2	1	1	1
1980	5	3	0	0	1	1	1	2	0
1981	5	2	1	4	2	1	1	1	3
1982	1	2	3	1	1	1	1	1	1
1983	3	0	1	2	5	4	1	2	1
1984	5	3	3	3	2	2	2	4	0
1985	4	12	2	3	1	5	1	2	2
1986	10	9	11	4	2	1	7	6	5
1987	12	6	9	5	5	7	3	2	0
1988	19	12	8	7	8	6	8	3	1
1989	33	20	17	13	13	10	4	8	5

合同	纠纷发生的年度								
年度	1995	1996	1997	1998	1999	2000	2001	2002	2003
1990	39	33	18	7	13	9	3	2	2
1991	33	25	23	10	18	5	10	10	8
1992	61	29	31	24	26	12	15	15	7
1993	62	58	39	27	31	15	21	19	9
1994	52	74	77	50	39	37	30	21	16
1995	9	57	87	90	55	48	35	25	17
1996		16	69	92	71	63	45	43	24
1997			33	79	89	96	68	40	31
1998				20	90	102	84	67	62
1999					23	69	105	94	77
2000						37	85	96	90
2001							34	94	107
2002								32	66
2003									35

▼

▼

▼

索　引

图书在版编目（CIP）数据

国际仲裁科学探索:实证研究精选集 ／（美）德拉奥萨主编;陈福勇,丁建勇译.－北京: 中国政法大学出版社,2009.12

ISBN 978-7-5620-3592-3

Ⅰ.国... Ⅱ.①德...②陈...③丁 Ⅲ.国际仲裁－研究 Ⅳ.D994

中国版本图书馆CIP数据核字(2009)第226673号

书　　名	国际仲裁科学探索: 实证研究精选集
出 版 人	李传敢
出版发行	中国政法大学出版社(北京市海淀区西土城路25号)
	北京 100088 信箱 8034 分箱　　邮政编码 100088
	zf5620@263.net
	http://www.cuplpress.com （网络实名: 中国政法大学出版社）
	(010)58908325(发行部) 58908285(总编室) 58908334(邮购部)
承　　印	固安华明印刷厂
规　　格	880×1230　 32 开本　 16 印张　 355 千字
版　　本	2010 年 1 月第 1 版　 2010 年 1 月第 1 次印刷
书　　号	ISBN 978-7-5620-3592-3/D・3552
定　　价	36.00 元

声　　明　 1. 版权所有，侵权必究。

　　　　　　2. 如有缺页、倒装问题，由本社发行部负责退换。

本社法律顾问　　北京地平线律师事务所